THE EDGE OF
THE SWORD
ANTHONY FARRAR-HOCKLEY

한국인만 몰랐던
파란 아리랑

Korean Translation Copyright © 2003 by Association of Korean Journalists, Seoul

This Korean language translated edition is published by Association of Korean Journalists(AKJ). The copyright pertaining to this translated edition belongs to AKJ pursuant to an exclusive contract undertaken with Kim, Young-Il.

THE EDGE OF
THE SWORD
ANTHONY FARRAR-HOCKLEY 안소니 파라-호커리 지음

한국인만 몰랐던
파란 아리랑 | 김영일 옮김 |

제 1부 임진강전투 영국군부대의 장렬한 최후
제 2부 파라-호커리 대위 28개월 포로행로

한국언론인협회

한국인만 몰랐던 파란 아리랑

제1판 인쇄 | 2003년 9월 20일
제1판 발행 | 2003년 9월 25일

원　　제 | 대검의 칼날(THE EDGE OF THE SWORD)
지 은 이 | 안소니 파라-호커리(ANTHONY FARRAR-HOCKLEY)
옮 긴 이 | 김영일
펴 낸 이 | 조용관

펴 낸 곳 | 사단법인 **한국언론인협회**
대　　표 | 성대석
등록 No | 제10-2620
주　　소 | 121-020 서울시 마포구 공덕동 119-5 삼문빌딩 5F
대표전화 | 02-3273-0130　팩스 | 02-3273-0701

ISBN 89-953185-0-3 03840

인 터 넷 | www.kjournalists.org
E - m a i l | akjor@hanmail.net

값 9,900원

※ 잘못된 책은 바꿔드립니다.

한국전쟁에서 8군을 하나의 검(劍)이라고 한다면 우리의 역할이 그 검의 어느 부분인지를 나는 잘 알고 있었다.
대검(大劍)의 칼날부분!
가파른 능선위에 구축한 좁은 참호의 벽에 반쯤 기대고 누워서 흰구름 사이로 반짝이는 별을 바라보며 나는 우리의 역할을 '대검의 칼날'이라고 표현하는 것이 꽤 괜찮은 것 같다는 생각이 들었다.

책 머리에 부쳐

영국군 출신 파라-호커리 장군이 50년 전에 집필한 한국전쟁 경험을 담은 《The Edge of the Sword-대검의 칼날》을 번역한 김영일(金永日) 박사 부탁으로 번역본의 권두언을 쓰게 된 것은 나의 비할 곳 없는 기쁨이 아닐 수 없습니다.

파라-호커리 장군은 한국전쟁의 일선 전투에서 보여준 상상을 초월한 전투정신과 무훈으로, 특히 북대서양 방위 조직발전에 기여한 빛나는 공적을 기려서, 영국여왕으로부터 작위를 수여 받은 입지적인 사람입니다. 나와의 관계는 내가 주영 대사로 4년간 영국에서 근무하는 동안 한영 우호친선 관계 증진을 위한 나의 노력을 적극적으로 도와준 친구입니다. 뿐만 아니라, 한영 미래포럼을 조직하고 초대 영국 측 회장으로 계속 양국 관계의 우호증진을 위하여 선도적인 역할을 하고 있는 분입니다.

상상을 넘는 임진강선 4일간 격전에서, 그로스터 대대가 많은 전·사상자를 내고, 완전히 중공군에 포위되어 더 이상 대대로서의 전투를 계속 할 수 없는 상황에서, 남은 장교 중 선임이었던 파라-호커리 당시 부관은 남은 사병을 인솔하여 중공군 포위망을 뚫고 탈주를 기도하였습니다. 그러나 집단 탈주가 불가능하며, 부하들을 사지에 몰아 넣게 됨을 깨닫고, 단장의 아픈 마음으로 부하들에게 무기를 땅에 놓으라고 지시하고 중공군 지시에 따르기로 하였던 것입니다. 군인으로서 인사(人事)를 다하고 천명(天命)을 기다리는 간절한 파라-호커리 부관의 그 순간 마음을 헤아릴 수 있다고 생각합니다.

또 다른 부분은 파라-호커리 장군이 중공군에게 억류되었던 2년 4개월 동안 일곱번이나 탈출을 기도했던 초인간적인 무용담입니다. 칠전팔기라는 말은 말 그대로 파라-호커리 장군이 한국 전쟁 때 포로수용소에서 중공군의 끈질긴 정치 세뇌 공작에 의연히 맞서, 중공군의 유혹에 빠지거나, 굴복하지 않고, 조국에 대한 애국심, 자유인으로서의 자긍심을 유감없이 과시한 파라-호커리 부관의 기개와 용기를 이해시키기 위하여 생겨난 말 인 듯이 생각됩니다.

생명 자체를 위협받는 형용할 수 없는 상황 하에서도 민주주의 조국에 대한 충성심과 자유인으로서의 자존심에 한 치의 흔들림이 없었던 파라-호커리 부관의 중공군 포로수용소 생활과, 기회만 있으면 생명을 내걸고 탈출을 기도한 불사조와 같은 모험은 모든 형태의 독재를 배격하고 자유를 사랑하는 모든 사람들에게 큰 감동과 용기를 줄 것이라고 생각합니다.

《The Edge of the Sword》가 출판 된지 반세기가 지난 지금 한국에서 《한국인만 몰랐던 파란 아리랑》으로 제목을 바꿔 번역판이 나옴은 만시지탄이 있다 할 것입니다. 그러나 우리가 당면한 안보상황, 특히 일부 국민들의 애매한 안보의식을 생각할 때, 인간의 존엄성을 보장하는 자유민주주의를 수호하기 위하여 이역만리 한국 전선에서 생명을 바친 영군 군인들의 생생한 전쟁기록의 한국어 번역본을 읽는 모든 사람이 파라-호커리 장군의 군인으로서의 애국심, 자유인으로서의 용기와 신념에 접할 수 있게 되기를 바라며, 강호(江濠) 제의께 일독을 권하는 바입니다.

끝으로 학계, 실업계, 외교계에서 중책을 맡고 있는 김영일 박사께서 주옥같은 시간을 할애하시어 한국 사람이면 누구나 한번 읽어보기를 바라는 마음으로 번역본을 출판하게 됨을 축하합니다. 특히 까다로운 군사전문용어을 번역하시느라 노고가 많으셨습니다. 감사합니다.

2003년 9월
강 영 훈 (전 국무총리)

역 사의 교훈을 되새기며

　원작 《대검의 칼날》은 한국전쟁 당시 유엔군으로 참전했던 영국군 그로스터 부대의 임진강전투와 저자 안소니 파라-호커리 대위의 2년 4개월간의 공산군 포로생활을 그린 것입니다.
　이 두 이야기는 우리가 몰랐던 또 하나의 한국전쟁을 소개한 것입니다. 그래서 우리 협회는 이 책을 출판하면서 원작 《대검의 칼날》을 저자의 양해를 얻어 《한국인만 몰랐던 파란 아리랑》으로 바꾸었습니다.
　그로스터 부대의 전공(戰功)을 미국과 영국 정부는 표창과 무공훈장 등으로 이 전투에서 장렬히 산화한 전사(戰士)들을 격려했지만 정작 이 전투가 치러진 한국 땅에 사는 우리들은 부끄럽게도 오늘날까지 모르거나 잊고 있었습니다.
　처절하고도 숭고한 영국군의 희생은 우리에게 "그들은 누구를 위해 이 땅에서 젊은 피를 흘렸느냐"는 강한 메시지를 던지고 있습니다.
　일명 '설마리전투'라고도 부르는 임진강전투는 정확히 1951년 4월 22일부터 25일까지 4일간 그로스터부대가 중공군의 파상적인 공세에 맞서 용감히 싸운 영웅적인 철야혈투를 말합니다. 저자는 이 전투는 잘 훈련되어 조직되고 신무기로 무장된 용사의 용기, 전술 혹은 기술적인 우위가 승리의 수단이 되지 못했고 단순한 소모전에 불과 했다고 단정 짓고 있습니다. 그로스터 부대는 혼전에 혼전을 거듭하면서 중공군을 낫으로 풀을 베듯 쓰러뜨렸지만 인해전술에는 속수무책이었기 때문입니다. 중공군은 사상자가 얼마나 발생하던 상관없이 끊임없이 인원을 보충했고 그 많은 사상자에도 불구하고 계속 증가하는 기현상이 연출되었습니다. 저자는 고귀한 인명을 경시하는 인본주의 파괴 현장의 한 복판에 서있었던 것입니다.

마침내 부대가 와해되고 중공군에 붙잡힌 저자의 2년 4개월간의 포로 행로는 인간의 인내심 한계가 어디까지 인지 실험해보는 드라마와 같았습니다. 7번이나 탈출을 시도하여 '동토의 땅'을 헤맨 저자는 목숨을 걸고 자랑스러운 영국군인의 본분과 명예를 지켰던 것입니다.

그래서 번역판 제목도 벽안(碧眼)의 이국인이 이땅에서 겪은 처절한 무용담을 간추려 ≪한국인만 몰랐던 파란 아리랑≫으로 바꾸었습니다.

'한국전쟁 정전협정 50주년'을 맞은 올해 세계 각국에서 참전용사들이 한국을 찾아 그 때의 격전지를 되돌아보고 있습니다.

반세기만에 한국을 찾은 참전용사들은 한국의 발전상과 한국사회모습에 남다른 감회를 보이고 있습니다.

그러나 북핵문제로 다시 전운이 감돌고 있는 한반도 사정에 참전용사들은 "자유와 평화를 위해 우리가 치른 희생을 한국의 젊은이들은 되새겨야한다"고 충고하고 있습니다.

"한국인들의 중년이상은 우릴 환영하고 젊은층은 무관심하다"는 참전용사들의 지적을 귀담아 들어야 할 때 인 것 같습니다.

그래서 《한국인만 몰랐던 파란 아리랑》이 우리가 처한 현실을 직시하고 우리가 평화와 번영의 길로 나가기 위한 지침서가 되기를 기대합니다.

영국에서 지난 50년동안 꾸준히 쇄를 거듭하고 있는 원작 《대검의 칼날 – The Edge of the Sword》을 번역한 김영일 박사와 권두언을 써주신 강영훈 전 국무총리, 감수를 맡아주신 군사편찬연구소, 그리고 출판에 도움을 주신 주한영국대사관에 감사드립니다.

2003. 9.
성 대 석 (사단법인 한국언론인협회 회장)

사 명감으로 번역한 옮김이의 말

약 십년전, 1994년경에 파라-호커리 장군으로부터 그의 저서인 《The Edge of the Sword》한 권을 받아 읽으면서, 나는 마치 내 스스로가 의정부 북쪽의 임진강변에서 중공군과 백병전을 벌이고 있는 것과 같은 착각에 빠져들었습니다. 그리고 그 기억은 아직도 선명합니다.

세계전사에 빛나는 그로스터 부대의 임진강 전투를 생생하게 그린 이 책은 나에게 큰 감동을 준 반면 영국에서는 세월이 흘러도 쇄를 거듭하여 출판되고 있으나 정작 이 책의 무대인 우리나라에서는 번역판 한번 나오지 않았다는 사실에 부끄러움을 금치 못하였습니다.

그래서 내 손으로 번역판을 내어야겠다고 결심하였습니다.

중공군 3개사단의 인해전술에 맞서 대대원 800명중 50여명만이 포위망을 뚫고 살아남은 처절하고 용맹무쌍한 전투! 결국 탄환과 식량의 소진으로 그로스터 대대가 와해될 수밖에 없었지만, 저자는 그 과정을 한편의 드라마처럼 실감나게 엮었습니다. 또한 이어진 포로 생활에서 중공군과 북한군의 끈질긴 세뇌 공작에도 굴복하지 않고, 군인으로서의 본분과 명예를 끝까지 지키면서 물리적 정신적 한계를 뛰어 넘는 과정을 담담한 필치로 그린 불멸의 기록입니다.

불의의 압박 속에서는 하루도 살지 못하는 성격을 지닌 저자는 1953년 8월 31일 판문점으로 귀환할 때까지 일곱번이나 탈출을 시도 하였고, 마지막에는 한만 국경 벽동포로수용소에서 얼어붙은 압록강을 따라 서해안으로 탈출을 시도 하였습니다. 누가 보아도 무모한 탈출 이지만 죽음을 각오하면서 까지 자유로워지려 했던 그의 갈망…. 읽기 시작하면 완독할 때까지 손에서 놓을 수 없게 만드는 이 책은 "목숨을 걸고", "목숨을 바쳐" 라는 말이 무슨 뜻인지를 행동으로 보여 주고 있습니다.

저자에 의하면, 원본 제목 ≪대검의 칼날 - The Edge of the Sword≫는 구약성서 집회서 28장 18절에서 원용하였는데, 그 배경은 전쟁에서 총을 맞고 쓰러지는 피해보다는, 중공군이 허위와 극악한 방법으로 포로를 기만하고 회유하려 했던 심각성에 초점을 맞춘 것입니다. 곧 강한 믿음과 정신력이 협박과 회유보다 강하다는 의미를 지니고 있습니다.

원본의 초판은 1954년 영국에서 출간되어 50년이 지난 지금에도 쇄를 거듭하고 있습니다. 반세기에 걸쳐 읽혀지고 있는 셈입니다.

그간 회사 업무로 번역을 미루어 두었다가, 지금 한국 사회에서 일고 있는 묘한 사회 풍조를 보면서 이런 책을 통해 우리의 과거를 더듬어 보고 앞날의 올바른 방향을 제시 하는데 도움이 되리라고 생각하여 '한국 전쟁 휴전 협정 50주년'에 맞추어 번역서를 출판하게 되었습니다.

아이로닉 하게도 영국군 참전 포로들이 수감되어 있던 벽동포로수용소 가까이에 있던 천마 한국군 포로수용소에는 나의 형인 김영권 대위가 초산 전투에서 포로가 되어 감금 되어 있었습니다. 형님은 포로 교환 때 귀환하지 못한 6사단 8057부대 군의관 이었기에, 이 책의 번역이 나에게는 더욱 실감이 났고, 번역 작업 내내 안타까운 마음을 떨쳐버릴 수가 없었습니다. 나아가 한국전쟁 중의 한국군 포로에 대한 깊은 연구와 함께, 아직도 귀환하지 못한 한국군 포로에 대해 우리 모두가 깊은 관심을 가져야 한다는 생각을 지울 수 없었습니다.

다시금, 아무런 연고도 없는 이역만리 한국 땅에 파병 되어, 이름 없는 곳에서 자유와 명예를 위하여 싸우다 산화한 영국 그로스터 대대 장병들의 명복을 빌면서 이 책을 그 분들께 바칩니다.

2003. 9.
김 영 일 (㈜우일 대표이사)

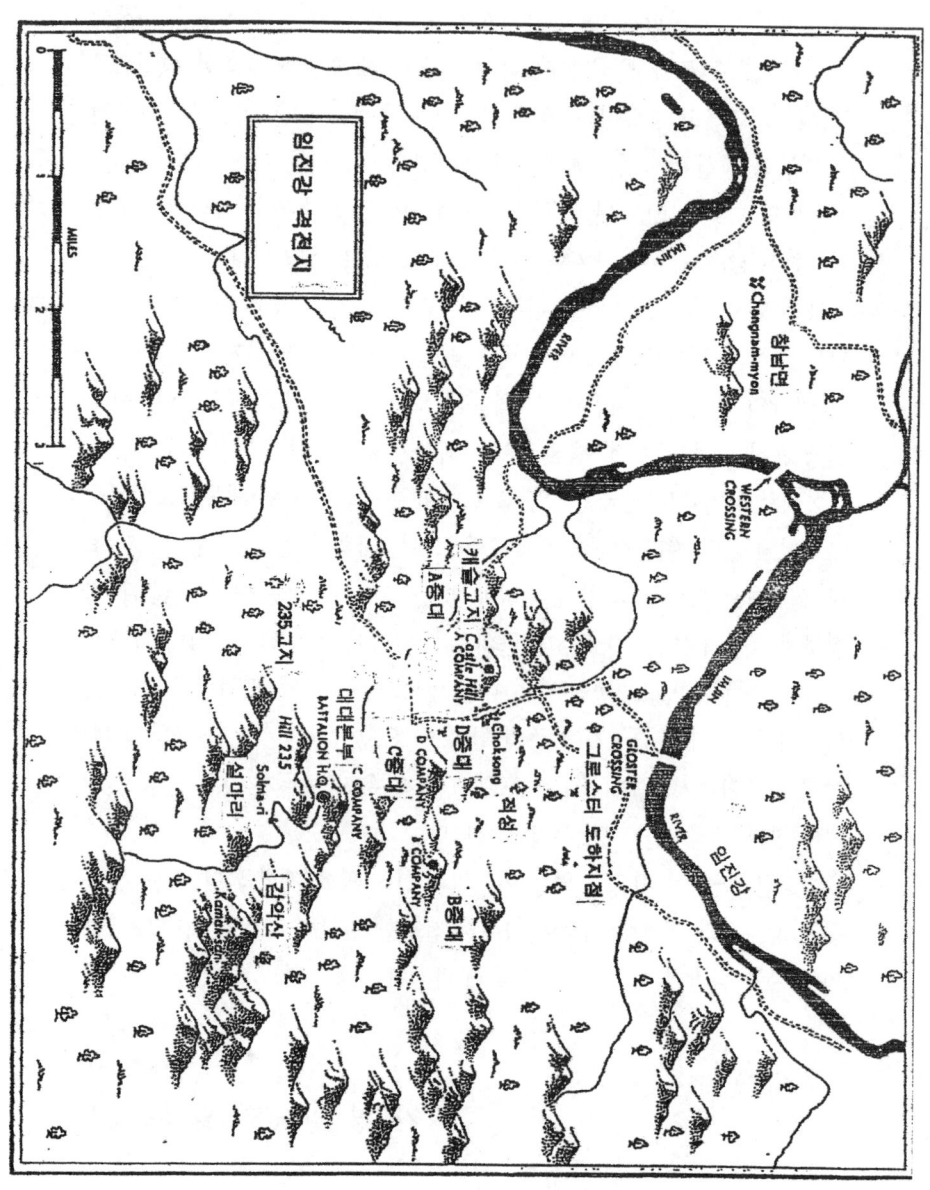

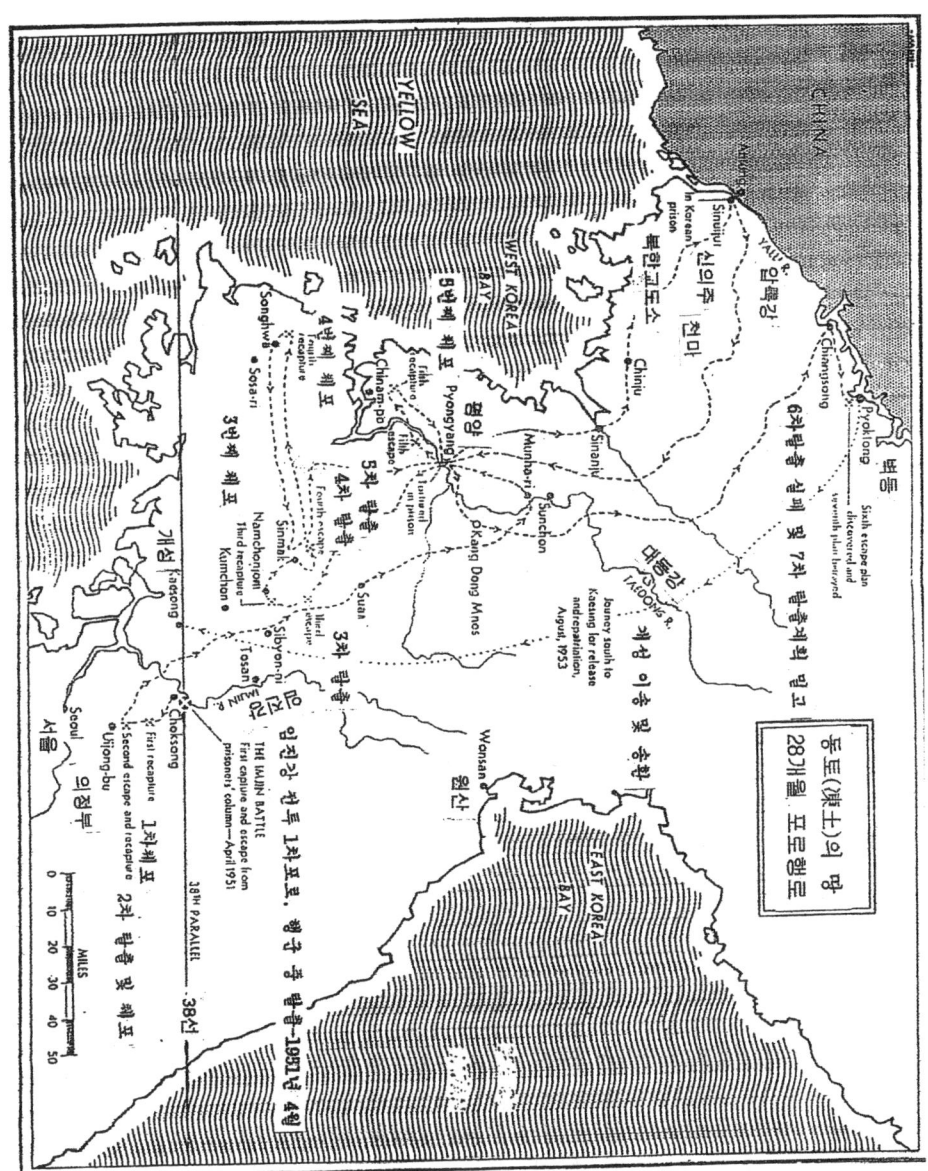

영국군 제 29 여단과 그로스터 대대 지휘관계

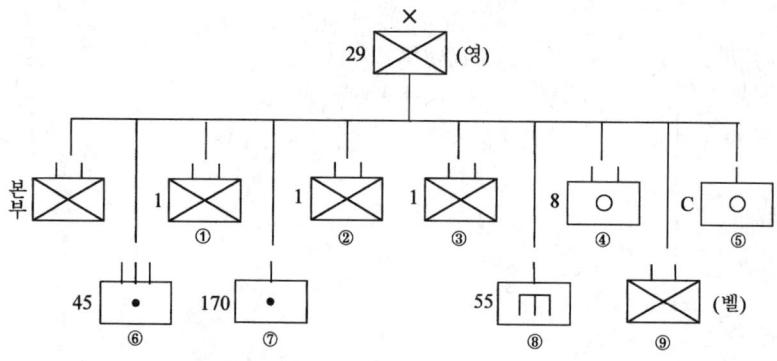

① 제 1 퓨질리어대대(1st BN Royal Northumberland Fusiliers)
② 그로스터셔연대 제 1 대대(1st BN The Gloustershire Regiment)
③ 제 1 얼스터소총대대(1st BN The Royal Ulster Rifles)
④ 제 8 경기갑부대(8th Royal Irish Hussars)
⑤ 제 7 전차연대 C중대(C Squadron 7th Royal Tank Regiment)
⑥ 제 45 포병연대(45th Field Regiment Royal Artillery)
⑦ 제 170 박격포포대(170th Independent Mortar Battery Royal Artillery)
⑧ 제 55 공병중대(55th Field Squadron Royal Engineers)
⑨ 벨기에 룩셈부르크 대대(The Belgian BN-Luxembourg Infantry Detachment)

"이 책을 한국전쟁에 참전하여
용감하게 싸우다 장렬히 산화한
영국의 젊은 영웅들에게 바칩니다."

한국언론인협회

차례

책머리에 부쳐 | 6
역사의 교훈을 되새기며 | 8
사명감으로 번역한 옮김이의 말 | 10
나의 전우인 제29 독립보병연대 장병들에게 바침 | 18

제1부 임진강전투 영국군 부대의 장렬한 최후

프롤로그 – 폭풍전야(暴風前夜) | 23

1951년 4월 22일 – 중공군 춘계(春季) 대공격 | 28

1951년 4월 23일 – 인해전술, 낫으로 풀 베듯 | 43

1951년 4월 24일 – 기술적인 전술도 무위 | 66

1951년 4월 25일 – 와해되는 그로스터 부대 | 83

제2부   파라 - 호커리 대위, 28개월 포로행로

1. 포로행로의 시작 | **111**
2. 탈출의 연속 | **144**
3. 부은 다리로 피곤한 행군 | **161**
4. 지루한 심문과 정치학습 | **181**
5. 움직이면 쇠창으로 찔러 | **205**
6. 고마운 한국인 농부가족 | **217**
7. 신의주 북한경찰에 넘겨져 | **231**
8. 제네바협정은 부르주아 반동도구 | **246**
9. 얼굴에 수건 덮고 물 부어 | **266**
10. 죽어가는 포로들 | **286**
11. 영하40도 추위에 방치 | **309**
12. 13개월 만에 받은 아내편지 | **324**
13. 햇빛 그림자로 시간 계산 | **346**
14. 벽동수용소의 소프트볼 경기 **358**
15. 칠전팔기(七顚八起), 7번째 탈출시도 | **372**
16. 휴전협정, 자유로의 귀환 | **397**

나의 전우인 제29 독립보병연대 장병들에게 바침

　이 책은 한국전쟁 때 임진강 전투에 임했던 그로스터 부대(역자 주 : 그로스터란 그로스터셔 여단의 약어임. 영국의 경우 보병여단은 지역 단위로 모병을 하며 그로스터셔 여단은 영국 남서부의 한 주(州)인 그로스터셔 출신의 장병들로 이루어짐. 한국전쟁 때 영국군 토마스 브로디 준장이 지휘하는 영연방 29 여단인 그로스터셔 부대는 그로스터 대대, 얼스터 대대 및 퓨질리어 대대와 배속 받은 벨기에군 1개 대대로 이루어져 있었는데 이 책에서 말하는 그로스터 부대는 그로스터셔 여단 제 1대대를 말함)의 이야기입니다.
　또한 이 책은 그로스터 부대, 얼스터 소총부대, 퓨질리어 부대 및 제 8 경기갑부대의 장병, 포병, 공병, 의무병과 군목들이 전장에서 어떻게 싸웠나 뿐만 아니라 비인도적인 적에게 사로 잡혀 소름 끼치는 여건 하에서 어떻게 포로생활을 하였나에 관한 생생한 기록입니다.
　당시의 전투에서 뿐만 아니라 그 후 임무수행에 있어서도 뛰어났던 그로스터 대대의 부관 파라-호커리 대위는 자신이 겪었던 전투와 포로생활을 일찍이 내가 본 적이 없는 생생한 묘사로 마치 실제로 눈앞에 펼쳐지는 듯이 그려 내었습니다.
　따라서 이 책은 모든 군인과 예비 군인들의 필독서입니다.
　이 책을 읽음으로써 모든 군인들은 진정한 수련과 영감을 주는 통솔력이 무엇인지, 연대의 전통과 여단정신이 부대 내에서 어떤 역할을 하는지, 그리고 각자가 얼마나 높이 이런 정신을 승화시킬 수 있는지를 배울 수 있을 것입니다.
　군인들뿐만 아니라 일반인들도 어떤 이유로 영국이 아직도 전 세계가 부러워하는 무엇인가를 갖고 있는지를 이해할 수 있을 것입니다.

본인은 이 책의 머리말을 쓰게 된 것을 대단한 영광으로 생각하며 이 책에 등장하는 모든 장병들에 대해 소상히 알게 된 것을 더욱 자랑스럽게 생각합니다.

(이 글은 1954년 《The Edge of the Sword》 초판발행 당시 머리말을 옮겨 실은 것입니다)

영국보병 제1사단본부 중동부 육군 제27부대
토마스 브로디 준장

제 1 부

임진강전투 영국군 부대의 장렬한 최후

프롤로그
폭풍전야(暴風前夜)

대대의 최전방은 여러 날 동안 아무런 움직임도 없이 조용했다. 다만 이따금씩 자기 농지에 집착한 나머지 전쟁 통에도 피란을 가지 않은 흰옷을 입은 한국 농부가 눈에 띄었다.

건조한 4월에 졸린 듯 느긋하고 게으르게 굽이치는 임진강의 북안에는 정적이 흐르고 있었다.

테리와 알란이 포착했던 적의 정찰병이 사라지고 난 후 임진강 북안의 붉은 언덕에는 아무런 움직임도 보이지 않았으며, 12마일에 걸친 무인지대를 제8경기갑부대 탱크를 앞세워 2일간 열심히 전투상대를 찾아 다녔으나 성과가 없었던 그로스터 도하지점(역자 주: 수심이 얕아서 임진강을 건널 수 있는 적성 근처의 여울을 말함) 건너편에도 역시 아무런 움직임이 없었다.

정말로 아무런 움직임이 없었다.

물론 적이 아직 완전히 후퇴하지 않은 것은 확실하였다. 우리는 한강을 건너 밀어 붙여 적을 쳐부수었지만 그 승리는 일시적인 것에 불과했다. 왜냐하면 적은 너무 많고 우리는 너무 적은 숫자였기 때문이다. 적은 풍부한 군사력을 가진 중공(역자 주: 지금의 중국을 말함)을 끌어들여 새로이 많은 수의 중공군과 장비, 탄약을 보급 받고 또 다른 기만으로 군사들의 감정을 선동하여 우리에게 일격을 가하기 위해 우리가 미칠 수 없는 후방 멀리 물러나서 재집결을 시도하고 있었다.

그래서 우리는 기다렸고 기다리면서 적의 동태를 지켜보고 있었다.

강의 남쪽 제방으로부터 계속 융기(隆起)하는 긴 경사면의 오른쪽을 절단해서 만든 비포장도로를 한눈에 내려다 볼 수 있는 캐슬고지(역자 주: 148고지를 말함) 앞에는 A중대 팻트의 부하들이 진을 치고 있었다. 다른 중대와 마찬가지로 A중대에도 베테랑 군인과 신병이 섞여 있었으며 중대원들은 전 대대 중 자신들이 최정예 중대라고 자부하고 있었다. 그들은 팻트의 기질에도 영향을 받았지만 과거의 전투에서 쌓은 경험으로 인하여 다른 중대와는 사뭇 다른 특성을 보여주고 있었다.

드문드문 집들이 흩어져 있는 적성 마을에 이르는 길 건너편에는 D중대가 위치하여 강으로부터 동쪽으로 뻗은 길의 측면을 지키고 있었다. 이 길은 그로스터 도하지점을 지나 여러 마을과 촌락을 끼고 돌며 북쪽 언덕을 굽이쳐 시변리의 낡은 도로까지 뻗어 있었다. 캐슬고지 보다 조금 높은 언덕지대에 흩어져 있는 D중대는 밤에는 A중대와 같이 정찰하고 낮에는 강의 언덕 건너편 계곡과 고지를 지키고 있었다. D중대장 레크리는 협조 회의가 필요하거나 차를 한 잔 같이 마시고 싶을 때는 이 높은 고지로부터 내려와 중간지점에서 팻트와 만나곤 했다.

고갯길 꼭대기에서 이 길은 서쪽으로 꺾인 다음 팻트의 방어선 뒤 넓은 계곡으로 내려가면서 두 갈래로 나뉘어 지고 있었다. 길 한 갈래는 계속 남쪽으로 뻗어서 가파른 절벽 사이의 언덕까지 연결되었는데 그 언덕의 서쪽 정상인 235고지는 스파이크의 선발대가 확보하고 있었다. 계곡이 시작되는 동쪽으로는 모든 부대시설을 한눈에 내려다 볼 수 있는 감악산의 날카로운 봉우리를 뒤로하고 C중대와 B중대가 배치되어 있었다.

보급부대인 샘의 부대는 상당히 산만하게 흩어져 있었다. 적성은 다른 어느 곳보다도 방위하기 어려운 위치에 있었다. 스파이크 소대는 보병이기 때문에 전차에 대항하여 다양한 역할을 담당하고 있었다. 테오의 기관총 부대는 견고하고 성능 좋은 수냉식 빅커총(역자 주: 1912년부터 1968년까지 영국군에서 주로 사용하던 303구경의 중기관총으로 수냉식이어서 상당히 오랫동안 쉬지 않고 발사할 수 있었음)으로 공격해 오는 적에게 불을 뿜을 수 있는 언덕지형에 여기저기 흩어져서 포진하고 있었다. 이들에 비해 그래햄의 포 부대는 한 군데에 모여 있었다. 이 박격포 부대는 C중대 후면을 따라가다가 개울 건널목 옆에서 완전히 꺾여 적성을 향해 북쪽으로 뻗은 도로와 개울 사이에 위치한 네모꼴로 판 요새에 포진하고 있었다. 그리고 개울 건널목 양쪽으로 대대 본부가 위치해 있었다.

이 대대 본부에 요크 대공작(역자 주: 빅토리아 여왕의 숙부이며 장군으로 '오, 요크 대공작' 등의 영국 동요에 자주 등장함) 같이 산전수전 다 겪은 헤스켈의 자랑인 우리의 낡은 장갑차가 서 있었고 그 주변에 통신 차량과 가이의 포 부대 트럭이 위치하고 있었다. 연대 의무실도 이곳에 있었는데 여기서 봅이 주중에는 약을 조제해 주고 주말이면 셰리 포도주를 제공해 주기도 하였으며 밀스가 지친 부상병들에게 마사지를 해주곤 했다. 또 망원경으로 적진을 정찰하느라 미동도 않고 잠복근무를 한 후 피곤에 지친 몸으로 돌아온 척후병도 이 대대 본부에서 휴식을 취하였다. 적성으로 가는 길을 브렌총(역자 주: 한국전쟁 때 영국군들이 사용한 303구경의 경기관총으로 매우 정확함)으로 엄호하는 헌병부대도 이 곳에 위치하고 있었다. 취사를 담당하는 왓킨, 스토크리 이등중사와 그들을 보조하는 취사병들도 여기서 병사들의 다음 식사를 준비하고 있었다. 밖에는 'RSM'(역자 주: 대대에서 모병한 사병들 중 가장 높은 계급인 연대 일등상사를 의미하는 영문 머리글자)이라고 써 붙였고 그 안에는 호화스런 비품들이 갖춰져 있다고들 하는 텐트에서 그 임자와 텐트를 같이 쓰는 스트롱이라는 이름에 걸맞은 다부진 체구의 체력단련 담당관이 나타났다. 그 전방에는 양 길을 따라 고적대(역자 주: 원래 전투병이지만 필요에 따라 고적대 역할을 하는 이등중사 부대)가 진을 치고 있었다. 여기 이 개울 건널목 옆에 '56-본부'(역자 주: 전술적으로 그로스터 부대 - 그로스터셔 여단의 제1대대 본부를 나타내는 간판)라고 쓰인 간판이 설치되어 있었다. 이상이 적성지역에서 주둔하고 전투에 임했던 그로스터셔 연대의 제1대대 본부 주변 상황이었다.

그러나 이것이 전부는 아니었다. 대대 본부 전방에는 대대의 전투분대인 프랭크의 중화기 부대가 있었다. '독립' 중화기 부대! 그렇다. 심지어 악명 높은 지원 중대조차도 비록 고참병들로 구성되어 있기는 하지만 긴 4.2인치 박격포를 익숙하게 다루는데 힘이 딸릴 정도로 늙지는 않은 이 중화기 부대의 단련된 체력을 능가할 수는 없었다.

역시 전방에 위치한 가이 포 부대의 관측소에는 A중대의 젊은 부르스, D중대의 로니, 그리고 바로 인접해서 데니스 중대 본부의 레키가 있었다.

이 곳으로부터 4마일 뒤쪽에는 후방본부가 자리 잡고 있어서 여기에 행정용 차량들이 대기하면서 후방으로부터 불필요한 사람들의 출입을 차단하고 밤새도록 불침번을 서느라고 지쳐서 돌아오는 병사들을 환영하고 있었다. 그들 뒤로는 연대 일등상사에게 항상 양말(역자 주: 전방 전투장병에게 있어서 마른 양말은 가장 선호되는 군수품임)을 가져다주겠다고 약속을 하곤 하는 존과 프레처 일등중사가 있었다. 그리고 그 후방의 의정부에는 우리가 매일 필요로 하는 여러 가지 군수용품을 주문하고, 청구하고, 부탁하고, 요구하고 경우에 따라 때로는 훔쳐오기도 하는 프레디와 그의 후방 보급부대가 있었다.

이 두 전선 사이에 약간 동쪽으로 치우쳐서 우리부대 소속 제70야전 포 중대 - 가이의 포 중대 - 를 포함하는 45야전 여단에 소속된 25파운드 소대들을 배치시켜 놓고 있었다.

A와 D중대 또 B와 C중대는 산 정상이나 계곡 및 강을 따라 설치해 놓은 중대의 전방 관측소 또는 청음초소에서 쉴 새 없이 눈으로 감시하고, 야간에는 유무선 통신망을 이용하여 수상한 소리가 들리지 않는지 감시하고, 중화기와 기관총을 든 사수들은 수술도구와 붕대를 갖춘 외과의사 들처럼 만반의 준비를 하고 기다리고 있었다.

그렇게 우리 모두는 기다리고 있었다.
우리는 1951년 4월 22일까지 기다리고 있었다. 그리고 그날 전투가 시작되었다.

1951년 4월 22일

중공군 춘계 총공격

　보리스를 만나러 여단본부로 갔던 나를 운전병 쇼가 다시 대대본부까지 데려다 주었다. 화창하고 따뜻한 오후에 지프는 북쪽으로 구불구불 휘어진 언덕길을 따라 올라갔다. 후방 대대본부를 지날 때 나는 도날드 부관을 보았고 우리는 서로 손을 흔들었다. 잠깐 차를 정차시키려다가 세 시간이나 부대를 떠나 있었고 대낮이기 때문에 그냥 지나쳐 갔다.

　대지와 바람결에 4월의 싱그러운 향기가 묻어나고 있었다. 관목과 키 작은 참나무의 줄기들은 아직 앙상한 겨울의 흔적을 털어버리지 못했으나 봄기운으로 산허리에는 새로운 생명이 꿈틀거리고 있었다. 감악산 밑 언덕의 정상에 도달한 후 우리의 목적지까지 뻗어있는 계곡의 평평한 경사를 따라 내려가고 있었기 때문에 쇼는 고단 기어를 넣었다. 나는 담배에 불을 붙였고 마지막 긴 코너를 돌 때까지 우리는

▲ 안소니 파라-호커리 대위.

이야기를 나누었다. 우리는 개울가에 임시로 만든 주차장과 참호들이 모여 있는 곳에 도착했는데 우리는 이곳을 '숙소'라고 불렀다.

쇼는 차를 정비하러 갔고 나는 장갑차가 세워져 있는 쪽으로 걸어갔다. 리차드라는 통신장교가 승강판에서 나를 마중해 주었다.

"헨리는 어디 있지?"

내가 물었다.

"그는 대대장님과 같이 갔네."

리차드가 말했다.

"어디로?"

"모두들 강으로 갔어. 무슨 문제가 생긴 것 같아. 그 일에 관해 듣지 못했나?"

아무 것도 들은 것이 없었던 나는 정찰차를 불러 타고 적성 쪽으로 향했다. 가는 도중에 예이츠 운전병이 한두 시간 전에 관측소에서 그로스터 도하지점을 향해 남쪽으로 움직이는 적군의 동정을 목격했다는 소식을 전해 주었다. 아직은 큰 부대의 공격이 아니고 아주 소수의 적군 정찰대의 순찰일 가능성이 높았다. 이상한 것은 그렇게 오랫동안 숨어 있었던 그들이 하필 몸을 숨기기 어려운 대낮에 소수의 정찰부대를 노출시켰다는 점이다. 과연 고의로 그런 것인지 아니면 기만작전인지, 또는 훈련을 제대로 받지 못한 병사들이 일으킨 실제 상황인지? 적성을 지나면서 나는 이런 생각을 했고 그로스터 도하지점으로 가는 길을 가로지르는 나지막한 언덕을 지나 그 북쪽에 위치한 절단면(切斷面)에 도달했다.

우리는 그 곳에서 멈추었다. 예이츠 운전병은 정찰차를 방공호에 숨겼고 나는 도보로 좀더 앞으로 나아갔다. 길은 약간 구부러져 있었고 그 지점에서는 강 건너편에서 움직이는 적을 관찰할 수 있도록 시야가 완전히 트여 있었다.

그 절단면과 강 사이는 평평한 논이었다. 강물이 수세기에 걸쳐 토양을 침식했기 때문에 강둑 밑으로 20내지 30피트, 어떤 곳에는 50피트까지 내려가서 강바닥이 형성되어 있었다. 강의 남쪽 둑 바로 옆에 폐허가 된 마을이 있었다. 서구 수준으로는 보잘것 없는 파괴되고 불에 탄 마을에 불과하지만 전쟁으로 양쪽 군대가 진격과 후퇴를 반복하기 전에는 그래도 이곳이 가난한 주민들의 보금자리였다. 1950년 크리스마스 무렵에는 임진강을 지키기 위해 한국군 1사단이 이 마을의 헐어진 지붕과 곧 무너질 듯 흔들거리는 벽 사이에 참호를 파서 방어선을 구축했었다.

길은 논을 가로질러 낮은 둑을 따라 가다가 약간 높은 제방에서 직각으로 꺾여 동네로 들어간 다음 네거리를 지나 경사진 절단면을 타고 내려가서 강가까지 연결되어 있다.

원래 이 곳은 수세기 동안 달구지가 다닐 수 있는 정도의 길이었지 비가 올 때 자동차가 통행할 만한 도로는 아니었다. 그러나 공병들이 길을 넓히고 보강해서 절단면의 경사를 완만하게 만든 다음 그 위에 철망을 깔고 물에 잠긴 다리의 위치를 나타내는 일련의 부표(浮漂)를 설치해 놓았다. 이 물에 잠긴 다리는 일본인들이 이 땅을 점령하여 지배하기 훨씬 전부터 조선 사람들이 만들어서 사용해 오던 건널목이었다.

이것이 바로 그로스터 도하지점이었다.

길 오른쪽 제방을 따라 몇 명이 엎드려서 반대편 제방을 감시하고 있었다. 다시 쳐다보니 그 곳에 대대장과 정보장교인 헨리가 있어서 나는 그들에게 다가갔다.

"헨리, 무슨 일이야?"

그는 요리조리 뚫린 길을 따라 제방을 올라갔다.

"저기야."

그가 한 방향을 가리키면서 말했다. "몇 명 안 되지만 저것이 우리가 목격한 네 번째 부대라네. 대대장님께서 포격을 지시하셨어."

잠시 후 강 건너 고지 가장자리에서 작은 섬광이 번쩍 했다. 연속적으로 내뿜는 검은 연기는 곧바로 미풍에 날려가 버렸다.

"이 포격이 그들을 조금 괴롭힐거야."

헨리가 말했다.

대대장은 안경을 내려놓고 지도를 보기 시작했다. 나도 합류했다.

"이것은 실제 상황인 것 같다."

그가 말을 했다. "기만전술에 불과한 것일지도 모르지. 동쪽 정찰활동에 대해서는 이런 보고들을 여러 번 받았었는데 이번 것은 그런 것이 아닌 것 같다. 오늘 밤에는 적의 공격에 대해 50% 경계태세를 유지해야 할 것이다. 등화를 끄고 C중대 전투 척후병들을 이리로 오게 하여 그로스터 건널목에 잠복시키는 것이 좋겠다. 척후 대장에게는 내가 직접 브리핑을 하겠다."

나는 순찰차를 타고 대대본부로 돌아가서 보초와 경보 단계에 대한 암호를 작성한 다음 C중대의 중대장 폴에게 전화로 잠복근무에 대해 알려 주었다. 폴은 척후대가 가이도 소대로부터 차출되어야 한다며 가이도와 함께 브리핑에 참여하러 오겠다고 했다.

헨리가 장갑차에 와서 그로스터 건널목에 잠복을 완료했음을 알리자 모든 조명등이 꺼졌다.

"헨리, 모두에게 이 사실을 알려줘라."

대대장이 말했다.

나의 붙박이 책상 앞에는 우리들의 위치를 표시해 놓은 1인치 축척(縮尺)의 지도가 펼쳐져 있었다. 이 지도 상에는 적이 시골길을 따라 수도 서울에 접근하는 것을 방어하는 임무를 나타내는 기호들이 불규칙하지만 알아볼 수 있게 표시되어 있었다. 이 지도로 인하여 우리는 흐르는 개울물 소리만 들리는 이 조용한 대대본부에서도 개개의 고지, 참호, 무기, 그리고 전투가 개시되면 어떤 병사가 그 전투에 참여하여 싸울 것인지와 같은 세부적인 사항들을 어느 위치에 배치된 병사들보다도 더 잘 알고 있었다.

나는 맞은편의 대대장을 쳐다보았다. 다리를 꼬고 앉아 한 손을 무릎 위에 얹어놓고 파이프로부터 굵은 고리 모양으로 피어오르는 푸른 회색의 담배연기를 내뿜으면서 그는 생각에 잠겨 있었다. 전투가 시작되기 전에는 어느 지휘관이든 자신의 휘하 병력, 작전계획 및 전투결과에 대한 예상 등을 한번 따져 보는 시간을 가지게 마련이다. 과거의 전투에서 얼마나 성공적이었든 관계없이, 전투가 계속되는 상황에서 각 전투마다 최소한 잠시 동안이나마 미심쩍어 하고 전투결과에 대해 걱정을 해보는 것이다. 초소, 부비트랩 및 경보조치 등에 대한 비밀을 유지해야 하므로 지휘관이 야간에 병사들을 돌아보면서 그들의 대담한 용기에 고무되어 자신의 정신력을 강화시킬 수는 없는 것이다.

차츰 시간이 지나면서 각 분대, 소대 및 중대의 전선에서 전방을 감시하고 있는 병사들의 눈이 자주 뇌리에 떠올랐다. 동쪽으로 그리고 서쪽으로 인접한 대대 사이에서 영국군, 벨기에군, 소총수, 푸에르토리코군, 미군, 터키군, 한국군들이 어둠 속을 뚫어지게 주시하고 있을 것이었다. 그리고 건널목을 표시하는 부표로 띄워 놓은 50갤런짜리 드럼통들을 치고 강물이 철썩거리며 흐르고 있는 그로스터 도하지점에는 마을의 파괴된 벽 위로 떠오른 달이 검은 강물을 비추고 있는 가운데 제7분대원 16명이 경계태세를 유지하고 있었다.

"저기 건널목에 사람이 나타났습니다."
누군가가 소리쳤다.
가이도가 건너편의 북쪽 강둑을 쳐다보니 네 사람이 어설프게 강을 건너오고 있었다. 처음에는 무릎까지만 물에 잠겼으나 차츰 허벅다리까지 그 다음에는 허리까지 물에 잠기면서 그들은 전진해 오고 있었다.
밤바람이 예전에 한국군이 사용하던 참호를 스치고 지나갔다. 매복병이 잠에서 깨어나 완전한 경계태세를 갖추기 직전에 – 그리고 바로 임박한 전투 작전의 충격을 마음으로 받아들이고 그것에 익숙해져서 여유를 되찾기 직전에 – 내뿜는 한숨소리와도 같았다.
이제 네 사람 중 첫 번째 도하병(渡河兵)은 강을 거의 다 건너왔고 세 사람이 더 건너오기 시작하는 것이 보였다. 차가워 진 몸으로 물살을 헤치며 강을 건너오는 소리가 강가에 철석거리는 물소리와 부표를 치고 흐르는 강물소리를 뚫고 들려오는 것 같기도 했다. 이제 그들의 형태는 선명해졌고 달빛에 비친 그들의 군모와 군복 그리고 그들이 가진 무기의 형태가 눈에 들어 왔다. 벌써 이쪽 강변의 무릎 깊이까지 건너왔고 곧 강물을 벗어나 뭍으로 나와서 절벽의 절단된 경사면을 타고 올라 올 태세였다.

강물이 돌과 부표와 강을 건너오는 도하병 들에 부딪쳐 출렁대는 소리 외에는 아직 아무런 소리도 들리지 않았다. 두려움에 질린 외침 소리도 없었고 도망가는 소리도 들리지 않았으며 공포의 총성도 없이 4월의 밤은 고요하기만 했다. 이 사람들의 움직임은 의연했다.
 이들은 자신들의 접근에 대한 경각심을 불러일으킬 만한 기침소리도 내지 않았고, 담배를 피워 물지도 않았으며 아무렇게나 총을 둘러메어 부딪치는 소리를 내지도 않았다. 이들은 잘 훈련이 되어 있었다. 달빛에 비친 일곱 사람의 형태가 계속 다가오고 있었다. 시시각각 이들의 얼굴과 무기와 복장이 선명해 졌다. 20야드, 15야드, 10야드, 이제 5야드 앞까지 다가왔다.
 지금이다.
 경기관총이 발사됐다. 그 순간 절벽 사이의 강을 따라 동서 양쪽으로 총성의 메아리가 울려 퍼지면서 적막은 깨어졌다. 캐슬고지 남쪽 경사면에서는 총소리에 놀란 병사들이 어떤 새로운 일이 벌어지는지 알아보려고 눈과 귀를 강 건너편에 집중시키고 있었다. 강 건너 북쪽에 어제까지 우리가 샅샅이 뒤졌던 언덕을 따라 알 수 없는 적군이 기다릴지도 모르는 상황이었다.
 피비린내 나는 물이 거품을 일으키며 씻어 내리는 물가에서 마지막 신음을 토해내고 있는 가여운 한 사람을 제외하고 나머지 여섯 사람은 빠르게 흐르는 물에 쓸려 내려가 눈앞에서 사라졌다.
 그러나 강 건너편에서 그보다 더 많은 적군이 함성을 지르고 총을 쏘면서 강물로 뛰어들고 있었다. 이 쪽에 저항이 있음을 알게 된 그들은 이제 아무렇게나 소리를 질러대며 강을 건너오고 있었다. 일곱 명, 열일곱 명, 스물일곱 명, 삼십명, 아니 삼십 명 이상이 물살 때문에 무거워진 다리를 높이 쳐들면서 그리고 숨이 차 헐떡거리면서 복병의 세력을 숫자로 압도하려고 소리소리 지르며 비틀비틀 강을 건너오고 있었다. 메아리치는 총소리는 이제 전부 그들의 것이었다. 그들은 자동기관단총인 벌프총을 탄약이 완전히 소진될 때까지 쏘아댔다. 절벽 정상을 향해 쏘아대기도 했고 텅 빈 동네의 관목 울타리와 흙 담벽을 파괴하기도 했다. 이 침략자들은 절대 총격을 중단하지 않았으며 강의 북쪽 제방에서는 그 동지들이 중·경기관총으로 강 건너 이쪽의 절벽까지 지원사격을 해왔다. 그리고 밤하늘에 박격포가 포물선을 그리며 발사되었다. 섬광이 끝없이 이어졌다. 무심한 강물 위의 공기는 폭발음으로 진동을 했다.

언덕 정상에 있는 척후병으로부터는 아직 아무 반응이 없었다. 남쪽 어느 지점에서 그렇게 고대하던 소리가 감청되었으며 그것이 북쪽 강둑과 강변을 향해 우리 포부대가 쏜 포탄이 떨어지는 소리임을 금방 알아챌 수 있었다. 계속되는 포탄의 섬광이 앞에 터진 포의 섬광 뒤에 피어오르는 검은 연기에 이어졌다. 그리고 박격포탄과 기관총 소리가 멈추면서 조용해졌다.

그러나 다시 적의 부대가 얕은 강물을 건너오기 시작했다. 바로 그 순간이었다. 잠복병들이 다시 발사를 시작하였다. 그들의 경기관총, 소총, 스텐 기관총은 절벽 밑에서 소리 지르고 있는 표적을 향하여 발사되었다. 선두에 선 적들을 향하여 수류탄을 던지기도 했다. 때때로 박격포탄의 섬광은 보름달빛을 순간적으로 더 밝게 했다.

이제 적군은 혼란에 빠졌다. 아직 부상을 입지 않은 적의 일부는 후퇴하려 했고 이미 강 한복판 깊은 곳까지 도달해 있었던 적은 후퇴하려는 동지들에게 소리를 지르며 손짓을 했다. 또 다른 적은 혼란에 빠져 건널목 바위 뒤에서 높은 소리로 서로 실랑이를 벌이고 있었다. 북쪽으로 되돌아가던 부상당한 두 사람은 힘없고 약해진 다리로 물살을 이기지 못하고 순식간에 떠내려갔다. 잠복병들은 이제 바로 자신들 아래쪽에 흩어져서 진퇴를 결정하지 못하고 우왕좌왕하는 새로운 표적을 발견하고 총격을 가했다. 새로운 섬광과 폭발은 적군에게 결심을 강요하고 있었다. 당황하여 강을 되돌아가던 몇 명의 나머지 적을 향해 방어하는 쪽에서 쏜 마지막 총격은 어물대는 적을 물에 빠뜨렸고 이들은 서쪽의 임진강 하구로 떠내려갔다.

이제 다시 잠잠해졌다. 잠복병들은 자신들의 무기를 점검했고 그들의 대장 가이도는 탄약을 점검했다. 절벽 위의 동네 벽 사이로 낮은 목소리의 이야기가 오가고 있었다. 물도 마시고 이마나 볼에 묻어 있던 검은 탄약 자국을 닦아내기도 했다. 따뜻한 4월의 밤이었다.

강의 반대편에서는 어떤 대가를 치르더라도 도강하려는 적군들이 맨 처음 도하병의 수보다 10배가 넘게 모여들고 있었다.

다시 강의 북쪽 제방을 내려오는 작고 검은 그림자들이 달빛에 비추어지고 있었다. 잠복병들의 방어선을 따라 말소리들이 오갔다. 다시 소총수들이 정확하게 사격을 했다. 검은 물위로 박격포가 날아갔다. 적막은 깨어졌다.

전투는 다시 시작되었다.

캐슬고지의 긴 언덕 오른쪽에는 D중대원들이 버티고 있었다. 이곳에서는 보병, 기관총 사수, 박격포와 관측소의 사수, 통신병, 의무병, 들 것을 나르는 병사가 경계하며 대기하고 있었다. 은신처에 몸을 숨긴 채 담배를 피우는 사람이 있는가 하면 자신들의 위치로 올라오는 달빛에 비친 경사면을 훑어보며 재투입되는 적의 검은 그림자가 없는지 땅이 움푹 파인 곳까지 샅샅이 탐색하는 사람도 있었다. 그들의 눈은 섬광과 폭발음으로 미루어 잠시 동안 격렬한 전투가 벌어졌음이 확실한 강과 건널목을 향하고 있었다.

남쪽과 동쪽으로 좀 떨어진 후방에는 대대의 다른 부대가 잠에서 깨어 경계태세를 갖추고 대기하고 있었다. 중화기 사격을 한 지 한참이 지난 뒤임에도 대대 본부가 위치한 계곡 입구에는 아직도 사격 소리가 메아리치고 있었다. 연대의무실에서는 의무병들이 의료기구를 챙겨 내놓고 있었다. 운전병, 군악대, 소총수와 통신병들은 각기 자신들의 임무를 수행하거나 대기하고 있었다. 주방에서는 특수한 차를 끓이고 있었다. 무전기로 야전연대의 통신을 경청하던 가이가 담배 연기로 자욱한 장갑차로 들어오고 있었으며 'G' 행정부서의 루카스 병장은 자신이 막 끓인 커피를 가지고 오고 있었다. 리차드는 가이도로부터의 새로운 전언을 갖고 왔다.
"적군은 아직도 집단으로 강을 건너려고 하고 있습니다."
리차드가 방금 들어온 대대장에게 보고했다.
"5분 후면 탄약이 바닥날 것 같답니다."
대대장은 가이와 나를 건너다보았다.
"3분 후에 철수를 시작하라고 전달하라."
대대장이 지시했다.
"가이, 자네가 마지막으로 한 번 더 집중포격을 해주었으면 한다. 우리 척후대가 강 남쪽의 첫 번째 절단면에 도달하는 즉시 자네도 그로스터 건널목을 버리고 철수하라."

그로스터 도하지점에는 또 한번 적막이 흘렀다. 적의 네 번째 도강 시도를 막 저지시켰던 것이다. 동네에서 풍겨 나오는 퀴퀴한 냄새와 폭약 냄새가 흐르는 찬 강물 냄새와 뒤섞여 있었다. 가이도의 탄약은 총마다 3줄 정도 남아 있었고 경기관포의 카빈총의 탄창은 반 정도 남아 있었다. 적군의 숫자로 보아 이정도 탄약으로는 적의 다음 번 공격을 막을 수 없었다. 가이도가 시계를 들여다보았을 때는 임무를 거의 마친 상태였다. 분침이 다음 눈금 가까이 가고 있고 초침은 위로 움직이고 있었다. 16개의 그림자가 하나씩 하나씩 동네를 벗어나 남쪽으로 미끄러져 갔다. 그들 중 몇 명이 제방에서 엄호를 하는 동안 나머지가 후퇴하고 이번에는 역할을 바꾸어 후퇴하던 병사들의 엄호를 받으면서 먼저 엄호하던 병사들이 후퇴하는 방식으로 그들은 첫 번째 절단면에 도달하였다. 그리고 그림자처럼 소리 없이 그들은 벼가 심어져 있지 않은 빈 논을 횡단하여 후퇴했다. 전투할 때와 마찬가지로 조용히 그들은 작은 참호로 철수하여 거기서 싸움을 계속하기 위한 준비를 하고 있었다. 그들 뒤에는 상처를 입지 않은 적군이 남아 있었으나 그 적군도 이미 충격을 받고 있었다.

캐슬고지에서는 고요한 어둠 속에서 소문이 퍼져나가고 있었다. 야전 무전기로 소식을 들은 통신병의 입을 통해 소문은 퍼져나갔다. 그리고 그 소문은 전화선을 통해 중대본부에서 소대로, 그리고 참호로, 작은 방공호로 또 귀에서 귀로 퍼져나갔다. 그리하여 가파른 언덕길을 따라 올라가서 그 소식은 옛 성 터 위에 진을 치고 있는 존의 소대에게도 알려졌다. 그러나 이 최전방에는 너무 늦게 전달되어 이미 최신 소식이라고 할 수는 없었다. 왜냐하면 소식이 중대에서 소대로 전달되는 동안 다른 소식통을 통하여 좀더 새롭고 좀더 심각한 내용의 소식이 전달되어 왔기 때문이었다.

"이것 봐, 잭. C중대 척후대가 막 돌아왔는데 많은 적군이 강 건널목 북쪽에 집결되어 있대."

다른 막사로 이 소식이 전달되느라 전화선 저쪽으로부터 상대방의 음성이 중얼중얼 들려왔다. 그러다가 상대방이 말했다.

"허풍쟁이야. 나도 소식을 전할 것이 있어. 우리 소대장님이 그 쪽 중대장님께 적군은 강북 쪽에만 있는 것이 아니라 우리 쪽으로 다가오고 있고 언제 앞문을 쳐들어올지 모른다고 전하라고 하네!"

A중대본부 통신병이 이 소식을 중대장 팻트에게 전하고 있는데 폭음소리가 수신기에서 들려왔다.

서곡은 끝났고 이제 제 일장의 막이 올라갔다.

무대는 어두웠고 처음에는 달빛 속에 언덕의 윤곽만 보였다. 그러나 우리는 수비대가 어디에 위치하고 있는지를 알고 있었다. 총의 쇠판에서 흐리게나마 반사되는 빛을 여기저기에서 볼 수 있었고 어둠 속에서 이따금씩 움직이는 물체를 느낄 수 있었다.

습격자들이 등장했다. 연카키색 군복을 입고 허름한 싸구려 면모자를 쓰고 고무창을 댄 신발을 신고 가슴과 등에는 탄띠를 교차되게 맨 수백 명의 중공군들이었다. 엉덩이에는 수류탄을 차고 있었는데 수류탄 자루는 감자를 으깨는 기구모양이었다. 그러나 열악했다. 끝이 뾰족한 모자 밑으로 검은 갈색눈동자가 '동무'들의 등을 쳐다보며 묵묵히 뒤를 따를 뿐이었다. 전투의 최전방에 배치된 자들만 일본군을 연상시키는 철모를 쓰고 있었다. 그들은 우리가 장개석 군에 공급했던 소총, 카빈소총, 벌프총(역자 주: 당시 중공군들이 사용했던 소련제 7.62구경의 기관총)과 토미총(역자 주: 미국제 .45구경의 반자동 기관단총)으로 무장했다. 그 뒤로 노새와 조랑말이 총과 탄약을 운반했다. 땀으로 젖은 등이나 두 사람이 어깨에 멘 대나무 막대기로 박격포와 기관총을 운반했다. 옥스포드차, 지프 또는 트레일러 등의 수송차량은 없었다. 전투에 필요한 이런 장비는 부족했으나 우리에게 가장 부족한 전투 병력은 그들이 충분히 가지고 있었다. 밤이 깊어 가면서 강둑에서 우리와 대치하고 있는 중공군의 수는 수백 명에서 수천 명으로 늘어났다. 서울로 가는 길에는 800명의 그로스터 영국군이 방어하고 있었는데 중공군은 어떤 대가를 치르더라도 이 길을 돌파하여 서울로 진격할 의지를 갖고 있는 듯했다.

원래 중공군의 계획은 단순히 우리의 정면을 소리 없이 야간 공격하는 것이었다. 그들은 자신들 좌측의 D중대와 우측의 A중대에게 격렬하고 압도적인 공격을 가하여 물리치고 나면 겁을 먹은 우리의 잔여 병력이 신속히 철수할 것으로 예상했었다. 그런 다음 최선은 유엔군 제 3사단의 좌측진영 전부를 일시에 파괴하거나 최악의 경우 서울로의 길을 연다는 계획이었다.

빨리 끝내는 것이 그들의 최대 목적이었다. 그러나 시간은 그들의 편이 아니었다. 적의 주력부대 위치를 파악하여 우리 편의 지휘부가 몇 안 되는 예비부대로 반격을 가하게 되면 수적인 우열과는 관계없이 그들은 전장을 장악할 수 없을 것이다. 공개적으로 전투할 기회가 주어졌을 때 우리의 전투 능력과 장비는 그들의 것보다 우수했다. 또한 일단 그들이 전략적 배치를 마친 후에는 우리의 취약점을 파악하여 그것을 이용하려거나 우리의 반격에 대비하기 위하여 부대이동이 필요한 경우에도 열악한 통신장비 때문에 신속한 재배치가 불가능했다.

따라서 그들의 목적은 자신들의 주력부대 위치를 우리가 파악하기 전에 서울로의 접근을 방어하는 우리 부대 내에 침투하여 우리 편을 파괴시키고 방어선을 통과하는 것이었다. 우리 편의 부대와 부대 사이와 방어 층이 얇아서 그들의 계획은 가능했다.

적의 전략이 분명해질 때까지 그리고 새로운 도전에 대항해서 전력을 재정비할 때까지 우리의 각 부대는 완강하게 저항하면서 외로운 싸움을 하지 않으면 안 되었다.

그들의 전투 시간표는 흔들렸다. 건널목에서의 가이도 복병부대의 저항으로 인하여 그들은 많은 귀중한 밤 시간을 잃었다. 날이 밝으면 전투기들이 합류하게 되어 야간에 그들이 숫자로 깨뜨려 놓은 양쪽 군의 전력균형을 적어도 부분적으로나마 회복시킬 수 있을 것이었으므로 그만큼 밤 시간은 그들에게 귀중하였다.

우리에게 알려지지 않았던 두 번째 도하지점이 그로스터 건널목의 서쪽에 있었다. 적은 이 곳에 아무런 표시도 없이 놓여 있는 오래된 잠수교를 건너 강이 U자 모양으로 휘어지는 지점에 강물위로 솟아오른 사구에 도달하고 있었다. 이들은 포복하여 캐슬고지를 올라가 A중대와 대격돌을 한 공격자들이었다. 바로 그 순간에 그로스터 건널목을 건넌 공격부대가 D중대를 습격했어야 했다. 그러나 그들은 아직도 복병의 공격으로부터 부대를 재정비하고 있었다.

그러므로 건널목에서의 요란한 전투가 다시 조용해진 가운데 캐슬고지로 가는 언덕을 따라 300명의 중공군들이 기어오르고 있었고 또 다른 중공군들은 A중대의 서편과 후방 방어선을 공격하기 위해 계단식으로 된 논을 가로지르고 있었다.

1951년 4월 23일

인해전술, 낫으로 풀 베듯

　캐슬고지에 위치한 존의 방공호 아래쪽에 매달린 돌멩이를 넣은 깡통이 딸랑거리고 있었고 그 옆에서도 딸랑거리는 소리가 들리고 있었다. 귀담아 듣고 있던 병사들은 첫 번째 경고음을 듣고 소리 없이 반응하였다. 철조망이 흔들거리고 철조망의 가시끼리 부딪히는 소리가 나면서 닫혔다. 또 다시 깡통소리가 들렸다. 속삭이는 소리가 나고 모든 안전장치는 해제되었다. 여기저기서 안전핀을 뽑은 수류탄을 어깨 너머로 던질 준비를 하고 있었다.

　야간에 희미하게 이상한 소리가 들렸다. 밤공기가 살짝 흔들렸다. 어떤 물체가 연기를 내며 방공호 바로 옆에 떨어졌다. 2초도 되지 않는 짧은 순간 그것이 무엇인지 알아보고 병사들이 엎드리려고 하는 사이에 그 물체는 폭발했다. 이것이 첫 번째 수류탄이었다. 많은 수류탄 중 첫 번째 것이었다.

폭음이 메아리치고 아래위로 번쩍이는 섬광이 고지를 밝혔다. 임진강 근처로부터 박격포 소리가 들려왔고 이 포격은 C중대 후방에 침투한 적에 의한 것이었다. 화재가 난 것처럼 서서히 불꽃이 캐슬고지의 동쪽과 서쪽으로 번져갔다. 그리고 적성마을을 가로질러서 동쪽으로는 그로스터 건널목을 건넌 적군이 마침내 서서히 공격해 왔으나 D중대가 격퇴시켰다.

이제 중공군과 영국군은 백병전(白兵戰)에 돌입했다. 공격진의 병사들은 앞으로 뛰어나와 새로운 엄호물을 찾아낸 다음 수비진에 총격을 가했고 수비진의 병사들은 침착하게 적이 사정거리에 들어올 때까지 기다렸다가 총을 쏘았다. 때로는 몇 피트 앞까지 접근한 상대방이 이쪽의 존재를 모르는 유리한 상태에서 갑작스럽게 뛰어나가 목표물을 명중시키면서 일대일의 싸움을 하는 상황까지 벌어졌다.

그리고 이제 수비진을 지원하기 위해 신중히 계획한 방어 포격대가 소집되었다. 공격하기 위해 고지의 절벽과 경사면을 기어오르고 있는 중공군을 향해 빅커총이 발사되었다. 10발, 20발, 30발, 40발 ? 쏘고 또 쏘고 계속 쏘아 대었다. 피통(被筒)의 냉각수는 뜨거워졌고 빈 탄창들은 여기저기 버려졌다. 박격포와 기관총 사수들은 강 건널목으로부터 고지 경사면을 향하여 행군중인 적군에게 고성능 폭약을 퍼부었다.

적이 전력을 재정비하기 위해 철수함에 따라 전투는 잠시 소강상태로 접어들었다. 수비진의 포격이 워낙 강했으므로 이제 적군은 각 고지마다 하나의 주 돌격선에 주요 병력을 집중하지 않으면 안된다는 것을 깨달았다. 새벽이 가까워지면서 공격진은 수백 명을 이 작업에 투입시켰고 기력이 소진되고 피로에 지친 수비진은 또 한번의 대공격에 직면하게 되었다.

현재 D중대의 지휘관은 마이크였다. 일본으로 잠시 휴가 갔던 중대장 레크리는 귀대하기 위한 비행기 편을 구하느라고 이리 뛰고 저리 뛰는 중이었다. 첫 번째 전투에서 승리한 D중대는 쉴 새 없이 쳐들어 오는 적군과 싸우느라 한심할 정도로 약화되어 있었다. 마이크 중대의 일소대가 고지의 정상으로 철수해서 그들의 요새 방위에 중요한 역할을 하고 있는 능선을 따라 방어선을 구축했다. 이따끔씩 휴대용 소총을 들고 방어선 밖으로 돌격하기도 하고 박격포와 기관총으로 집중 사격을 한 결과 적의 파상공격을 물리칠 수 있었다. 그러나 그들은 계속하여 다시 공격해왔다. 한 명이 쓰러지면 두 명, 세 명, 네 명의 중공군이 그 자리를 메웠다. 그럼에도 불구하고 D중대는 자기 위치를 지켰다.

캐슬고지로부터 온 소식은 절망적이었다. 병사들의 수가 대폭 감소한 존의 소대는 중공군에 의해 완전히 궤멸 당하기 전에 팻트 중대와 교체되었다. 장교들도 전사했고 많은 병사들이 전사하거나 혹은 부상을 입어 필 중대의 진지로 후송되어 거기서 날이 밝을 때까지 기다리고 있었다.

최전방 방어에 있어 가장 높고 중요한 지점인 캐슬고지를 우리는 6시간의 혈투 끝에 빼앗기고 말았다.

새벽이 밝아왔다. 하늘에는 창백한 4월의 태양이 떠오르고 있었다. 이 두개의 언덕 위의 참호에는 병사들이 강 건너 북쪽을 향하고 있었다. 총기를 세워둔 참호에는 면도도 하지 못한 병사들이 검은 화약 연

▲ 최대 격전지 캐슬고지 전경.

기에 그을리고 땀과 먼지로 더럽혀진 얼굴에 피로와 수면 부족으로 충혈 된 눈으로 적을 쳐다보고 있었다. 험상궂은 표정으로 그들은 서 있었다. 그러나 누가 뜨는 해에 대해 농담을 해도 별 반응은 보이지 않을 정도로 험상궂은 표정은 아니었다. 불에 탄 화약 냄새에 찌든 무기들 주변에 두터운 모자, 구두, 피에 젖은 담배, 어린 여자아이 사진, 열쇠 두개, 부러진 연필자루 등 부상병들이 남기고 간 애처로운 소지품들이 여기저기 흩어져 있었다. 병사들은 이 잠시 동안의 휴식이 끝날 때까지 자기 위치를 지키며 조용히 기다리고 있었다.

"테드, 또 적군이 온다."

한발의 총소리에 뒤이어 산발적인 총격이 시작되었다. 아군 이등중사가 박격포 부대에 발포를 명령했다. 벌써 큰 소리가 들렸고 새로 빼앗은 캐슬고지로부터 기관총으로 호위사격을 받으며 여기저기에서 움직이는 형체들이 보이기 시작했다. 총탄은 사방으로 날아갔고 양쪽 진영에서 서로 상대방을 향해 수류탄을 던지고 있었다. 일대일의 백병전이 시작되었다. 격렬한 전투가 치러지고 있는 전선 한 모퉁이에는 불길이 최고조로 치솟다가 사라지고는 또 한번 숨을 돌릴 수 있는 적막의 순간이 찾아왔다.

이 순간 필에게 전화가 걸려왔고 전화선 너머 팻트의 목소리가 그의 귀를 울렸다.

"필, 지금처럼 사상자가 많이 발생하는 상황에서 캐슬고지를 다시 탈환하지 않고서는 더 이상 버틸 수가 없다. 저 고지 위 적의 기관총 부대는 귀관의 소대와 테리 소대 대부분을 완전히 제압하는 위치에 있다. 그 고지를 탈환하지 않고는 우리는 도저히 적의 진격을 저지시킬 수 없을 것이다."

팻트가 반격을 위한 지시를 계속 하는 동안 필은 200 야드 떨어진 캐슬고지의 참호 주변을 살피고 있었다. 두 사람은 약 1분 넘게 교신을 했는데 눈앞에 펼쳐진 전장에서 피로에 지친 몇 명의 병사들을 이끌고 반격하라는 지시 외에는 별로 할 이야기가 없었다. 그들은 모두 이 싸움에 생사가 걸린 것도, 또한 이 싸움이 소름 끼칠 정도로 위험하다는 것도 알고 있었다. 이 시점에서 유일하게 기대할 수 있는 것은 지원 사격이었다. A 중대 사격수들은 전부 사망했지만 D중대 고지에서 로니의 박격포부대의 지원사격이 가능할 것이며 그 뒤에서는 기관총 사격수가 공격하는 병사들을 엄호해 줄 수 있을 것이었다. 필은 이 작은 공격부대 편성을 마쳤다.

이제 시간이 다 되었다. 그들은 땅에서 일어나서 한때 존 소대 후방을 보호해 주었던 철조망 쪽으로 향해 전진했다. 벌써 두 명이 총에 맞았고 의무병 팹워스가 그들을 치료하고 있었다. 그 철조망을 무사히 넘어섰을 때 벙커에서 기관총 사격을 해오기 시작했다. 필이 심각한 부상을 입고 쓰러졌다. 소대원들이 부상당한 존을 철조망을 통해 간신히 끌어내어 전진 기지까지 포복해 돌아오는 동안 기대했던 아군의 엄호사격은 거의 없었다. 이들을 격퇴시킨 것에 만족하면서 기관총 사격은 중단되었고 이들이 다시 공개된 공간으로 돌격해 나가면 더 좋은 표적으로 삼으려고 기다리고 있었다.

"이제 괜찮습니다."

누군가가 필에게 말했다.

"의무병을 데리러 갔습니다. 곧 올 것 입니다."

필은 옆 이등중사의 어깨에 기대어 한 무릎을 세우고는 혼자 힘으로 일어서려고 애를 썼다.

"우리는 캐슬고지를 탈환해야 한다."

그가 일어서면서 말하였다.

다른 사람들은 부상당한 상처를 치료할 때까지 조금 기다리자고 애걸했다. 한 사람이 손을 넣어 옆구리 쪽을 부축했다.

"팹워스가 상처를 검진할 때까지만 기다려 주십시오."

그러나 필은 나아가서 철조망을 향해 갔다. 그리고 철조망을 넘어서 벙커 쪽으로 갔다. 다른 사람들은 모두 그를 주시하며 따라갔다. 숨이 멈춰질 듯한 그 순간 갑자기 그 전장의 다른 모든 부분이 정지된 채 캐슬고지의 진입로에 위치한 벙커를 향하여 혼자서 힘겹게 달려가는 형체를 보고 놀라고 있는 듯했다. 그 작은 형체는 수류탄을 투척하고 권총을 쏘면서 캐슬고지를 탈환할 태세였다.

부상을 입고 승산도 없었지만 아마도 그는 성공할 것이다. 완전한 대담성 때문에도 그 용감무쌍한 행위는 성공할지 모른다. 그러나 그 순간 벙커로부터 그를 향해 똑바로 기관총이 발사되었다. 그는 비틀거리며 쓰러져 즉사했다. 그가 쓰러지기 직전에 던진 수류탄은 벙커 입구에서 폭발했다. 필 소대장을 부축하려고 뛰어간 세 명의 소대원에게 기관총은 발사되지 않았다. 그 싸움에서 더 이상 기관총 사격은 없었다. 기관총은 파괴되었고 총구는 폭파되었으며 사격수는 사망했던 것이다.

새벽이 오기 전에 대대본부는 가이도 소대와 폴 중대 본부 사이에 있는 능선 고지로 이동했다. 여기서는 며칠 전에 연대 일등상사 홉의 감독 하에 건설되었던 벙커 안에서 사령관이 더 북쪽에 위치한 두 개의 고지에서 전개되고 있는 전투를 관찰할 수 있었다. 아침 해가 뜨기 전에 이미 이 격투가 절망적인 상태임이 분명해졌다. 밤사이의 포화 지원사격의 요청이라든지 A 및 D중대 본부로부터의 새로운 뉴스와 포병 부대의 무전기 교신 등으로 보아 이 격투가 힘을 실어준 것이 확실했다. 만약 이것이 양동작전이었다면 아주 비싸게 치러진 현실적인 양동작전이었다.

새벽이 막 지났을 때 무전기를 손에 든 월터스가 나를 불러 팻트를 바꿔주었다. 벙커의 뒷벽 경사면에 앉아 무전기로 팻트와 통화를 했다.

"우리는 캐슬고지를 잃은 것 같아. 반격을 시도하고 있는데 내가 여기에 계속 머물러야 할지 여부를 알고 싶네. 만약 여기서 계속 임무수행을 해야 한다면 감소한 인원을 충원 받아야 하네."

팻트가 말했다.

나는 그에게 잠깐 기다리라고 하고 벙커 안으로 들어갔다. 대대장은 벙커 끝 관측소에 서있었다. 나는 팻트의 전갈을 보고하고 지시를 요청했다. 그는 안경 너머로 D중대가 위치한 언덕을 내려다보고는 말했다.

"내가 직접 통화해 보겠다."

우리는 무전기가 있는 곳으로 갔다. 대대장이 팻트와 통화를 하는 동안에도 멀리서 소총과 경기관총 소리가 나의 귀를 울렸고 우리가 있는 바로 밑에서도 빅커총 소리와 길게 "탁 탁 탁"하는 박격포 소리가 뒤섞여 들려왔다. 대대장이 말을 멈췄고 무전기 너머로부터 팻트의 음성이 들려왔다. 그러자 대대장이 대답했다.

"다음 지시가 있을 때까지 어떤 희생을 치르더라도 그 곳에서 임무를 수행하라."

어떤 희생을 치르더라도! 팻트는 그 명령이 무슨 뜻인지 알고 있었고 나도 알고 있었고, 또한 대대장도 알고 있었다.

그가 일어설 때 나는 그의 창백한 얼굴을 보았고 그가 파이프 담배에 다시 불을 붙일 때 그의 손이 약간 떨리고 있는 것을 보았다.

나는 다시 무전기를 받아 들고 팻트와 통화하면서 대대장이 벙커로 들어가는 뒷모습을 쳐다보았다. 그 이후 30분은 우리가 그 날 하루를 어떻게 지낼 것인지를 잘 이야기 해준다.

벙커 입구에 서서 자신의 휘하에 있는 두 개 전진 중대의 격투를 지켜보는 대대장의 머리 속에는 두 가지 의문이 스쳐가고 있었다. 하나는 아군 전투기의 지원사격에도 불구하고 중공군이 주간에도 계속 압박해 올 것인가 라는 점이었고 둘째는 우리의 양 측면 - 한국군은 우리의 서쪽으로 2.5마일 떨어져 있었고 퓨질리어 부대는 동쪽으로 2마일 밖에 있었다. - 이 완전히 열려 있다는 사실을 중공군이 파악하고 우리를 포위해 올 때까지 시간이 얼마나 남아 있을까 하는 것이었다. 이 의문에 대한 답이 무엇이든지 간에 그의 명령은 적성과 설마리를 잇는 도로를 방어하라는 것이었다. 좋다. 우리 대대가 이 도로를 방어하게 될 것이다. 현재 우리의 부대는 이 도로를 방어한다는 전제 하에서 계획되고 배치되어 있기 때문에 각 휘하 부대가 잘 버텨 준다면 대대가 현 방어선을 유지할 수 있을 것이었다.

나는 다시 팻트와 부대원 충원에 대하여 협의하고 보충할 탄약은 헨리의 지휘 하에 옥스포드 탄약 지원차가 싣고 가는 중이라고 알려주었다. 우리가 짧게 통화를 마칠 때 쯤 그가 말했다.

"우리 걱정은 하지 말게. 우리는 괜찮을 거야."

"행운을 비네."

내가 대답했다.

나는 두 번 다시 팻트와 통화할 기회가 없었다. 그는 이 통화를 한 지 15분 후에 전사했다.

그날은 전투기가 나타나지 않았다. 다른 곳에도 목표물은 있었고 여기보다 더욱 많았던 것이다. 포병 부대의 대대장이 두 번 전화를 걸어왔는데 나는 그가 얼마나 필사적으로 최선을 다해서 우리를 도와주려고 노력하고 있는지를 그의 목소리로 감지할 수 있었다. 중공군은 그로스터 건널목과 그 서부 건널목을 넘어 끊임없이 진격해왔다. 우리는 하루 종일 총과 박격포를 발사했지만 우리뿐만 아니라 얼스터 부대와 퓨질리어 부대도 - 용감한 벨기에 부대는 말할 것도 없고 - 지원이 필요했다. 적군의 수는 너무 많았다. 적이 '제국주의자들의 침략'이라고 일컫는 우리 군은 중공군에 비해 수적으로 비교할 수 없을 정도로 열세였다.

8시 반을 지나면서 A및 D중대의 위치를 더 이상 지킬 수 없음이 명백해졌다. 조금씩 조금씩 그들은 인해전술을 구사하는 인간의 물결에 압도당하고 있었다. 아직은 소대와 중대의 형태를 유지하고 있으나 시시각각으로 전투부대간의 간격이 점점 넓어져갔다. 전방의 전장을 방어한다는 장점에 비해 2개 소총 중대의 희생이 지나치게 많은 시점이 되었다. 무전으로 철수하라는 명령이 떨어졌다.

중대본부에서 나는 반대편 고지의 경사면을 따라 병사들이 질서 정연하게 후퇴하는 것을 보았다. 적에게 엄청난 대가를 치르게 하며 잘 싸웠던 A 및 D중대가 전장을 떠나고 있었다.

잠시 후 고지를 내려와 보니 여울 근처에 지난밤의 야간전투에서 살아남은 생존자들이 구불구불 긴 줄을 만들며 오고 있었다. 모두들 무거운 무기와 포탄을 어깨에 지고 있었다. 그들은 지쳤지만 명랑해 보였다. 그러나 그 보다도 그들은 놀라고 있었다. 무엇보다도 그들은 지금 철수하고 있지만 지난밤에 자신들이 지키고 있던 위치가 전략적으로 아주 중요하였으며 주변 상황이 몹시 위험했었다는 사실에 놀라고 있는 것 같았다. 확실한 것은 그들이 자신들의 위치를 오래 지킴으로써 전투에 귀중한 공헌을 했음을 알지 못하고 있었다. 그러나 죽음에 이를지도 모르는 전투에 임하는 군인에게는 그런 것을 인식할 시간이 없었다. 그들은 명령받은 대로 전투에 임하는 것 외에 다른 선택이 없는 것이다.

여울 바로 북쪽에 위치한 식당과 연대 의무실 주변 길가에서 왓킨스가 최대한 빠른 속도로 끓여 주는 차를 마시고 빵과 베이컨 소시지를 공급받으며 그들은 이제 휴식을 취하고 있었다. 한 사람이 식기에 든 차를 마시고 다음 사람에게, 그 사람은 또 다음 사람에게 차례로 돌려가며 마시고 있었다. 어떤 사람은 배낭을 맨 채로 누워있고 또 어떤 사람은 머리를 도랑에 얹은 채 담배를 피우기도 하고 낮은 목소리로 이야기하며 쉬고 있었다. 그렇다. 정말로 긴 밤이었다.

대대장이 고지로부터 내려왔다. 그는 A중대와 D중대의 후퇴를 고려해서 B중대를 1,500피트 후퇴시켜 감악산 기슭으로 이동시켰다. 그는 후퇴한 2개 중대를 수정한 방어선에 배치했다. 마이크 및 점보와 함께 그는 지도를 들여다보며 새로 배치된 위치를 알려주고 있었다. 점보는 축소된 A중대를 맡아 스파이크의 정찰부대가 점령하고 있는 중요한 능선 서쪽으로 배치되었다. 뒤쪽으로 235고지라고 표시된 긴 지형의 밑으로 있는 작은 네모꼴의 평평한 정상에 마이크의 D중대가 포진되었다. 마이크와 점보가 다시 밖으로 나가자 헨리는 지도에 다시 명확하게 표시했다. 지도 위에 씌운 투명한 용지 위에 표시되어 있던 캐슬고지, 적성 그리고 D중대가 점령하고 있던 고지를 원형으로 둘러싸는 푸른 선은 이제 지워지고 새로 그려진 두 개의 원 모양이 그들의 위치를 나타내게 되었다. 대대 본부의 작전 지도는 수정되었고 헨리는 자신의 것을 수정하기 위해 정보실로 내려갔다. 나는 새로 그어진 방어선에 대하여 대대의 각 부서에 알려주기 위해 전화를 들었다. 지도에 표시된 작은 그룹들을 보다가 나는 문득 이것이 바로 오늘 밤 중공군이 공격할 표적임을 깨달았다.

그날을 돌이켜 생각해 보면 내 머리 속에는 희미한 연속 고리로 연결된 일련의 사건들이 떠오른다.

일등중사 벅시가 한국인 인부들에게 새 진지까지 무거운 짐을 운반하는 첫 번째 작업을 지시하고 있었던 것이 기억난다. 아홉 번 짐을 나른 것으로 기억되는데 불쌍한 인부들은 가파르고 험준한 언덕길을 오르내리기를 아홉 번 되풀이했다. 짐을 부리고 단숨에 내려올 때는 다음번에 올라가는 것이 조금은 더 수월하기를 바랐으며 땀을 뻘뻘 흘리고 숨을 몰아쉬면서 힘겹게 오르막을 오를 때는 반대방향으로 내려가는 사람들을 부러워했다.

걱정스럽게 이들을 쳐다보는 벅시의 얼굴이 내 마음에서 사라지면서 나는 연대 의무실에서 일하고 있는 봅의 모습을 볼 수 있었다. 부상자 한 사람을 치료하고 돌아서는 그의 한 손에는 아직도 피가 묻어 있었고 그 피를 닦으려고 잠시 멈추었다가 또 다른 부상자를 돌봐주러 가곤 했다. 구급차는 부상자로 가득 차 있었고 본든이 운전하던 지프에는 들것이 실려 있었다. 박스터, 브리스랜드, 밀스를 비롯한 연대 의무실의 모든 인원이 붕대를 감아주랴, 투약하랴, 의료기계를 만지랴 정신없이 일하고 있었다. 이것은 평화로운 시절이 오면 냇가에서 햇볕을 쬐기 위하여 그들이 치르는 대가였다. 그들은 기꺼이 그리고 충분히 대가를 치르고 있었다.

부상병을 싣기 위해 바람을 일으키며 천천히 내려오는 헬리콥터를 쳐다 보면서 그들이 구불구불하고 험한 길을 따라 남쪽으로 후송되는 것은 곧 죽음을 뜻하는 것이 아닐까라고 생각했던 기억이 난다. 나는 헬리콥터가 공중으로 날아오르면서 일으키는 바람에 머리칼을 날리며 봅과 군목 파드레가 뒤로 물러서는 것을 보았다.

쇼와 행정책임자 에반스씨가 나의 지프를 타고 서울로 갔다. 나는 그들이 그래햄 박격포 진지 옆의 휘어진 길을 돌아 시야에서 사라질 때까지 보고 있었다. 리차드와 함께 대 박격포 부대 장교인 칼이 여울 근처에 와 있었다.

"내 지프를 제외한 다른 차량들만 돌려보내겠네." 칼이 말했다. "나는 인원이 부족한 이 전방 관측소 장교로 남아있기로 결심했어. 대대장님과도 협의를 마쳤다네."

덜거덕거리는 소리와 함께 반 무한괘도 차량들이 사라지고 칼은 자리 잡고 앉아서 포 부대에 관하여 가이와 이야기를 나누고 있었다. 나는 자신의 레이다 기술자가 우리 부대에 와서 머물러 있는 것을 알면 포 부대 대령이 뭐라고 할 것인지 궁금했다. 나는 칼이 레이다 기술자일 뿐만 아니라 포병대원이기도 한 것을 하나님께 감사드렸다.

이제 우리는 그가 박격포를 발사하는 방법을 아직 잊어버리지 않고 있었음을 곧 알게 될 것이다.

도날드 부관이 장갑차 쪽으로 왔다. 우리는 여러 가지 병사들의 복리후생에 관한 사항들 – 대대원 두 사람이 야전 위생강의를 들으러 가야 한다는 것과 그 날 아침 일찍 방문했던 편대에서 돌아오며 그들에 대한 자신의 생각을 적어 보낸 프레디로부터의 메시지 – 에 대하여 협의했다. 그런 다음 우리는 커피를 마시면서 이야기를 나누었다. 나는 그에게 당분간 전방에 남아 A중대를 도와주는 것이 좋겠다고 말했다. 여단본부 부관의 위치로 돌아가기 전에 바로 다음에 벌어질 전투에서만이라도 소대장 역할을 할 수 있게 된데 만족하고 있는 펀치와 같이 도날드는 점보가 이끄는 A중대 고지의 경사면을 기쁜 마음으로 올라갔다.

점보는 그날 아침 팻트와 그의 2개 소대장 존과 필립스의 전사에 대한 사항을 알아보기 위해 내려 왔었다. 점보가 자리를 비운 동안 테리만이 남아서 원래 100여명의 대원 중 57명만 남은 부대를 지휘하고 있었다. 도날드의 충원으로 이제 점보는 새로이 두 명의 소대장을 갖게 되었다. 이 소식을 그에게 전하고 나서 전화를 끊고 잠을 자려고 풀밭으로 나갔다.

그날 아침 군목 파드레가 팻트의 장례식에 대한 말을 꺼내었다. 팻트의 시신은 헨리가 옥스포드 탄약 운반차에 싣고 총알이 빗발치는 적성 부근 길을 지나 중대본부로 운송해 왔었다. 그리하여 유일하게 팻트의 시신만이 우리가 표하는 마지막 경의를 받을 수 있었다, 그렇다고 우리가 다른 전사자들을 잊어버린 것은 아니었다. 엄숙하게 장례가 치러지는 동안 우리 세 사람은 조용히 서 있었다. 그리고 우리는 경의를 표한 다음 각자 자신의 생각에 잠긴 채 바쁜 임무를 위해 헤어져 걸어갔다.

팻트는 지난밤 전투소리가 바람 속에 영원히 날아가고 아침햇살 아래 조용하고 잔잔히 흐르는 강가에 묻혔다.

"부 부대장님이 오셨습니다."

내 당번병 저드킨스의 목소리가 들려왔다.

"그리고 뭘 좀 드시지 않으시겠습니까?"

내가 눈을 떠보니 푸른 하늘에 커다란 흰구름이 떠 있었다. 오후였다. 두 시간은 잤을 것이다. 한 손에는 머그잔과 접시, 또 한 손에는 칼, 포크와 스푼을 들고 저드킨스가 나의 담요 끝 풀밭에 서 있었다.

나는 일어나기 싫었다. 왓킨스가 준비해 보내 준 뜨거운 스튜를 나는 바보같이 거절했다. 사람들이 경험으로부터 배우는 것이 얼마나 적은지! 저드킨스에게 차를 부탁하고는 부 부대장 딕비와 함께 담배를 피웠다. 그는 꽤 오래 전에 여단본부로부터 도착했지만 나를 깨우는 것을 꺼려하여 기다리고 있었다고 했다.

"대대장님께서 후방부대 본부를 공격해올 것에 대비하여 돌아가라고 말씀하셨어." 그가 말했다. 몇 가지 사항에 대한 논의를 마치고 그는 지프에 탔다. 그리고는 마치 파티에 참석하러 가는 사람처럼 지프를 운전하여 멀어져 갔다. 그들은 오늘 밤 더할 나위 없는 파티를 할 것이다. 이것이 우리를 포위하고 있던 적군의 대 부대가 후방본부를 공격하기 불과 네 시간 전의 일이었다. 바로 이 순간에 도로는 차단되었고 따라서 우리에게 보급품과 충원병(充員兵)을 수송해 줄 모든 보급로가 막히고 있었다.

달이 구름에 가려져 어두운 밤이었다. 밤은 그들이 공격을 감행하는 시간이다. 비록 그 날 낮에 전투기 지원은 없었지만 주간에는 우리의 포병부대로부터 너무나 타격을 많이 입어 적군은 진격해 올 수가 없었다. 지금까지 바로 가까운 고지에서 전투에 임하고 있던 아군에 대한 걱정에서 벗어나 우리의 포병부대는 눈앞에 끝없이 이어지는 목표물을 향하여 끊임없이 집중포격을 퍼부어 마침내 적군이 진격을 중단하고 땅 속으로 숨어버리게 만들었던 것이다.

그러나 이제 다시 어두운 밤이 되었다. 이미 그들의 보병은 낮 동안 햇빛과 우리 눈을 피해 숨어있던 작은 참호를 떠났을 것이다.

우리는 전투 대대장실에 앉아 있었다. 월터스가 무전기를 갖고 있었고 그 옆에는 리차드, 헨리와 가이가 앉아 있었다. 프랭크는 애스큐 일등상사가 홀로 불침번을 서고 있는 박격포 부대 본부와 연결하는 전화선을 깔고 있었다. 통신상사 스미스는 그 근처에 있었으며 작업행정요원 류카스는 커피를 더 만들고 있었다. 대대장은 조용한 틈을 타서 흙벽에 기대어 졸고 있었다. 나는 월터스 옆에 앉아있었는데 무전기의 빨간불에 비친 그는 잠이 부족해서 눈덩이가 축 늘어져 보였다. 내 눈도 무거워져 오고 있었다. 아무런 할 일도 없이 침대에 누워 30시간 정도 실컷 자고 일어났을 때 누군가 은쟁반에 아침식사를 받쳐 들고 있다면 이 얼마나 멋진 일일까? 아니 침대까지도 필요하지 않았다. 바깥 풀밭 위에 펼쳐놓은 담요만이라도 충분하였다.

프랭크가 뭐라고 말을 걸어 왔을 때 나는 내가 깜박 졸았음을 깨달았다. 나는 일어나 밖에 나가 좀 걷는 것이 좋겠다고 생각했다. 리차드는 나를 따라 나왔고 프랭크는 100야드 떨어진 자기 부대로 돌아갔다. 작은 폭포에서 물 흐르는 소리가 들렸다. 바람이 통하지 않는 참호 안에서 더워진 우리의 뺨을 잔잔한 바람이 식혀주었다. 달빛이 우리 머리 위에서 점점 넓게 퍼져갔다. 우리가 걸으면서 이야기하는 동안 우리 발밑에는 묵은 풀들이 바삭바삭 소리를 냈다.

갑자기 리차드가 하던 말을 중간에 멈추었다. 우리는 둘 다 황급히 C중대가 있는 능선 동쪽 끝을 쳐다보았다. 전투가 막 시작되고 있었다.

대대장 참호 안에서는 전화벨이 울리고 있었다.

원래의 대대 방어선 배치도에 따르면 데니스가 이끄는 B중대는 거대한 감악산 쪽으로의 접근을 차단하고 - 그것만으로도 벅찬 임무였음 - 동시에 대대의 우측 후방기지 역할을 하기 위해 우측 끝의 경사면에 배치되어 있었다. C중대와는 달리, B중대는 적과의 사이에 강

이외에는 아무것도 없었기 때문에 예비부대로 있었던 적은 한 번도 없었다. 물론 그들 북서쪽의 A중대와 D중대는 적에게 그들보다 더 가까이 위치했었다. 이제 A중대와 D중대가 후퇴함에 따라 B중대가 적과 주요 전투에 임할 가능성은 아주 확실해졌다.

그 동안 A중대와 D중대가 점령하고 있던 적성마을 주변에서 주로 전투가 이루어졌기 때문에 B중대는 구경하는 입장에 있었다. 야간에 간혹 중공군 탐색대와 마주치기는 했지만 지오프 소대의 경기관총에 의해 15명의 중공군 탐색대원이 전원 사살된 것 외에는 서로 총격을 한 적이 없었다. 따라서 중공군은 23일 아침까지 B중대의 위치를 알지 못했고 그 전날 밤 싸운 부대는 우리의 주력 방어부대가 아니라 정찰대라고 추정하였다. 따라서 밤에 다시 공격할 준비를 하기 위하여 아침에 B중대 쪽으로 계속해서 정찰대를 파견했다. 어떤 희생을 치르더라도 우리로부터 반응을 이끌어 내려고 이들 정찰대는 수단 방법을 가리지 않았다.

데니스는 절대적으로 피치 못할 상황에 처하지 않는 한 자신의 위치를 노출시키지 않으려고 마음먹고 있었다. 그러나 자신의 방어선에 들어온 무장한 많은 수의 적병들과 마주치게 되자 그는 조만간 전투에 임하지 않을 수 없음을 깨달았다. 그래서 그는 별도로 편성된 돌격대에 의한 전투를 계획했다. 적에게 B중대의 위치와 병력을 노출시키지 않으려는 의도에서였다.

이러한 계획에 따라 페더릭 이등중사가 20명 이내의 병력을 차출하여 200명의 적과 싸우고는 귀대했다. 전진과 후퇴를 반복하면서 감악산 정상아래 분포되어 있는 여러 고지에서 전투가 격렬하게 전개되었다가 수그러지고 이번에는 다른 곳에서 전투가 전개되기를 되풀이했다.

낮이 가고 저녁의 그림자가 드리워지자 또 다른 밤이 찾아왔다.

거대한 감악산 밑에서는 데니스의 중대가 밤이 되면 들이 닥칠 적과 싸울 준비를 하고 있었다.

그날 밤 서쪽에서는 한국군 제1사단이 문산리에서 서울에 이르는 도로 - 남쪽에서부터 압록강까지 연결된 서부 간선도로의 일부 - 를 뚫기 위해 집요하게 공격해오는 적 2개 사단 병력과 끈기 있게 싸우며 격퇴시키고 있었다. 동쪽으로는 퓨질리어 부대가 강을 사이에 두고 적의 대 부대와 대치하여 필사적인 전투를 벌이고 있었다. 그리고 더 멀리 벨기에군 부대와 얼스터 부대, 푸에르토리코군, 터키군 및 미군이 적과 벌이는 전투가 점점 격렬해져가고 있었다.

이곳 적성 근방은 서부 지역 공격의 핵심이었다. 역사적으로도 북쪽으로부터의 침략에 사용된 주요 통로였다.

이미 원래의 침공계획 시간표에서 하루 늦어졌기 때문에 중공군은 저항세력을 단번에 일소하고 의정부로부터 서울로 이어지는 도로를 따라 쇄도해 들어가서 유엔군 제3사단의 좌측 측면을 급습하려고 준비를 하고 있었다.

그들의 문제는 이제 어떤 지점을 먼저 공략할 것인가 하는 점이었다. 지난밤의 경험으로 그들은 이제 한번의 인해전술로는 완강한 방어선을 뚫을 수 없다는 것을 알고 있었다. 더구나 영국군의 좌측 측면 235고지 공략 또한 용이하지 않다는 것을 알고 있었다. 그들은 능선에 위치한 점보 중대의 병력이 약한 것을 알고 못했다.

또한 서쪽을 공격할 경우 우리 부대에게 감악산으로 다시 철수할 시간을 허용할 것이고 거기서 우리를 몰아내기도 쉽지 않았다. 그래서 적은 감악산으로의 진입로를 공격하는 쪽을 선택했고 결국 톱니 모양의 산 정상으로 이어지는 서쪽 돌출부를 가로지르는 곳에 위치한 B중대와 C중대의 일부가 공격대상이 되었다.

나는 참호 속으로 뛰어 들어갔다. 월터스가 전화를 받고 있다가 내게 수화기를 넘겨주었다. 데니스가 말했다.
"방금 우리는 전투를 시작했어. 적은 베버리 소대를 지금 공략하고 있다. 약 100명 내지 150명인 것 같아."
나는 손전등으로 지도를 비추었다. 대대장이 데니스와 통화하는 동안 나는 공격의 정확한 위치를 찾아보았다. 소총소리와 박격포 소리를 뚫고 중화기 포의 폭발음이 가까이에서 들려왔다. 레키도 B중대의 전선에서 같이 사격을 하고 있었다.
다른 전화선으로 C중대의 폴이 전화를 걸어 왔다. 그의 정보도 같은 내용이었다. 적의 대 부대가 전력을 다하여 우리를 함몰시키려고 공략하는 동안 또 다른 적군 부대는 우리 부대에 침투하려고 시도 중이었다. 잭 소대와 데이빗 소대도 전투에 가담했고 가이도 소대는 전에 D중대가 위치했던 지점을 점거하고 있는 적으로부터 기관총 공격을 받고 있었다.
시계가 밤 12시 10분전을 가리키는 가운데 전투는 뜨겁게 달아오르고 있었다.

이제 다시 적군이 몰려왔다. 솜으로 누빈 옷을 입은 중공군 무리가 소리를 지르며 뛰어들 때 그들의 황색의 얼굴이 부비트랩과 포탄 폭발에 의한 섬광 속에 비쳐 보이고 있었다.

자정이 한 시간 지난 시점에는 B중대와 C중대 전체가 전투에 임하고 있었다. 소총, 박격포와 기관총이 다시 한 번 지원사격에 총동원되었다.

전투의 성격은 전날 밤의 전투와 흡사했다. 수류탄과 벌프총으로 무장한 적병의 물결이 밀려오다가 박격포와 기관총의 엄호 속에 차단당하면 잠시 육박전이 벌어졌고 그런 다음 후퇴해 갔다. 그리고는 소강상태에 들어가서 양 진영이 전력을 재정비했다. 그리고 전투는 다시 시작되었다. 이와 같이 전력을 다하는 격투가 끊임없이 계속되는 동안 아군의 숫자가 급속히 감소되고 있는 것도 전날과 마찬가지였다. 물론 적의 사상자도 많았다. 우리보다 훨씬 많았다. 그러나 이러한 소모전은 중공군에게는 가능했지만 우리에게는 그렇지 못하였.

양일 간의 전투에서 차이점은 지형이었다. 아마도 B중대의 위치를 정확히 파악하지 못했기 때문인지 중공군은 에둘러서 비스듬히 공격해오는 실수를 저질렀다. 따라서 처음 2시간 동안은 그들의 공격이 실효를 거두지 못했다. 상당한 사상자를 내고 나서야 그들은 공격의 방향을 재조정했다. 감악산 밑의 북쪽 기지를 가로질러 고리 모양을 그리며 간헐적으로 번쩍이는 불꽃들을 볼 수 있었다. 어제 밤에는 이 불꽃들이 조금 멀리 있었다. 그런데 오늘은 더 가까워 졌고 시간이 지나면서 점점 더 가까워오고 있었다.

새벽 3시가 되었다. 전투 대대본부에서 우리는 커피를 마시며 전황에 대한 의견을 나누고 있었다. 전화기는 잠시 조용해졌으나 전투소리는 이제 우리에게도 명확하게 들려왔다. 리차드와 마주 앉아 이야기를 나누면서 나는 우리가 처해 있는 이 심상치 않은 상황 - 적의 대부대가 남쪽으로 밀려 내려와 우리의 측면을 뚫었고 후방의 도로가 차단된 상황 - 에 대하여 과연 그가 알고 있는지 의심스러웠다. 적군이 총 한 방 쏘지 않고 감악산을 무혈입성할 수 있다손 치더라도 그것은 비워둔 우리의 측면을 돌아 들어가야만 가능하리라고 생각하며 위안을 얻었다. 그러나 그래 봐야 별 이득이 없을 것이다. 우리가 그 통로를 지키고 있고 우리는 계속 그 통로를 지킬 것이다.

전화가 다시 울렸다. 폴이었다.

"적이 우리의 고지 정상을 확보한 것 같아. 그리고 그들은 열심히 인원을 보충 받고 인해전술로 우리를 계속 몰아 붙이고 있어. 내가 어떻게 해야 할지 대대장님께 여쭤 봐 주기 바라네."

이것은 즉각적인 재앙이었다. 적은 수적인 우세에 힘입어 폴 부대 방어선 정상으로 밀고 올라왔다. 이렇게 되면 결국 중공군은 C중대 진지를 완전히 장악하고 C중대와 B중대 사이를 비집고 들어가서 중화기 박격포 부대와 전체 대대 본부가 있는 계곡을 내려다보는 위치를 점하게 될 것이다. 우리가 빨리 행동하지 않으면 적에게 무방비 상태로 노출되게 되었다.

이 상황에 대하여 옆에서 듣고 있던 대대장은 이미 결단을 내리고 있었다.

"본부를 철수하라."

그가 말했다.

"전 장병을 D중대와 대 전차포 소대가 위치한 계곡으로부터 철수시켜라. 나는 C중대를 10분 내에 철수시키고 B중대는 동이 트는 대로 이동하여 우리와 합류토록 하겠다."

내가 리차드와 헨리에게 그들에게 내려진 지시사항을 전달하는 동안 대대장은 폴에게 전화를 해서 직접 지시하기 시작했다. 많은 말이 필요치 않았다. 이 상황에서 필요한 것은 신속성이었다. 나는 프랭크가 전투 대대본부와 유선으로 연결되어 있다는 사실을 잊어버리고 그의 부대 본부로 가는 바보스러운 짓을 했다. 그는 거기에 없었다. 나는 에스큐 일등상사에게 메시지를 남겨 놓고 계속 움직였다. 그래햄 박격포 부대, 샘의 부대, 본부 여단 의무실, 연대 일등상사에게 대대장의 지시를 전달했다. 내가 대대본부로 돌아오기도 전에 통신부대가 D중대 고지를 향해 골짜기를 따라 이동했다.

사령부에 돌아와서 휴대할 수 없는 서류들을 소각했다. 루카스와 나는 여단본부와의 무전통신 지휘관인 제닝스를 데리고 가서 함께 무전설비들을 파괴하고 주변을 둘러보았다. C중대가 방어하고 있는 능선 뒤쪽으로 갑자기 불길한 적막이 흘렀다. 나는 혹시 적이 이 계곡 위쪽을 향해 벌써 기관총을 설치하고 있는 것은 아닌지, 그리고 그들이 벌써 강 쪽으로 내려와서 내가 지금 향하고있는 박격포 진지 옆을 지나고 있지는 않은지 궁금했다. 궁금하게 생각해 보았자 소용없는 일이었다. 그들이 지금 무엇을 하고 있는지는 곧 알게 될 것이다. 이른 저녁 시간에 부산스러웠던 박격포 진지에는 이상하게도 적막감이 감돌고 있었다. 길을 따라 뒤로 돌아가 보니 샘의 부대 본부 입구에 있는 박스 위에 아직도 김이 나는 찻잔이 놓여 있는 것이 보였다. 연대 의무실도 전부 철수하고, 봅의 지프는 엉망인 상태로 버려져 있었다. 좌석에는 각종 봉지들, 얇은 금속판, 빈 커피 깡통, 그리고 다른 내용물들을 서둘러 제거하느라 떨어뜨린 물건들이 이리저리 어지럽게 널려 있었다. 모두 가 버렸다.

정말로 모든 사람들이 다 가 버린 것은 아니었다. 통신부서에서 사람들의 말소리가 들려 왔다. 금속이 긁히는 소리도 들렸다. 내가 제방에서 길로 접어들었을 때 통신병 두 사람이 나타났다. 모래시계의 모래가 다 내려오고 있는 줄도 미처 모르고 그들은 여분의 밧데리를 가지러 이곳에 돌아온 것이다. 정말로 아직 모래 한 톨이라도 남아 있는 것인지 알 수 없는 상황이었다. 사실 중공군은 이미 40분전에 계곡 맨 위에 와서 진을 치고 있었다.

  우리는 함께 길을 가로질러 낮은 평원지대를 지나 협곡으로 들어갔다.

1951년 4월 24일

기술적인 전술도 무위

긴 아침이었다. 많은 사건들이 일어났다.

산 정상에서 협곡을 따라 반 정도 내려와 두 갈래로 갈라진 마른 강바닥은 언덕을 따라 뻗쳐있었다. 우리는 왼쪽 협곡을 따라 올라갔다.

길도 없이 가파르고 험준한 산허리는 많은 사람들로 붐비고 있었다. 힘겹게 무기와 무전장치, 탄약, 물통 등을 등과 어깨에 짊어지고 언덕길을 오르느라 숨이 찬 지친 병사들, 들것을 옮기느라 팔뚝에 힘줄이 선 병사들, 들것에 실린 창백하고 고통에 찬 환자들, 걷기가 불편해서 동료들의 도움으로 어렵사리 걸음을 떼어 놓고 있는 병사들. 땀에 젖은 병사들이 어둠 속에서 장사진을 이루며 올라가고 있었다.

정상 부분에는 D중대의 새로운 진지와 하나의 고지를 연결시켜주는 산등성이가 있었다. 그 고지 너머에 먼젓번 대대본부가 세워져 있었던 길과 평행을 이루며 감악산을 향하는 능선이 뻗쳐 있었다. 이곳에 새로운 본부를 구축하는 작업이 시작되었다.

산등성이 바로 아래의 북쪽 경사면에 우리는 대대본부를 구축했다. 봅과 그의 의료진은 부상병들과 함께 산등성이가 D중대 진지와 연결되는 곳에 자리 잡았다. 기관총부대는 고지 정상의 방어를 맡았다. 그들의 우측에는 통신부대, 운전병과 헌병들이 함께 자리 잡아 설마리로부터 남쪽으로 뻗은 경사면을 지키기로 했다. 그리고 산등성이의 좌측 끝에는 D중대 후면의 방어를 더 두텁게 하기 위하여 프랭크와 그의 박격포부대가 고적부대 위쪽에서 보병의 역할을 맡았다. 살아남은 C중대원들과 함께 도착한 가이도는 고지의 마지막 남은 북쪽 경사면의 방위를 담당했다.

구름 낀 회색의 아침이 밝아왔다. 우리는 모두 언덕길을 오르느라 지쳐있었고, 면도도 하지 않아 초췌한 모습이었다. 배고픔이 느껴지기 시작하자 부상병들이 먹을 약간의 음식 외에는 식량이 문자 그대로 거의 바닥이라는 것에 생각이 미쳤다. 무기, 탄약, 의료용품, 물, 무전장비와 밧데리 등의 운반이 식량 운반보다 우선순위에 있어 분명히 앞섰던 것이다. 이 전투 필수품들조차 몇 가지는 지속적인 교전을 하기엔 충분치 않았다

7시가 지나자 해가 구름을 뚫고 나왔다. 회색 구름은 걷혀지고 8시께에는 우리의 춥고 지친 다리가 따뜻하게 느껴졌다.

나는 여단본부와의 무전통신 장비 옆에 누워 교신하는 소리에도 개의치 않고 깜박 잠이 들었다. 근무 중인 통신병 제닝스와 마일스는 담배를 번갈아 피우면서 이야기를 나누고 있었다. 영국군의 콤포 야전식품이 미국군의 C6보다 더 우수한지 여부 따위에 대한 내용이었다.

내 위의 어디선가 여러 개의 수류탄 터지는 소리가 들려왔다. 나는 힘들게 몸을 일으켜 주위를 둘러보기 시작했다.

두 통신병 옆에 자동소총수와 박격포수들 여럿이 모여 서 있었다. 그들은 모두 사령관을 바라보고 있었다. 그는 소총과 수류탄으로 무장을 하고 헌병 두 명과 운전병 한 명을 데리고 나가 둔덕 고지를 확보하려고 - 어떻게 하여서인지 발각되지 않고 - 산등성이를 포복해 기어 올라오던 한 무리의 중공군을 완전히 소탕하고 돌아오는 참이었다.

일은 이미 끝이 나 있었다. 중공군 두 명이 40야드 앞에 시체로 누워있었고 대대장은 소총을 어깨에 둘러멘 채 파이프에 담배를 채우면서 내 쪽으로 걸어오고 있었다.

"어떻게 된 일입니까?" 내가 물었다.

그는 라이터로 담뱃불을 붙이고 나를 물끄러미 쳐다보며 대답했다.

"응, 중공군을 몇 명 쫓아 버렸어."

나머지 아침 시간은 비교적 조용히 지나갔다. 적군은 밤새도록 연속적인 공격을 받고도 이를 격퇴하고 자기 위치를 지키고 있는 B중대에 공격을 총 집중하고 있었다. 새벽이 오면서 B중대는 많은 사상자로 인하여 전력이 약화됐고 탄약은 바닥이 났고 대대의 다른 부대로부터 고립된 상태에서 맹공격을 받았다. 그 전날 아침 A중대와 D중대에 그랬던 것처럼 동이 트자 적군은 가능한 한 빨리 저항군을 전멸시키려고 결심한 듯했다. 밤새도록 도하해온 지원군을 보충받은 그들은 B중대를 산산조각으로 파괴시키기 위해 돌진해오기 시작했다. 그렇게 하는 것만이 B중대를 궤멸시키는 길이었기 때문이다.

우리는 역사책을 읽거나 뉴스 보도를 들으면서 종종 어느 대대의 한 중대가 '궤멸(潰滅)', '분쇄(分碎)' 혹은 '파괴(破壞)' 되었다는 표현을 접한다. 이 표현의 정확한 의미가 무엇일까? 모든 중화기 포격 지원을 받을 수 있는, 전투를 위해 훈련되고 조직되고 무장한 백여명의 군인들에게 어떻게 그런 말도 안 되는 일이 일어날 수 있을까?

한국의 임진강 전투에서 바로 그러한 일이 일어났다. 그 전투는 이렇게 전개되었다.

중대의 전면에서는 중화기 지원 속에 교전이 이루어졌다. 사정거리가 2,000야드 이상인 경우에는 참호 속이나 혹은 필요한 경우 좀더 중요한 전투에 사용하기 위해 고지 배사면(背斜面)에 잘 위장해서 숨겨두었던 중기관총이 발사되었고, 좀더 가까운 사정거리에서는 박격포와 경기관총이 발사되었다. 그렇게 교전하는 동안 적의 공격부대는 아군 방어선의 끝부분을 향하여 더듬어 나아갔고 결국 아군 방어선의 정확한 위치를 파악한 그들은 측면을 돌아서 후방에서 서로 합류함으로써 포위에 성공했다. 방어하는 쪽에서는 이 상황이 절망적인 것은 아니었다. 유리한 위치에서 확실한 표적을 포착하여 공격자들을 사격하면서 조금도 굽히지 않았다. 적의 무리 속에서 폭발하는 포탄을 보고 또 보았다. 적군이 소유했던 무기들이 많은 사상자들 무더기 옆에 쌓였다. 각각의 적의 공격은 사실 그리 어렵지 않게 격퇴시킬 수 있었다. 몇 시간 동안 공격과 격퇴가 반복되는 가운데 밤이 가고 새벽이 왔다. 방어하는 쪽에서는 점차 가공할만한 사실을 깨닫게 되었다. 이 전투에서는 용기, 전술 혹은 기술적인 우위가 승리의 수단이 되지 못했다. 이것은 소모전(消耗戰)이었다. 사상자가 얼마나 발생하든 상관없이 적은 끊임없이 인원을 보충하고 있었다. 더구나 그 많은 사상자에도 불구하고 적의 수는 그대로 유지되기만 하는 것이 아니라 계속 더 증가하고 있었다.

야간전투가 밤새도록 계속되는 동안 방어군들이 보여주었던 용기는 이제 압도당했음이 분명했다. 이것은 전장에서 개인의 용감성에 관한 문제가 아니었다. 용기는 이제 그들에게 있어 어찌할 도리가 없는 패전이라는 것이 눈에 보임에도 불구하고 항전을 계속하겠다는 결심을 할 수 있게끔 해 주는 힘일 뿐이었다. 다른 어떤 선택이 있겠는가? 물론 그들은 도망갈 수도 있었다. 이와 같은 전투에서는 혼란 속에 많은 수의 병사들이 도망치는 것도 당연했다. 또한 그들은 무기를 버리고 항복하여 자비를 구할 수도 있었다. 그들은 이렇게 변명할 수도 있었다.

"우리는 최선을 다해 싸웠고 우리에게는 전투가 끝났으므로 어쨌든 결론은 마찬가지다."

그러나 그들은 그렇게 하지 않았다. 전투결과에 대한 절망적인 전망에도 불구하고 그들은 동요하지 않고 항전을 계속했다. 인간으로서 그들 앞에는 다른 선택이 없었다.

적은 전술을 변경했다. 그들은 전면적인 공격을 계속하면서 한 부분에 많은 병력을 집중시켰고 지오프 소대에 대한 집중공격이 강화되었다. 노출된 위치에서 밤새도록 경기관총 부대 사격을 진두지휘하던 로빈슨 이등중사가 쓰러졌다. 적의 총격을 받아 팔과 어깨에 부상을 입었으나 그는 완전히 의식을 잃기 직전까지 부하에게 사격을 지시하면서 계속 임무를 수행하고 있었다. 제1 경기관총 사수 롭슨도 다리에 중상을 입었음에도 불구하고 사격을 계속하다가 다시 한 번 부상을 입고 의식을 잃었다. 하나둘씩 소대원의 수는 줄어들었고 몇 명 남지 않은 병사들은 분산되어 있었다. 중대의 다른 소대원들이 지원사격을 해 왔지만 중공군은 얼마 남지 않은 지오프 소대원들을 덮쳤다. 결국 진지는 빼앗겼다.

지오프 진지 후면의 긴 언덕에서는 전력이 약해진 2개 소대와 중대본부가 다음 공격을 대비하고 있었다.

새로이 옮겨온 고지에서 바로 얼마 전까지 우리가 점령하고 있었던 건너편 계곡을 내려다보니 종말이 다가오는 것이 보였다. 해가 동쪽에서 떠오르기 시작하자 건너편 고지의 정상으로 연결된 능선 위에 많은 적군들이 왕래하는 그림자들을 볼 수 있었다. 그 밑으로는 적군을 보강할 새로운 병사들이 언덕을 향해 기어오르고 있었다. 드디어 이제 우리가 B중대에 적극적인 지원을 해야 될 때가 왔다.

고지의 왼편으로부터 사이키스 이등중사와 그의 기관총 부대원들이 사격을 시작했다. 칼은 맞은편 능선과 그 곳으로 기어 올라가는 적의 보강병(補强兵)들을 향해 집중 사격을 퍼부었다. 이 사격이 데니스를 구해 주지는 못했지만 최소한 B중대를 전멸시킬 최후의 공격을 지연시킬 수는 있었다.

날이 밝기 전에 B중대를 철수시킨다는 것은 불가능했었다. 그것은 포병부대나 빅커총의 엄호도 없이 적군이 들끓는 언덕과 계곡을 지나와야 함을 의미하는 것이기 때문이다. 그렇게 철수를 강행했더라면 한 시간 내에 뿔뿔이 흩어져 전멸했을 것이다. 그러나 이제는 밝은 햇빛 아래 우리의 엄호를 받으면서 철수하여 우리와 합류할 수 있는 절호의 기회였다. 우리의 엄호를 받고 또한 포병부대의 최선의 도움을 받으면서 B중대는 그룹별로 고지로부터 철수하기 시작했다. 최종적으로 아서 소대 중 일부와 중대본부 요원 절반 미만을 전부 합계하여

20명이 채 안되는 병사들만이 남아 있었다. 30야드 정도 떨어진 북쪽 경사면에 있는 중공군은 언덕 정상에서 동쪽을 향하여 지원사격 중인 기관총 부대와 계곡에서 사격하고 있는 박격포부대의 엄호를 받으며 공격을 해오고 있었다. 방어군들은 푸석푸석한 바위 흙을 어렵게 파내고 만든 얕은 참호에 몸을 감추고 마지막으로 응사를 하면서 신호를 기다리고 있었다. 신호가 떨어지자마자 순간적으로 몸을 날려 경사면을 질주하여 내려왔다. 칼 부대의 사격과 빅커 기관총 부대의 사격 때문에 중공군은 전열 재정비가 충분히 빠르게 되지 않아 그들이 철수하는 것을 막지 못했다. 그리고 반대편 언덕에서 사격 중인 공격병들도 그들의 빠른 질주를 미처 저지하지 못했다. 그들이 사격을 가해오기 전에 데니스 부대원들은 사선을 돌파하여 소나무 숲 속으로 진입했으며 그 다음에는 소나무 가지가 추격자들로부터 그들을 보호해 주었다.

제닝스가 여단본부와의 무전통신 기지로부터 고지로 올라왔다.
"여단 부관님께서 부관님을 찾고 계십니다."
나는 수신기를 귀에 꽂고 켄과 통화를 했다. 그는 필리핀 대대가 우리 부대를 돕기 위해 오후에 올라올 것이라는 희소식을 전해 주었다. 내일이면 우리는 기갑병과 보병으로 구성된 여단병력과 교대될 수 있었다. 내일 밤이면 우리 부대는 병력 및 장비를 재정비하기 위한 예비부대가 될 수 있는 것이었다. 벌써 필리핀군들이 남쪽으로부터 양쪽 길을 따라 언덕을 올라오고 있었고 계곡 사이에서는 제8 경기갑부대의 센트리온 탱크가 전방을 향해 포격을 가하고 있었다. 전화기를 통해 들려오는 켄의 목소리는 명랑했다. 목요일 밤에 한잔 하자고 말하고는 전화를 끊었다.

고지 쪽에서 흥분한 목소리가 들려왔다. 산등성이쪽에서 경사면을 따라 헨리가 쫓아 올라오고 있었다.

"B중대 사람들이다."

리차드가 말했다. 우리는 포복으로 기어 나가서 엎드린 채 바위 사이로 내려다보았다. 저 아래 도로가 U자 모양을 그리며 남쪽으로 구부러지는 지점 주변의 요새에서 한 무리의 병사들이 감악산 아래 도로로 뛰어나왔다. 그들은 중공군이 아니었다. 그 중 최소한 두 사람은 금발이었다.

"저 사람은 데니스다."

내가 말했다.

우리는 쌍안경으로 길 건너편의 그들을 추적했다. 그들은 우리가 있는 산등성이로 연결된 골짜기를 따라 올라오기 시작했다.

"저기에 몰튼 일등상사가 있다."

헨리가 소리 질렀다.

"그리고 데니스와 다슨도 있다."

그들은 암반을 돌아 이제 완전히 시야에 들어왔다.

"웰링톤 하사도 보이는 것 같아."

리차드가 다시 말했다.

"그가 몇 명의 통신병과 함께 있는지 궁금하다."

분명히 이들을 추격하는 것으로 보이는 한 무리의 중공군들이 암반을 돌아 나오는 것을 보고 리차드가 갑자기 말을 멈추었다. 총성이 희미하게 들려왔다. 그리고 중공군들 중 몇 명이 몰튼 일등상사를 포함한 부상병들을 향해 쏘던 벌프총을 멈추는 것이 보였다.

아슬아슬한 상황이었다. 박격포수, 통신병, 헌병 및 운전기사들이 부상병들을 구하기 위해 돌격대를 구성하였고 샘은 호퍼 이등중사의 빅커 기관총으로 적을 조준했다. 그들은 요새를 향해 총격을 시작했다. 이 구조대가 추격군을 격퇴시키는 것이 보였다.

내가 합류했을 때 헨리는 아직도 구조대원들에게 수류탄을 나누어 주고 있었다. "이제 됐어."

내가 말했다.

"빅커 기관총이 잘 처리했으니 데니스 부대원들은 10분내에 이리로 올라 올 거야."

몹시 실망한 듯한 그의 표정으로 보아 그는 중공군에게 반격을 가해 보복할 기회를 노리고 있었던 것 같았다.

"일은 확실히 해야 돼."

그가 말했다.

그때 통신병 엘럼이 언덕 비탈을 구르듯이 내려왔다.

"중대장님, 빨리 올라 가셔야 되겠습니다. 또 다른 중공군 부대가 이 능선 끝을 돌아 B중대를 공격하려고 합니다. 워커가 그들에게 브렌 기관총을 쏘아대고 있습니다."

우리는 대대장과 함께 걱정을 하며 서둘러 비탈을 따라 올라갔다. 대대장은 스미스 이등중사로부터 그 소식을 들었다.

"워커는 어디에 있나?" 내가 엘럼에게 물었다. "워커가 브렌 기관총을 쏘고 있다고 했잖아?"

"그랬습니다."

그는 대답했다.

"조금 전까지만 해도 바로 저 바위 옆에 있었습니다."

"저기 언덕을 내려가고 있어."

헨리가 가리켰다.

워커는 이 위협을 단독으로 대처하기로 결심을 한 것 같았다. 그는 아무런 명령도 받지 않고 혼자서 총을 쏘면서 언덕 밑으로 돌진하고 있었다. 내가 보기에 중공군을 격퇴시킨 것은 그가 쏜 총알이라기보다는 오히려 단호한 그의 결심이었다. 단 한 사람을 당하지 못하고 중공군들은 능선 뒤쪽으로 달아났.

그것은 참으로 워커다운 행동이었다. 그는 독립심이 강한 사람이었다.

아군의 병력은 이제 20명이 증가되었다. 20명의 군인, 몇 개 안되는 소총, 총알이 없는 스텐 경기관총들, 탄약이 4줄 밖에 남지 않은 데니스의 권총, 이것이 B중대가 우리에게 남겨 준 전부였다. 그들이 살아남았다는 사실에 대한 우리의 인간적인 기쁨은 차치하고라도 군인의 숫자가 늘어난 것은 매우 귀중한 일이었다. 대대장은 B중대와 C중대를 합쳐서 강력한 소대 하나를 재편성했다. 이제 우리는 당장 꼭 필요한 물건들을 조달하기 위한 작업을 시작했다.

우리의 대대본부가 위치해 있었던 계곡에는 지금 아무도 없었다. 아직도 그대로 남아 있는 참호, 텐트 및 차량에 진입하려는 중공군의 모든 노력은 완전히 차단되었다. 왜냐하면 그들 못지않게 많은 아군 진지가 계곡을 향하고 있었기 때문이었다. 약탈을 위해 뛰어들었던 뱃심 좋은 중공군들의 시신이 도로와 강을 따라 여기저기 널려있어서 그들 뒤를 따라 모험을 하려던 동료들에 대한 경고 역할을 했다. 그러나 우리의 물자 부족은 너무나 심각한 상태였으므로 우리는 그들이 실패한 작업을 시도하기로 했다. 첫째로 우리에게 필요한 것은 탄약이었다. 둘째는 탄약만큼이나 중요한 무전기용 전지였고 나머지는 약간의 음식이었다. 홉스씨가 협곡을 따라 계곡 바닥으로 내려가기 위해 본부와 지원부대 요원 몇 명과 한국인 수송원들로 하나의 팀을 구성하기 시작했다. 가이 역시 사격수 몇 명을 데리고 가서 트럭에서 밧데리를 떼어오기로 했다.

양쪽 고지에서 기관총들이 기다리고 있었다. 인광으로 번쩍이는 총탄에서 발생한 연기 속에 파묻혀 계곡에서 올라가는 북쪽과 동쪽 비탈이 시야에서 사라져 버렸다. 기회는 왔다.

협곡에 숨어있던 홉스와 그의 팀은 계곡 바닥을 향해 수백 야드를 달려갔다. 사격수 팀도 합류했다. 강 언덕에서 각각 흩어졌다. 통신병과 사격수들은 대대본부 쪽으로 뛰어가 자동차와 참호 속으로 사라졌다가 밧데리를 들고 다시 나타나는가 하면 이번에는 이른 아침 그 계곡에서 서둘러 철수할 때 남겨두고 온 파손되지 않은 예비 무전기를 갖고 나타났다. 홉스씨의 팀은 등에 재빠르게 탄약을 짊어졌다. 그 건너편에서는 스트롱 일등상사가 전진 하치장에 야전 식품을 고르고 있었다.

칼이 집중적인 포격을 가하여 더욱 자욱하게 연막을 쳤다. 중공군 몇 명이 북쪽 길에서 나타났으나 가이도의 경기관총에 의해 완전히 제거되었다. 이제 우리의 원정군들은 힘겨운 짐을 잔뜩 짊어지고 비틀거리며 귀대하고 있었다. 나는 한국인 수송원들의 수송능력에 감탄했다. 등에 진 'A'자 모양의 나무로 만든 틀(역자 주: 지게를 말함) 위에 나무상자며 용기, 석유통 등의 각종 짐을 허리에서부터 머리 높이까지 쌓아 짊어지고 왔다. 실수 없는 인물인 가이는 모자를 멋지게 눌러쓰고 트럭으로부터 돌아왔다. 칼이 이번에는 고성능 폭발물을 터트려 연막을 치고 있는 동안 그들은 협곡을 따라 올라왔다.

그들이 돌아온 뒤는 마치 크리스마스와도 같았다. 고지와 능선 비탈에는 빈 박스들이 잔뜩 버려져 있었다. 모두들 마치 선물 상자를 열면서 "이것이 바로 내가 원하던 물건들이야!"라고 기쁨에 가득 차서 소리를 지르고 있는 듯했다.

단 한 명의 희생자도 없이 홉스씨 팀은 긴급한 필수품을 충분히 구해왔다.

우리는 새로이 손에 넣은 물품들을 검사하고 이 물품들을 필요에 따라 분배했다. 수송원들이 각 중대와 프랭크의 박격포부대에 탄약을 분배했다. 소총, 브렌 경기관총 및 스텐 기관총의 탄창이 채워졌다. 수류탄도 분배되었다. 빅커총 사수들에게도 하나 내지 두개의 탄띠가 지급되었다. 중박격포탄은 적의 손에 넘어가지 않도록 하기 위해 가져 왔으나 박격포 밑 받침대를 계곡에 그냥 두고 왔기 때문에 쓸모가 없었다. 대대의 입장에서 보자면 중화기의 도움 없이 소규모의 무장으로 우리의 방어전을 계속해야 했다.

대대장은 이제 저 아래 남겨 둔 차량과 기기 및 보급품에 대해 어떤 전략을 택해야 되는지를 심사숙고했다. 만약 필리핀 부대가 어두워지기 전에 도착한다면 우리는 계곡으로 다시 내려가서 우리의 필수품을 수거해 오고 불필요한 차량은 운전기사와 함께 제8 경기갑부대 탱크의 호위를 받으면서 철수시킬 수 있을 것이었다. 그러나 그 지원부대가 도착하리라는 확신이 없었다. 이미 남쪽으로 수마일 진출해 있는 수많은 중공군을 뚫고 과연 필리핀부대가 와 줄 수 있을지 확신이 서지 않았다. 그러나 남아 있는 대대원들 앞에서 걱정스러운 얼굴만 보이고 있거나 아니면 후방을 돌파하여 지원해주러 오는 병력의 능력을 과소평가하고 있어서는 아무런 소용이 없었다. 대대장은 우리 대대본부가 위치해 있던 진지를 포격하여 파괴시켜도 되는지 알고 싶어 했다. 우리는 후방으로 연결된 무전기로 여단본부에 전화를 걸었다.

우연의 일치인지 켄이 막 우리와 통화하려고 하던 참이었다. 오전 내내 와 이른 오후까지 켄은 필리핀군의 진행사항에 대하여 보고해 주었었다. 마지막 소식은 고무적인 것이었다. 그들은 우리의 남쪽 4마일 지점에서 중공군의 저항에 부딪쳐서 총공격을 감행하는 중이라는 것이었다. 그 공격의 결과를 지금 켄이 우리에게 보고하였는데 결국 공격은 실패했다는 것이다. 중공군은 감악산으로부터 병력을 보충받았으며 제8 경기갑부대는 도로를 차단한 협곡에서 몇 대의 탱크를 잃었고 오늘은 그 이상 전진할 수 없다는 것이었다.

그것이 전부였다. 여단장은 퓨질리어 부대와 얼스터 부대를 순시하고 여단본부로 막 돌아와 있었다. 절대적인 병력의 열세에도 불구하고 최선을 다해 싸운 벨기에 부대는 강을 건너 완전히 철수했으나 많은 사상자를 냈다. 이제 중공군은 우리의 동쪽으로 우리와 평행이 되게 위치한 도로를 장악하려고 압박을 가해오고 있는 것 같았다. 두 개 도로를 다 장악하지 못하더라도 둘 중 하나는 확보하려는 것이었다. 예하 부대를 순시한 후 여단장은 사단장, 군단장과도 통화를 했다. 계속 현 위치를 고수하는 것 이외에 다른 대안은 없었다.

여단장과 통화하면서 대대장은 지도를 내려다보고 있었다. 여단장의 말이 끝난 후 잠시 침묵이 흘렀다. 그리고 대대장은 무전기 위에 자신의 지도를 올려놓고는 말했다.

"우리가 어떤 처지에 놓여 있는지 알겠습니다. 제가 확실하게 말씀

드릴 수 있는 것은 제가 지휘하는 부대는 더 이상 효율적인 전투수행이 불가능한 상태라는 것입니다. 그럼에도 불구하고 우리가 현 위치를 고수해야 한다면 그렇게 하겠습니다. 그러나 일단은 우리가 처해 있는 상황 그대로를 확실히 알려드리고 싶습니다."

이것은 대대장이 입에 올릴 수 있는 절망적인 용어였다. 그들은 무거운 분위기로 잠시 이야기를 나누었다. 우리는 400명이 채 안되는 병력을 갖고 있었고 그들 중 많은 병사들이 부상을 입고 있었다. 우리의 탄약 재고는 빈약했고 보통 전투 수준으로도 10 내지 12시간이면 소진될 것이었다. 우리의 무기 중 상당 부분은 적의 포탄에 의해 손을 쓸 수 없을 정도로 손상을 입었거나 완전히 파괴된 상태였다. 우리는 특히 브렌 경기관총이 부족했다. 모험을 감행한 원정팀 덕분에 손에 넣은 우리의 무전기 밧데리는 아껴서 사용해도 겨우 12시간 내지 15시간 견딜 수 있는 정도였다. 이러한 보급품들의 보충은 빨라도 내일 늦은 아침 이전에는 불가능한 상태였다.

우리가 이 전투의 결과 살아남는다는 것은 모험이 분명한데도 대대장은 아직 철수할 시간이 있을 때 철수하도록 허락해 달라는 요청을 간접적으로라도 하지 않았다. 그는 그런 류의 인물이 아니었다. 그는 현실에 정면으로 맞서는 것이 좋다고 생각하는 사람이었다. 그리고 그는 지금 그 현실에 정면으로 맞서고 있었다.

여단장의 목소리가 다시 무전수신기를 통해 들려왔다. 나는 그의 목소리로 우리에게 그처럼 절망적인 임무를 수행하도록 지시하는 것을 그 자신도 난감해 하고 있음을 감지할 수 있었다. 그는 우리가 어떤 입장에 처해 있는지 충분히 알겠으나 임무는 수행되어야 하며 우리만이 그 임무를 완수해 낼 수 있을 것이라고 말했다. 다른 아무도 오늘의 전투를 견디어 낼 수 있으리라는 희망을 가질 수가 없었다. 그를 잘 아는 우리들은 적어도 우리가 아군에게 꼭 필요한 임무에 동원되고 있다는 것에 만족할 수밖에 없었다. 그리고 그들은 아직도 내일 아침 10시까지는 여단의 전투보병과 기갑부대를 보내 줄 계획을 갖고 있었다.

그러나 내일은 또 다른 하루였다.

대대장은 A중대와 선두공격 소대의 위치를 정찰하기 위해 235 고지로 올라갔다. 그는 오늘 밤 동안 전 부대병력을 그 긴 능선에 집결시키려고 마음먹고 있었다. 그곳은 가파른 절벽 때문에 남쪽으로부터의 접근이 어렵고 북쪽 경사면도 급경사라서 적이 공격해 오기 어려운 지형이었다. 북서쪽과 남동쪽 끝은 적의 공격에 약해 보이므로 이 양쪽을 주로 방어하면서 이 진지를 잃지 않고 밤을 넘길 계획이었다.

우리는 장비를 꾸리고 부족한 무기와 탄약을 끌어 모았다. 정찰기 2대가 무전기 밧데리와 브렌 경기관총과 탄약을 투하하려고 시도했으나 실패했다. 내일 페어차일드 패키츠 수송기(역자 주: 군수품 수송 및 투하용으로 사용되는 군수송기인 Fairchild C-82 Packet을 말함)가 낙하산으로 보급품을 투하한다고 했다. 그때까지 우리는 가지고 있는 것으로 최선을 다할 수밖에 없었다.

중공군이 우리의 이동을 더 이상 관찰할 수 없는 황혼 무렵 우리는 D중대 주둔지를 통해 235고지가 있는 산등성이 쪽으로 이동하기 시작했다. 길은 협소한데다가 구불구불하고 급경사여서 행군은 느렸다.

B중대의 합류와 오전의 기습으로 인하여 숫자가 늘어난 부상자들과 장비를 병사들이 교대로 운송했다. 마침내 마지막 대원이 D중대 고지로부터 산등성이를 지나 우리의 야간 진지로 건너오자마자 진지 구축이 시작되었다.

군인에게 있어 야간에 생소한 위치에서 진지를 구축하는 것은 절대로 유쾌하거나 쉬운 임무가 아니었다. 게다가 20명당 괭이 한 자루와 삽 한 자루 밖에 주어지지 않은 상태에서 흙의 반 이상이 돌로 이루어진 곳을 파내면서 진지를 구축해야 하기 때문에 어려움은 가중되었다. 그럼에도 불구하고 아무도 불평을 하지 않았다. 그것은 뾰족한 돌멩이들을 총검과 맨손으로 파내어야 하는 힘든 작업이었지만 방어 진지를 구축하는 일이었기 때문에 사기는 높았다. 아무도 신경질을 내거나 고통스러운 태도를 보이지 않고 참호를 파 들어갔다. 모두가 밤을 도와 착실하게 작업을 해 나갔다. 밤늦게 홉스씨와 페큘러 헌병대 이등중사 및 스트롱 일등상사가 야전 식량 보관소에서 비참할 정도로 적은 양의 레이숀 식량을 꺼내었다. 어떤 레이숀 - 과일로 만든 케이크 통조림 또는 쇠고기 통조림, 복숭아 또는 연어 통조림, 빵 또는 무가당 우유 캔 - 을 먹을 것인가는 분대 별로 제비뽑기를 하여 결정했다. 대부분의 음식은 다음을 위해 아껴 두었다. 모두들 음식보다는 물을 원했다. 낮 동안 더위에 시달리고 야간 진지로의 행군으로 땀을 많이 흘려 목이 말랐으나 이들의 목마름을 달래 줄 물이 없었다. 우리는 이미 1인당 0.14 리터씩의 물을 배급받아 먹었다. 그리고 나머지 물은 남쪽 능선 정상 부근의 분지에 누워있는 부상병들에게 보냈다. 부상병들 중 몇 명은 이미 숨을 거두어서 거기에 놓여 있는 들것 몇 개는 비어 있었다.

드디어 다시 조용해졌다. 밤의 적막을 깨는 전투소리도 없었고 괭이와 삽질하는 소리도 멈추었다. 통신병들도 오늘 밤에 쓸 참호를 완성했다. 이제 한 시간 가량은 온 세계가 평화로운 듯이 보일 것이었다.

나의 위치 아래 며칠 전 스파이크의 선발대가 먼저 와서 구축해 놓은 참호 속에서 대대장이 잠들어 있었다. 뒤쪽으로 부관 참호에서는 가이와 루카스가 자고 있었다. 나는 빈 곰방대를 씹으면서 낮에 일어났던 일들과 앞으로 닥칠 전투에 대해 생각하고 있었다. 내 머리 속은 서서히 여러 가지 생각으로 가득 찼다. 현재 내가 처해 있는 상황과 과거에 겪었던 일들 그리고 보병으로서 지나온 내 생애 전체가 연결되면서 만감이 교차했다. 그리고 갑자기 내가 참석했던 강연에서 들었던 어느 유명한 장군의 말씀이 떠올랐다.

"보병이란 전쟁에 있어서 최선두이다."

한국전쟁에서 8군을 하나의 검(劍)이라고 한다면 우리의 역할이 그 검의 어느 부분인지를 나는 잘 알고 있었다. 대검(大劍)의 칼날 부분! 가파른 능선 위에 구축한 좁은 참호의 벽에 반쯤 기대고 누워서 흰구름 사이로 반짝이는 별을 바라보며 나는 우리의 역할을 '대검의 칼날'이라고 표현하는 것이 꽤 괜찮은 것 같다는 생각이 들었다.

그런 환상에 오래 머물러 있을 수는 없었다. 옆에 잠자고 있던 두 명의 통신병이 보초임무를 위해 일어났다. 그들의 관심사는 그보다 훨씬 더 현실적인 것이었다. 아마도 브리스톨 이등중사의 음성임이 틀림없는 말소리가 들려왔다.

"잭, 환상적인 런던의 맥주에 대해 네가 뭐라고 말하든 상관하지 않겠지만 내 생각에는 조지의 집에서 만든 맥주가 이 세상에서 최고야."

1951년 4월 25일

와해되는 그로스터 대대

나팔소리에 잠을 깼다.

잠시 전 대대장이 일어나 내게 잠을 조금 자 두라고 권했었다. 그래서 내가 대대장이 자던 자리에 눕고 대대장은 내가 기대고 있던 참호 벽 쪽으로 옮겼었다. 내가 깊은 잠을 떨치며 일어나 앉았을 때 나팔소리가 다시 들렸다. 우리 귀에 익은 나팔소리가 아닌 기병대의 트럼펫과 비슷한 나팔소리였다. 내게는 생소할 뿐 만 아니라 무의미한 나팔소리였다. 이제 10시가 지난 시간이었고 적의 공격은 시작되었다.

나는 남동쪽에서 들려오는 소총소리를 따라 능선위로 뛰어 올라갔다. 데니스 중대가 교전을 시작했음이 분명했다. 그 직후에 A중대가 지키고 있는 지역으로부터 수류탄이 터지는 소리가 들려왔다. 나팔소리가 들려왔던 것은 당연했다. 이제 우리 주변에서 교전하는 소리가 점점 더 크게 들려왔다. 그리고 곧 서쪽으로부터 예광탄이 우리 머리 위로 날아왔다. 어제 우리가 점령하고 있었던 언덕과 산등성이로부터 또 다른 나팔소리가 들려왔다. 대대장은 순시하기로 결정하고 데니스 부대 본부 쪽으로 출발했다. 보고가 들어오기 시작했다. 가이는 자신의 부대에 전화를 걸어 대기하라고 말했다. 그들은 대기상태를 풀지도 않았었다는 신랄한 답변을 해왔다. 우리는 듣지 못했지만 지난밤에 여러 통의 전화를 받았다는 것이다. D중대가 주둔했던 위치에서 기관총 사격을 가해왔으므로 로니가 응사를 시작했다. 전투가 치열해지고 있었다.

적군의 전술에는 변화가 없었다. 그들은 경험에서 배우는 것이 거의 없는 것 같았다. 그들은 포복해 오면서 기침소리와 옷 스치는 소리뿐만 아니라 큰소리로 잡담을 해서 우리 수비진의 주의를 끌었다. 첫 번째 공격을 격퇴하고 나면 잠시 멈췄다가 다시 공격해 왔다. 그들의 전투 형태는 항상 똑같았다. 전과 마찬가지로 그들은 전투 초기에는 어느 한 지점을 집중 공격하지 않았다. 한참 후 많은 사상자가 발생하여 상당한 병력을 충원 받고 나서야 그런 공격을 해왔다. 능선의 남동쪽 끝에서는 데니스의 B중대와 프랭크의 박격포 부대가 진격해 오는 적과 부지런히 교전을 하고 있었다. 그들은 그다지 깊게 파지 않은 참호에 진을 치고 있었는데 적의 기관총 사격은 대부분 그들의 참호 바로 몇 피트 앞에 있는 바위에 떨어지고 있어 위태스러워 보였다.

북서쪽에서는 A중대가 235고지 앞 쪽의 나무와 숲으로 덮인 작은 요새를 향해 교전을 하고 있었다. 여기서 도날드는 자신이 부관의 신분이라는 것을 잊고 명맥만 소대라고 할 수 있는 열일곱 명의 병사들을 진두지휘하며 간신히 버텨 내고 있었다.

나는 여단본부의 켄에게 전화를 걸어 현재 전투가 어떻게 진행되고 있는지 알려주었다. 그는 매우 지쳐있는 듯했다. 내가 알기로 켄은 첫 번째 전투가 시작된 이래 한 번도 제대로 잠을 잔 적이 없었다. 무전을 끊으려는데 작전처 요원으로부터 통화 요청이 있었다. 그는 9시 이후에 보급품 공수를 위한 수송기 출격이 있을 것이라며 낙하지점을 알려 줄 방법이 있는지 물어왔다. 나는 중공군으로 둘러싸여 있는 커다란 바위를 낙하지점 목표로 하라고 말해 주고 싶었지만 참았다. 어쨌든 그도 최선을 다하고 있는 것이다. 이야기 시간을 절약하기 위해 우리는 신호탄을 쓰기로 했다. 보급품 공수라는 희소식에 추가해서 날이 밝는 대로 확실한 공습 지원도 해주겠다는 약속을 해왔다. 지난 2일간 F-86 전투기가 - 단 한 대라도 - 지원을 와 주었으면 하고 얼마나 학수고대했었던가. 어찌되었든 오늘 우리는 훌륭히 해낼 것이다.

대대장이 돌아왔다. 우리는 가이와 함께 전투기의 공습 지원에 대하여 이야기를 나누었다. 그는 벌써 포병부대의 무전망을 통해 이 소식을 들어 알고 있었다. 그러나 통신에 관련된 급한 문제가 하나 있었다. 무전기용 밧데리가 우리가 기대했던 것만큼 오래 가지 않아서 이제는 그리 많이 남아 있지 않았던 것이다. 우리는 포병부대의 무전기 하나만 열어두고 메시지를 전달할 때 외에는 여단본부와 연결된 무전기를 꺼두기로 했다. 여단본부가 우리와 교신을 하려면 포병부대 무전기를 통해 여단본부와 연결된 무전기를 열도록 요청하면 될 것이다.

가이가 로니와 칼 쪽으로 가고 난 후 대대장은 D중대를 순시한 결과에 대해 들려주었다. 마이크는 상당히 만족스럽게 현 위치를 지키고 있는 것 같았다. 그들은 적에게 매번 많은 손상을 입힘으로써 다음

▲ 중공군 작전개시나 나팔소리를 잠재운 영국군 군악대장의 나팔연주.(원저 '대검의 칼날' 표지그림)

공격까지의 간격이 더 길어지게 하고 있었다. 빅커 총부대를 가까이 데리고 있는 머피 이등중사도 확고하게 자리를 지키고 있었다. 지금은 기관총 부대 부관인 젊은 봅도 그들과 함께 있었다. 대대장이 가장 걱정하는 대상은 A중대 중앙부 전방의 작은 요새와 어려운 싸움을 하고 있는 도날드였다. 열일곱 명의 병사들로는 그 위치를 지킬 수 없다는 것이 대대장의 생각이었다. 그곳을 확실히 지키려면 가능한 한 빨리 점보가 예비소대 병력을 이끌고 지원해 주어야 했다. 도날드 요새의 후방 235고지 정상에 진을 친 테리 소대는 우측 경사면을 따라 진격하는 어느 부대든지 엄호하기에 아주 훌륭한 위치에 있었다. 양쪽 사이의 간격은 약 50야드였다. 날이 밝기 전에 결정을 했어야 했다.

이미 날이 밝기 시작했다. 길어도 반시간 후면 우리는 뚜렷하게 적을 볼 수 있게 될 것이다. 주위가 점점 밝아짐에 따라 우리가 진을 치고 있는 좁은 참호는 계곡에서 서쪽으로 가파른 경사면을 따라 올라가는 작은 길 위에 위치해 있다는 것을 알게 되었다. 나는 18개의 수류탄이 든 자루가 있음을 대대장에게 상기시켜 주었다. 우리는 그 자루를 참호 벽 뒤쪽에 놓아두었다.

"머지않아 우리가 소총수와 같은 역할을 해야 할 것 같다."

대대장이 말했다. 잠시 후 그 말이 다시 내 머리에 떠올랐다.

적의 나팔소리가 다시 울려 퍼졌다.

"내가 듣고 싶은 우리 기갑부대 나팔소리를 들으려면 아직도 한참 기다려야 할 것이다." 대대장이 말했다.

"우리가 나팔을 불어서 적군을 혼란시킨다면 볼 만할 것입니다."

내가 말했다.

"만약 영국군의 규율위반자 신호 나팔소리를 듣는다면 적군 병사들은 어느 방향으로 튈지 궁금합니다."

나는 반 농담으로 말했는데 대대장은 이것을 상당히 심각하게 받아들인 것 같았다.

"여기 나팔이 있나?"

대대장이 물었다. 나팔이 있는 모양이었다. 내가 동쪽 경사면 아래쪽을 향하여 큰 소리로 묻자 군악대장인 부스 하사의 목소리가 여기저기 흩어져 있는 앙상한 나뭇가지 사이로 들려왔다.

"제 배낭 속에 하나 있습니다."

"그러면 군악대장이 나팔을 불게나."

그러나 군악대장에게 그냥 "나팔을 불라"고 하는 것은 소용이 없는 일이었다. 그는 경험이 많은 군악대장이었으므로 일상적인 막사 훈련 시에는 무슨 음을 언제 울려야 하는지 정확하게 알고 있었다. 그러나 특수한 상황에서는 부관으로부터 정확한 지시를 받아야 했다. 이 경우는 특수한 상황임에 틀림이 없었다.

"이제 날이 밝아온다. 한 번은 길게 또 한 번은 짧게 기상나팔을 불어라." 내가 다시 그에게 소리쳤다. "그리고 사격 신호나팔을 불어라. 아니 퇴각 신호를 제외한 모든 신호나팔을 불어라."

아래쪽 어둠 속에서 군악대장이 악기를 준비하느라 삑삑거리는 소리가 들렸다. 이어서 나팔을 불려고 그가 좁은 참호에서 밖으로 올라갈 때 돌멩이들이 미끄러져 떨어지는 소리가 들렸다. 군악대장은 자기의 임무수칙을 잘 알고 있었지만 비좁은 참호 속에서 엄호를 받으며 나팔을 분다는 것은 그에게 상상도 할 수 없는 일이었다. 훌쩍 큰 키에 마른 체격의 그가 모직 모자(역자 주: 겨울에 추위를 피하기 위해 쓰거나 철모 속에 쓰는 모자)를 눌러쓰고 서있는 모습이 어둠 속의 그림자 같이 보였다. 그는 나팔을 불기 시작했다. 그는 기상나팔을 두 번씩 불었다. 그리고 규율위반자, 취사반, 저녁식사의 장교복장을 위한 신호나팔 및 하사 점호나팔 그리고 그 외에도 10여 가지 신호나팔을 불었다. 그는 나팔을 항상 잘 불었다. 그날도 평상시 이상으로 잘 불었다. 각종 음조의 아름다운 영국군 나팔소리가 계곡 밑으로 퍼져서 사라져갔다. 잠시 동안 정적이 흘렀다. 마지막 나팔소리가 끝남과 동시에 다시 전투가 시작되었다. 그러나 이번에는 평상시와 다르게 중공군의 나팔소리도 없이 교전의 소리가 들려왔다. 짧은 나팔 연주로 중공군의 작전개시 나팔을 잠재울 수 있었던 영국군 군악대장은 그리 많지 않을 것이다.

아침이 왔다. 235고지 전방에서는 적군의 급습으로 도날드의 작은 부대가 위치에서 밀려났다. 그들은 235고지 정상에 가까워짐에 따라 더 심해지는 적군의 박격포 집중 포화를 받으며 철수했다. 하늘은 박격포탄 연기로 까맣게 변했다. 마치 커다란 검은 장막이 고지 정상에 드리워진 것 같았다. 테리 소대 위치로부터도 열한 명의 병사들이 충격과 부상으로 넋이 나간 채 비틀거리며 후퇴했다. 한 병사는 얼굴에 총탄파편을 맞아 찢어졌고 또 한 병사는 뼈가 부서진 팔을 축 늘어뜨리고 있었다. 푸 이등중사는 어깨에 부상을 입었으나 후퇴하는 것을 거부하고 부대 진지의 재정비를 돕고 있었다. 두 병사가 테리를 들것에 싣고 돌아왔다. 그는 머리 부상으로 실신상태였다. 그를 비좁은 참호에 눕히고 의무병이 머리에 붕대를 감았다. 도날드도 고지로부터 내려왔다. 그는 어깨에 부상을 입고 이마에서도 피를 흘리고 있었다. 그의 창백한 얼굴은 일그러져 있었으며 실신하기 직전이었다.

이제 A중대를 지휘할 수 있는 사람은 점보와 나 두 사람 밖에 없었다. 이제 대대본부에서 내가 할 일은 없었으며 여기에는 우리 두 사람과 내가 일찍이 본 적이 없는 격렬한 이틀 밤의 전투를 훌륭하게 치러낸 A중대의 용감한 병사들만 남았다. 우리가 빼앗긴 작은 진지는 그다지 중요하지 않았으나 235고지 정상의 상실은 심각한 일이었다. 그래서 우리는 이 고지를 탈환해야만 했다. 적이 더 병력을 증강하기 전에 지금 이 고지를 되찾으러 가야 했다. 만약 적군이 그 고지를 확실하게 확보한다면 프랭크와 데니스 부대가 수문 밑을 아무리 잘 지킨다 하더라도 수문은 개방될 것이고 방류된 물은 대대 진지를 쓸어버릴 것이었다. 그리고 경사면의 낮은 위치에 진을 치고 있는 디 중대가 지원 중대 및 대대본부와 함께 휩쓸려 갈 것은 불 보듯 뻔한 상황이었다.

나는 참호 속의 병사들을 둘러보았다. 그 중에는 이제 막 소년티를 벗어난 어린 병사도 있었고 30대 후반도 있었으며 대부분은 그 중간 연령층이었다. 이들은 궁지에 몰렸을 때 함께 하고 싶은 얼굴들이고 믿을 수 있는 옛 친구들의 얼굴이었다. 몇 분이 지났을까 머리에 반타스나 되는 총탄파편이 박힌 젊은 병사를 포함하여 우리는 모두 미소를 지을 수 있는 마음의 여유를 회복했다. 그 미소를 보는 순간 이제 전투준비가 완료되었음을 직감했다.

지원부대의 크레이든이 우리와 합류했다. 그는 좌측면을 맡았다. 터기 이등중사가 우측을 맡았다. 정면 중앙에는 마스터스와 미들튼이 나와 함께 위치했다. 길딩도 합류했다. 나는 서너 명 더 선발하여 준비를 완료했다. 우리는 전방을 향해 돌진했다.

정상은 30야드 앞에 있었다. 붉은 흙이 우리 발밑에서 흩날리는 가운데 우리는 사격을 하면서 적을 덮쳤으며 그들은 후퇴하였고 그 고지는 우리가 장악하였다. 아주 용이한 전투였다. 우리는 그들이 최근까지 점령했던 참호로 뛰어 들어가서 탈환한 참호를 확고히 지키기 위해 온 신경을 집중하였다. 오른쪽 중간지점에 나무와 숲으로 덮인 작은 요새에는 아직도 적군이 우글거리고 있었다. 우리는 그들을 소탕하기 위해 일격을 가해야 했다. 우리 전방의 경사면은 캐슬고지 밑에 위치한 계곡까지 길고 완만하게 이어져 있었다. 여기에는 적군이 완전히 엄호하고 있는 지역이었다. 북쪽으로 내려가는 길 양쪽으로는 키 작은 참나무와 소나무 숲으로 덮여져 있었다. 우리는 적이 이곳으로부터 접근하는 것을 조심해야 했다. 내가 위치한 참호에서 길 쪽으로 20야드 떨어진 지점 부근에는 나무가 제거되어 있었다. 아마도 지난 날 스파이크 선발대에 의해 제거되었을 것이다. 이 길과 거의 직각으로 나무 두 그루가 가로질러 넘어져 있었다. 좌측으로는 능선으로부터 서편 계곡으로 경사면이 가파르게 뻗어져 있고 이 방면으로부터의 기습에 놀라지 않도록 크레이든이 지켜보고 있어야 했다. 우측 끝 면만이 안전했다. 그 쪽에서는 D중대가 브렌 기관총 부대와 함께 우리를 지원사격하기 위해 대기하고 있었다. 적이 우리를 공격할 입장이 못 되는 것은 의심할 여지가 없었다. 그곳에는 우리가 고지를 점령하기 위해 공격할 때 퇴각하다가 톰 소대원들에 의해 사살당한 중공군들의 시체가 여섯 구나 버려져 있었다.

크레이든이 서편 계곡을 향해 능선 가장자리로 조금 위치를 옮겼다. 이곳으로부터 경사면을 따라 적의 동태를 잘 관찰할 수 있었으며 그는 우리가 그의 목소리를 들을 수 있는 거리에 머물렀다. 터기는 그 작은 요새 전체와 교전할 수 있도록 우측 위쪽으로 더 올라가 있었다.

미들튼과 두 명의 병사는 다른 참호로 옮겼다. 이제 모두 각자 탐색하고 사격할 수 있게 원호를 그리고 있었고 각자의 원호들이 서로 중복되도록 진을 치고 있었으며 우리의 전방은 만약의 습격에 대비해서 가려져 있었다. 이제 잠시 담배를 피우며 쉴 수 있는 시간이 되었다.

시간은 8시 15분전이었다. 내가 있는 위치 정면 쪽으로 고지의 가장자리 아래쪽에서 사람들의 말소리가 들리더니 적군이 235고지를 재탈환하기 위한 세 번째 공격을 해왔다. 누군가가 자기 부하들에게 큰소리로 잡담을 했다. 나는 오늘 아침 그들의 컨디션이 정상이 아니기를 바랐다. 갤리거 일등중사가 탄약을 공급해주고 막 떠났다. 전반적으로 우리 부대가 그렇게 불리한 여건에 놓인 것은 아니었다. 적군이 현 상태의 전투를 유지한다면 우리는 당분간 버틸 수 있었다. 이제 로니가 고지 정상을 돌아보러 왔다. 그는 지금 당장 포병대의 포격 지원을 원한다면 도와줄 수 있다고 했다. 그는 이제 막 데니스 부대에 포격 지원을 완료했다는 것이었다. 나는 그의 지원을 열광적으로 환영했다. 적군이 길을 따라 공격해 오는 것은 시간 문제였으나 우리는 그들을 격퇴시킬 준비가 되어 있었다. 내가 정리하려고 했던 목표는 그 작은 요새였다.

"그런데 포탄이 목표지점에 좀 못 미쳐서 떨어지기도 한다네." 로니가 말했다. "그렇게 목표지점에 못 미치는 포격에 대한 대비는 하고 있나?"

물론 우리는 준비되어 있었다. 그 저주받은 요새를 초토화하기 위해서는 목표지점에 못 미쳐서 떨어지는 포탄쯤은 얼마든지 소화해 낼 수 있었다. 로니가 자기 무전기로 돌아갔다. 그의 포병으로서의 예절 바름이 자신의 임무수행능력에 완전히 만족할 수는 없게 하고 있었다. 몇 분 후 첩보로부터 전화를 받고는 포병부대에서도 똑같은 걱정을 하고 있다는 것을 알았다.

"포병들이 목표지점에 못 미치는 포격에 대한 대비를 당부해왔네."
첩보가 말했다.

저런! 레키는 어제 '목표지점에 못 미치는 포격'을 수없이 받았다는데 오늘따라 왜 그렇게 걱정들인가?

포병대의 포격지원은 계속되어야 했다. 중공군이 계속 진격해 오고 있었다. 소나무와 키 작은 참나무 사이로 황색 얼굴들이 나타났다. 적은 그 넌더리나는 작은 요새에서 불과 30야드 떨어진 지점에서 기관총 사격을 해오고 있었다. 그 총격을 받고 내 바로 우측에 있던 병사가 전사했다. 그들은 당장이라도 돌진해 올 기세였다.

아! 머리 위로 포탄이 윙하고 지나갔다. 우리는 모두 참호 속으로 몸을 낮추었다. 하늘이 어두워졌다. 땅 전체가 폭음으로 진동했다. 포병대원들은 우리를 자랑스럽게 해주었다. 나는 폭격으로 일어난 누런 흙먼지를 덮어 쓰고 참호 밑바닥에 엎드려 있었다. 독특한 모양의 검고 붉은 딱정벌레 한 마리가 참호 벽을 기어오르고 있었다. 이 미물은 밖에서 일어나고 있는 소란에는 조금도 영향을 받지 않는 것 같았다.

잠시 동안 조용했다. 나는 흘러내린 흙을 털고 일어섰다. 이 얼마나 멋진 광경인가! 시야에는 중공군이 한 명도 보이지 않았다. 그리고 그 작은 요새에는 포격으로 생긴 웅덩이가 파여져 있었다. 영국 포병대원들의 경탄할만한 일격이었다!

누군가가 수류탄을 던지고 있었다. 누가 우리를 향해 수류탄을 던졌다. 또 하나가 날아왔다. 나무로 된 손잡이가 회전되면서 작고 검은 물체 하나가 푸른 하늘을 배경으로 우리가 있는 위치를 향하여 날아왔다. 그것은 마스터스가 있는 좁은 참호 근처에 떨어졌다. 그는 그것이 폭발하는 순간 머리를 박고 엎드렸다. 우리는 이 성가신 물체가 어디로부터 날아왔는지 알아보려고 전방을 면밀히 살펴보았다.

날아오는 방향으로 보아 우리의 위치에서 그 작은 요새의 북서쪽 끝으로 이어지는 길의 한 지점에서 날아오고 있었다. 그러나 이 지점은 우리 전방에 완전히 노출된 지점이었다. 누군가 일어서서 던지지 않는 한 그 길 더 아래쪽에 있는 숲으로 덮인 곳에서 우리에게 수류탄을 던지려면 엄청난 힘이 필요했다. 분명한 것은 그 지점에서 던질 수는 없었다. 우리는 계속해서 지켜보고 있었다. 또 하나의 수류탄이 공중으로 솟아올랐다. 아! 그 나무였다. 그 넘어져 있는 나무였다. 한두 명 정도의 아주 체구가 작은 적군 병사들이 우리의 마지막 공격에서 살아 남아서 그 나무줄기 뒤에 몸을 붙이고 숨어 있다가 15야드 밖에 되지 않는 거리에서 우리를 향해 수류탄을 던지고 있었다. 우리 세 사람은 각자 밀스 수류탄 핀을 뽑아 들고 팔을 뒤로 힘껏 제쳤다가 앞으로 던졌다. 우리는 나무등지 뒤에 숨어 있는 것으로 추측되는 적을 향해 던진 수류탄이 떨어지는 것을 보고는 몸을 피했다. 먼저 섬광이 한 번 번쩍였고 이어서 두 번 연속해서 더 번쩍였다. 세 번의 폭발이 한데 어우러져 하나의 큰 폭음이 되었다. 그 나무줄기 뒤에서 두 사람이 나타났다. 누빈 솜옷을 입고 잡풀과 키 작은 참나무 가지로 위장한 찻잔형태의 철모를 쓴 작은 체구의 적군 병사들이었다. 그 중 한 병사는 뛸 수 없는 상태였다. 그는 쓰러졌고 그의 등에서는 웃옷을 뚫고 피가 쏟아져 나오고 있었다. 부상을 입지 않은 나머지 한 명은 차폐물이 있는 곳을 향해 길을 따라 필사적으로 달려갔다. 그러나 그가 숨어있던 나무줄기에서 10야드 정도 떨어진 지점에서 그는 스텐 기관총 사격을 받고 땅에 내동댕이쳐졌다. 그 사건은 그것으로 끝났다. 한 시간 가량 걸린 느낌이 들었으나 시계를 보니 아침시간 3분밖에 걸리지 않은 작전이었다.

해는 높이 솟았고 우리는 아직도 고지에서 진을 치고 있었다. 도날드의 진지였던 우측 중간지점의 그 작은 요새는 별문제로 하고 우리는 적군의 반복된 공격에도 불구하고 한 치의 땅도 적에게 내주지 않고 있었다. A중대 지역에서만 새벽녘에 적을 격퇴시킨 이후 6번이나 적은 235고지를 향해 공격해 왔다. 적은 7번째 공격을 위해 집결한 것이 틀림없었다. 서로 부르는 적군의 소리가 우리의 정면 고지의 벼랑 밑에서 명료하게 들려왔다. 이것은 적의 공격이 임박했다는 확실한 징후였다.

대대장이 우리 뒤쪽의 경사면을 가로질러 내가 있는 참호로 왔다.
"드디어 우리는 전폭기 지원을 받게 됐다."
대대장이 말했다.
"공중정찰병의 보고에 의하면 적군은 지금 귀관 부대의 위치를 집중공격하기 위해 집결하고 있다고 한다. 적의 어느 지점을 폭격해야 하는지 알려주면 내가 전투기에 무전으로 연락하겠다."
우리는 쌍안경으로 살필 필요가 없었다. 이것은 근접전이다. 나는 적군이 공격해 올 중심 지점을 대대장에게 보여주고 아군의 위치를 표시하는 방법에 대해 논의했다. 2분 안에 우리는 논의를 다 마쳤다. 대대장이 대대 본부로 가려할 때 내가 물었다.

"대대장님께서는 어떻게 지내고 계십니까?"

그는 지난 50분 동안 격렬한 중기관총 공격을 받았다는 이야기를 내게 하지 않았다. 그는 자신이 각 중대의 사기를 북돋우기 위해 적군의 포화 속을 뚫고 전 전선을 순시하고 다녔다는 것을 고백하지 않았다. 적의 예상 침투군 무리를 격퇴하기 위해 또 한 번 몸소 전투현장에 갔었다는 이야기도 들려주지 않았다. 그는 파이프 담배를 한 모금 피우고는 피어오르는 담배 연기를 보며 탄 재를 파이프 안으로 밀어 넣었다.

"그렇게 나쁘지는 않아, 정말로." 그가 말했다. "혹시 여분의 성냥 갖고 있나?"

전폭기의 지원이 시급했다. 우리는 요새 근처의 기관총을 든 적군 두 명과 교전 중이었다. 또 한 명의 적군은 우리 바로 앞쪽의 고지 언저리 뒤쪽으로부터 비스듬히 사격을 해오고 있었다. 우리의 사격을 유도하기 위해 적군의 여러 팀이 돌진해 오고 있었는데 전방 30야드 이내까지 진격을 허락해서는 안될 만큼 많은 숫자였다. 당장이라도 소총과 기관총으로 무장한 100여명의 중공군이 숲에서 뛰쳐나와 우리를 덮칠 것 같았다. 우리는 그들의 전술에 익숙해져 있었다.

적을 기다리고 있는 아군의 입장은 전과 달랐다. 우리의 탄약이 거의 바닥나 있었다. 이 문제에 대한 유일한 해결책은 나의 참호 가장자리에 놓여 있는 수류탄이 될 것이다. 전방으로 투척하면 수류탄은 보라색 연기를 내뿜을 것이다. 그러나 수류탄은 단 하나밖에 남아있지 않았다. 경우에 따라서는 우리가 중공군의 공격과 더불어 아군의 공중폭격을 받을지도 모르는 일이었으므로 수류탄을 투척하는 시점에 대한 판단은 신중하게 해야 했다.

햇빛에 반사되어 번쩍이는 은빛 날개의 F-86기가 폭격을 가하기 위해 우리 상공에서 배회하고 있었다. 편대장이 벌써 공중폭격을 시작하기 위해 선회 중이었다. 나는 수류탄의 흑색 수지 뚜껑을 풀고 테이프 줄을 반 정도 뽑아서 힘껏 하늘 높이 던졌다. 투척한 수류탄은 넘어져 있는 나무줄기를 지나서 폭발했다. 잠깐 동안 진한 보라색 연기가 구름처럼 떠 있다가 능선 쪽으로 흩어져 가면서 언덕과 길 그리고 키 작은 참나무 숲이 우리 시야에서 가려졌다.

일촉즉발의 순간이었다. 만일 내가 그 수류탄을 너무 빨리 터뜨렸더라면 전폭기가 우리 위치에 도착하기 전에 우리의 전방에 연막이 솟아올랐다가 흩어졌을 것이고, 전폭기는 중공군뿐만 아니라 우리에게도 폭탄을 투하했을 것이다. 그런 경우에 중공군 공격이 곧바로 이어졌다면, 그리고 자신들의 기회를 제대로 포착했더라면 그들은 연막 속에서 우리에게 돌진해 올 수 있었을 것이다. 그랬더라면 우리가 가진 무기로는 그들을 당해낼 수 없었을 것이므로 우리는 그들에게 완전히 섬멸되었을 것이다. 20초 아니 아마도 30초 간격의 차이로 그 수류탄의 연막이 상황을 확실하게 바꾸어 놓았다.

뒤쪽으로부터 커다란 소리가 들려왔다. 멀리서 들려오던 위잉 소리가 점점 가까워지면서 귀청이 떨어질 것 같은 고성으로 변했다. 커다란 공기의 물결이 목표 지점을 향해 하강해서 우리 주변에 붉은 연기를 일으켜 시야를 덮었다. 머리 속에 남은 인상은 은빛 물체가 나타나더니 그것을 알아보는 순간 멀리 사라졌다는 것이었다. F-86 전투기가 폭격을 성공시켰다.

전폭기가 비행하면서 적의 위치를 표시해 주던 보라색 연막을 분산

시키고 길 좌측 하늘에 한줄기의 연기 자국만 남겼다. 우리의 시선은 여기에 머물러 있지 않았다. 전방의 키 작은 참나무와 소나무 숲에서 전투기가 투하한 네이팜탄으로부터 불덩어리가 솟아올라 퍼져나가고 있었다. 이 방향으로부터 적의 공격은 당분간 없을 것이다. 참나무 숲을 차폐물(遮蔽物)로 하여 엎드려 있던 적군은 이제 공격할 수 없게 되었다. 전투기들은 2차 폭격을 시작했다. 이번에 우리는 적군을 관찰하기보다는 전투기가 우리 머리 위를 지나 그 언덕 중간지점 우측을 가로질러 날아가는 모습을 보고 있었다. 우리 쪽으로 접근해 와서 투하한 두 개의 알루미늄 폭탄은 그 언덕 뒤쪽 접근로에 떨어졌다. 이 네이팜탄이 터지면서 내뿜는 누런 연기가 주위를 삼켜버렸다. 다음은 그 언덕을 칠 차례였다. 세 번째로 출격한 F-86 전투기들이 투하한 폭탄은 적군의 기관총 부대를 명중시켰다. 이제 적군의 총성은 멈추었다.

공중폭격은 모두 일곱 차례에 걸쳐 이루어졌다. 네이팜탄을 투하하고 되돌아 온 폭격기들은 예비공격단의 역할을 하던 적의 박격포 부대와 동쪽으로부터 톰 부대를 향해 총격을 가하던 적의 중기관총 부대를 향해 로케트탄과 기관총 사격을 가했다. 나는 그 전폭기들이 연료와 폭탄을 보충받기 위해 흰구름을 뚫고 상승하여 되돌아가는 장면을 쳐다보고 있었다. 그 형체들이 멀어지자 세 대의 비행기들이 약 1만피트 상공을 날면서 남동방향에서부터 우리 쪽으로 접근하는 것이 보였다. 이번에는 우리의 보급품을 싣고 오는 수송기들이었다. 이제 시간은 9시 반이고 약 30분 후면 지원부대가 도착할 것이며 기다리는 동안 우리는 보급품을 공수받을 수 있는 상황이었다. 우리의 전방에 타격을 받은 적이 전열을 정비하여 재집결하려면 사실상 캐슬고지로부터 충원부대가 이동해 와야 하므로 적어도 1시간은 걸릴 것이었다. 사태는 호전되고 있었다. 나는 수송기들이 우리 위치의 상공에 도달하면 보급품을 투하하기 전에 한바퀴 선회하리라는 것을 예상하면서 수송기의 비행을 눈으로 추적하고 있었다.

  수송기들은 임진강 못 미친 지점에서 서쪽으로 방향을 틀었다. 그리고는 순식간에 우리의 시야에서 벗어나 바다 쪽으로 사라졌다. 이것이 어떻게 된 것인가 하고 생각하는 순간 갤리거 일등중사가 큰소리로 전갈을 전해왔다.

  "대대장님께서 대대본부에서 중대장님을 찾고 계십니다."

  나는 터기 이등중사에게 뒷일을 부탁하고 고지 정상을 지나 대대본부 쪽으로 뛰어갔다. 반대편 산비탈에서 갤리거 일등중사는 2개의 망가진 브렌 기관총에서 꺼낸 부품으로 브렌 기관총 하나를 고치느라 여념이 없었다. 부상병들은 오래 전에 연대 의무실로 후송되어 있었다.

  "저 능선을 따라 갈 때 조심 하십시오."

  일등중사가 귀뜸했다.

  "서쪽으로부터 기관총 사격이 있습니다. 제 생각에는 저 계곡 건너편에서부터 사격해 오는 것 같습니다."

  그가 나에게 경고를 하는 동안 서편으로부터 산등성이를 가로질러 총알이 연발로 날아왔다. 꽤 긴 집중사격이었고 사격이 계속되는 동안 A중대는 대대본부로부터 격리된 상태였다. 사격이 중단되는 순간이 바로 움직일 때였다. 나는 능선을 따라 사분의 일 마일 뛰어가서 여단본부와 연결된 무전기가 있는 지점에 다다랐다. 서쪽으로부터 계속 적군의 기관총 사격이 있었기 때문에 오늘 아침 내가 떠난 후 대대본부는 전부 이동했다. 이 충격으로 리차드가 도위와 엘럼이 지키고 있던 무전기지로 가다가 전사했다. 총알이 그의 머리를 관통했기 때문에 그는 즉사했다. 뉘어져 있는 그의 옆을 지나가면서도 그가 죽었다는 것이 믿어지지 않았다. 생기발랄하고 낙천적인 그가 그렇게 갑자기 쓰러진다는 것은 있을 수 없는 일이었다.

대대장은 여단본부와 연결된 무전기 옆에 지도를 펴놓고 혼자 앉아 있었다. 내가 가까이 가자 그는 일어섰다. 그의 표정이 너무 침착해서 그가 어떤 중요한 뉴스를 전달하려는지 짐작이 가지 않았다. 그러나 평범한 이야기를 하려고 나를 여기까지 불러 오지는 않았을 것임은 알 수 있었다.

"3사단으로부터 기갑 및 보병부대가 우리를 교체하기 위해 올 예정이라는 것을 귀관은 알고 있나?"

그가 물었다.

"네."

"그런데 그 부대가 교체하러 오지 못해."

"알겠습니다."

내가 대답했다. 더 이상 다른 할 말이 없었다.

대대장은 그때까지의 모든 새로운 정보에 대하여 계속 이야기해 주었다. 중공군의 압박이 너무나 극심해서 우리와 교대하려던 부대는 이제 의정부 후방에 새로 구축 중인 방어선으로 철수하여 우리 사단을 엄호하는 역할로 전환한 듯했다. 우리의 임무는 끝났다. 이제 우리는 즉시 소총수들의 엄호를 받으며 남쪽으로 철수를 시작하지 않으면 안 되는 상황이었다.

D중대로부터 불려온 마이크도 우리와 합류했다. 의사 봅과 포병부대장도 왔고 스파이크와 교대한 샘도 보급중대본부로부터 나타났다. 가이도는 남동쪽에 있는 데니스를 대신해서 참여했다. 마지막으로 군악대쪽으로 가 있던 헨리가 올라왔다. 대대장은 현재 상황에 대하여 설명하고 각자의 주 요새로부터 철수하라는 명령을 내렸다. 우리는 센튜리언 전차 부대가 전진배치되어 철수를 돕고 있는 한국군 1사단의 우익을 향하여 남서방향으로 이동해야 했다. 대대장은 우리를 능선의 가장자리에 데리고 가서 우리가 택해야 할 길의 방향을 가리켜 주었다. 일단 우리가 계곡 끝까지만 철수하면 우리는 엄호를 받을 수 있었다. 우리는 10시에 철수를 시작하기로 했다. 철수에 대한 지시를 마친 뒤 대대장은 잠시 멈추었다가 봅 쪽으로 돌아섰다.

"봅."

마침내 그가 입을 떼었다.

"부상병은 그냥 두고 갈 수밖에 없다."

봅도 아주 잠시 멈추었다가 대답했다.

"잘 알겠습니다. 상황을 충분히 이해합니다."

우리는 각자 원 위치로 돌아가서 철수 준비를 시작했다.

A중대가 제일 먼저 철수해야 했다. 우리는 남은 탄약을 어깨에 둘러멜 수 있는 사람들에게 분배해 주고 부상당한 사람들은 가능한 한 편하게 걷게 해주었다. 소총수들은 각기 세 줄씩 실탄을 장전했다. 브렌 기관총 한 자루당 탄창 하나 반을, 그리고 스텐 기관총 한 자루당 탄창 반을 분배했다. 도합 일곱 개의 밀스 수류탄과 네 개의 백린 연막탄이 남아 있었다. 이제 이 무기들을 가지고 우리는 산악지역을 최소한 4마일 빠져 나가야 했다. 적군에게 조금이라도 쓸모가 있을 듯

한 물건은 모두 파기한 다음 우리는 이동을 개시할 시간이 될 때까지 앉아서 기다렸다.

우리는 극심한 갈증을 느꼈다. 전날 밤에 배급받은 야전식량은 거의 손을 대지 않았다. 과일 통조림과 우유만 개봉했다. 그 순간 235고지 전방 산비탈에 앉아 하릴 없이 바다로 흘러가는 그 많은 임진강 물을 생각해 보았다. 우리의 전방 고지의 지면에서는 아직도 네이팜탄 화염에서 발생한 연기가 피어오르고 있었다. 그 요새는 이제 차폐물이 파괴된 채 버려져 있어서 더 이상 우리에게 위협이 되지 못했다. 일 분씩 일 분씩 시계는 10시를 향해 똑딱거리고 있었다.

10시 3분전, 나는 점보에게 A중대의 주요 부대를 이동시키라는 신호를 보냈다. 비록 적의 동정은 없었지만 틀림없이 적은 우리를 감시하고 있을 것이었고 현 위치에서 우리가 철수한다는 것을 가능한 한 적이 늦게 알기를 원했다. 10시 정각이 되자 백린 연막탄 연기 속에 나머지 팀이 참호로부터 나와서 고지 정상으로 철수했다. 이제 그 작업은 끝났고 다음 임무가 시작되었다.

능선에서는 A중대 주요 부대를 이끌고 먼저 도착한 점보가 235고지를 엄호하기 위한 기관총을 배치해 놓은 보급중대본부 바로 위에 대기하고 있었다. A중대는 이동을 완료했으므로 나는 다시 대대본부에 합류했다. A중대는 이제 중대원이 얼마 남지 않아 장교 한 명이 충분히 지휘할 수 있는 상태였다. 내가 대대장에게로 가까이 가는 순간 그는 막 여단본부와 연결된 무전기로 통화를 끝내고 있었다. 그의 표정은 심상치 않았다.

"샘에게 알려라."

그가 말했다.

"방금 여단장으로부터 전화를 받았는데 포병부대가 우리의 철수를 엄호해줄 수 없다는 소식이다. 포병부대 자체가 공격을 받았다. 우리의 지령은 간단하다. 모든 장병들은 각자 스스로 알아서 후퇴해야 한다."

내가 샘의 본부로 뛰어가는 동안 대대장은 다른 중대에 무전으로 지시하기 시작했다. 이제 모두 부산스러워졌다. 내가 능선에 되돌아올 때 스파이크 부대는 기관총 전동장치를 파괴하고 있었다. 그 근처에서 나는 대대장과 이야기를 끝내고 연대 의무실로 돌아오는 봅을 만났다. 통신병들은 자신들의 통신장비를 벌써 파괴했고 헨리는 방금 암호 책자를 태우고 남은 재를 발로 밟아 비비고 있었다. 우리는 모두 이동준비를 완료했다. 본부는 작은 그룹으로 나뉘어 능선을 넘어가고 있었다. 그들이 다 가고 나서 나도 능선의 정상에 올라가 반대방향으로 내려갈 채비를 했다. 봅은 가파른 경사면으로 내려가는 길옆에 혼자 우두커니 서 있었다.

"봅, 어서 가자."

내가 말했다.

"우리가 아마 마지막일 것이다. 당신은 벌써 여기서 빠져 나갔어야 했다. 대대장님도 곧 떠날 것이다. 그것이 전부다."

그는 나를 잠깐 쳐다보고는 말했다.

"나는 떠날 수 없어. 나는 부상병들과 함께 남아 있겠네."

잠시 동안 나는 그의 말이 무슨 뜻인지 이해하지 못했다. 우리는 모두 철수하고 있었다. 우리들 중 일부는 성공적으로 철수할 수 있을 것이다. 여기에 남아 있는다는 것은 포로가 되든가 아니면 중공군의 최후 공격 시에 전사하는 것을 의미했다. 그 순간 나는 그가 이 모든 가

▲ 임진강 전투 후 탈출한 그로스터 부대원들이 새 참호를 준비하고 있다.

▲ 그로스터부대가 중공군 2개사단의 대공격으로 와해된 현장. 경기도 파주시 적성면 마지리 영국군 전적비.

능성에 대하여 이미 다 생각해 보았다는 것을 깨달았다. 심사숙고 끝에 그는 부상병들이 자신을 가장 필요로 할 때 그들 옆에 남아있기 위해 자기 자신의 생명을 위험에 빠뜨리는 쪽을 선택한 것이었다. 어디선가 이런 구절이 생각났다. "이보다 더 큰 사랑은 없다?" 이제 그 말이 무슨 뜻인지 분명히 알았다. 나는 너무나 감동받아 그것을 말로 표현할 방법이 없어서 그의 어깨만 툭툭 두드려 주고 그 자리를 떴다.

지금쯤이면 우리의 능선 변두리에서 하산한 대부분의 대대병력은 계곡에 도착했을 것이다. 암벽 사이로 기어가다가 미끄러지기도 하고 바위 사이를 뛰어 넘으면서 나는 보급 중대와 대대본부 요원들의 후미까지 따라잡았다. D중대에서는 아무런 기척이 없었다. 우리는 남서 방향의 계곡 끝부분에 있는 산등성이를 향해 방향을 바꾸었다. 이곳을 넘으면 우리의 이동을 적으로부터 숨겨줄 차폐물을 발견할 수 있을 것이다. 그 차폐물을 이용하여 우리는 새로 구축한 방어선으로 후퇴하는 한국군 1사단을 돕기 위해 전방으로 전진 배치된 전차부대가 있는 곳에 도착할 수 있었다. 이미 그 산등성이 정상으로 기어 올라간 형체들이 보였고 일부는 이미 정상을 넘어간 상태였다. 우리는 돌로 덮인 길을 빨리 올라가기 위해 아무렇게나 서두르고 있었다. 적에게 포로로 잡히지 않으려면 어떻게 해서든 그 산등성이까지는 도착해야만 했다. 길 양쪽으로 아무 것도 없는 벌거벗은 산비탈에서는 적의 눈으로부터 숨을 수가 없었다. 조금 남아 있던 차폐물들은 오전에 네이팜탄 공격으로 다 타버렸던 것이다. 산등성이 조금 못 미쳐서 계곡이 둘로 갈라져 있는데 우리는 그 오른쪽 계곡으로 올라갔다. 그 계곡은 좁아져서 우리는 한 줄로 전진할 수밖에 없었다. 계곡 꼭대기의 수원으로부터 흘러내리는 개울물이 길 좌우로 횡단을 반복하며 흘러내려 우리가 개울을 건너뛸 때마다 우리 군화는 진흙에 미끄러졌다. 죽은 숲 덩굴이 개울 위에 아치모양으로 덮고 있는 산등성이 기슭 근처에 포병장교 한 명이 전투복 상의가 피에 젖은 채 얼굴을 땅바닥에 박고 엎어져 있었다. 지나면서 언뜻 보니 프랭크인 것 같았다.

계곡을 걸어 올라가는 동안 고지에서는 계속해서 기관총 소리가 들렸다. 그러나 우리 쪽으로 발사되는 것은 없었다. 우리가 산등성이에 가까워지고 어둡고 음산한 위치에 – 개울에 가까이에 – 계곡의 절벽이 바로 코앞에 닥쳤을 때 그제야 적군의 총격이 있었다. 계곡 양쪽의 고지와 우리의 후방 고지로부터 경·중기관포가 우리를 향해 포격을 가해왔다. 아직 우리를 명중시키지는 못했다. 그러나 그들이 원한다면 큰 낫으로 풀을 베듯이 우리를 쓰러뜨릴 수 있다는 것은 의심할 여지가 없었다. 적군의 무기에 완전히 노출된 상태에서 우리는 총구 바로 앞으로 통로를 따라 이동했다. 그들이 전달하는 메시지는 명확했다. 우리는 이 위에 있고 너희들은 그 밑에 있다. 너희들은 완전히 노출된 상태이다. 우리는 잠복해 있고 너희들은 우리의 시야에 들어와 있다. 우리가 계속 이동하자 이번에는 기관총을 낮게 – 의도적으로 낮게 – 발사해 왔다. 나와 병사들이 5분 이상 목숨을 부지하려면 길은 오직 한 가지밖에 없었다. 나는 내가 사랑하고 신뢰하는 모든 것들을 배반하고 있다고 생각하면서 목청을 높여 소리쳤다.

"정지!"

그들은 멈춰 서서 무언가를 기대하는 표정으로 나를 물끄러미 쳐다보았다. 나는 그들이 도대체 내게 어떤 명령을 기대하고 있는지 알 수가 없었다.

"무기를 내려놓아라."

몇 초 후 산등성이 기슭에서 샘이 자기와 함께 이동하던 병사들에게 같은 명령을 하는 것을 들었다. 그가 명령하는 소리는 내 귀에 메아리 아니 창피스러운 메아리처럼 들렸다. 우리가 할 수 있는 일은 다 했고 우리의 임무를 완수하기 위해 모든 노력을 기울였으나 그 종말은 적군에게 항복하는 것이었다.

제 2 부

파라-호커리 대위, 28개월 포로행로

1 포로행로의 시작

포로가 되었다는 것은 실감나지 않았다. 몇 분간 우리는 200야드 떨어진 곳에 있는 무장한 적군에게 억류되어 좁은 계곡 길옆에 서 있었다. 아직 담배가 조금 남아 있어서 나는 땀에 흠뻑 젖어있는 주머니로부터 담배쌈지를 꺼내어 파이프에 담배를 채워 넣었다. 우리는 각자 서로에게 아무 말도 하지 않았다. 우리에게 주어진 상황은 명백했다. 우리가 할 수 있는 일은 다음 행동 −적이 주도하는 다음 행동− 을 기다리는 것뿐이었다. 이따금 한 병사가 그 옆의 병사에게 담뱃불을 붙일 성냥을 부탁한다거나, 혹은 병사들끼리 속삭인다거나 하는 정도 외에 별다른 움직임은 없었다. 계곡 전체가 조용했고 우리도 마찬가지였다.

우리는 그리 길게 기다리지 않았다. 샘이 내게로 막 걸어왔을 때 계곡 중심부로부터 커다랗게 외치는 소리가 들려왔다. 우리 쪽으로 세 명의 중공군이 뛰어왔다. 이 사람들은 우리에게 포로 표시를 붙이러 온 사람들이었다. 그들이 접근해 올 때 우리는 호기심을 가지고 그들을 살펴보았다. 왜냐하면 연초에 우리가 체포했던 포로를 제외하고는 이것이 감정을 섞지 않고 우리가 적군을 관찰할 수 있는 최초의 기회였기 때문이었다. 이제는 우리가 그들의 포로가 되었다. 그런데 그들은 바로 조금 전까지 우리와 싸우던 바로 그 적군들이었다. 그들은 흥분해서 우리에게 접근했고 굉장히 흡족해 하고 있었다.

우리 기준으로 볼 때 그들은 왜소한 체구를 가지고 있었다. 그러나 두 사람은 꽤 튼튼해 보였고 그 중 한 사람은 얼굴이 심하게 얽어 있었다. 그들은 우리에게 낯익은 남루한 누런 카키색 면으로 된 군복을 입고 있었고 얼굴이 얽은 사람은 다른 색의 천으로 꿰맨 옷을 입고 있었다. 그들은 모두 벌프총을 가지고 있었고 허리에는 직물 또는 가죽 탄띠에 예비 탄창을 두르고 있었다. 아무도 계급장을 달고 있지는 않았으나 그 중 지휘자 -튼튼해 보이는 두 사람 중 한 사람 - 의 모자 꼭대기에는 계급장 비슷한 표식이 있었다. 계급장이 부착된 부분 이외의 모자 천은 퇴색되어 있었으나 오각형 별 모양의 자국이 선명하게 남아 있었다.

그들은 불친절하지는 않았다. 다시 말해서 그들은 우리가 탈진하여 걷기 힘들어 하는 부상병을 데리고 가지는 못하게 했으나 우리를 학대하지는 않았다. 물론 그들이 우리를 학대하리라고는 생각하지 않았으며 더구나 죽이리라고 생각한 적은 더욱 없었다. 지금은 20세기 중반이고 우리는 줄기차게 인도주의를 제창하고 있는 국가의 군인들로부터 인간답게 대우받기를 기대할 충분한 권리가 있었다. 그들은 우리를 잘 통제하지 못했다. 그들은 포로를 어떻게 편성하고 관리해야 하는지에 대해 아무런 지식이 없었다. 우리에게 개울물을 마시거나 담배를 피우도록 허락해야 할지 등등에 대해서 자기들끼리도 의견이 분분했다. 그 악마 같은 기관단총이 우리를 겨냥하고 있지 않았더라면, 우리는 무엇을 어떻게 해야 할지 몰라 우왕좌왕하는 그들에게 짜증이 나서라도 그들에게 달려들어 무기를 빼앗고 그들이 갈 길로 보내 버릴 수 있었을 것이다. 결국 손짓으로 의사소통을 하여 샘은 그들이 우리를 계곡 아래쪽으로 이동시키려 한다는 결론을 내렸다. 그래서 우리는 계곡 아래쪽으로 이동했다. 그 어두운 개울가에서 기관총 뿌리 앞에 앉아 그날을 보내지는 않을 것이었다.

계곡 중심부에는 햇빛이 쏟아지고 있었다. 포로로 생포된 입장만 아니라면 오솔길을 따라 이야기하며 거닐기에 좋은 날씨였다. 탈진하고 허기진 포로가 된 상황이었지만 쾌청한 날씨가 우리들을 조금 느긋하게 해주었다. 본래 위치였던 능선에서 우리가 후퇴해 내려온 경사면의 기슭에 도착하니 그곳에는 다른 한 무리의 포로들이 좀더 엄한 감시를 받고 있었다. 가이도 거기 있었다. 그에게는 두 번째 포로 생활의 시작이었다. 군악대장과 페글라 이등중사를 비롯하여 약 50명이 포로가 되어 있었다. 우리 대원 중 상당수가 이제 포로가 되었다. 나는 그 곳에 보이지 않는 다른 대원들은 철수에 성공했기를 바랄 뿐이었다. 우리는 그 위치에 잠시 머무르게 되었으므로 나는 포로가 되었을 때부터 생각했던 주제를 꺼내어 샘과 의논하기 시작했다. 탈출! 밤은 탈출하기에 더할 나위 없이 좋은 기회이므로 우리는 미리 준비를 해야 했다. 샘이 우리보다 약간 앞에 위치하고 있다는 것을 알지 못했기 때문에 나는 원래 이 문제를 정보 이등중사인 크롬튼 및 루카스와 의논했었다. 그들은 우리가 함께 계획을 한다면 기회가 올 것이라 믿었다. 이제 나는 우리 넷이 함께 시도한다면 성공할 자신이 있다고 샘에게 이야기 했다. 페글라가 탈출에 필요한 장비 몇 가지를 조심스럽게 모으고 있는 동안 우리는 탈출 방법을 의논했다.

감시병들이 돌아다니며 우리가 소지하고 있던 카메라들을 탈취해 갔지만 내가 갖고 있던 망원경은 미처 보지 못했다. 감시병들이 지나가자 우리는 다시 모여 의논을 계속했다. 그 순간 우리 위쪽에서 무슨 소리가 들려 그 쪽을 쳐다보니 헨리가 세 명의 감시병에게 에워싸여 고지를 내려오고 있었다. 그는 어두워질 때까지 기다리려고 관목(灌木)덤불 속에 숨어 있다가 적에게 발견되어 잡혔다고 했다. 그에게 들은 소식은 중공군이 이제 전 능선을 점령하고 헨리와 똑같은 의도로 숨어있는 사람들을 찾아내기 위해 그 지역 일대를 샅샅이 수색하고 있다고 했다. 그는 봅이 군목 파드레 및 브리스랜드와 함께 연대 의무실로부터 하산하는 것을 보았다고 했고 예상대로 그들이 부상병들의 치료는 금지시켰다고 했다. 이것은 좋지 않은 소식이었다. 그래서 우리는 적의 책임자를 찾으면 정식으로 이 문제를 제기하기로 결정했다. 말이 통하지 않으므로 필요하다면 그림을 그려서라도 설명하기로 했다.

헨리가 우리의 탈출 의논에 합류했다. 잠시 시간이 있어 나는 그에게 산기슭 위에 있던 중공군 사상자를 본 적이 있는지 물어보았다. 우리 부대 좌측에 위치해 있던 크레이든 상병에게 돌진해오던 중공군들이 전사하는 것을 본 것이 전부이고 바위를 등지는 위치에 있어서 그 바위에 가려 더 이상 관찰할 수 없었다는 것이 그의 답변이었다.

우리는 경사면 윗부분에 놓여있는 중공군 전사자들의 숫자를 세어 보기로 했다. 사체들은 여기저기 그룹으로 흩어져 있었는데 이들은 대부분 오늘 아침 폭격에 의해 전사한 사람들이었다. 우리는 각자 따로 세어서 그 숫자를 비교해 보기로 했다. 헨리는 207명을 세었고 나는 216명을 세었다. 만약 이것이 하루아침 한쪽 경사면의 전사자 숫자라면 전 전투기간에 이 지역 일대에서 발생한 적의 전사자 숫자는 상당할 것으로 추측되었다.

다른 많은 사람들도 가능한 한 빨리 탈출하고 싶어 할 것임이 분명했다. 우리는 현재의 정확한 위치와 탈출하여 아군 방어선으로 돌아갈 수 있는 가장 이상적인 방향과 필요한 거리 등에 관한 정보를 서로 교환했다. 그때 감시병들이 다시 와서 헨리를 고지로 데리고 올라갔다. 우리는 그가 우리와 함께 있어야 한다고 항의했으나 그들은 웃으면서 안심하라는 손짓을 하며 그를 데려갔다. 그들을 덮친다는 것은 즉 자살을 의미하기 때문에 차마 그러지는 못했다. 우리는 속수무책이었다. 포로로서의 첫 번째 수업을 한 셈이었다.

남아있는 감시병들의 대화가 빨라졌고 그 중 한 사람은 소리를 질러대고 있었다. 우리는 그 소동이 적성으로부터 작은 길을 따라 나타난 중공군 한 명 때문인 것을 곧 알 수 있었다. 그는 다른 병사들보다 복장이 양호했다. 그의 군복은 분명히 새 것이었고 그는 다른 병사들처럼 머리를 짧게 깎지 않았으며 갈색 가죽 권총집에 권총을 차고 있었다. 아마도 그는 장교급에 속하는 사람인 것 같았다.

샘은 기회를 놓치지 않고 고지 정상과 계곡 끝 산등성이에 두고 온 부상병들에 대한 문제를 제기했다. 중공군 장교는 영어를 하지 못했고 우리도 물론 중국말을 구사하지 못해 의사소통이 되기까지는 상당한 시간이 흘러갔다. 드디어 그가 상황을 이해하였으며 우리는 계곡 여러 곳에 흩어져 있는 부상병을 찾으러 갔다. 그러나 235고지에 있는 부상병을 데려올 수 있도록 그를 설득하는 것은 실패했다. 우리가 고지 쪽을 향하여 경사면을 올라가는 것을 그는 일절 허락하지 않았다.

우리는 산등성이 기슭의 개울가에 누워있는 보급중대원 세 명과 A중대원 한 명을 찾았으며 그 근처에서 칼이 왼쪽 어깨에 부상을 입고 수척해진 창백한 얼굴로 누워있는 것을 발견했다. - 아까는 내가 칼을 프랭크로 착각했었다- A 중대 부상병은 허벅지 부상이 심해서 우리가 업고 올 수밖에 없었다. 나머지 부상병들은 동료들의 부축을 받으며 천천히 걸어왔다. 235고지 기슭의 다른 포로병들이 대기하고 있는 지점에 도착했을 때 감시병이 계속 행진을 독촉해서 적성 방향으

▲ 행군 중 중공군 감시하에 쉬고 있는 그로스터 부대 포로들.

로 난 길을 계속 행군해 갔고 그들은 우리 뒤를 따랐다.

  우리가 능선 끝에 도달했을 때 – 이곳이 바로 북서 경사면과 계곡 바닥이 만나는 지점이다 – 나는 중공군이 자기편 사망자를 고지에서 실어오고 있는 것을 목격했다. 그들은 네이팜탄에 의한 화상에 대하여는 별로 신경 쓰지 않는 것 같았다. 모든 희생자는 대포나 기관총에 의해 사망했거나 고지 탈환을 시도하다가 사망한 것이었다. 나는 길의 반대편에 있고 우리 병사들에 가려 사망자 수를 셀 수가 없었다. 내가 확실히 볼 수 있었던 것은 60명 정도의 중공군들이 강물이 계곡으로부터 캐슬고지 북쪽에 면한 큰 저지대로 흘러 들어가는 지점에서 몸을 씻고 있는 모습이었다. 그 근처 폭포가 하나 있었는데 중공군들은 웃통을 벗고 물 속에 들어가 작은 수건으로 등을 닦고 있었다. 강둑에서는 두세 명이 꼭 간으로 만든 소시지 같이 생긴 길고 가는 가방을 열고 있었다. 그들은 상기된 얼굴로 우리 쪽을 쳐다보며 감시병들에게 뭐라고 말을 했고 감시병들은 권위를 시위하는 듯이 한두 사람을 밀치며 빨리 이동하라고 독촉했다.

  행군은 약 한 시간가량 계속되었다. 부상병 때문에 우리의 걸음은 느렸고 우리는 독촉하는 감시병에게 저항을 했다. 그들은 또 한 번의 공습을 경계하는 것이 분명했다. 한두 명은 계속 상공을 감시했고 멀리서 어떤 항공기가 나타나기만 하면 우리의 행군을 정지시키고 자신들은 주변의 오두막으로 피신했다. 우리가 45분가량 더 행군을 하니 우리가 전투 개시 전에 대대본부와 캐슬고지 사이를 왕복할 때 쓰던 도로가 나타났다. 아니나 다를까 약 5분 후에 강 언덕 대대본부의 원래 위치로 되돌아 왔다.

  "저기에 다른 포로 무리들이 있습니다."

페글라 이등중사가 말했다.

"저쪽 길가를 보십시오"

약 300야드 떨어져서 길의 동쪽에 또 다른 한 무리의 병사들이 있었다. 우리는 그들이 누군지를 확인하기 위해 신경을 집중시켰다. 몇 발자국 가까이 가니 그들이 봅, 군목 파드레, 브리스랜드 상병, 베이커, 보급중대 이등중사 및 두 명의 저격병임을 알아볼 수 있었다. 감시병들이 우리를 떼어놓으려고 노력했지만 우리는 그들에게 다가가서 악수를 교환하고 살아남아 있는 것에 대해 서로 축하하고 포로가 된 것에 대해 서로 애처로워했다. 봅이 자신의 배낭에서 능선에 있을 때 배급 받아서 아직 먹지 않고 가지고 있었던 딱딱해진 빵 한 덩어리를 꺼내었다. 우리가 떠나고 난 후 일어났던 사건들에 대한 그의 이야기를 들으면서 우리 아홉 사람은 그 빵을 나누어 먹었다. 갑자기 시장기가 느껴진 우리는 길가에 앉아서 빵을 우적우적 씹으며 그의 이야기를 들었다. 약 20분간 중공군은 나타나지 않았다고 했다. 그러다가 아주 조심스럽게 한 무리의 중공군이 235고지를 넘어오더니 능선이 텅 비어있는 것을 보고는 앞으로 돌진해왔다. 이미 권총을 버리고 있었던 봅이 연대 의무실에 있던 적십자기를 들고 앞으로 나아갔다. 중공군 지휘자가 미처 그 의미를 파악하지 못했던 것인지 아니면 그 깃발에 무관심했던지 그들은 봅을 향해 사격을 가해왔다. 봅이 아직도 살아있을 수 있었던 이유는 결국 그들의 서투른 사격술 덕분이었다. 그때 장교인지 선임 행정관인지 누군가 한 사람이 앞으로 뛰어나와 사격중지를 명령했다. 이는 아마도 봅이 전혀 무기를 가지고 있지 않았고 저항할 뜻을 보이지 않았기 때문이었을 것이다. 병사들은 그의 명령에 따랐으나 유독 한 사람이 계속 벌프총을 쏘아댔다. 그는 중공군 장교가 쏜 총에 맞고 나서야 사격을 멈추었다. 봅에게는 적어도 이것이 고무적인 사실로 느껴졌다. 그는 앞으로 나아가서 그들에게 적십자 완장과, 붕대 그리고 의료기구 몇 점을 보여주었다. 그들은 이 사람이 적어도 일종의 의무관련 요원이라는 것을 이해했던 것 같다. 많은 수가 이미 의식을 잃어 자신이 포로의 신세가 된 줄 모르고 있는 부상병들을 그들이 일부러 해치지는 않았다. 그러나 연대 의무실 소속 독신요원들과 함께 부상병들 곁에 남아있기를 자원했던 군목 파드레와 봅이 고지로부터 부상병 후송작업을 하려 하자 중공군은 그 작업을 중지시켰다.

그들은 봅으로 하여금 환자들에게 물 한 모금도 주지 못하게 했을 뿐만 아니라 다른 아무도 부상자를 치료하지 못하게 했다. 조금 후 봅의 팀은 가파른 고지 비탈길을 내려가서 능선의 동쪽 경사면에서 잡힌 포로들과 합류하게 되었다. 그들 중에는 걸어서 행군하다가 탈진하였으나 치료를 받지 못해 부상이 악화되어 들것 신세가 된 네 명의 부상병들이 있었다. 또한 그들 중에는 기관총 소대의 호퍼 이등중사, 도날드 그리고 A 중대의 피쉬가 섞여 있었다. 우리는 24일 날 용감하게 혼자서 고지의 아래쪽을 공격하여 B 중대의 남은 병력을 안전하게 구해주었던 통신병 워커의 상태가 걱정스러워졌다. 총탄이 그의 흉부를 관통했기 때문에 계속적인 간호가 필요한 상태였다. 그의 상태가 절망적이기도 했지만 감시병들이 워커를 죽이지 않나 하는 것이 더 걱정스러웠다.

약 반시간 후, 우리는 강둑 쪽 원래 우리의 대대본부와 박격포 부대가 있던 위치를 향하여 행군을 했다. 우리를 몹시 짜증스럽게 하는 사건들이 연속적으로 발생했지만 우리는 이제 이따금씩 감시병에게 비웃음을 머금을 정도로 여유가 생겼다.

우리의 대대본부는 적군의 약탈로 완전히 파괴되어 있었다. 넓은 지역 전체에 편지, 손수건, 내의류, 사진 및 신문 조각 등이 여기저기 널 브러져 있었다. 봅이 의료품 창고에 가까이 가려 하자 감시병들이 권총으로 막았다. 그러나 창고 안에 있던 의료품들은 이미 부서져 있거나 혹은 연대의무실의 텐트와 차량 근처에 내동댕이쳐져 있었다. 감시병들은 우리로 하여금 부상병 운송에 필요한 들것에도 손을 대지 못하게 했다. 그러나 우리는 그들 모르게 세 개를 훔칠 수 있었다. 감시병들이 우리를 어디로 이송해야 하는지에 대해 논쟁을 벌이느라 우리에게 소홀한 동안 우리는 필요한 물품을 찾으려고 이리 뛰고 저리 뛰고 했다. 우리가 강둑에 두 번째 돌아왔을 때 한 작은 중공군 병사가 복숭아 통조림을 다 먹고 나서 이번에는 연료 깡통을 공략 중인 모습을 보고 나의 노여움은 다소 수그러졌다. 깡통 뚜껑을 억지로 비틀어 열고는 기름 덩어리를 한 수저 떠서 입에 한입 가득 넣었다. 잠시 동안은 별다른 반응이 없었다. 그러다가 그는 갑자기 창백해지더니 땅에 몸부림을 치면서 비명을 지르다가 토하기 시작했다. 이 사건이 나의 하루를 즐겁게 해주었다.

드디어 우리는 설마리 동네를 통과하여 남쪽으로 행군하여 U자로 한바퀴 휘어지는 지점 근처 그래햄 박격포 진지가 있던 곳까지 간 다음 고지의 경사면을 따라 작은 골짜기로 행군을 계속했다. 이곳에서 한참 실랑이를 한 후 우리는 몸수색을 당했다. 페그라가 숨겨온 나침반을 내게 건네주어 나는 재빨리 이것을 숨겼다. 몸수색이 끝나고 우리는 다시 강 언덕을 넘어 북으로 행군을 하다가 C중대가 원래 진을 치고 있던 고지 바로 북쪽에 위치한 물이 마른 강바닥을 향하여 갔다.

공습을 우려해서 중공군은 오후 내내 자기들뿐만 아니라 우리들까지도 계속 잠복시켜왔다. 차폐물 밑에 누워 나는 내가 포로라는 사실과 적군의 지시를 받아야 하며 그들 정부의 통제 하에 있다는 사실을 실감하기 시작했다. 내게 익숙한 부대본부가 있던 지점에 되돌아 왔으나 내 마음대로 행동을 할 수가 없었던 것이다. 이 순간 이후 포로라는 것이 내게 현실이 되었고 명확해졌다. 잠에서 깨어난 후의 처음 몇 분 동안을 제외하고는 반신반의하던 느낌은 이제 사라지고 없었다.

늦은 오후에 중공군 한 명이 강바닥에 와서 서투른 영어로 그들을 위해 우리 차량을 운전해 줄 운전기사를 구하였다. 우리는 남아있는 차량들을 망가뜨려 버릴 수 있는 절호의 기회로 생각하고 로니의 지휘 하에 그것을 행동으로 옮기기 위해 열두 사람을 차출하기로 했다. 그리고 몇 분 후 다시 북쪽으로 행군을 시작했다. 그 길은 D중대와 A중대가 위치했던 고지들 사이로 적성으로 연결되는 눈에 익은 길이었다. 길을 따라 가면서 각자 소나무 가지를 손에 든 엄청난 수의 중공군의 야간 증원부대를 보았다. 멀리 전투기가 보이자 그들은 정지하고는 일사불란하게 소나무 가지를 깃발처럼 들어 올려 소나무 묘목으로 위장했다.

적성 마을에는 중공군의 사체가 겹겹이 쌓여있었다. 죽은 노새와 조랑말도 섞여 있었다. 전날의 공중 폭격은 무시무시하게 효율적으로 사상자를 발생시켰다. 그러나 불행하게도 중공군 지휘관들은 하나의 목적을 위해 지불하는 대가의 크기에 대해서는 별로 신경을 쓰지 않았다. 얼마가 요구되든 간에 그 대가를 충분히 지불하고도 남을 정도로 병력이 풍부했다. 도로를 따라 움푹 파인 논바닥에는 수백 명의 중공군 병사들이 이리저리 웅크린 채 잠을 자고 있었다. 또 일부는 근처의 빈농가를 은신처로 사용하고 있었다. 한 번은 중공군 병사들이 바지를 무릎까지 걷어 올리고 여러 가지 색깔의 야구모자를 쓴 채 자전거를 타고 우리 옆을 지나가는 것을 목격했는데 그 자전거에는 '영국제 허큐리스'라고 표시되어 있었다.

우리는 강 쪽으로 내려가 제방을 따라 행군하다가 서쪽으로 돌아 작은 동네 안으로 들어갔다. 여기서 우리는 어둠이 내릴 때까지 기다렸다. 들것에 실린 부상병들은 두 개의 빈 집에 배치되었고 그 나머지는 강으로 이어지는 길에 4열로 줄을 지어 모여 있어야 했다. 우리는 비좁은 땅 위에 완전히 지친 채 면도도 하지 못한 더러운 모습으로 앉거나 누워 있었다. 먹을 음식도 없었고 부상병에 대한 치료도 할 수 없었다. 그러나 지금 막 휴대용 의료기구를 두 명의 감시병에게 빼앗긴 봅은 나름대로 그들을 돌보고 있었다. 40분 후 한 중공군 병사가 김이 무럭무럭 나는 통 두 개를 들고 왔다.

"밥이다!"

누군가가 소리쳤고 순식간에 거의 모든 사람이 일어나서 어떤 형태의 것이든 그릇을 찾아 들었다.

그것은 밥이 아니었다. 그것은 끓인 물이었다. 그러나 모두들 밥만큼이나 고맙게 끓인 물을 받고 있었다. 휴대용 식기, 머그 잔, 낡은 깡통 등 물을 담을 수 있는 그릇은 총동원되었다. 그릇을 찾지 못한 사람은 자신과 나누어 마실 사람을 찾았기 때문에 결국 골고루 나누어 전원 분배할 수 있었다. 우리의 전우애는 아직 강하게 남아 있었고 전우와의 관계도 겉으로는 전과 달라지지 않았으나 나는 장교이든 사병이든 대부분의 사람들의 행동거지가 뭔가 좀 달라진 것을 발견했다.

나는 상당히 오랫동안 연구한 후에야 이것이 무엇인지를 깨달았다. 그들은 일종의 정신적 충격을 겪고 있었고 오늘 아침에 내가 경험했듯이 아직도 반신반의하는 상태를 경험하고 있었다.

나는 샘과 또 협의를 했다. 우리는 지난번에 협의한 이후 얻은 경험을 토대로 먼저 세운 계획에 대해 다시 심사숙고했다. 그는 동료 포로들을 위해 자신이 무슨 일을 할 것인지에 대한 계획을 어느 정도 세워 놓았고 따라서 그는 가능한 한 오래 포로들과 함께 남아 있으면서 이 임무를 수행해야겠다고 마음먹고 있었다. 만약 중공군이 그를 다른 포로들로부터 떼어 놓는다면 그때는 탈출할 준비가 되어있었다. 봅도 같은 입장이었다. 또 하나의 고려사항은 포로 감시병들이 새로 배치되었는데 이들은 감시가 더욱 삼엄할 뿐 아니라 숫자도 증가했다는 점이었다. 나는 수영을 아주 잘 했으므로 그날 밤 임진강을 도하할 때 혼자서라도 탈출을 시도하는 것이 좋겠다고 마음먹었다. 우리로 하여금 가능한 한 빨리 임진강을 도하하도록 하는 것이 현재 중공군의 의도라고 우리는 짐작하고 있었다. 다른 사람도 우선순위에 있어서의 어떤 원칙이 정해지기 전까지는 모두 기회가 주어지는 대로 각자 탈출을 시도하기로 했다. 우리는 도날드의 들것 주위에 모여 앉아 그가 군목 파드레의 휴대용 식기로 물을 마시는 것을 돕는 척하면서 이 계획을 세웠다. 우리가 다른 사람들과 합류하기 위해 도날드의 거처를 떠날 때 나는 결심했다. 무슨 일이 있어도 오늘 밤 나는 탈출을 시도할 것이다.

감시병들은 아주 캄캄하게 어두워질 때까지 기다렸다. 그날 밤은 구름이 끼었고 아직 달은 뜨지 않았다. 어느 쪽 건널목을 택하든 도하 계획을 늦추지 않기를 나는 바랐다. 드디어 여러 가지 복잡한 준비작업을 마치고 우리는 들것을 운반하면서 길을 떠났다. 아주 피곤한 행군이었다. 도로 자체가 좁은데다가 사람 수는 너무 많았다. 모두들 탈진해 있어서 부상병을 수백야드 이상 운반할 수 없거나 혹은 부상병 운반에 거의 참여할 수 없는 상태였다. 그 중 몇몇 여력이 남아있는 사람들이 부상병을 부축해 줄 수 있는 정도였다. 워낙 어두워서 들것을 드는 사람들을 교대하는 것조차 힘들었다. 감시병의 방해가 있는데다가 공간도 비좁고 운반할 수 있는 사람들의 수는 제한되어 있어서 때로는 이 작업이 악몽 같았다. 행군이 자주 중단되기는 했지만 우리는 강과 평행을 이루며 동쪽으로 뻗어있는 도로를 따라 전진하여 적성마을 아래쪽에 있는 교차로에 도달하였다. 여기서 길은 북쪽으로 꺾어져 강변으로 내려가게 되어 있었다. 그제야 나는 우리가 그로스터 건널목으로 도하할 예정임을 확신할 수 있었다.

교차로에 가까이 감에 따라, 시끄러운 소음이 점점 더 크게 들려왔다. 노새를 끌고 가는 사람들의 외침소리, 양끝에 탄약 꾸러미를 매단 대나무 막대기를 어깨에 멘 짐꾼들의 이야기소리, 덜컹거리는 트럭의 엔진소리, 그리고 일행으로부터 이탈된 사람들이 서로 부르는 소리 등 여러 가지 소란스러운 소리가 뒤섞여 들려왔다. 교통을 정리하는 사람은 전혀 없었다. 사람, 동물 그리고 차량이 한데 섞여 좁은 길을 따라 서로 반대 방향으로 가고 있었다. 곧 우리도 그 중 한 갈래에 끼어들었는데 나는 그때 남쪽으로 가는 사람들이 우리 쪽보다 세배 정도 되는 것을 관찰할 수 있었다. 땀에 젖어 비틀거리며 험한 길을 따라 도하지점으로 내려갈 때 들것이 우리의 어깨 위에서 몹시 흔들렸다. 그러나 부상병은 이 거친 운반 길에도 신음소리 한 번 내지 않고 잘 참아내었다.

드디어 우리는 제방에 도달했고 가이도의 기습 팀이 잠복해 있던 동네를 지나 강 쪽으로 내려가기 시작했다. 중공군 감시병들은 우리의 행군을 독촉했지만 샘은 젖은 신발을 신고 야간에 긴 행진을 하면 발이 부르틀 수 있으므로 우리에게 군화와 양말을 벗을 시간을 주어야 한다고 주장했다. 잠시 동안 이렇게 행군이 중단된 것이 나에게 탈출의 기회를 주었다. 나는 내가 맡았던 들것 운반 임무를 군목 파드레에게 넘기고 다시 합류하지 않았다. 우리가 강가에 도착했을 때 나는 앞쪽 들것 운반조인 크롬튼과 크레이든에게 준비신호를 보냈다. 우리 들것과 바로 뒤의 들것을 감시하는 감시병은 양쪽 들것 사이를 번갈아 왕복했다. 우리는 함께 물속으로 들어갔고 실제로 감시병의 오른쪽 팔이 나의 왼쪽 옆구리를 건드릴 정도로 그는 가까이에 있었다. 발등 위로 물이 올라왔고 물살의 흐름이 느껴졌다. 우리의 발목까지 물에 잠겼고 곧 무릎까지, 이제 허벅지까지 물에 잠겼다. 감시병이 앞 들것 후미에 있던 크롬튼 및 크레이든과 뒤에 따라오는 들것 앞부분에 있던 군목 파드레 및 가이 사이의 위치로부터 떨어져 나갔다. 나는 신호를 보냈다. 크롬튼과 크레이든이 뒤로 처지며 두개의 들것 사이를 가깝게 갖다 붙였다. 그 순간 나는 시커먼 강물 속으로 잠수했다.

30야드 정도 하류 쪽으로 흘러가서 물위로 떠오를 때 나는 총소리가 나고 나를 쫓아오는 감시병의 외침소리가 들릴 것으로 반쯤은 예상했었다. 소리는 요란했으나 경보음이나 나를 추격하는 소리는 아니었다. 많은 사람들이 우글거리는 건널목의 왁자지껄한 소리를 뒤로하고 나는 계속 하류를 향해 도망쳤다.

물은 차가웠지만 수심이 깊지 않은 지점에 도달했다. 정말 어떤 부분에서는 실제로 강바닥을 기어가기도 했다. 어떤 때는 헤엄을 치고 또 어떤 때는 기어서 약 일곱 시간을 이렇게 도망을 치는 동안 한기가 내 몸 전체에 스며들었다. 처음 몇 시간 동안은 강둑에서 감시하는 보초병들의 소리가 들려와서 강을 떠날 엄두가 나지 않았다. 그 후에도 소리는 들리지 않았지만 내가 모르는 또 다른 감시병이 있을지도 모른다는 생각에 두려웠다. 추위를 이기지 못하고 모험을 할 뻔했으나 그 순간 내가 캐슬고지 바로 아래 강을 향해 뻗은 손가락 모양의 뾰족한 강사구 끝부분에 위치한 물살이 세고 수심이 아주 깊은 곳에 빠져 있음을 깨달았다. 그날 밤만 해도 나는 두 번이나 잠시 동안 내 키가 닿지 않는 깊은 곳에 빠져서 강둑 쪽으로 헤엄치지 않으면 안 될 상황을 맞았지만 잘 헤엄쳐 나왔었다. 그러나 이제 나는 이 긴 싸움으로 인한 피로에 지치기 시작한 상태였다. 탈출의 쾌감은 이미 사라 진지 오래고 추위로 나의 하체는 굳었으며 나의 옷과 군화는 완전히 물에 젖어 있었다. 나는 가라앉기 시작했고 그 순간 익사할지도 모른다는 생각이 들었다.

나는 공포에 사로잡혔다. 유년시절부터 수영을 잘 했으나 이번처럼 공포에 질려보기는 처음이었다. 내가 다시 물 표면위로 잠깐 떠올랐을 때 나는 내 머리 위 구름 사이로 한줄기 강한 별빛을 보았다. 무슨 이유였는지는 몰라도 이것이 나를 다시 제정신으로 돌려놓았다. 물에 젖은 베레모를 벗고 팔 밑에 숨겨 두었던 망원경을 풀어 무게를 줄이기 위해 등에 얹고 나는 다시 머리를 물속으로 집어넣었다. 이 위험한 순간에 감시병에게 발각될까봐 조심하지도 않고 물장구 소리를 많이 내면서 아무렇게나 수심이 얕은 남쪽 강둑을 향하여 헤엄쳐 가기 시작했다.

이것은 힘든 일이었다. 강의 물살 때문에 자꾸 강 중심 쪽으로 밀려 들어갔으므로 나는 비스듬히 강둑을 향하여 헤엄치게 되었다. 너무 어두워 진행상황을 판단하기 어려웠다. 아니 도무지 앞으로 나아가고 있기는 한 것인지조차 확신할 수 없었다. 나의 팔과 다리는 점점 더 내 의지대로 움직이지 않게 되었으나 나는 계속 발버둥치며 헤엄쳐 가면서 이백 번 손놀림할 때마다 발이 강바닥에 닿는지 서 보았다. 네 번째 시도에서 내 다리가 더 이상 움직일 수 없을 정도로 뻣뻣해졌을 때 내 군화 밑에 모래 바닥이 느껴졌다. 나는 아주 늙은 노인처럼 천천히 마른 모래 쪽으로 걸어 나왔다.

　강변에는 아무도 없었다. 모랫바닥에는 아무런 발자국도 발견할 수 없었다. 나는 강둑으로 걸어 나왔다. 추위로 이빨이 딱딱 마주쳤으므로 나는 어딘가에서 쉬면서 기력을 회복하고 싶었다. 잠시 후 추위로 마비된 몸을 추스르며 걸음을 재촉하다가 죽은 노새에 걸려 넘어졌다. 나는 땅에 엎드려 더 앞으로 나아가기 전에 주위를 살펴보았다. 아무런 소리도 들리지 않았고 아무런 움직임도 없었다. 그래서 나는 좀 더 탐색해 보기로 했다.

　그 죽은 노새는 움푹 파인 분지 가장자리에 있었다. 그 분지 속으로 내려가 보니 거기에는 다른 노새들과 사람들도 있었다. 이들은 전투 중에 아군 공습으로 희생된 포병들이었다. 그들은 완전히 죽어 있었다. 쓸 만한 것이라고는 낡은 담요 한 장밖에 찾을 수 없었지만 이것이야말로 아주 긴요한 물건이었다. 이 담요를 부여잡고 무슨 음모를 꾸미는 사람처럼 살금살금 밤의 어둠 속을 기어가다가 제방에 나 있는 구멍 하나를 발견하고는 그 속에서 방금 손에 넣은 담요를 감고 깊은 잠에 빠졌다.

다음날 아침 8시20분께 되어서야 잠에서 깨어났다. 다가오는 발자국 소리가 들리지만 않았더라면 그 시간에도 깨지 않았을 것이다. 그러나 지난 며칠 사이에 일어났던 여러 가지 사건들로 인해 내 머리 속의 경보 체계가 민감해진 듯했다. 발자국 소리는 점점 더 크게 들려왔다. 나의 은신처 역할은 해준 구멍은 강둑 그 자체였고 그 강둑은 손수레도 지나갈 수 있는 정도로 넓었다. 나는 은신처 안의 한쪽 벽에 바싹 웅크려 누워서 누군지는 모르지만 지나가는 사람이 반대편에 치우쳐 가서 나를 발견하지 못하기를 바랐다.

다음 순간 두 쌍의 발이 나의 시야에 들어왔고 그들은 일렬종대로 걸어오고 있었다. 조금 위쪽을 보니 중공군 병사 두 명의 얼굴이 보였다. 그들은 소총을 소지하고 있었다.

그들은 즉시 나를 보지는 못했다. 나는 가능한 한 죽은 시체처럼 보이기 위해 꼼짝도 않고 누워있었다. 그런데 뒤쪽의 병사가 멈춰 서서 앞에 가던 동료에게 무엇인가를 이야기하고는 나를 가리켰다. 앞에 가던 병사도 정지하고 내가 있는 쪽으로 머리를 돌렸다. 나는 움직이지 않았으며 숨 쉬는 것조차 멈추었다. 사후경직이 시작된 것 같은 인상을 주기 위해 턱은 약간 벌리고 있었다. 그들이 구체적으로 어떤 생각을 했는지는 모르지만 어쨌든 내가 위험한 존재라고는 생각지 않는 듯했다. 잠시 후 앞 사람이 볼멘소리로 뭐라고 불평을 하고는 강둑을 따라 다시 걸음을 떼어놓았다. 그러자 몇 초 후 동료도 그를 따라갔다. 그들이 시야에서 완전히 사라지고 난 후에야 나는 다시 숨을 쉬기 시작했다.

그 강둑 구멍으로부터 나와서 나는 재빠르게 주변을 둘러보았다. 아무도 보이지 않았다. 강둑의 바로 이 부분을 적이 감시하고 있을지라도 나는 운에 맡길 수밖에 없었다. 조금 전에 이곳을 지나간 중공군 병사 두 명이 – 생사와 관계없이 – 나의 존재를 보고해서 다른 병사들을 이끌고 다시 돌아오는 위험만은 피해야 했다. 나는 주변에 내가 몸을 숨길 만한 곳이 있는지 찾아보았다. 남쪽 강둑 전체가 완전히 노출되어 있었다. 중공군이 보급기지 또는 창고로 사용했을 것으로 짐작되는 이 구멍 이외에는 아무런 차폐물이 없었다. 북쪽 강둑은 강으로부터 가파르게 절벽을 이루고 있었으나 그 중간 중간은 갈라져 작은 골짜기를 이루고 있었고 그 속에는 소나무와 잡목이 무성하게 자라고 있었다. 나의 선택은 하나뿐 이었다. 밤이 오기 전에 강을 건너야 했다.

나는 급히 강가로 내려가서 도하하기에 가장 적당한 지점을 찾아보았다. 첫째로 발자국을 남기지 않고 물 속으로 들어갈 수 있는 지점을 찾아야 했다. 둘째로는 강의 흐름을 고려해볼 때 적당한 거리에 있는 북쪽 절벽에 적의 총격을 피할 수 있는 작은 골짜기가 형성되어 있는 곳을 찾아야 했다. 널빤지 조각을 찾아서 그것을 밟고 물까지 갈 수 있었고 거기서 하류 쪽으로 400야드 정도 떨어진 곳에 이상적인 은신처로 보이는 V자형으로 파인 골짜기를 발견했다. 내키지는 않았지만 나는 다시 차가운 강물 속으로 걸어 들어가 헤엄쳐서 강을 건넜다.

그리 긴 시간이 걸리지는 않았다. 하룻밤을 쉬고 나니 빨리 헤엄칠 수 있었고 또한 발견될 것이 두려워 속도를 냈다. 내 옷은 다시 흠뻑 젖었다. 나는 물에서 나와 절벽을 기어 올라가서 숨을 곳을 찾고는 겉옷을 벗었다. 그날 아침에는 바람이 찼으나 이 은신처가 찬바람으로부터 나를 보호해 주었다. 해가 구름 사이로 비칠 때마다 은신처 위의 구멍으로 따뜻한 햇빛이 들어와서 내 젖은 옷을 말려 주었을 뿐만 아니라 내가 사기를 잃지 않도록 도와주었다. 이렇게 하여 한나절 쉬고 나서 아군의 방어선까지 탈출할 준비를 했다.

　물에 젖은 지도를 꺼내 살펴보니 새 방어선의 가장 가까운 지점까지의 거리가 17,000야드 정도였다. 최단 코스는 캐슬고지의 서쪽 급경사면을 넘고 내가 포로로 잡혔던 계곡의 위쪽으로 아군이 철수하면서 목표로 했던 산등성이를 넘어가는 길이었다. 차선책은 임진강을 따라 한강과 합류하는 곳까지 헤엄쳐서 내려가 김포반도를 안전하게 횡단하는 것이었다. 솔직히 말해서 지난 밤 강물 속에서 헤매던 경험에 비추어 볼 때 이 방법은 얼른 내키지 않았다. 이것은 단순히 바다 쪽으로 가까이 갈수록 깊어지는 강물 속에서 헤엄치다가 지쳐서 익사할 가능성에 대한 두려움 때문만은 아니었다. 그것이 사실 두렵기도 했지만 나를 가장 망설이게 하는 것은 두 강이 합쳐지는 하구에서는 엄청난 조류가 발생하며 그곳에서는 심지어 보트가 있다 하더라도 혼자 힘으로는 물살을 헤치고 나아갈 수 없을 것이라는 점이었다. 이런 어려움이 존재하지만 나에게 운이 따른다면 강을 따라 탈출하는 것이 가장 빠른 길이라고 생각했다. 그래서 나는 보트를 구하거나 아니면 물에 뜨는 가벼운 물체를 구해 그 위에 타고 위장을 해서 몸을 숨긴 채 강을 따라 내려갈 수 있다면 이 길을 택하기로 결심했다. 오후에 나는 이러한 물체를 찾아보기 시작했다. 한시간 가량 헛수고를 하다가 문득 몇 주 전에 50갤런짜리 빈 연료 드럼통을 사구에서 본 기억이 났다. 만약 그 드럼통이 아직 거기에 있다면 그것을 굴려서 물에 띄운 후 내가 그 후미에 매달려 내 다리로 방향타 역할을 하면 되겠다고 생각했다. 절벽 위 소나무 그늘 밑으로 사구가 있는 강 상류를 향해 걸어갔다. 강의 마지막 굴곡지점을 돌아가니 드럼통은 쉽게 찾을 수 있었다. 그것은 내가 기억했던 대로 물가에서 30야드 이내의 위치에 놓여 있었다. 남쪽 강둑으로 건너갈 계획을 하면서 나는 어두워질 때까지 기다렸다.

강이 사구를 돌아 흐르는 것을 살펴보는 동안 두 강둑 사이의 강 중간 부분에서부터 강물이 요동을 치며 흐르는 모습이 눈에 띄었다. 게다가 어느 쪽으로 걸어가면서 남긴 발자국인지는 거리가 멀어 확인할 수 없었으나 양쪽 둑에는 많은 발자국이 보였다. 그제 서야 이 지점에 지난 22일 밤 중공군이 캐슬고지를 공격하기 위해 도하했던 두 번째 잠수교가 있다는 사실이 머리에 떠올랐다. 최종적으로 육로를 이용하기로 마음먹는다면 다시 헤엄을 칠 필요도 없이 군화도 물에 적시지 않고 이 건널목을 이용하여 강을 건널 수 있을 것으로 생각되었다. 어두워지자 나는 경사면의 가파른 길을 따라 북쪽 강가로 내려와 옷을 벗어서 겉옷 속에 챙겨 넣었다. 그리고는 발자국을 따라 물가로 가서 강을 건너기 시작했다.

강을 반쯤 건넜을 때 물은 허리까지 차올랐으나 내 키가 중공군 평균 신장보다는 크다는 사실을 믿고 도강을 계속했다. 옷 보따리를 머리 위로 치켜들고 나는 천천히 앞으로 나아갔다. 다행히 수심은 조금 더 깊어졌다가 그대로 유지되었고 남쪽의 넓은 모래밭에 가까워지면서 다시 얕아졌다. 이삼분 후 나는 남쪽 강둑에 숨어서 다시 옷을 입고 있었다.

그날 밤 열한 시 반 경, 나는 강을 뒤로하고 캐슬고지 서쪽의 급경사면에 도착했다. 50갤런짜리 드럼통은 옆으로 큰 구멍이 뚫려 있어서 여덟 시간 혹은 열 시간 동안 그것을 타고 갈 경우 살아남을 자신

▲ 저자의 탈출을 힘들게 한 험준한 산간 지형.

이 없어졌다. 그래서 나는 육로를 택하기로 했다.

구름이 걷히고 온 하늘에 별들이 반짝이고 있었다. 내가 아직 강둑에 있을 때 멀리 그로스터 건널목 쪽으로부터 소란스러운 소리가 들려왔었기 때문에 나는 아주 조심스럽게 앞으로 나아갔다. 적성 지역에 아직도 적군 부대가 주둔하고 있을 것으로 생각되었다.

캐슬고지로 접근하기 위해서는 오래된 강바닥을 건너야 했다. 그곳에서 나는 지난밤 나를 푹 쉴 수 있게 해주었던 담요가 적군 포병대가 아군의 공습을 받고 괴멸하면서 버려졌던 것임을 알 수 있었다. 서편 급경사면을 따라 가면서 보니 더 많은 시신들이 여기저기 널려있었다. 캐슬고지가 점령될 때 A중대에 의해 희생된 적군의 많은 전사자들의 시신들 중 일부가 거기에 버려져 있었던 것이다. 나는 이제 넓은 계곡 바닥으로 내려가게 되어 다행스럽게 생각되었다.

내가 포로로 잡혔던 지점에 도달하는 데 네 시간이 걸렸다. 내가 지나가야하는 길에는 차량들이 버려져 있었고 계곡의 산허리에는 아직도 네이팜탄이 연소하면서 생긴 불빛이 주위를 밝히고 있었다. 그러나 드디어 이틀 전 아침에 올라가다 실패한 그 산등성이를 오르게 되었고 이어서 산등성이의 정상에 도착했다. 이것으로 내 여정의 첫 번째 단계가 마무리되었다. 반대편으로 내려가는 길은 없었으나 잡풀과 나무사이로 여기저기 억지로 길을 만들어 내려간 흔적들이 있었다. 아마도 마흔 여덟 시간 전에 우리 영국군들이 지나간 자국일 것으로 짐작되었다. 나는 그 중 하나를 따라 하산하기 시작했다.

하나님께서 이 세상을 창조하실 때 어떤 이유에서인지는 모르지만 가시덤불을 만들어 내셨다. 이런 가시덤불이 존재하는 유일한 목적은 부주의하게 가시덤불 가까이로 지나가는 사람들에게 방해가 되고 짜증나게 하는 것일 것이다. 나는 그 산등성이의 반대편도 분명히 그런 가시덤불로 덮여 있을 것이라고 생각했다. 가시덤불을 하나 통과하면 또 다른 가시덤불이 나를 휘감아왔다. 땀에 흠뻑 젖어 투덜거리며 하산하는 동안 옷, 피부, 머리카락 할 것 없이 온통 가시덩굴에 휘감기면서 나는 점점 더 화가 치밀어 올랐다. 설상가상으로 그 경사면은 풍화된 혈암으로 덮여있어 내가 한 발자국씩 걸어갈 때마다 돌 미끄러지는 소리가 나서 조용히 내려갈 수가 없었다. 다행히 산등성이 아래쪽에는 감시병이 없어서 적에게 발각되지 않고 도로로 내려올 수 있었다.

미리 지도를 보았기 때문에 나는 내가 지금 머리부분에 서 있는 이 작은 골짜기가 내가 가려는 방향으로 뚫려 있다는 것을 알고 있었다. 이제 한 시간 후면 동이 터올 것이므로 나는 이 골짜기로 난 길을 따라 더 큰 계곡으로 내려가서 밝은 대낮이 오기 전에 멀리 보이는 건너편 언덕으로 가야겠다고 마음먹었다. 몇 군데 커다란 암석 주위를 돌아가야 하는 것 외에는 비교적 직선으로 뻗은 길이었다. 나는 40야드 정도씩 단숨에 뛰어가서는 잠시 멈추어 길옆에 쭈그리고 동정을 살폈다. 이 전략은 잘 먹혀 들어갔다. 그렇게 전진하기를 반시간이 채 못 되었을 때쯤 이제나 저제나 계곡이 눈앞에 나타날 것으로 기대하면서 마지막으로 달리고 나서 귀를 기울이자 바로 가까이에서 무슨 소리가 들려왔다. 그 소리는 골짜기가 끝나는 부분에서 들려오는 소리였다. 나는 아주 천천히 움직이면서 계속 나아갔다.

100야드 앞에 논이 있고 길은 오른쪽으로 꺾어져 언덕 기슭으로 연결되어 있었다. 내려다보니 골짜기의 끝이 보이고 그 너머로 계곡이 보였다. 그곳과 내가 있는 위치 사이에서 상당수의 적군 병사들이 논두렁과 나의 시야가 미치는 양쪽 언덕 경사면에 무기를 넣을 구덩이를 파고 있었다.

나는 이 적군의 진지를 통과하여 나아갈 것인지 아니면 그들의 측면을 돌아갈 것인지 빨리 결정을 해야 했다. 만약 전자를 택한다면 계곡이나 언덕에서 그들과 마주칠지도 모르는 위험을 감수해야 했다. 후자를 택한다면 그 측면이 양쪽 방향으로 수마일 뻗어 있을 수 있을 것이고 심지어 동쪽으로 의정부까지 서쪽으로는 문산까지 계속되어 있을지도 모르는 일이었다. 나는 귀중한 시간을 뺏기지 않으려고 나의 원래 의도대로 가는 길, 즉 해가 뜨기 전에 계곡을 가로지르는 길을 택하기로 했다. 나는 골짜기 아래 쪽으로 이동하기 시작했다.

구덩이를 파고 있는 이들은 중공군 병사들이었다. 작업 중간 중간에 그들은 웃기도 하고 서로 농담을 하기도 했다. 그들은 자신들의 안전에 대해 확신을 하고 있는 듯했다. 파수병은 두 사람뿐이었다. 엎드린 채 양손과 무릎으로 기어가기도 하고 조금 높은 흙더미에 가려 보이지 않을 것 같은 부분에서는 짧은 거리를 뛰어가기도 하면서 나는 그 골짜기 바닥을 비스듬히 가로질러 그들 사이로 빠져나갔다. 한번은 중공군 병사 한 명이 괭이를 내려놓고 똑바로 나를 보면서 내 쪽으로 오는 것 같았다. 그러나 그는 소변을 보려고 으슥한 곳으로 빠져나온 것이었다. 그가 되돌아가자마자 나는 두근거리는 가슴으로 계속 전진했다. 내가 계곡으로부터 얼마 떨어져 있지 않은 골짜기 끝부분에 도달했을 때는 이미 어둠이 걷히기 시작했다. 이곳부터는 내 몸을 가려줄 만한 차폐물이 전혀 없는 논바닥만 계곡까지 펼쳐져 있었다. 잡목 사이를 뚫고 좌측 언덕으로 올라갔다.

언덕 정상에는 열린 공간이 있었다. 그 가운데에 큰 묘석들이 서 있었다. 잠시 주위 동정을 살펴보고 나서 나는 이곳을 가로질러 어린 소나무 숲으로 들어갔다. 여기에 서니 여명 속에서 내 발 아래 펼쳐진 계곡을 환히 내려다볼 수 있었다. 밝아오는 날과 경주를 해야 했다. 나는 언덕 아래로 뛰어 내려갔다.

계곡 전체가 논이었다. 나는 작고 평평한 논을 가로지르고 관개용 수로 몇 개를 뛰어넘었다. 갑자기 이 농지는 비탈을 이루며 사라졌다. 나는 지도상에서 이 계곡을 따라 시냇물이 흐르고 있는 것을 본 기억이 났다. 이게 바로 그 시냇물이었다. 시냇물은 수심이 꽤 깊어 보였으나 나는 동네사람들이 건너다니는 건널목이 있을 것으로 확신했다. 나는 오른쪽으로 돌아서 약 200야드 정도 건널목을 찾아보기로 했다. 시냇가의 길을 따라 가면서 징검다리가 있는지를 살펴보았다. 이분쯤 지나 나는 내가 찾고 있던 것 – 그리고 그 이상의 것 – 을 발견했다. 벌프총으로 무장한 감시병 한 명이 건널목을 내려다보고 있었다.

즉석에서 항복하는 것 외에 내가 할 수 있는 일은 단 한 가지뿐이었다. 나는 감시병으로부터 몇 야드 떨어져 있는 시냇가의 제방으로 내려가서 시치미를 떼고 징검다리의 첫 번째 돌에 내 발을 올려놓았다. 그는 나에게 뭐라고 소리쳤는데 그것은 힐난하는 것이라기보다는 말을 거는 것 같은 어투였다. 나도 그에게 무어라 대꾸했다. 나도 알 수 없는 말이었으니 당연히 감시병도 무슨 말인지 못 알아들었을 것이다. 그리고는 동양 사람들이 흔히 그러듯이 헛기침을 하며 침을 뱉으면서 서두르지 않고 천천히 시냇물을 건너갔다. 나는 그가 뒤에서 벌프총을 쏘아댈지도 모른다고 생각했으나 아무런 일도 일어나지 않았다. 나는 건너편 물가에 다다를 때까지 감히 속력을 낼 생각도 못하고 천천히 건너갔다.

그리고는 가능한 한 빨리 길을 벗어나서 앞에 있는 언덕으로 올라갔다. 그 언덕의 경사면 윗부분에는 숲이 우거져 있었다. 내가 어느 위치에 있는지를 가늠하느라 잠깐 멈추어 섰을 때 마구(馬具)가 딸랑거리는 소리 같은 것이 들렸고 몇 초 후 아주 가까이 있는 작은 소나무 근처에서 사람들의 목소리가 들려왔다. 나는 서둘러 동쪽으로 갔고 거기서 언덕 위로 가는 길과 마주쳤다. 내가 막 그 길을 가로지르려고 하는 찰나에 누군가의 목소리가 뒤에서 들려왔고 바로 뒤이어 총탄을 장전하는 소리가 들렸다. 나는 중얼중얼 불평을 했다. "제기랄! 이 언덕에서는 검문을 받지 않고서는 한발자국도 못 가는구나!" 정도의 의미로 들리기를 바라면서 중얼거리고는 침을 탁 뱉었다. 그러나 이번에는 반 정도밖에 일이 풀리지 않았다. 감시병은 총격을 가해오지는 않았지만 나의 중얼거림에 만족을 할 수 없었는지 또 한 번 질문을 해왔다. 생사를 운에 맡기기로 하고 나는 길가의 잡목 속으로 몸을 숨겨 걸음아 날 살려라 뛰어 도망갔다. 곧 나는 언덕 정상 가까이까지 올라갔고 이제 날은 완전히 밝았다. 이제 나는 나무사이로 200야드 정도 앞의 계곡에서 노새들이 산포(山砲)를 제 위치에 설치하느라고 끌어 당기는 모습을 선명하게 내려다 볼 수 있었다. 그 딸랑거리던 소리가 바로 이것이었다. 추격해 오는 소리는 들리지 않았지만 나무에 가려 있어도 적에게 노출되어 있는 듯한 느낌을 떨쳐버릴 수가 없었다. 나는 언덕 정상을 향해 서둘러 올라갔다.

내가 올라간 커다란 언덕지형은 대충 삼각형 모양을 하고 있었고 세 개의 봉우리를 가지고 있었는데 그 중 가장 높은 봉우리는 나의 남서쪽에 솟아있었다. 다른 봉우리와 마찬가지로 그 최고봉은 침엽수림으로 덮여 있었으며 내가 가고자 하는 여정에 충분히 가까이 위치해 있어 그 곳에서 아래쪽 평지와 적군의 배치상태를 관찰할 수 있는 이상적인 관측소였다. 나는 내가 있던 언덕 정상에서 내려와서 산등성이를 지나 그곳으로 향했다. 그 산등성이의 중심부분에 있는 좁은 참호 안에 중공군의 한 병사가 아직도 철모를 쓰고 총격으로 망가진 소총을 든 채 엉거주춤 앉은 자세로 죽어있었다. 그는 죽은 지 하루정도 된 것 같았다. 나는 그가 어제쯤 죽었기를 바랐다. 왜냐하면 그것은 아군 병사들 중 많은 수가 이곳을 통과하여 새로운 방어선까지 무사히 철수했음을 의미하는 것이기 때문이었다. 그러나 야간 공격 시 파 놓은 듯한 그 참호가 있는 산등성이는 완전히 노출되어 있어서 밝은 햇빛 아래에서 더 상세히 검사한다는 것은 매우 위험스러워보였다. 나는 길을 재촉했다.

내가 기대했던 대로 다음 봉우리에서는 양쪽으로 계곡을 따라 수 마일을 또 언덕 너머 수십마일을 내려다 볼 수 있었다. 그곳에는 밤새도록 길을 서둘러 오느라고 지친 내 몸을 쉬는 데 필요한 충분한 차폐물이 있었으나 다만 날씨만은 내 편이 아니었다. 청명하던 밤은 흐린 새벽으로 바뀌어 있었다. 보슬비가 오기 시작하더니 약한 빗방울로 변했다. 잠을 잘 수가 없어서 나는 적을 감시하느라고 일어나 앉아서 이 지역에서의 적의 위치와 세력 등에 관해 생각해보려 했다. 전선(戰線)은 48시간 전의 정보와 상당히 다르게 형성되고 있었던 것이 틀림없었다.

내가 탈출해 가야할 방향은 이제 정남쪽이었다. 내가 앉아있는 이 봉우리도 남쪽 방향으로 뻗어내려 있었고 내려다보이고 있는 그 계곡도 그 방향으로 형성되어 있었다. 전자에는 내가 가려는 방향으로 나 있는 길이 없었으나 후자는 낮은 산기슭까지 농경지로 연결되어 있고 그 중심에는 큰 동네가 자리 잡고 있어서 그 동네를 통과하여 흐르는 시냇물을 따라 남쪽으로 뻗은 도로변과 언덕 경사면 여기저기에 농가가 흩어져 있었다. 그 동네에는 중공군이 진을 치고 있었다. 하늘이 낮은 구름으로 덮여있어 공습으로부터 자유로워진 그들은 별로 조심하는 기색도 없이 움직이고 있었다. 이 집 저 집을 드나들기도 하고 심지어 문이 달려있지 않은 헛간에서 불을 지펴 음식을 만들기도 했다. 농가에는 한국 농부들이 보였는데 이들은 아침 내내 울타리 밖으로 나가지 않고 있었다. 길에 나다니는 사람들은 비를 막으려고 쌀가마니를 둘러 쓴 허리 굽은 노인들뿐이었다. 새벽녘에 나의 속임수가 성공적이었던 것에 용기를 얻은 나는 비 때문에 적군들이 실내에 있는 틈을 타서 새로운 계획을 세웠다. 구름이 점점 더 낮게 깔려 계곡이 내려다보이지 않게 되자 나의 계획은 더욱 매력적으로 느껴졌다. 오후 한 시 십오 분 전에 나는 드디어 결심을 했다.

나는 숨어있던 곳에서 벗어나 소나무 숲 속으로 하산하기 시작했다. 한시쯤에는 큰 동네 남쪽 1 마일 지점에 있는 산기슭의 농경지 가장자리에 도달했다. 이 지점에서 나는 쌀가마니가 가득 쌓인 지게가 움푹 파인 웅덩이 안에 숨겨져 있는 것을 발견했다. 숲에서 뛰어나와 제일 큰 가마니를 주워 들고 즉시 은신처로 되돌아 왔다. 소나무 아래에서 가마니를 잘라 펴서 어깨에 두르고는 농토와 평행이 되는 방향으로 걸어 길이 계곡에서 산기슭의 절벽 속으로 이어지는 지점에 도달했다. 내키진 않았지만 나는 겉옷을 벗어 이곳에 숨긴 다음 나의 시계, 펜, 곰방대, 담배라이터 및 손수건을 그 옷 주위에 숨겼다. 그리고는 내 얼굴에 시커먼 흙을 바른 뒤 쌀가마니를 어깨에 두르고 길을 나섰다.

주위는 고요했다. 나는 나이든 인상을 풍기려고 노력하면서 천천히 걸었다. 계곡 끝을 빠져 나와 절벽 사이의 낯선 땅 위를 걸어가다가 지팡이로 쓸 만한 나뭇가지를 발견했다. 그 나뭇가지를 주우면서 보니 길 옆 도랑을 따라 전화선이 있는 것이 눈에 띄었다. 미군들이 사용하던 것과 똑같은 전화선이어서 아마 한국군 제1사단이 남겨두고 간 것으로 짐작되었다. 나는 이 전화선을 주시해 보기로 했다. 중간 중간 절벽 옆 나무속으로 사라지기도 하는 전화선을 지켜보면서 걸어가다가 검은 배경에 흰 글씨로 쓰여진 표지판을 발견했다.

'3783'이라는 숫자가 그 표지판에 쓰여 있었고 그 아래에 방향을 가리키는 화살표가 있었다.

부대를 지칭하기 위해 숫자를 사용하는 것은 영국군이 일반적으로 잘 쓰는 방법이었다. 이것은 보안을 유지하기 위한 수단이다. 나는 한국군도 똑같은 방법을 쓰는지 기억을 더듬어 보았으나 생각이 나지 않았다. 어쨌든 중공군이 이런 숫자를 쓴다고는 생각되지 않았다. 이 것은 아라비아 숫자이고 그들에게는 나름대로 숫자를 나타내는 문자가 따로 있을 것으로 추측되었다. 나는 이제 무인지경에 들어온 것이 아닌가 하는 착각을 하기 시작했다. 혹시 내가 지금 막 중공군의 제1선을 지나온 것은 아닌지 - 만약 아까 동네에 있던 그 병사들이 그들의 최전선을 이루고 있었던 것은 아닌지 - 만약? 나는 그들의 전선을 통과했다고 거의 확신했다. 그러나 두 가지 이유 때문에 서두르지 않았다. 하나는 적군의 최전방 위치에 해당되는 지점에 많은 산포(山砲)가 있는 것을 보았기 때문이고 또 하나는 그들이 왜 전략적 요충지를 점령하고 있지 않았을까 하는 의문이 생겼기 때문이었다. 나는 내가 희망적인 관측에 빠져 있었다는 것을 깨달았다. 그 전화선과 표지판은 하루 전쯤에 철수하면서 버려진 것으로 생각되었다. 황급히 철수하느라 표지판을 미처 챙기지 못했고 전화선을 되감을 시간이 없었을 것이다. 무거운 발걸음으로 한국의 시골길을 걸어가면서 이런 생각들이 내 머리를 스치고 지나갔다.

  텅 빈 동네를 지나 길이 두 갈래로 갈라진 지점에 도달했는데도 아직 적군은 보이지 않았다. 오른쪽 길로 접어들어 발을 질질 끌며 한 농가의 안방으로 들어가서 지도를 펼쳐놓고 현재의 위치를 살펴보았다. 나의 위치는 이제 무슨 대가를 치르더라도 지켜낼 예정으로 보고되었던 새 방어선에서 1,800야드가량 떨어져 있고 내가 포로로 잡혔던 지점에서 약 2,000야드 남쪽에 있었다. 흙과 짚을 섞어 만든 벽에 등을 기대고 방구석에 웅크리고 앉아서 나는 이 지점에서 시간을 지체해서는 안 되겠다고 다짐했다. 이 동네와 그 주변의 언덕은 언제라도 순식간에 중공군이 점령할 수 있는 곳이므로 나는 계속 전진해야 했다. 쌀가마니를 어깨에 두르고 나는 이것이 내 여정의 마지막 단계이기를 바라면서 길을 나섰다.

1야드가 1마일이나 되는 것 같았고 전 지역에 감시병이 깔려있는 듯한 느낌이 들었다. 나무로 뒤덮인 낮은 언덕들 사이로 난 구불구불한 도로는 안개에 싸여 있었다. 들리는 소리라고는 도로를 걸어가는 나의 군화 소리와 빗방울 떨어지는 소리뿐이었고 그 외에는 이상할 정도로 조용했다. 동네가 끝나면서 도로가 꺾어져 있었고 오른쪽으로 저지대에 여러 개의 논이 있었다. 나는 서둘러 걷지 않으려고 애쓰고 있었다.

"여보게!"

오른쪽 언덕에서 누군가가 말을 걸어왔다. 나는 이렇게 대답을 할 뻔했다.

"누구 ? 나 말인가?"

나뭇가지 흔들리는 소리가 요란하게 나면서 나무 사이로 누군가가 뛰어내려왔다. 나는 그가 중공군 병사라는 것을 알았다. 그의 손에는 모제르총같이 생긴 총신이 긴 권총이 들려 있었고 그 총구는 나를 향하고 있었다. 위쪽에도 두 명의 병사가 경기관총으로 나를 겨누면서 내려다보고 있는 것을 보고 나는 일생일대의 모험을 할 때가 왔다고 생각했다.

그는 나에게로 뛰어와서 두 손을 들라는 시늉을 했다. 나는 하라는 대로 했다. 내가 손에 무기를 들고 있지 않다는 점에 만족한 그는 일단 몸수색을 하고는 나를 돌아서게 하더니 쌀가마니를 들어올렸다. 나는 둥근 눈을 작게 보이기 위해 일부러 가늘게 뜨고 길 쪽을 가리키며 한국인을 위장한 떨리는 목소리로 거의 유일하게 내가 알고 있는 한국말을 했다.

"고멉섬-니다."

나는 그가 어떤 인상을 받았는지 알 수가 없었다. 그는 내가 무엇을 하는 사람인지 몰라 내 주위를 두 바퀴 돌았다. 그리고는 놀랍게도 만족한 듯 내게 손을 흔들어 가도 좋다는 신호를 했다. 나는 뒤도 돌아보지 않고 다음 길모퉁이까지 갔다. 그리고는 잠시 멈추어 서서 얼굴에서 빗물을 닦아냈다. 그러나 사실 이것은 땀이었다.

처음에 나는 이 행운이 믿어지지 않았다. 위기를 무사히 넘겼음을 깨닫자 나에게 무한한 행운이 따른다고 느껴졌다. 방금 이 사건을 나의 전체 탈출여정과 연결해서 생각해 보니 드디어 중공군의 최전방선을 진짜로 통과한 것으로 여겨졌다. 이런 추측은 적군의 산포(山砲)가 배치되어 있는 위치로 보아서도 맞을 것으로 생각되었다. 다른 지역은 예비 방어선이라서 그 아래쪽 은신처에 많은 병사들이 남아있는 오늘 같은 경우는 적군이 눈에 띄지 않은 것이라고 추측되었다. 이 지점은 아군의 방어선까지 1,000야드도 채 남아있지 않은 곳이라서 여기서부터는 아무도 없는 공백 상태이리라는 것이 내 생각이었다. 적의 최전방 선을 통과했다고 믿었지만 그래도 적의 탐색대가 나를 추적할 수도 있다고 생각하여 쌀가마니를 그대로 어깨에 두른 채 나는 같은 걸음걸이를 유지했다.

나의 목표지점과의 거리는 점점 줄어들어 이제 800야드, 700야드, 600야드가 남았을 때쯤 도로는 또 하나의 작은 절벽 쪽으로 꺾어져 올라가고 있었다. 이곳 도로의 중간에 아군이 철수 때 은폐용으로 사용한 것으로 생각되는 참호가 파여져 있었다. 나는 그 언저리를 돌아

절벽의 끝부분으로 걸어갔다. 모퉁이를 돌아 나오는 순간 15피트 앞에 나타난 짙은 남색 군복을 입은 눈썹이 굵은 젊은이와 마주쳤다. 나는 한 눈에 그가 북한군 병사임을 알아보았다. 붉은 명주 주머니에서 자동권총을 꺼내고 있던 그는 나를 보자 내가 무슨 변명을 하기도 전에 권총으로 가슴을 겨누었다. 내가 다시 포로가 된 것은 이제 의심할 여지가 없었다.

2 탈출의 연속

 그동안 운에 맡기고 위험한 짓을 너무 여러 번 하였으며 이제 더 이상 내게는 행운이 남아있지 않았다. 이 사람을 상대로 내가 한국사람인 척할 수는 없는 일이었다. 만일 그렇게 했더라면 내 입장만 더 곤란해졌을 것이다. 내가 그를 혼란시키려 하자 그는 크고 날카로운 돌을 하나 주워서 상당히 정확하게 내게 던졌다. 내가 왔던 길 쪽으로 되돌아가라는 그의 지시를 따르지 않자 돌을 더 많이 던져왔다. 그러는 동안에도 그는 권총을 계속 내게 겨눈 채 나의 반격을 피하기 위해 상당한 거리를 유지했다. 돌을 피하다 지쳐서 나는 할 수없이 무거운 마음으로 왔던 길을 되돌아가기 시작했다. 그는 내가 쌀가마니조차 덮고 가지 못하게 그것을 빼앗아 발로 차서 도랑에 쳐 넣었다. 그래서 나는 비에 흠뻑 젖어 있었고 처량했다.
 내가 중공군 병사들과 마주쳤던 굽은 도로 직전의 위치에서 우리는 동쪽으로 돌아 좁은 오솔길을 따라갔다. 교차로나 두 갈래 길이 나오면 그는 으르렁거리듯 뭐라고 말하며 고갯짓으로 가야할 방향을 가리켰다. 이렇게 세 번째 돌아가니 전선줄이 다시 나타났고 나는 전율을 느끼며 그 옆의 표지판에 쓰인 글씨를 읽었다.

'3783'

이것이 북한군 부대의 표지판인 줄은 미처 몰랐었다. 이로부터 두 시간 동안 우리는 이 표지판을 따라갔다.

우리의 첫 번째 목적지는 우리가 걸어왔던 길에서 상당히 북동쪽에 위치한 한 동네임이 분명했다. 그 동네는 이 길과 우리 원래 대대의 보급로의 중간지점에 위치하고 있는 것으로 추측되었다. 그 위치를 확인하기 위해 내 지도를 꺼내는 것은 그리 현명한 일이 아닌 듯했다. 이 동네 중앙에 있는 커다란 붉은 별의 그림과 굉장히 번쩍이는 북한 김일성 주석의 초상화가 걸려있는 한 학교 건물 밖에서 우리는 다른 북한군 장교들을 만났다. 중공군과는 달리 북한군은 계급장을 달고 있었는데 나를 사로잡았던 북한군 젊은이의 계급은 소위였다. 그는 나를 사로잡은 일로 인해 이 새로 만난 상관들로부터 따뜻한 축하인사를 받았다. 그들은 나를 둘러싸더니 마치 친구가 길에서 우연히 잡아온 한 마리의 토끼를 대하는 것처럼 나를 취급했다. 나는 이 비유를 절감했다.

그 동네의 책임자로 보이는 한 민간인과 잠시 이야기를 나눈 후 그들은 지도를 넣은 가죽가방을 어깨에 둘러메고 들어온 방향과 반대쪽을 향하여 동네를 떠났다. 이제 장교 두 명이 권총을 빼 들고 나를 감시했고 나를 놓치지 않고 또한 위압하기 위해 그 소위는 뒤에서 따라

왔다. 게다가 그는 걸어가면서 나의 종아리를 몇 번 세게 걷어찼다.

해질녘에 우리는 길을 잃었다. 이삼분 간격으로 정지하여 두 소령 중 한 명이 민가에 들어가서 길을 물었고 또 한 번은 지나가는 중공군 병사에게도 길을 물었다. 나는 모든 일이 다 잘 되어가고 있는 듯한 시점에 다시 포로로 잡힌 것에 대한 우울함은 차치 하고 라도 완전히 젖어있어 추웠다. 그러나 행군을 하는 동안 우리가 아직 임진강 남쪽에 있고 내일 아니 오늘 밤에라도 또 한 번 탈출할 기회가 있을 것이라고 생각하며 스스로를 위로했다. 그러나 그들이 행군을 중단했을 때 그렇게 유감스러운 느낌은 들지 않았다. 행군을 중단한 것은 아마도 소령들이 비에 지쳤기 때문일 것이다. 그들은 민가를 하나 골라 그 집 사람들을 다른 집으로 내쫓고 거기서 밤을 지낼 채비를 했다.

다행스럽게도 방바닥은 따뜻했다. 옷맵시로 보아 군속으로 보이는 한 여인이 식사준비를 시작했다. 곧 밥과 국이 놓인 쟁반이 차려졌다. 이 쟁반이 그들 쪽으로 사라졌을 때 나는 지난 사흘 동안 아무것도 먹지 못했다는 것을 깨달았다. 잠시 후 두 소령들 중 키가 좀 작은 쪽이 들어와서 다른 사람 모르게 누런 종이를 싼 작은 꾸러미를 내밀었다. 그가 나간 후 펴보니 식은 주먹밥이었다. 아마도 잊고 먹지 않은 야전 도시락이었던 모양이었다. 나는 그것을 맛있게 먹었다.

다음날 아침은 밝고 청명한 날씨였다. 지난 밤에는 탈출 기회가 없었기 때문에 가는 방향이 정해져서 우리가 길을 나서자마자 나는 주위를 살펴보기 시작했다. 가는 길 중간 중간에 '3783' 표지판이 나타나서 지난밤에 우리가 완전히 방향을 잘못 든 것이 아님을 알 수 있었다. 나는 내 현재의 위치를 추정할 수 있는 표적물을 찾으려고 노력했다. 불행히도 우리가 출발하기 전에 그들은 다시 한번 철저하게 내 몸을 수색했으므로 나는 지도, 콤파스, 시계, 칼, 파이프, 담배, 라이터, 펜 등 거의 모든 소지품을 빼앗겼다. 그러나 그것 때문에 완전히 좌절할 수는 없었다. 아군의 방어선이 대략 어느 방향에 있는지를 알고 있었으므로 어떤 표적물만 찾는다면 나는 충분히 탈출을 준비할 수 있었다.

짐을 운송하는 문제로 의견이 분분했다. 아침도 얻어먹지 못한 나는 짐을 지고 가는 것을 거부했다. 그러나 그들이 나에게 쌀 한 가마니를 지라고 했을 때 나는 혹시 행군 중에 몇 줌의 쌀을 훔칠 수 있는 기회가 있을지도 모른다는 생각이 들어 마음을 고쳐먹었다.

우리의 관계를 냉랭하게 한 또 하나의 사건이 발생했다. 오전의 중반쯤에 우리가 어떤 언덕 밑에 도착하니 여러 명의 북한군 병사들이 모여 흥분된 어조로 떠들고 있었다. 무슨 일인지 알아보려고 우리도 그곳에 정지했다. 끔찍하게도 그들은 세 명의 미군병사가 뒤쪽으로부터 머리에 관통상을 입고 쓰러져 죽어있는 것을 보고 있었다. 그들의 손은 가느다란 전화줄 - 군사 용어로 포박용 전화줄 - 로 뒤로 묶여 있었고 바로 얼마 전에 사살된 듯했다. 곧바로 나에 대해 논쟁이 벌어졌고 즉석표결을 한다면 나도 그 불쌍한 미군의 신세가 될 것이 틀림없었다. 내 생각으로는 그 작은 키의 소령이 나를 살린 듯했다. 그는 약 오 분간 열변을 토했고 그의 말은 상당히 설득력이 있었던 듯했다. 마지못해 그 무리들은 흩어졌고 그때까지 의미심장한 표정으로 내 옆구리에 권총을 겨누고 있던 사람은 투덜거리며 멀어져갔다.

정오쯤에 우리는 점심을 먹기 위해 행군을 중단했다. 이번에는 나를 살려준 그 소령의 지시에 따라 군속이 나에게도 음식을 제공했다.

전날 밤에 그랬듯이 다섯 명의 장교들은 두 사람씩 돌아가며 나를 감시하고 그 동안 나머지가 한 시간씩 낮잠을 잤다. 한 장교의 손목시계가 오후 두 시를 가리키고 있을 때 우리는 산으로 올라가는 가파른 길을 따라 다시 행군을 시작했다. 한 시간쯤 산을 올라가서 두 개의 산봉우리 사이의 고개에 도착했다. 여기가 우리의 첫 번째 목적지였다. 그곳에 있던 '3783' 부대원들이 우리를 에워 쌌다.

 호기심에 가득 찬 남루한 복장의 남녀 군인들로부터 나를 격리시키고는 두 명의 장교가 내게 앉으라고 명령했다. 그 중 한 사람은 대령이었고 다른 한 사람은 대위의 계급장을 달고 있었다. 놀랍게도 그 중 대위는 영어를 조금 했다. 그러나 그의 심문 내용은 내가 예상했던 것과 전혀 달랐다.

 "왜 한국에 왔는가?"

 나는 대답을 하지 않았다. 그러자 그는 갑자기 조그만 책자를 꺼내어 더듬더듬 간신히 읽어 내려가면서 자기가 나의 대답을 대신해 주었다. 그 책자에는 맥아더장군을 문어로 풍자해서 만화식으로 그린 그림이 있었는데 문어는 네 개의 다리로 한국 여자들과 아이들을, 그리고 나머지 네 개의 다리로는 미국 달러가 든 돈주머니를 감아 자기 입에 넣고 있었다. 미국의 주식 브로커들과 그들의 위협으로부터 자국을 지키기 위해 용감하게 싸우는 북한 군인들에 대한 내용이 많이 있었다. 그것을 다 읽고 나서 그는 또 질문을 해왔다.

 "당신은 이것을 다 이해했는가?"

 "나는 아무런 할말이 없다."

 내가 대답했다.

 "영국인들이 너무 많다."

그가 아래쪽 길을 가리키며 말했다.

"가라."

내가 이 말을 불길한 징조로 느끼고 있는데 준위 한 사람과 두 명의 병사가 나를 고개의 한 쪽 끝으로 데리고 갔다. 그때까지도 나는 계속 그 대위가 무슨 뜻으로 그런 말을 했는지에 대해 의아해 하고 있었다. 우리가 따라잡은 대열 중간쯤에서 나는 우리 대대원 폭스 이등병과 그래햄을 발견했다. 그 북한군 장교가 말해주려던 것은 바로 이것이었던 것이다.

"영국사람 두 명이 더 있다."

여기 그들이 있었다.

수가 없어 언덕 쪽으로 도망갔으나 전투 개시 삼일째 이후 한 번도 풀지 못한 갈증을 달래러 가다가 해질 무렵 포로로 잡혔다.

우리는 뜨거운 악수를 나누었고 대략 남동방향으로 - 의정부 쪽으로 향하고 있는 듯했다 - 행군을 계속하는 동안 서로의 경험담을 이야기했다. 나는 동료들에게 우리의 행군 방향을 설명해주고 탈출 계획을 상의하기 시작했다. 내가 지고 오던 쌀 가마니는 고개에 도착했을 때 이미 빼앗겨서 우리들 중 아무도 먹을 것을 가지고 있지 않았고 북한군이 주는 음식은 아주 적은 양이라서 비상식량을 비축할 기회는 전혀 없어 보였다. 그러나 날씨는 따뜻하고 좋았으며 우리는 셋이 함께 있어 언제라도 기회가 주어지는 순간 탈출할 준비가 다 되어 있었다. 게다가 행군은 탈출에 유리한 방향으로 진행되고 있었으므로 우리의 사기는 높았다.

오후 내내 행군이 계속되다가 길게 형성된 촌락이 위치한 어느 계곡에서 멈추었다. 그 계곡 중간지점의 어느 농가 주위에서 대열이 해

산되었다. 우리 셋은 나즈막한 서쪽 경사면에 있는 한 농가로 인도되었는데 그 집은 이미 열 두 명의 중공군 병사들이 차지하고 있었다. 여기서 우리는 세 명의 한국인 짐꾼들과 같은 방에 배치되었는데 그 중 리더를 자처하는 한 사람은 기회가 있을 때마다 우리 감시병들의 비위를 맞추느라 여념이 없었다. 그는 우리 방 구성원들 중에서 가장 위험한 인물이었다. 그는 고자질쟁이에다 도둑놈이었으며 게다가 비열했다. 우리는 그를 발로 차서 방 한쪽 구석으로 멀찌감치 밀어냈다. 그는 그 방구석에서 하루 종일 얼굴을 찌푸리고 우리를 노려보기도 하고 혼자서 또는 동료에게 무어라고 중얼거리다가 드물게나마 우리에게 밥이 제공될 때면 갑자기 튀어나오곤 했다.

우리는 밀착 감시를 받으며 그 농가에서 5일간을 지냈다. 그 동안 그래햄이 가지고 있던 카드로 우리는 끊임없이 세 장 브레그(역자주: 포커 비슷한 카드놀이의 일종)를 했다. 그래햄은 신기한 외국인 포로를 구경하러 오는 중공군병사들로부터 담배를 얻어내는 재주가 있었다. 라이터를 구하면 각자 피울 수 있게 한 사람당 한 개비씩 말아주고도 공동용으로 남겨놓을 수 있을 정도로 담배를 충분히 많이 얻었던 적도 있었다. 그 농가에 머무르기 시작한 지 사흘째 되는 날에는 모라레스라는 이름의 푸에르토리코인이 포로가 되어 우리와 합류했다. 그래햄은 그에게서 특별한 덕목을 발견했다. 그는 담배를 피울 줄 몰라 자기 몫의 담배를 축내지 않았다.

저녁마다 아군 포대가 그 계곡 아래 위를 끊임없이 괴롭히는 포격 작전을 수행했다. 이 포격은 항상 우리를 기쁘게 했다. 왜냐하면 기회가 있을 때마다 우리에게 불만을 나타내곤 하는 북한군 병사들을 공포로 몰아넣을 수 있을 뿐 만 아니라 우리가 얼마나 아군 가까이에 있는가를 깨닫게 해주기 때문이었다. 닷새 째 되는 날 저녁 이 지점에 포화공격이 멈추는 순간 우리는 서둘러 이 계곡으로부터 이동했다. 처음에는 우리가 북쪽으로 가는 줄 알고 염려가 되었지만 오래지 않아 나는 우리의 진행방향이 남서쪽임을 알았다. 별의 위치로 보아 모라레스로부터 얻은 정보에 의하면 수도 서울 위쪽으로 비스듬히 형성되어 있다는 전선(戰線)과 평행으로 가고 있는 것 같았다. 멀리서 서치라이트가 비쳤는데 이것은 마치 전선을 통과하여 아군 방어선 쪽으로 철수하는 아군 병사들을 인도하기 위한 것 같은 느낌을 지울 수 없었다. 우리는 탈출 기회를 엿보고 있었다. 도로는 양쪽 방향으로 이동하는 사람, 동물 그리고 짐수레들로 붐볐다. 나는 길이 꽉 막혀 그 혼잡 속에서 우리가 빠져나갈 수 있는 기회를 호시탐탐 노리고 있었다.

우리는 약 여덟 시간을 이렇게 행군했는데 중간중간 길이 많이 붐빌 때는 행군을 중단했다. 드디어 우리는 자동차도로가 있는 곳에 다다랐고 거기서부터는 자동차도로를 따라 정서(正西)쪽으로 향했다. 중공군 병사들이 미군의 장거리 곡사포 네 개를 파묻고 있는 지점에서 우리는 또 한참 동안 행군을 중단했다. 작업하는 동안 그들은 우리를 지나가지 못하게 막았다. 드디어 새벽녘에 도로 북쪽에 위치한 한 동네에 도착한 우리는 다리 밑에서 그날 밤을 지내게 되었다. 15명의 북한군 병사들 사이에 끼어 자는데 마늘 냄새가 코를 찔렀다.

다음날 밤 다리 밑을 떠나 다시 행군을 시작했다. 이번에는 북서(北西)방향이었다. 나는 이제 가능한 한 빨리 탈출해야 한다는 생각에 조급해졌다. 불량하고 불충분한 식사로 인해 우리는 점점 쇠약해져가고 있었고 아군 방어선까지 가기 위해서는 강인한 체력이 필요하다는 것을 나는 잘 알고 있었다. 우리는 다시 고갯 길로 접어들었는데 그 길을 따라 올라가니 커다란 절이 하나 있었다. 이곳은 몸을 숨기기에 아주 좋은 장소인 것 같아서 유심히 잘 봐 두었다. 내 생각으로는 우리의 북한 감시병들은 이 절에서 하룻밤을 지내고 싶어 하는데 그 위쪽 고지를 점령하고 있던 중공군이 이를 허락하지 않는 것 같았다. 북한군 장교들이 절에 있는 방들을 살펴보고 있는데 여러 명의 중공군이 조사차 내려왔다. 서로 언성을 높여 실랑이를 벌였고 중공군 한 명이 북한군 중위를 세게 밀쳤다. 나는 진짜로 맹렬한 싸움이 벌어지기를 기대했으나 중공군 한 명이 나서서 싸움을 뜯어 말렸다. 우리와 동행 중이던 통역을 중간에 내세우고는 그가 한동안 장황하게 무언가를 설명하자 양쪽이 다 납득을 한 것 같았다. 우리는 다시 행군을 계속했다.

　우리는 약 1 마일 반 정도 더 가서 도착한 동네의 한 농가에 머무르게 되었다. 우리는 이 집에 사는 선량한 한국 여인을 지칭하는 의미에서 이곳을 '라일리 아줌마네 집'이라고 부르기로 했다. 다음날 그 여인은 우리에게 자기가 아껴둔 음식을 나누어 주었다. 그것은 곰팡이 냄새가 나는 오래된 옥수수떡이었는데 당시에는 그 여인도 그것으로 연명하고 있었다. 이 집에서 한국군 제1사단의 이등중사 한 명이 포로가 되어 우리와 합류했다. 아주 좋은 사람이었는데 수색근무 중에 잡혀왔다고 했다. 그는 미군복을 입고 있었는데 북한군 감시병이 그것을 벗기고 남루한 누더기옷으로 바꿔 입히자 굉장히 노여워했고 군화를 빼앗겼을 때는 거의 울음을 터뜨릴 뻔했다. 감시병들은 우리가 그 한국군 포로와 대화를 하지 못하도록 막았으나 우리는 그에게서 현 전선의 위치와 우리가 북한의 수도 평양까지 도보로 10일 걸리는 위치에 있다는 사실을 알아낼 수 있었다. 감시병들 중에는 가장 고약한 사람이지만 자주 웃기 때문에 우리가 '미소 짓는 알버트'라고 별명지은 하사가 있었는데 그가 마침내 한국군 포로를 우리에게서 떼어놓는데 성공했다. 그것을 보복하는 뜻에서 우리는 그가 화장실에 가고 없을 때 그가 늘 들여다보는 거울을 없애 버렸다.

해질 무렵 우리는 '3783' 표지판을 따라 다시 행군을 시작했다. 낮 시간 동안 내내 선발부대가 분주하게 움직였음이 분명해 보였다. 북서방향으로 약 2마일 행군한 다음 우리는 서쪽으로 방향을 바꾸어 높은 고개를 지나 큰 동네에 다다랐는데 여기서 우리와 함께 행군하던 북한 연대는 진을 쳤다. 주위를 둘러보면서 나는 우리가 완벽한 탈출 기회를 찾느라고 너무 오래 기다렸던 것이 아닌가 생각했다. 다음날 폭스 및 그래햄과 이 문제를 의논하면서, 나는 특별한 돌발 상황이 발생하지 않는 한 그 다음날 밤에는 반드시 탈출을 시도해야 한다고 주장했다. 그들은 기꺼이 동의했다. 최종적으로 탈출계획의 세부적인 사항에 대하여 의논할 때 나는 모라레스에게 우리와 동행할 의사가 있는지를 물어 보았다. 그는 동행하겠다고 했다. 그래서 우리 네 사람은 함께 탈출준비를 마쳤다.

아주 조용했다. 멀리서 들려오는 총격소리도 이 밤의 적막을 깨뜨리지는 못했다. 몇 야드마다 멈추어서 혹시 감시병의 소리가 들리지 않는지 신경을 곤두세우며 우리는 발끝으로 걸어 동네를 떠났다. 가까이에서 누군가의 기침소리가 들렸다. 우리는 어둠 속에 몸을 숨긴 채 숨을 죽였다가 인기척이 없어지자 다시 앞으로 나아갔다. 한국말로 누군가가 불렀다. 우리는 아무런 대꾸를 하지 않았다. 그는 안심했는지 더 이상 부르지를 않았다. 산기슭에 다다른 우리는 산을 오르기 시작했다. 더 높이 올라가자 머리카락과 찢어진 옷자락이 바람에 날렸다. 그때 저 밑에서 횃불이 번쩍이는 것이 보였다. 우리가 탈출했다는 것이 알려진 것일까? 가시나무 덤불에 긁히는 것도 개의치 않고 우리는 길을 서둘렀다. 폭스가 나를 불렀다.

"모라레스가 보이지 않습니다."

나는 그를 찾으러 뒤로 돌아갔다. 어디에도 모라레스의 흔적은 보이지 않았다. 어둠 속에서 나즈막한 목소리로 그를 불러보았다. 덤불숲을 지나 앞이 트인 경사면 쪽으로 가 보았다. 산 아래에는 아직 횃불이 번쩍이고 있었다. 우리는 앞으로 나아가야만 했다. 도망자들에게 있어 부상자나 낙오자는 뒤에 두고 가야 한다는 것이 불변의 수칙이었고 우리는 이 수칙을 따르지 않을 수 없었다. 우리 세 사람은 계속하여 바람이 세찬 산 정상으로 올라갔다. 덥고 피곤하고 숨도 찼으나 우리는 이제 다시 자유인이 되었다!

다음날은 비가 오고 추웠다. 처음 몇 시간 동안은 덤불 밑에 몸을 숨긴 채 비에 젖은 풀숲에 몸을 뻗고 누워있었다. 마침내 산 정상으로부터의 탈출 흔적을 없애기 위한 우리의 노력이 성공적이라는 것을 확인한 우리는 일어서서 추위로 뻣뻣해진 다리가 어느 정도 회복될 때까지 운동을 하고는 작은 골짜기에서 은신처를 찾았다. 우리가 갖고 있는 담뱃가루는 작은 담배 한 개비를 말 수 있는 양은 되기 때문에 우리는 부싯돌을 쳐서 불씨를 일으켜 낡은 담배 라이터 심지에 불을 붙이려고 시도하면서 그 날 낮 시간을 보냈다. 네 시경이 되자 우리는 오늘 밤의 계획을 세웠다. 우선 우리는 길을 더듬어 '라일리 아줌마네 집'으로 간 다음 그녀의 집에 적군 병사들이 머물러 있지 않다면 옥수수떡을 좀 더 얻기로 했다. 만약 적군 병사들이 그 집에 진을 치고 있으면 우회하여 절까지 계속 길을 따라 갈 계획이었다. 그 절이라면 전선을 뚫고 가야하는 우리의 최종 단계 여정을 시작하기 전까지 잠시 휴식처 역할을 해줄 수 있을 것이었다. 그 절에서 음식을 구할 수 있을지도 몰랐다. 그 절 쪽으로 가려하는 데는 또 하나의 이유가 있었다. 내 기억으로는 그 바로 남쪽이 1950~1951년 새해 기간 동안 영국군 제5 보병부대인 퓨질리어 부대의 주둔지였던 것 같았기 때문이었다. 만약 내가 그곳의 어떤 지형을 알아볼 수 있다면 익숙한 지리를 이용하여 탈출 루트에 대한 계획을 세울 수 있어 엄청나게 유리해질 것이었다.

'라일리 아줌마네 집'으로 가는 길에서는 중공군 병사들이 더 많은 대포를 배치하고 있었다. 이들과 그 중공군 사령부를 피해 돌아가느라 많은 시간을 허비했지만 마침내 그 여인이 사는 동네에 도착했다. 하늘에는 먹구름이 잔뜩 끼어 있었고 가랑비가 계속 내리고 있었다. 논바닥은 진흙이어서 발을 내디딜 때마다 질퍽질퍽 소리가 요란하게 났다. 논을 벗어나 도로로 들어서서 군화에 묻은 진흙을 털어냈다. 폭스와 그래햄을 뽕나무 옆에서 기다리게 하고 나 혼자 그 집으로 향해 갔다. 보초병은 보이지 않았으나 이는 그다지 놀라운 일이 아니었다. 시야가 몇 피트 되지 않는 데다가 날씨가 으스스하여 보초병들은 모두 실내로 들어가 있었던 것이다. 실제로 내게 방해꾼이 있다고 경고를 해준 것은 한 남자의 잠꼬대 소리였다. 그 소리의 주인공이 적군 병사인지 또는 밤에 잠자리를 같이 하러 온 남자친구인지를 알아보는 모험을 할 수는 없었다. 나는 폭스와 그래햄에게 이 소식을 전하러 뽕밭으로 갔다.

질퍽거리는 소리를 내지 않고 걸을 수 있는 도로변으로 계속 절을 향해 갔다. 다리가 있는 곳에서 왼편으로 돌아가니 보초병 하나가 느긋하게 담배를 피우고 있었다. 길 왼편을 가로질러 보초병에게서 멀리 떨어진 통로로 나왔다. 우리는 중공군이 이 근처에 주둔하고 있다는 것을 알고 있었고 또한 한쪽은 깊은 개울이고 다른 한쪽은 가파른 절벽이 솟아있어 도망가기 어려운 지형이기 때문에 문제를 만들지 않으려고 조심하느라 반 마일 밖에 남지 않은 절까지 가는데 상당한 시간을 허비했다. 마침내 절 입구의 계단을 올라 그 위의 거대한 건물로 들어섰다. 본당 주위에 있는 여러 개의 작은 방들 중 하나에 들어가서 잠시 쉬고 난 우리는 좀더 대담해져서 주위를 탐색하기 시작했다. 우리는 비에 흠뻑 젖어 있었고 매우 추웠다. 지난번 이 절에 왔을 때 본 적이 있는 관리인 노파가 기거하고 있는 오두막의 부엌에는 타다 남은 불씨가 보였다. 그 주위에 둘러앉아 불을 쬐면서 우리는 만약 경보가 울리거나 한다면 아직은 밖이 어두워 숨을 수 있으므로 운에 맡기고 모험을 해보기로 했다. 그래서 나는 그 관리인 노파의 방문을 살살 두드리기 시작했다.

한 동안 아무런 반응이 없었다. 그러다가 갑자기 문이 활짝 열리며 그 노파가 빨갛게 타고 있는 숯 한 삽을 손에 들고 나타났다. 그녀는 그 삽을 무기로 쓰려는 것임이 분명했다. 노파는 빠른 한국말로 무어라고 말하기 시작했는데 분명히 환영하는 말투는 아니었다. 나는 우리 국적을 알려야 할 때라고 생각했다.

"욘-국."

나는 여러 번 이 말을 되풀이했다.

그 말을 듣자 노파는 잠잠해졌고 조심스럽게 앞으로 나와서 내 얼굴을 자세히 들여다 보았다. 그녀가 삽을 내려놓고 부엌으로 내려서자 나는 조금 안심이 되었다.

"용-국?"

노파가 반문했다.

우리는 모두 고개를 끄덕였고 그녀는 폭스와 그래햄을 쳐다보았다. 그 순간 누구나 그래햄의 수염을 보면 겁을 먹게 되는 것이 아닌지 갑자기 걱정이 되었다. 그러나 이 경우에는 그 수염이 그녀를 안심시킨 것 같았다. 노파는 다시 방으로 들어가더니 작은 등잔불을 갖고 나와 그 불빛으로 우리 모두를 관찰했다. 이제 그녀는 우리가 자기편이라는 것에 만족해하면서 동시에 우리의 안전에 대해 걱정을 했다. 불 옆으로 앉으라고 우리에게 손짓을 한 다음 입에다 손가락을 갖다 대고는 추운 바깥으로 나갔다. 본능적으로 폭스는 그 노파의 밀고로 중공군에 인도되는 것이 아닌지 의심을 했으나 나는 그 노파를 믿을 수 있을 것 같았다. 지난번 이곳에 왔을 때 나는 그 노파가 중공군과 북한군 양쪽 다로부터 가능한 한 거리를 두려고 노력하는 것을 본 기억이 났다. 잠시 후 그 노파는 열다섯 살 정도 나이의 소녀와 그보다 훨씬 더 어려 보이는 남자아이를 데리고 돌아왔는데 그들의 손에는 상당량의 음식물이 들려 있었다. 그녀는 우리를 방 한구석의 공구보관소 같은 곳에 숨겨놓고 빠른 속도로 음식을 장만하기 시작했다. 우리는 낡은 박스 뒤에 숨어 앉아서 아침을 배불리 먹고 그 소년이 손짓으로 우리를 불러낼 때까지 몇 시간 동안 이곳에서 쉬었다. 소녀가 망을 보고 있는 가운데 그 소년은 우리를 절간 마당을 가로질러 법당으로 데리고 들어가서 각 문으로 뛰어가 내다보고 감시하는 자가 없다는 것을 확인한 다음 마루바닥의 커다란 나무판들 중 하나를 들어올려 그 밑으로 사라졌다. 우리는 모두 그쪽으로 가서 내려다보았다. 그 밑은 지난겨울 잘라 넣어둔 것이 분명한 큰 나무토막들로 가득 찬 장작 창고였다. 그 창고는 산구릉의 경사면을 절단해 내고 만든 것으로 창고에 인접하는 두 개의 벽은 흙을 파서 만든 것이고 나머지는 관리인 숙소 아래 풀밭으로 난 두개의 문으로 되어 있었다. 그 소년은 창고 한복판에 우리가 내려가서 숨을 수 있는 곳을 만들어 주었다. 담배와 성냥, 낡은 담요와 개울에서 퍼온 맑은 물 등으로 철저하게 만족한 우리 세 사람은 그 날 남은 시간을 여기서 잘 지냈다. 밖에서 들려오는 빗소리는 오히려 우리의 안락함을 더해주는 역할을 할 뿐이었다.

우리는 이틀간 영양보충을 하면서 잘 쉬었다. 매일 밤 나는 주변을 살펴보았다. 살펴보면 볼수록 이곳이 금년 초 우리 연대가 원래 진을 쳤던 위치에서 북쪽으로 조금 떨어진 곳임을 확신할 수 있었다. 나는 낮 시간 동안 우리에게 은신처를 제공해줄 수 있는 산괴(山塊)의 경사면을 따라 서울로 가는 루트를 택하기로 계획을 세웠다. 그 나머지는 서울이 아직 아군의 수중에 있다는 한국군 포로의 정보가 정확하기만 바랄 뿐이었다. 3일째 되는 날 이 지역을 순찰하던 북한군 헌병장교를 보고 놀란 우리는 나무창고 뒤편의 석굴로 피신하여 늘 어둠에 덮여있는 낡은 기둥 뒤의 은신처에 숨었다. 거기에 누운 채 나는 나머지 두 사람에게 오늘 밤의 탈출 계획에 대하여 간략하게 설명해 주었다.

해가 진 후 우리는 여느 때와 마찬가지의 저녁식사를 제공받았다. 나는 관리인 노파와 그의 가족이 자신들에게 돌아올 위험을 무릅쓰고 우리의 탈출을 돕는 유엔 목적에 부합되는 행위를 하였으므로 상당한 보상을 받아야 한다는 확인서를 한 장 써놓았다. 만에 하나 우리가 무슨 변을 당했을 경우 그 확인서는 노파에게 포상을 해줄 증거가 될 뿐만 아니라 또한 우리의 행적에 관한 정보를 주는 이중의 역할을 할 수 있을 것이라고 나는 생각했다. 그 소년이 수저와 빈 그릇을 회수하러 오면 그에게 그 확인서를 주려고 했는데 무슨 이유에서인지 그날 밤에는 소년이 오지 않았다. 우리가 떠날 준비를 마칠 때까지도 그가 나타나지 않자 나는 일석이조를 노려 사찰 마당과 통로를 정찰할 겸 그 확인서를 노파에게 직접 전달하기로 마음먹었다. 법당마루의 뚜껑 문 옆에 군화를 벗어두고 양말만 신은 채 법당 밖으로 걸어 나갔다. 왜냐하면 사찰 마당에는 돌이 깔려 있어서 은신처에서 나오면 군화를 벗어야 그 위를 빨리 걸을 수 있었기 때문이었다. 자정이 가까운 시간이었다. 고지에서 내려온 중공군이 우물물도 길어 갔고 다리 옆의 길가에 부려놓은 보급품도 이미 운반해 간 시간이었다. 마지막 노새와 마부가 고지로 귀환한 지도 한 시간 이상 지났다. 나는 큰 불상이 있는 사찰 마당을 지나 뛰어가서 통로를 지키기 위해 혹시 감시병을 배치해 놓지 않았는지를 살펴보고 고지 쪽으로 난 문과 우물 옆 동정을 살폈다. 아무런 기척이 없었다. 나는 급히 관리인의 집 쪽으로 뛰어가서 문을 두드렸다.

"고멉섬-니다." 내가 말했다. 나는 확인서를 그녀에게 건네주고는 고맙다는 인사를 반복하며 그 확인서를 가볍게 두드렸다.

노파가 웃으면서 그것을 받아 방 한쪽에 있는 나무통 뒤 구석에 밀어 넣는 것을 보고 나는 그녀가 내 뜻을 이해했다고 생각했다. 내가 막 떠나려고 하는데 문 밖에서 발자국 소리가 들리더니 누군가가 그 노파를 큰소리로 불렀다.

짧은 순간 우리는 공포에 질리고 놀란 표정으로 서로 마주 보았다. 그 노파는 공구보관소 문을 열고 그곳에 나를 밀쳐 넣고는 바로 문을 닫았다. 나는 두근거리는 가슴을 진정시키며 종이로 바른 벽지 구멍을 통해 방 안의 동정을 살펴보았다. 그 노파는 문을 열고 방문자들에게 임시변통으로 무언가를 둘러대었다. 그들은 방 안으로 들어오겠다고 우기고 있음이 분명했다. 몇 분 동안 실랑이를 하다가 그들은 노파를 방바닥에 밀쳐 넘어뜨리고 그냥 완력으로 밀고 들어왔다. 모두 네 사람이었다. 세 사람은 사병이었고 한 사람은 장교로 보였는데 그는 한 손에는 권총을 또 한 손에는 후레쉬를 들고 있었다. 나는 구석에 있는 상자 뒤로 몸을 숨겼다. 그 순간 공구보관소 문이 활짝 열렸다. 후레쉬 불빛이 공구보관소 안을 훑어 비추었다. 상자와 다른 물건들을 발로 차 넘어뜨리는 소리가 내 귀에 요란하게 들려왔다. 나는 이제 내 차례가 오고 있음을 알았다. 내 바로 앞에 있던 상자가 땅바닥에 뒹굴었고 그것을 또 한 번 발로 차자 내가 완전히 불빛에 노출되었다.

그것이 이번 탈출의 끝이었다!

3 부은 다리로 피곤한 행군

중공군들은 격노하고 있었다. 두 사병이 나에게 달려들어 내가 스스로 걸어 나갈 수 있었음에도 나를 질질 끌고 밖으로 나갔다. 장교와 나머지 사병 한 명은 집안을 샅샅이 뒤지고는 안방과 부엌 및 공구보관소에 있는 모든 기물을 하나도 남김없이 마당에 내던졌다. 바깥마당의 돌바닥 위에는 남루한 옷가지와 깨어진 부엌살림, 연장, 신발, 이불들이 아무렇게나 나동그라져 있었다. 세 번째 사병이 노파를 거칠게 발로 차서 밖으로 쫓아냈다. 그 노파는 신음소리를 내면서 가재도구 속에 반쯤 묻혀 돌바닥에 누워있었다. 집안에 더 이상 아무것도 없는 것을 확인한 그 장교는 나를 처리하기 위해 마당으로 나왔다. 주변에 여기저기 흩어져 있는 가재도구 중에서 끈을 찾아 내 목에 묶고 끝부분으로 내 손을 등허리 부분에 결박시켰다. 손을 좀 편히 내리면 목이 아프고 목의 묶은 끈을 좀 늦추려면 손목이 조이게끔 결박을 했다. 아주 효율적인 결박 방법이었다. 그는 내 코앞에서 권총을 휘두르며 소리를 질러댔다. 가만히 살펴보니 그가 쳐들고 있는 권총의 안전장치는 풀려 있었고 그는 방아쇠로 가져간 손가락을 조심성 없이 움직이고 있었다. 내가 아무런 반응도 보이지 않자, 폭스와 그래햄이 신경을 곤두세우며 귀를 기울이고 있을 나무창고 바로 아래쪽에 마당으로 나를 끌고 갔다. 폭스와 그래햄이 나를 도우려고 해 봤자 별 도움이 되지 않을 것이므로 나는 그들에게 간단한 경고를 하기로 했다. 또 한번 질문을 받았을 때 나는 할 수 있는 한 또렷하게 답변했다.

"여기는 나 이외에는 아무도 없다."

내가 그의 말을 알아듣지 못하듯이 그 역시 내 말을 알아듣지는 못하고는 나의 이 응답에 화가 난 그는 주먹으로 내 턱을 힘껏 쳤고 나는 돌바닥에 나가 떨어졌다. 다른 감시병들이 발길질을 해 대어 나는 일어섰다. 절 쪽으로 가는 통로를 따라 올라가서 나무창고 근처에 꿇어 앉아 다시 심문을 받았다. 잠시 침묵이 흘렀고 뒤이어 감시병들이 내 머리 바로 뒤쪽에 대고 벌프총을 발사했다. 이 총소리를 듣고 폭스와 그래햄이 내가 사살된 것으로 생각할까봐 걱정이 되었다. 나는 그들이 아직 그곳에 무사히 숨어있기를 바라면서 다시 그 창고 옆을 지나가게 되면 계속 떠들어서 내가 아직 살아 있음을 알리기로 결심했다.

기회는 생각보다 빨리 왔다. 심문에 진전이 없자 싫증이 난 감시병들은 다시 나를 마당을 가로질러 도로와 다리가 있는 쪽으로 가는 통로 쪽으로 데리고 갔다. 그 나무 저장창고 바로 옆을 지날 때 나는 몇 마디 말을 할 수 있었으며 그렇게 하고 나니 마음이 좀 놓였다. 그 장교는 감시병들에게 뭐라고 지시를 했고 그들은 나에게 돌투성이 길을 구보를 하여 내려가도록 만들었다.

　여기에 뜻하지 않았던 커다란 낭패가 있었는데 그것은 내가 군화를 법당에 두고 왔다는 것이었다.

　그들은 의외에도 나를 다시 '라일리 아줌마네 집'이 있는 동네로 데리고 갔다. 실은 그 아낙네의 집 바로 뒷산에 파 놓은 벙커로 나를 데리고 갔다. 그 동네는 중공군 병사들로 붐볐는데 아마도 이곳이 중대본부인 것 같았다. 중대장은 벙커 밖에서 나를 보았을 때 엄한 표정을 지으며 손바닥으로 내 뺨을 몇 대 올려 붙였다. 그러나 벙커 안으로 들어가자 손수 나의 결박을 풀어주고 내 등을 두들기며 앉으라는 신호를 했다. 그날 밤과 다음날 아침까지 그는 나와 단둘이 있거나 그의

▲ 긴 야간 행군 시 걷지 못하게 된 저자를 들것에 실어 옮겨준 스파이크(본명:에이치 제이 파이크 대위)의 포로가 되기 전 모습.

전령만이 옆에 있을 때에는 나를 상당히 배려해 주었으나 다른 장병들이 함께 있을 때는 소리를 지르고 권총으로 나를 협박하는 체했다.

다음날 아침 그곳을 떠나게 되자 별로 아쉬운 느낌이 들지 않았다. 나는 바로 다시 탈출을 시도할 수 있는 상황이 아님을 깨닫고 밤 동안 마음을 편하게 가지고 쉬었다. 이제 군인들이 바글거리는 이곳을 떠나기를 바랐으며 다른 곳에 가서 음식도 좀 구할 수 있었으면 했다. 이틀간 충분히 잘 먹어서 얻은 기력을 다시 잃어서는 안 된다고 생각했다.

그날의 나머지 시간 동안에는 온통 피곤한 행군이 계속되었다. 우리는 중대에서 대대본부로 또 거기서 연대 사령부로 이동했다. 감시병의 볼멘소리, 뚫어지게 쳐다보는 촌사람들, 낮 더위, 1마일 갈 때마다 길을 잃어버린다는 사실, 그리고 부르트고 물집이 생긴 발, 이 모든 것이 나를 지치게 했다. 우리가 사단본부에 다달았을 때 처음으로 영어를 구사하는 중공군 병사를 만났지만 나는 그와 예의 바르게 이야기를 주고받을 기분이 아니었다. 내가 한 시간 후 군사령부를 향하여 출발하게 되자 우리는 별로 좋지 않은 기분으로 헤어졌다. 한 달 이내에 중공군이 일본을 침략할 것이라고 그가 의기양양하게 소리 지르던 기억이 난다. 그에 걸맞게 무례한 대꾸를 생각해 내기에는 내가 너무 지쳐있었다.

중공군은 우리가 군단이라고 부르는 군사조직은 없는 것 같았다. 그래서 나는 사단에서 군사령부 관할로 이동되었다. 군사령부는 이곳에서 약 육 마일 후방에 위치하고 있었다. 나의 감시병들은 사단본부에서 파견된 병사들이었는데 두 번 정도 길을 잃었다가 간신히 목적지에 도착할 수 있었다. 마지막으로 삼십 분 동안 길을 잃어서 지정된 동네를 못 찾고 헤매다가 겨우 찾는 데 성공했다. 나는 몸수색을 받은 후 물을 얻어 마시고는 여덟 명의 감시병들이 빙 둘러 보초를 서고 있는 조그마한 농가로 끌려갔다. 방문을 열고 방바닥 가득 잠들어 누워 있는 사람들에게 걸려 비틀거리며 방 건너편으로 갔다.

"누구야?"

누군가가 영어로 물어왔다.

나는 내 신분을 밝혔다.

"저는 노섬버랜드 보병부대 소속 키니입니다. 자리를 찾으실 수 있겠습니까?"

이렇게 하여 나는 이 비범한 젊은 병사를 알게 되었다.

다음날 아침에서야 키니와 나는 서로 얼굴도 보고 지난밤의 대화를 계속할 수 있었다.

그에게서 나는 우리 부대의 우측 부대가 격전을 치렀던 상세한 내용을 들을 수 있었다. 얼스터 소총부대와 퓨질리어 부대가 우리 부대와 평행으로 뻗은 도로에서 힘겨운 후방 방위 작전을 수행했고 그 과정에서 많은 희생자가 발생했었다고 했다. 키니부대 사령관이었던 포스터 대령도 이 전투에서 전사했다.

뜻밖에도 푸에르토리코인 모라레스도 키니와 같이 있었는데 우리가 탈출한지 이틀째 되던 날 고지에서 발목을 삐어 중공군에게 포로로 잡혔다고 했다. 이 두 사람은 내가 합류하기 전에 8일간 이 동네에 함께 머무르고 있었다. 그 두 사람이 이곳으로 옮겨진 후 어떤 대우를 받았는지에 대해 묻기 시작했다.

이 지역 본부에는 전쟁포로를 담당하는 정치부서가 있는 것 같았고 그들의 주 업무는 군사적인 심문 및 정치적 세뇌인 듯했다. 우리와 같이 이곳에 배속된 12명의 한국군 장병들은 한국어를 구사하는 중공군 병사로부터 매일 정치강좌를 들어야 했다. 키니와 모라레스는 영어를 구사하는 첸이라는 중공군과 가벼운 정치적 대화를 했으나 그의 주 업무는 군사적인 심문이었다. 그러나 이상하게도 적군이 즉시 활용할 수 있는 정보는 캐묻지 않았다. 그 심문자는 사실을 캐기보다는 그들의 견해를 청취하려고 했다. 예를 들면 첸이 키니에게 주로 묻는 것은 이런 내용이라고 했다.

"너의 부대 사령관은 누구인가? 그에 대해 너는 어떻게 생각하나? 부하들이 그를 좋아했나? 만약 그렇다면 그 이유는 무엇인가? 포로로 생포되기 전에 너는 어떤 생각을 했나? 중공 의용군에 대해 들은 적이 있나? 너와 너의 전우들은 중공군을 어떻게 생각하나?"

당연히 키니는 이런 질문에 응답을 거부했고 이제 그에게는 자신의 결정을 재고할 수 있도록 이틀간의 여유가 주어진 상태였다. 그가 계속 응답을 거부할 경우 어떤 일이 생길지는 두고 보아야 했다. 나는 그날은 영어를 구사하는 중공군을 만나지 못했고 발을 치료해 달라는, 아니 발에 붕대라도 감아 달라는 내 요청도 무시당한 채 지냈다. 해질 무렵 우리는 모두 농가 마당에 모여 거친 보리 같은 수수를 넣은 고기 스튜를 먹었다. 우리들에게 배급된 이 고급 음식은 전날 F-86 전투기 폭격 시 황소 한 마리가 사살되었기 때문이라고 키니가 넌지시 알려주었다. 우리가 지금 맛있게 먹고 있는 것은 그렇게 죽은 동물의 고기였다.

"내일도 F-86 전투기가 왔으면 좋겠습니다."

키니가 말했다.

"전투기가 소 외양간을 명중시킬 수만 있다면 앞으로 한 달 동안은 고기를 먹을 수 있을 겁니다."

나는 드디어 최초의 정식 심문을 받으러 갔다. 감시병이 나를 앞세워 언덕 사면 윗쪽에 있는 깊은 벙커로 데리고 갔다. 해가 진 후라 벙커 안은 굉장히 어두웠고 내 눈이 어둠에 적응하는 데는 시간이 꽤 소요되었다. 안쪽 구석에 한 사람이 돗자리 위에 책상다리를 하고 앉아 있었다. 그의 갈색 눈은 가늘지 않았다. 어느 편이냐 하면 오히려 크고 둥근 편이었다. 그는 상냥한 얼굴을 하고 있었고 중국 사람으로는 비교적 턱수염이 많은 편이었다. 검은 머리는 우리 스타일로 깔끔하게 깎았고 가르마는 왼쪽에 있었다.
"앉으시오."
그가 입을 열었다.
"나는 당신과 대화를 하고 싶소. 내 이름은 첸이오."
그에 대한 대답으로 나는 군번, 계급 그리고 이름을 대주었다. 잠시 동안 나에게 좀더 심리적인 압력을 가하다가 그가 다시 말했다.
"좋소. 전투 정보에 관한 질문은 하지 않겠소.
우리는 당신이 부관들 중의 하나라는 것을 알고 있소. 내가 알고 싶은 정보는 이미 다 가지고 있소."
그는 말을 멈추고는 앞에 놓여있는 서류를 들쳐 보았다. 그리고는 그가 말을 계속했다.
"지금 내가 듣고 싶은 것은 여단장에 대한 당신의 의견이오. 그의 성격은 어떤지? 그는 공격형인지 또는 방어형인지? 그의 상관들은 그에 대해서 어떻게 생각하는지?"

나는 그런 질문은 내가 대답할 수 있는 성질의 것이 아니며 전적으로 군사적인 질문이라고 항의했다. 그는 내 주장에 대하여 반박하려 했다. 결국은 자신에게 털어놓았다는 것이 다른 사람들에게 알려질까 봐 내가 겁내고 있다고 판단한 듯 그가 말했다.

"걱정할 것 없소. 만약 당신이 이런 내용을 군사기밀에 속한다고 생각한다면 우리는 당신이 그 말을 했다는 것을 아무에게도 누설하지 않을 것이오. 당신이 내게 털어놓는 내용은 우리 둘만이 알고 있을 것이오."

그 실랑이는 내가 그와 대화하는 것을 거부할 때까지 잠시 계속되었다. 한참동안 말이 없다가 그가 말했다.

"내 질문에 대한 당신의 태도는 전적으로 잘못된 것이오. 어떻게 잘못되었는지 또 왜 잘못되었는지 설명해 주겠소. 이것을 이해하고 나면 당신이 우리에게 협조할 것이라고 나는 확신하오."

그는 자본주의 국가들이 전 세계의 억압된 노동자들에 의해 곧 붕괴될 것이 겁이 나서 코민포름(역자 주: 1946년부터1957년까지 활동했던 국제 공산주의의 선전기관인 공산당 정보국을 말함) 체제의 '민주주의' 국가들의 주장을 뒤엎기 위해 한국전쟁을 획책한 것이라고 설명하기 시작했다. 나는 단순히 볼모에 불과하며 목숨을 잃을 뻔했는데 다행히 자본주의 국가의 사슬로부터 '해방'되어 이제 진정한 민주주의 및 인도주의 정부의 품안에 들어오게 되었다는 취지였다.

그는 약간 미국식 악센트가 섞인 영어를 훌륭하게 구사했다. 그는 최대한 진지하게 이야기했고 내게 설명한 많은 잘못된 전제들을 그 자신은 정말로 믿고 있음이 분명했다. 어두워질 때까지 그는 이 설명을 계속하다가 저녁식사 시간이 되어서야 나를 놓아주었다.

"내일 계속합시다."

그가 말했다.

"당신이 배워야 할 것이 아직 많이 있소."

다음날 아침 나는 다시 벙커로 불려갔고 강의는 계속되었다. 점심 때가 되어 한 시간 쉬는 동안 나는 그에게 곪기 시작하는 발의 상처를 보일 기회를 잡을 수 있었다. 그는 꽤 신경을 써주었다.

"의사를 불러 당신의 상처를 치료해 주겠소."

무표정한 얼굴을 가진 의사는 자신의 입김이 내 발에 병균이라도 옮길까봐 치료하는 동안 내내 마스크를 착용하고 있었으나 자신의 손이 더럽다는 사실은 간과하고 있는 듯했다. 그러나 상처부위에 감았던 누더기를 벗기고 대신 붕대를 감아주어 감사하게 생각되었다. 나는 이제 조그마한 자비에 대해서도 고마워하기 시작한 것이다. 육체적 필요를 만족시키고 나서 나는 정신적인 식량을 받기 위해 다시 벙커로 돌아왔다.

우리는 거기서 아홉 시간 동안 마주 앉아 있었다. 첸은 지칠 줄 모르는 체력의 소유자였다. 오후 늦게 여섯 명의 젊은 중국인이 합류했는데 나중에 알고 보니 이들은 견습 위원들이었다. 이들은 벙커 양쪽에 나누어 앉아 첸이 어설픈 자본주의자를 세뇌하는 과정을 지켜보았다. 나는 입구 쪽을 등지고 앉아 있었고 다른 사람들은 내 양쪽으로 90도 각도로 앉아 벽을 등지고 앉은 첸을 쳐다보고 있었다. 우리 모두가 끝없이 이어지는 만찬장의 연설을 듣고 있는 듯한 느낌이 들기 시작했다. 그 중 한 사람은 청중의 관심을 끌어내지도 못하면서 앉을 생각을 하지 않고 있었다. 영 연방 특히 영국을 주제로 연설을 시작하기 전까지는 그래도 참고 들어줄 수 있었다. 그러나 영국 국민들이 억압받고 있으며 영국의 산업계에는 강제 노동이 성행하고 있다고 그가 역설하는 바람에 나는 더 이상 참을 수 없었다. 그래서 나는 결국 열변을 토해내게 되었고 그의 어떠한 반론도 나의 열변을 막지 못했다. 나는 길거리에서나 공장에서 자유롭게 사서 읽어볼 수 있지만 그리 많은 사람들이 사지는 않은 런던의 '노동자 신문'을 읽는 사람들을 포함하여 우리 영국인들은 신문에 나는 기사라고 그 내용을 다 믿지는 않는다고 말했다. 또한 영국에는 정치범이 없으며 소련에서 사형 선고를 받았던 월리 게라처와 그의 동료들이 영국에서는 가벼운 징역형을 선고 받았음을 그에게 상기시켜 주었다. 나는 상당히 많은 이야기를 했고 너무 열을 올리며 이야기를 하다 보니 나도 모르게 격앙된 논쟁에 휘말리고 있었다. 그들이 나를 키니 및 다른 포로들과 함께 쓰는 숙소로 돌려 보내줄 때에는 논쟁이 늘 그렇듯이 본론에서 벗어나 잉여가치론에 대한 논쟁으로 비약하고 있었다.

 나는 어둠 속에서 감시병과 함께 걸어가면서 나 자신이 정말 어리석었다고 생각했다. 계획적이었는지 아니면 우연히 그렇게 되었는지는 모르지만 나는 심문하는 이와의 피했어야만 했을 논쟁에 휘말려던 것이다. 이 한밤중의 논쟁이 어떤 결과를 초래할지 짐작이 가지 않았다.

 이틀 후 첸은 키니와 모라레스를 나에게서 떼어 놓았다. 그 이유를 그는 그 동료들이 내 옆에 있어 나의 집중력을 떨어뜨리며 또한 내가 그들과 피상적인 이야기를 나누느라고 자신이 가르치는 것을 내가 이해하지 못하기 때문이라고 설명했다. 나는 그 동료들이 없어 쓸쓸했다는 것을 고백하지 않을 수 없다. 전쟁포로의 신분이란 언제 자신의 성미에 맞는 동료와 다시 만날 수 있을지 알 수 없는 법이다. 나는 새벽에 기상하여 하루 종일 벙커에서 혼자 뒹굴다가 저녁마다 첸으로부터 중국 혁명의 배경과 뉴욕 증권시장에 대한 강의를 듣는 단조로운 일상생활에 마음을 붙이려고 노력했다. 그나마 고독하게 혼자 지내는 시간이 제일 나았다. 그렇게 3일이 지나갔다. 나는 이런 생활이 무한히 계속되리라고 체념하고 있었는데 그날 두 번째 식사 직전에 – 두 번째 및 마지막 식사는 늘 어두워진 뒤에 주었다 – 첸이 급히 나의 벙커로 와서 내가 다른 곳으로 이송될 것임을 알려 주었다.

"나는 당신을 떠나 보내게 된 것을 심히 유감스럽게 생각하오."

그가 말했다.

"당신은 정치적으로 의식이 깨어있는 사람이라서 내게 충분한 시간만 주어진다면 나는 당신에게 진실을 납득시킬 수 있을 것이라고 확신했는데?"

내가 수수밥을 먹는 동안 – 쇠고기가 떨어 진지는 꽤 오래 되었다 – 그는 내 옆에 앉아 상하이에서 빈곤에 시달리던 자신의 학창시절 이야기를 내게 되풀이하면서 나를 전향시키려는 마지막 노력을 기울였다. 그가 자신의 비참했던 초년기의 일들에 대해 능숙하고 진지하게 설명을 할 때 나는 그의 얼굴을 유심히 들여다보았다. 그는 유쾌한 표정을 짓고 있었다. 아니 그 이상의 어떤 것이었다. 그의 얼굴은 과거에 자신의 괴로움을 심화시키는 작용을 했음이 분명한 감수성으로 가득 차 있었다. 그의 성장 배경을 점점 더 알게 됨에 따라 이제 나는 그가 왜 그렇게 열렬하게 전향을 유도하는 자가 되었는지를 충분히 이해할 수 있었다. 그는 이상주의자였고 그가 계몽되지 않은 사람들을 본인들의 의사와는 관계없이 전향시키려고 열심인 이유는 그들에게 어떤 것이 더 유익한지를 자신이 본인들보다 더 잘 알고 있다고 믿고 있기 때문이었다. 나는 양말만 신은 채로 다시 길을 떠나야 했다. 앞에 펼쳐져 있는 자갈길을 따라 올라가니 첸이 있는 동네는 사라져 보이지 않았다. 하사관 한 명과 경비병 두 명의 호송을 받으며 나는 북부 포로수용소를 향해 이동했다. 내가 출발하기 직전에 첸은 내가 왜 그 세뇌학교로부터 불시에 퇴출되게 되었는지를 설명해주려고 했던 것 같다. 그의 설명에 의하면 마지막 포로조가 떠나게 되어 내가 거기에 합류하지 않으면 안 된다는 것이었다. 이 기회를 놓치는 것은 치명적인 일이지만 항상 나의 안전을 생각해주는 중공군 당국은 다음 포로조가 구성될 때까지 내가 전방에 있는 것을 원치 않는다고 그가 말했다. 그곳에 계속 머물다가는 나의 '무서운 적'인 미군에게 다시 포로가 될 수 있기 때문이라는 것이 그의 설명이었다. 그렇게 되어도 좋다고 내가 항의하자 그는 머리를 절레절레 흔들며 나로서는 도저히 이해를 할 수 없을 것이라고 말했다. 북쪽에서는 지적 특전 이외에도 편안한 침대, 계란, 버터, 우유, 육류로 된 부식, 충분한 담배 등의 물질적 안락함이 나를 기다리고 있음을 간과해서는 안 된다고 했다.

그는 이 모든 것을 정말로 믿고 있었다.

우리의 행진은 더디게 진행되었다. 나의 왼발은 이제 많이 부어올라 내게 심한 고통을 주었다. 다음 계곡에 위치한 동네에 다다랐을 때 감시병 두 명과 함께 북쪽으로 호송되던 키니와 모라레스가 우리와 합류하게 되어 나는 기분이 좀 나아졌다. 키니와 모라레스는 더운 날씨에도 불구하고 감시병들이 물을 주지 않았으며 공기도 통하지 않는 작은 방에 몰아 넣는 바람에 땀을 엄청나게 흘리는 등 잠시도 편한 시간을 가질 수가 없었다고 했다. 그들에 비해 나의 괴로움은 별 것 아닌 것 같이 느껴져 창피한 생각이 들었다.

우리의 감시병 대장은 나이가 지긋해 보이고 수염을 기른 사람이었는데 그는 가능한 한 빨리 우리를 인계지점까지 이동시키고 싶어 했다. 그러나 나는 다른 두 명의 포로들과 같은 속도로 걸을 수가 없었고 게다가 처음에는 그 두 동료들이 나를 부축하는 것조차 금지되어 있었다. 차차 내가 정말로 걷기 힘들다는 것을 이해하게 된 감시병 대장은 우선 키니가 팔과 어깨로 나를 부축해주는 것을 허락했다. 다음에는 감시병을 시켜 그의 배낭에서 헝겊을 찾아 나의 발을 감싸게 해주었다. 첸이 있던 동네를 떠난 후 몇 시간이 지나자 이번에는 그가 밤의 어둠 속으로 사라지더니 중국산 천과 고무로 만들어진 반장화 한 켤레를 구해와서 상처 나고 부어 오른 내 발을 편하게 해주었다. 이제 길에 깔린 모든 자갈을 피해가지는 않아도 좋게 되었으니 적어도 조금은 상황이 나아진 셈이었다.

밤새도록 행군을 한 우리는 새벽녘에 가장 가까이에 위치한 동네를 찾아 들어가 쉬었다. 비록 48시간마다 담당 감시병은 교체되었지만 우리는 이런 식으로 그 다음 사흘 밤낮을 계속 이동했다. 다시 임진강을 건너면서 나는 낮에는 취침하고 밤에 움직이는 것이 바로 중공군의 행동 방식임을 깨달았다. 아군이 제공권에서 우위를 점하고 있었으므로 그들로서는 다른 방법이 없었다.

넷째날 밤 행군을 시작한 지 두 시간 후쯤에 우리는 3일 전에 합류했던 아홉 명의 한국군 포로를 남겨두기 위해 한 마을이 있는 시골길에 잠시 멈추었다. 그들이 가고 나서 우리는 다시 그 길을 따라 반 마일 정도 더 행군을 하다가 가파른 언덕바지에 위치한 작은 마을로 가

▲ 중공군에게 생포될 당시 포병 대위들인 로니 워쉬부룩 및 칼 데인과 척후병 뉴컴의 모습.

는 길로 들어섰다. 늘 그렇듯이 그들은 서로의 신분을 확인하기 위해 장시간 대화를 나누었다. 그리고는 감시병들 간에 우리에 관한 서류들을 많은 설명과 함께 인수인계하는 의식이 이어졌다. 나는 늘 포로 인계자에게 (말로 설명하기보다는) 인수자로 하여금 서류를 직접 읽어보게 하라고 말하고 싶었다. 나는 중국어가 세상에서 가장 애매모호한 언어가 아닌가하고 생각하게 되었다.

우리가 한 한국 농가의 마루 앞에 서 있는데 큰 뿔테안경을 쓴 중공군 병사가 우리 그룹에 끼어들어왔다. 그는 수줍은 표정으로 몇 마디의 영어를 중얼거렸다. 그가 말한 단어들을 이리저리 꿰어 맞추어 봐도 무슨 뜻인지 도무지 알 수가 없었다. 그가 다시 반복하려고 시도했으나 또 다른 목소리가 보다 나은 영어로 우리들에게 이름을 묻는 바람에 중단되었다. 그 목소리의 주인공은 길 쪽에서 막 올라온 돼지 같은 얼굴의 땅딸막한 젊은 중공군 병사였다. 그는 우리가 새로 배속된 이 포로 수용소의 규칙과 준수사항에 대하여 장황하게 늘어놓기 시작했으므로 내가 시간이 너무 늦었고 우리는 지쳐 있으며 내 발은 부상 중임을 상기시켜 주었다.

나는 본래 멀리서도 잘 들리는 목소리를 갖고 있었는데 이번에도 그 목소리 덕분에 곧 효과가 나타났다. 가까운 어느 방에서 누군가가 내 목소리를 듣고 나의 이름을 부르면서 물어왔다.

"자네인가?"

나는 금방 그가 대대장인 것을 알았다.

서로가 비교적 건강하게 살아있음을 알게 되어 기쁘기는 했으나 불행히도 포로가 된 처지여서 이것은 희비가 엇갈리는 만남이었다.

내가 대대장과 함께 방을 쓰게 되어 키니와 모라레스는 나와 떨어져서 다른 방으로 옮겨졌다. 대대장이 기거하는 작은 방에 들어가니 거기에 데니스와 한국군 통역 한 사람이 함께 있었다. 그들은 우리 일행이 도착하는 바람에 잠에서 깨어난 것 같았다. 우리는 약 반 시간 동안 다시 포로가 된 배경과 전투상황에 대하여 각자가 알고 있는 뉴스를 교환했다. 며칠 전 샘의 일행은 봅과 도저히 걸을 수 없는 부상 포로병들을 임진강 근처에 남겨두고 북쪽으로 이동해 갔다고 했다. D중대의 성공담에 대해서는 아무도 모르고 있었다. 내가 절에 남겨두고 온 폭스 이등병과 그래햄을 본 사람도 없었다. 봅도 우리와 같은 집에 다른 장교들과 함께 있었다. 산모퉁이를 돌아가면 보이는 밀집된 몇 채의 농가에 300명 가량의 포로들이 있는데 그 중 반 정도는 그로스터 부대원들이었다. 그 나머지는 얼스터부대원, 퓨질리어 부대원, 포병부대원, 제8경기갑부대원 그리고 공병들로 구성되어 있었다. 우리는 너무 지쳐 있어서 다음날 이야기를 계속하기로 했다. 그러나 그날 밤의 마지막 대화가 남아 있었다. 내가 마루바닥에 누워서 막 잠이 들려는 순간 어둠 속에서 대대장의 목소리가 나지막하게 들려왔다.

"자네 혹시 이 옮았나?"

"아닙니다."

"저런, 안됐네만 자네도 곧 이가 옮게 될 걸세. 데니스와 나는 며칠 전부터 이에 시달리고 있거든."

다음날 아침에는 푸른 하늘과 태양이 길고 잿빛을 띤 구름으로 덮여 있었다. 아침식사는 수수밥과 적은 양의 삶은 콩나물이었다. 우리에게는 제대로 된 야전용 식기가 없었다. 다행히 우리는 낡은 양철통을 모래로 닦아 쓸 수 있었으나 다른 사람들은 천 조각을 접시 모양으로 만들어 쓸 수밖에 없었다. 식사 후 나는 근처 언덕 밑을 파서 만든 방공호로 안내되었다. 따로 격리되어 집중 감시를 받고 있는 대대장과 데니스 그리고 한국군 포로들을 제외하고 그 외의 다른 포로들은 모두 거기에 모여 낮 시간을 보냈다. 그날 아침에 그들과 헤어진 이후 나는 대대장과 데니스에게 접근하거나 어떤 식으로든 그들과 대화를 하지 못 하도록 저지당했다. 그 후 딱 두 번 그나마 방이 모자라는 바람에 우리는 같은 방에서 지낼 기회가 있었다. 대대장과 데니스가 나머지 포로들에게 굉장한 영향력이 있다는 사실을 중공군이 인지하는 데는 그리 긴 시간이 걸리지 않았으며 그 영향력을 그들이 용인할 수가 없었음은 당연했다.

　방공호 속에는 내가 아는 사람들이 많이 있었다. 포병부대의 로니, (부상을 입었던) 칼, 그리고 내가 전사한 것으로 착각했던 프랭크와 그의 일등상사 에스큐가 있었고 그로스터 부대의 봅, 스파이크, 점보, 지오프, 홉스씨, 일등상사 갤리거, 스트롱 그리고 리들잉턴도 거기 있었다. 이틀 전에 탈출했다는 헨리와 가이도만 빠진 듯했다. 그 외에 우리 부대의 동쪽에서 선전(善戰)을 하다가 잡혀온 많은 포로들이 있었다. 퓨질리어 부대의 존과 시드, 얼스터부대의 폴, 맥스, 버트와 다리에 부상을 입은 피터, 그리고 적군에 의해 이미 점령된 지역에서 무한궤도 차량을 몰고 달리다가 공격을 받아 도랑에 추락했다는 제8경기갑부대의 군의관 덕이 거기에 있었다. 이 영국군 장병들 외에 장교 두 명이 더 있었다. 그 중 한 사람은 제2차 세계대전 때 자국의 섬에서도 전투에 참여했다는 젊은 필리핀 중위 토마스였고 또 한 사람은 미 해병 항공대 소속의 대위 바이론이었는데 그는 화상으로 굉장히 고통스러워하고 있었다. 그의 얼굴 전체가 화상으로 인한 화농 딱지로 덮여 있고, 그가 조종하던 코세이어 전투기에 고사포가 명중되어 추락할 때 연료통에 불이 붙어 조종석으로 퍼지는 바람에 양손과 팔 그리고 오른쪽 다리가 화상을 입어 벗겨져 있었다. 봅이 가지고 있던 얼마 되지 않은 붕대는 거의 바닥이 났고 행군이 시작된 이래 중공군은 아무 것도 추가로 공급해 주지 않았다. 이런 상황에서도 바이론은 쉬고 있을 때나 눈이 안 보여 남의 손에 이끌려 험한 언덕이나 울퉁불퉁한 길을 따라 행진할 때에도 한 번도 소리 내어 고통을 호소하지 않았다. 나는 단 한 번도 그가 불평하는 소리를 들어보지 못 했다.

　이날 아침은 비가 자주 내렸고 우리들은 모두 배가 고팠지만 나에게는 즐거운 아침이었다. 왜냐하면 나는 동료들과 함께 있었고 또 가장 믿음직한 의사 두 사람에게 나의 부상을 치료받을 수 있었기 때문이었다. 봅과 덕이 나의 발을 살펴보고 남아 있던 고름을 제거한 다음 동료들로부터 얻은 깨끗한 헝겊으로 발을 싸매 주었다. 이런 상태로는 걷지 말라는 그들의 충고가 나에게는 가장 큰 걱정거리였다. 내가 동료들과 함께 행군하지 않고 뒤에 남게 된다면 내 발은 절대로 회복될 수 없거나 혹은 한참 동안 내 계획을 행동으로 옮길 수 없다는 것을 나는 알고 있었다. 어느 쪽의 경우이든 내가 탈출할 수 있는 상황은 못 되었다. 봅과 스파이크는 다음번의 탈출을 나와 함께 시도하고 싶어서 나를 최대한 도우려 했다.

우리는 그 동네에서 이틀을 더 쉬었는데 그 이유는 아프고 부상당한 포로가 너무 많아 행군 속도가 나지 않는 데 지친 중공군 감시병들은 이틀 쉬고 나면 부상자들이 회복되어 좀더 빨리 움직일 수 있을 것이라고 생각했기 때문인 듯했다. 실제로 우리에게 휴식보다 더는 아닐지라도 휴식만큼 필요한 것은 음식과 치료였다.

나에게 행군은 점점 더 고통스러워졌다. 48시간 후 결국 봅과 덕은 내 발을 수술하기로 했다. 여느 때와 마찬가지로 우리는 야간에 행군하고 주간에는 휴식을 취했다. 이날 정오에 봅이 중공군들에게서 숨겨온 마취제를 내게 주사하고 데니스로 하여금 내 몸 위쪽을 누르게 하고 스파이크는 중간을 그리고 그 자신은 내 발목을 잡고 수술할 준비를 했다. 대대장이 일어서면서 말했다.

"나는 잠시 밖으로 나가 있을 테니 하고 싶은 만큼 욕을 실컷 해라."

덕이 면도칼로 수술을 했다. 이날 나는 유감스럽게도 많은 욕지거리를 했다.

그날 이후 아군의 공습으로 완전히 파괴된 북한 금광촌에 있는 광산 캠프에 도착할 때까지 야간 행군을 할 때면 봅과 스파이크가 나를 거의 들어서 이동시켰다. 우리가 광산 캠프에 도착한 것은 새벽이 되기 한 시간 전쯤이었는데 우리에게 배정된 방은 너무 좁아서 환자와 부상병만 누울 수 있었고 나머지는 앉은 채 잠을 청해야 했다. 이 어둡고 좁은 방에 끼여서 네 시간을 불편하게 견뎌낸 후에야 우리는 밖으로 나가 아침식사로 수수밥을 먹을 수 있었다.

그 광산 캠프에서 봅은 환자와 부상병이 지금까지 힘겹게 행군해 왔고 이제는 상태가 너무 악화되어 이런 행군 속도를 유지하는 것이 무리임을 처음으로 감시병 대장에게 성공적으로 납득시킬 수 있었다. 그의 노력으로 다음 지점까지 이동할 때는 수송수단을 확보하겠다는 약속을 얻어냈으며 이 약속은 지켜졌다. 나는 키가 크고 연약해 보이는 수우라는 중공군 감시병과 두 그룹의 환자들 중 한 그룹과 함께 출발했다. 우리는 그럴만 한 곳에서는 으레 길을 잃고 헤매었다. 설사에 시달리고 있는 키니는 순천의 기차역에서 무전기 부품을 찾아다니다가 발각되어 현지 형무소에 투옥될 뻔했다. 그리고 정찰차 운전병 예이트는 거의 2마일이나 자신의 어깨로 나를 부축해 주었다. 파란 많은 여정이었다.

느릿느릿 언덕을 넘어 마침내 대동강 상류의 제방을 따라 형성되어 있는 동네에 도착해 보니 그곳에서 먼저 출발했던 다른 포로들이 휴식을 취하고 있었다. 이제 불충분하고 질이 나쁜 식사의 효과를 온몸으로 느끼기 시작한 포로들에게 있어 휴식이야말로 정말 필요한 것이었다. 중공군 감시병들은 이제 우리가 여정의 반을 왔다고 했으므로 우리는 이곳을 '중간숙소'라 불렀다.

그들은 이 동네에서 제멋대로 자란 수염으로 덥수룩한 추레한 모습의 우리들을 세워 놓고 단체사진을 찍은 다음 반지, 시계, 펜 등 전쟁터에서 잃어버리지 않고 소지하고 있던 귀중품들을 모두 빼앗았다. 나는 옷 속에 숨겨둔 약간의 현금 외에는 북한 군인에게 이미 다 빼앗겼기 때문에 중공군이 내게서 가져갈 물건은 없었다. 그들은 북쪽 포로수용소에 도착하면 이 물건들을 되돌려 주겠다고 약속했지만 - 사실 몇 가지를 제외하고 이 약속은 지켜졌다 - 포로로 잡힌 후 많은 사람들이 소지품들을 그들에게 도난당했기 때문에 우리는 그 약속을 믿지 않았다. 기관총 부대의 사이키스 이등중사는 자기 시계를 땅바닥에 놓고 밟아 박살을 냈으나 더 이상 그런 행동은 허용되지 않았다. 그는 결박당한 채 독방에 감금되었으며 자신이 한 행동에 대해 전체 포로들 앞에서 자아비판을 한 글을 낭독한다는 약속을 하고서야 독방에서 풀려 나올 수 있었다. 그의 자아비판문의 내용은 런던의 우스갯소리로 가득 차 있었으나 중공군들은 그것을 알아들을 리가 없었다. 그들은 엄숙한 얼굴로 경청했고 통역은 여러 포로들에게 왜 웃는지 물었다. 이 특이한 의식의 집행은 내게 혐오감을 주었다. 사이키스 이등중사가 이 기상천외한 자아비판문을 낭독하는 것을 듣고 있자니 그것을 명령한 중공군 당국의 - 이상스럽게 낯설고 어떤 의미에서는 비정상적인 - 사고방식에 대해 반감이 일어났다. 머지않아 우리들 간에 필연적인 의견 충돌이 있을 것으로 전망되었다.

4 지루한 심문과 정치학습

포로들의 주요 부대가 다시 북쪽을 향하여 출발한 어느 날 뒤에 남은 우리 일행 40명은 '중간 숙소'에서 남쪽으로 2마일 떨어진 곳에 위치한 문하리라는 동네로 보내졌다. 우리 일행 중에는 건강 상태가 좋은 사람도 있었고 환자도 섞여 있었다. 한국에 흔한 다른 여러 가지 질병들은 제쳐두고 우선 우리 모두에게 위험이 상존하는 설사병 때문에 우리는 중간 숙소를 출발하기 위해 대열을 짓고 있을 때 봅이 우리와 동행하게 된 것을 보고 무척 기뻤다. 실망스럽게도 스파이크는 우리와 동행하지 않았다.

문하리는 대동강으로부터 4분의 1마일 정도 떨어져 있는 언덕의 경사면과 그 아래에 위치한 사십 가구 정도의 작은 마을이었다. 놀랍게도 샘의 부대에서 살아남은 사람들도 그 마을에 있었다. 대부분은 환자들이었는데 그 중에는 군목 파드레, 포병부대장 가이 및 미 공군 조종사 던컨도 포함되어 있었다. 또 한 번의 재회 장면이 연출되었다.

강가에 새로 짓다가 만 학교건물은 벽에 석회도 발라져 있지 않았고 창에는 유리도 끼워져 있지 않았으며 문도 달려 있지 않은 상태였다. 밤이 되자 중공군들은 모두 간신히 누울 수 있을만한 더러운 흙바닥이 있는 방에 우리를 밀어 넣었다. 또 다시 단조로운 일과가 시작되었다. 동 트기 전에 감시병들은 각 방의 창문을 통해 우리에게 기상하라고 소리를 질렀다. 그러면 건강 상태가 양호한 포로들은 일어나 밖으로 나가서 점호를 하고 행군 준비를 했다. 낮 시간 동안은 숙소에서 한 시간 정도 떨어져 있는 언덕에서 지냈으며 소나무로 지어져 있는 대피소에서 수수밥과 콩나물 반찬으로 아침식사를 했다. 3일 간은 예우로 쌀밥이 나왔다. 마을에 있는 중공군 군의관 두 명이 이따금씩 학교건물로 와서 환자들을 돌보기도 하고 간혹 봅에게 약품을 주고 가기도 했다. 환자들의 수가 점점 더 늘어나자 우리가 '개인 위생관리'를 제대로 하지 않았기 때문이라며 그 점에 대해서는 자신들에게 책임이 없다고 말했다. 심지어 세수를 하거나 손을 씻는 것조차 우리는 제한받고 있다고 봅이 항의했으나 뻔뻔스럽게도 그들은 그것을 인정하려 들지 않았다. 그러나 비록 약품 보급은 불규칙하고 부족하였으나 마침내 봅으로 하여금 매일 숙소에 남아 환자를 돌볼 수 있도록 허가해 주었다.

문하리의 마을에 도착한 첫날밤에는 티엔 한이라는 이름의 키가 작고 말쑥한 중공군 경비 중대장이 우리에게 훈시를 했다. 둥글넓적한 얼굴의 여자 통역을 통해 그는 우리가 중공군의 도움으로 죽음을 면했지만 이 관대함을 나약함으로 착각해서는 안 된다고 지적했다. 우리는 전쟁 범죄자들이고 이제 과거의 잘못에 대해 보상할 수 있는 기회가 우리에게 주어졌는데 우리를 죽음으로부터 구해준 것이 잘 한 일임을 그들에게 보여줄 수 있는 첫 번째 방법은 앞으로 자신에게 절대 복종하는 것이라고 그는 강조했다. 누구든지 이곳의 규칙을 위반하는 자에게는 최소한 독방에 감금되는 등의 혹독한 형벌이 가해질 것이라는 것이었다.

이 짧은 훈시에 이어 며칠 후 군 관련 심문이 시작되었다. 기술자라는 신분 때문에 칼이 가장 심하게 심문을 받았지만 다행히도 그가 레이다 전문 기술자라는 것을 밝혀내지는 못했다. 칼은 주(主)심문자들 앞에 세 번 불려갔는데 그들의 협박 앞에서도 고집스러운 태도를 유지하다가 결박당한 채 조그만 지하 벙커로 끌려가서 상당 기간 동안 밤낮으로 그곳에 격리 수용되었다. 그가 첫 번째로 이 불결하고 깊은 지하 감옥에 갇힌 것은 아니었다. 프랭크 부대의 젊은 포병 로스도 이곳에 갇혔었는데 그는 그곳의 습기로 인하여 심한 기관지염에 걸렸었다. 퓨질리어 부대의 정보담당 이등중사인 샵도 칼과 같은 신세가 되자 우리는 누가 다음 타자가 될지 걱정을 하게 되었다.

내가 첸과 정치에 대한 논쟁을 한 사실이 문하리 본부에 보고된 것 같았다. 첫 번째 심문을 받으러 가자 그들이 내게 물었다.

"당신은 어디서 정치 교육을 받았나? 당신은 영국 육군의 정치분야 장교였나? 당신은 부대에서 정치 교육을 담당했나?"

이 질문에 내가 응답을 하지 않자 그들은 다시 물었다.

"무슨 오해가 있어 당신이 마르크스주의를 거부하는가?"

이 질문을 한 사람은 탕이라는 이름의 아주 못생긴 중공군이었는데 그는 혀 짧은 소리로 액센트가 강한 영어를 구사했다. 그는 상대방에게 불쾌감을 주는 위험하고 야심 찬 성격의 소유자였다. 혁명 전에 지주의 아들이었던 그는 자신의 부모를 당국에 고발하여 '인민의 적'으로 처형시켰다고 자랑하는 사람이었다. 두 번째로 탕과 면담을 하러 불려갔을 때는 현재의 국제정세와 중국이 이제 세계의 최강국이 되었으므로 앞으로 국제정세가 어떻게 변화할 것인지에 대한 그의 의견을 경청하느라고 대부분의 시간을 보냈다. 그들은 곧 군 관련 심문을 하는데 싫증을 느꼈는지 포로들을 몇 개의 작은 그룹으로 나누어 중국혁명과 그 중요성에 대한 강의를 듣게 했다. 아니면 우리가 살아남은 것이 얼마나 행운인지 그리고 우리에게 '관대한 대우'를 해주는 중공군 당국에게 얼마나 고마워해야 하는지에 대한 추가 연설이 있기도 했다. 그들은 우리가 이 말도 안 되는 똑같은 이야기를 끊임없이 반복해서 듣는 것이 얼마나 지겨운지를 이해하지 못했다.

  밥의 덕택에 내 발의 부상은 빨리 회복되었다. 우리는 밥, 토마스, 필리핀 장교, 퓨질리어부대의 시드 그리고 나로 구성된 새로운 탈출팀을 만들었다. 해병대 출신 바이론의 화상이 상당히 회복되었다고 밥이 진단하자 그도 우리 팀에 합류했다. 그의 타고난 건강이 시약이나 제대로 된 치료를 할 수 없는 상황에서도 상처를 회복시켰음은 의심의 여지가 없었다. 그 후 한참 지나서야 우리는 장기간의 감옥생활로 잃어버린 기력 때문에 일단 병에 걸리면 완전 회복은 불가능하다는 것을 알게 되었다.

  우리는 언덕 경사면에 앉아 매일 우리의 탈출 계획을 반복하여 검토하고 우리가 소유하고 있는 제한된 물자로 할 수 있는 탈출 준비를 해 나갔다. 우리가 이 계획을 행동으로 옮기려는 시점에 밥이 철회했다. 그는 자신이 '중세기의 흑사병동'이라 부르는 이곳에서 환자와 부상병을 돌보아야 하고 또한 이들을 중공군의 자비에 맡겨둘 수는 없다는 입장이었다. 이것은 본인뿐만 아니라 우리 모두에게도 실망스러운 결정이었다. 할 수 없이 우리는 그를 남겨두고 실행에 옮기기로 했다. 그러나 결국 최종 계획은 무산되었다.

어느 날 저녁 두 번째 식사 후 탕이 학교 건물로 와서 긴 명단을 호명하면서 각자 소지품을 지참하고 밖에 나가 야간행군 준비를 하라고 했다. 호명이 끝나고 보니 나를 포함하여 다섯 명이 병세가 심한 환자들의 그룹과 지하 벙커에 갇혀있는 칼 및 이등중사 샵과 함께 이곳에 남아있게 되었다. 우리는 이 새로운 수수께끼를 풀려고 노력하면서 이후 여러 주일을 보냈다.

우리의 작은 그룹은 마을 강가의 한 농가로 돌아와서 작은 방 하나를 배정받았다. 이제는 낮 시간 동안 모든 포로가 함께 마을을 떠나는 대신 집 뒤 언덕에 올라가서 나무 밑에 앉아 있게 했다. 우리들은 각자 같이 있던 동료들과 헤어졌고 나는 같이 탈출하려던 동료들을 전부 잃어버리게 되었다. 우리 그룹은 가이, 군목 파드레, 던컨, 포병부대의 피처랄드 이등중사로 구성되어 있었는데 우리가 여기서 무엇을 해야 되는지는 수수께끼로 남아 있었다.

우리가 그 마을에 억류된 이유를 다른 포로들이 떠난 지 닷새째 되는 날에야 알 수 있을 것 같았다. 그날 오후에 우리는 경비중대 장교 숙소에 안내되어 앉아 오후의 차를 마셨다. 뜨거운 물을 담은 그릇을 하나씩 받았는데 그 그릇 속의 물 위에는 초록색의 찻잎이 세 장 정도 떠 있었다. 그 찻잎들은 더운 물에 아주 약한 색을 남겼지만 그 물은 아무 맛도 나지 않았다. 이런 시간에 더운물을 공급받아 본 적이 없는 우리는 차 대접이 무슨 특별한 행사인지 궁금했다. 담배 한 갑을 갖고 와서 한 개비씩 돌려 주어서 우리는 모두 그 담배를 피웠다. 이빨을 드러내고 웃으면서 중대장인 티엔 한이 탕을 통역으로 하여 연설을 시작했다.

"다들 떠나고 당신들 다섯 명과 중환자들만 남았다. 왜 이렇게 되었는지 각자 궁금해 하고 있으리라 믿는다."

무슨 말을 하려는 것인지 의아해 하면서 우리는 그의 다음 말을 기다렸다.

"우리 중공군은 당신들의 적이 되고 싶지 않다. 우리는 당신들의 친구다. 당신들의 적은 바로 당신들의 지도자인데 당신들은 아직도 그것을 깨닫지 못하고 있다. 시간이 지나면 당신들은 이 문제를 충분히 이해할 것이다. 당신들은 앞으로 많은 교육을 받게 될 것이다. 이 과정에서 당신네들 중 무슨 의문이나 문젯거리가 있으면 우리에게 와서 의논하기를 바란다."

그것이 전부였고 그 다음에는 우리에게 노래를 시키려 했으나 우리는 거절했으며 가이가 끝까지 압력을 받아 나는 그가 어쩔 수 없이 한 곡 부를 것 같은 느낌을 받았다. 이후 우리는 아무도 우리의 '문제'를 의논하기 위해 그들에게 가지 않았고 한 동안은 그들도 일상적인 일 외에는 더 이상 우리에게 접근하지 않았다.

그리고는 탕이 우리 성한 다섯 사람과 환자들을 상대로 '새로운 중국'이라는 제목으로 우리에게 강연을 하기 시작했다. 보름 전만 해도 험악한 표정을 짓고 있던 그가 웃는 얼굴로 바꾸어 매일 아침 나타나서는 여전히 혀 짧은 소리로 강연을 했다. 사실은 딱 한번 더 그가 험악한 표정으로 되돌아 간 적이 있다. 어느 따뜻한 오후 우리가 6월의 햇빛을 받으며 언덕에 앉아 졸고 있는데 알라딘의 램프에서 지니가 나타나듯이 갑자기 그가 나타났다. 격노하여 일그러진 얼굴을 하고 그는 결박 지어진 채 언덕길을 끌려 올라오고 있는 봅, 바이론 및 토마스를 가리키며 떨리는 목소리로 외쳤다.

"이 사람들은 북으로 행군하다가 탈출을 시도했다. 그러나 탈출은 불가능하다! 우리 중공군은 전능한 군대다. 당신들은 우리를 피해갈 수 없다. 이제 이들은 응분의 처벌을 받게 될 것이다."

그는 우리 동료 세 사람을 데리고 갔고 우리는 그들이 다시 잡혀온 것에 대해 우울해 하며 숙소로 돌아왔다.

3주 후 칼, 봅 및 토마스가 지하 벙커에서 풀려났으므로 우리는 머지않아 바이론과 샵도 풀려날 것이라는 기대에 부풀었다. 이제 우리들이 처한 입장에 대하여 검토하기 위한 전쟁위원회가 구성되었다. 우리가 해야할 일은 그리 많지 않았다. 티엔 한의 짧은 연설을 듣고 탕의 지시를 따르고 '공부'하라는 탕의 부관 칸의 암시를 따르는 정도였다. 이런 것은 이 모든 것에 대하여 어떤 의견을 조성할 만큼 충분한 자료가 되지 못했다. 그러나 그들이 진지하게 정치세뇌를 하려 들 때에 대비하여 확고한 행동방침을 가지고 있어야 했다.

포로로 잡히기 전에 얻어들은 정보에 근거하여 우리는 중공군과 북한군이 포로들에게 일정기간 세뇌를 한 후 놓아주어 각자 자신의 부대로 돌아가도록 한다는 것을 알고 있었다. 신년 전투에서 포로로 잡혀갔던 소총부대원 세 명이 2월에 귀대했던 것을 나는 기억하고 있었다. 더구나 그들은 평양의 동북쪽에 위치한 정치교육장에서 '교육과정'을 수료했다고 했는데 이 문하리의 위치가 바로 그 방향이었다. 이 곳이 바로 그 교육장이 아닐는지를 우리는 서로 물어보았다. 만약 그렇다면 우리는 지금 어떤 입장에 있는 것일까? 여기서 진짜 의문이 제기되었다. 즉 만약 전투현황에 대한 정보, 지휘 계통에 대한 정보, 그리고 포로들의 처우에 대한 정보 등을 소유하고 있는 우리가 우리 자신들의 부대로 귀환될 가능성이 있다면, 그들이 정치교육의 형태로 우리를 세뇌시키려 할 때 우리는 그것을 경청하는 체해야 하지 않을까 하는 점이었다. 나의 의견은 어떤 서류에 서명을 한다든지, 글을 쓴다든지, 기록을 남긴다든지, 방송을 한다든지 혹은 우리들 자신이 강연을 하도록 강요받지 않는 한 그들이 우리에게 하고 싶어 하는 강연을 가능한 한 다 들어주자는 것이었다. 우리는 모두 같은 의견이어서 당분간 탈출 계획은 접어두기로 했다. 칼, 봅 및 토마스가 우리와 합류했을 때 우리는 우리의 의문을 그들과 의논했고 그들도 우리의 행동방침에 동의했다. 탕이 한국동란의 원인에 대한 강연을 하면서 그 책임을 미국 정부에 전가했을 때 우리는 그런 입장을 견지했다. 우리 정부에 대한 최악의 비판을 할 때에도 우리의 온순한 자세가 그들의 관심을 끌고 그들을 놀라게 하기를 기대하며 우리는 고분고분 경청하는 척했다. 이것은 소름끼치는 일이었다. 때로는 강연자에게 도전을 하지 않기 위해 또 때로는 큰소리로 웃지 않기 위해 엄청난 자제력을 발휘해야 했다. 이렇게 6월이 지나가고 7월이 되었는데도 우리는 여전히 언덕 비탈에 앉아 중공군의 다음 조치를 기다리고 있었다.

여름으로 접어들면서 세 가지 중요한 사건들이 우리의 지루하고 판에 박힌 생활에 변화를 가져왔다. 첫 번째는 탕이 이곳을 떠난 것이다. 그는 상급부대로 "진급"되어 떠난다고 선웃음을 지으며 말하고 앞으로는 칸이 교육책임자라고 우리에게 알려 주었다. 두 번째로 바이론이 지하 벙커로부터 풀려났고 봅, 샵 이등중사 그리고 환자 전원이 트럭을 타고 북쪽으로 이동해 가서 이곳에는 던컨, 가이, 칼, 토마스, 바이런, 군목 파드레, 피처랄드 이등중사와 나만 남게 되었다. 마지막으로는 이 마을 경비를 담당하던 티엔 한의 중대가 좀더 북쪽에서 우리 사령관 그룹을 경비하던 중대와 임무교대를 했다. 새로 온 중대장의 이름은 숭인데 그가 메피스토펠레스(악마)와 같은 눈썹을 가지고 있어서 우리는 그를 '메피'라고 불렀다. 이제 우리를 감시하는 장교들 중 그나마 영어를 구사할 줄 아는 사람은 나와 키니가 남쪽에서 우리 대대장 그룹과 합류하던 날 저녁에 본 돼지 같은 얼굴을 한 젊은 장교였다.

연대본부 소속인 칸이 매일 아침에 와서 강의를 하기도 하고 정치선전물을 읽히기도 하고 혹은 '1945년 이후 극동에 대한 제국주의자의 침략' 따위의 주제로 쓸데없는 분임토의를 시키면서 우리를 괴롭혔다. 어쨌든 우리는 노력을 했으나 성실한 토론을 전개할 수는 없었다. 돌이켜 보면, 칸은 점차 우리의 마음이 이 토론과 멀어져 있으며 우리가 그냥 하나의 목적을 위한 수단으로 그의 강의를 듣는다는 것을 감지하게 된 것 같았다. 8월에 들어서면서 그의 웃음은 사라지고 마르크스주의로 전향할 뜻이 없는 것 같다고 우리를 책망하기 시작했다. 아마도 그는 우리를 전혀 이해할 수 없었을 것이다.

나는 양쪽 다 상대를 속이려 하는 이 게임의 끝이 어떻게 될지 기다리느라 지쳤다. 그래서 이 여름이 다 지나기 전에 탈출할 기회를 잡기로 했다. 칼도 나와 같은 생각이었으나 지금은 몸이 따라주지 못했다. 그는 설사를 만나 현지 의사가 드문드문 제공하는 약을 먹어도 별 효과를 보지 못했고, 나도 회귀열 발작으로 쇠약해졌다. 회귀열은 사람을 현혹시키는 질병이어서 나는 사오일 심한 고열에 시달리다가 다시 기력을 찾곤 했다. 지금 같은 때에 군목 파드레와 함께 있게 된 것이 나에게는 정신적으로나 물질적으로 상당히 위안이 되었다. 어느 더운 날 그가 칼 및 바이론과 함께 나의 땀에 젖은 옷가지들을 강가로 가지고 가서 빨래를 해 주었다. 그날 세 번째로 고열이 나기 시작했는데 그가 환자들을 위해 기도하고 나서 내 머리 위에 손을 얹자 이상하게도 고열이 사라졌다.

몸이 회복되자마자 나는 칼과 함께 간단한 체력훈련을 시작했다. 우리에게 주는 음식은 상당히 향상되어 수수밥 이외에도 감자, 배추 또는 호박 등으로 만든 반찬을 제공받았다. 두 번이나 콩기름으로 부친 맛있는 밀가루 부침개가 나오기도 했는데 두 번째로 이 부침개를 급식 받을 때 가이가 이 부침개 남은 것을 몇 개 낡은 자루 속에 숨기다가 감시병에게 발각되었다. 그는 황급히 파리를 쫒으려고 그 자루에 음식을 넣었다고 변명했으나 사실 그 당시 날아다니는 파리는 없었다.

우리는 이렇게 거의 3개월 간 문하리에 체류하다가 8월말 경의 어느 날 저녁에 이동준비 통고를 받았다.

해가 지기 한 시간전 쯤 돼지 얼굴, 통역, 그리고 우리를 직접 관리하는 장이라는 이름의 중대 장교와 더불어 우리는 경비중대에 에워싸여 문하리를 떠났다. 우리는 모두 상당히 흥분되어 있었다. 왜냐하면 8월도 거의 다 간 이 시점에 적어도 왜 우리가 이 북부 포로수용소에 따로 격리되어 있었는지를 알 수 있게 될 것 같은 기대감 때문이었다. 게다가 우리는 모두 문하리에 싫증이 나 있었다. 정치장교들로부터 매일같이 우리에 대한 증오심을 자극 받는 16~17세 정도 되는 어린 감시병들에게 시달리느라 지쳤고 작은 언덕 비탈에서 따분하기 짝이 없는 여러 주일을 보내는데도 싫증이 났고 또한 중공군 당국의 다음 행위가 무엇인지를 기다리는 것도 지겨워 졌기 때문이었다. 선두에서 우리를 이끌고 가는 사람들이 남쪽 방향으로 길을 잡자 우리 여덟 명은 가슴이 뛰기 시작했다. 분명히 북쪽이 아닌 남쪽이었다! 드디어 우리는 전선이 있는 쪽으로 가고 있는 것 같았다. 한 발자국 떼어놓을 때마다 이 포로 생활에 종지부를 찍을 수 있다는 희망이 더 커져 갔다. 적으로부터 풀려난다는 승산 없는 기대가 현실로 이루어지지는 않더라도 현재의 방향으로 1 야드 씩 전진함에 따라 탈출에 성공할 가능성은 그만큼 증가하고 있었다.

다시 익숙하고 판에 박힌 듯한 행군이 이어졌다. 해질 무렵 아침식사를 하고 새벽녘에 저녁식사를 했다. 길을 따라 가다가 가까이 위치하고 있는 농촌 마을에서 낮 시간을 보냈다. 이렇게 행군하는 전 과정 동안 우리의 대략적인 행진 방향은 남쪽이었다.

우리는 평양에 도착하여 파괴된 도로를 따라 행군하게 되었다. 아무렇게나 자라난 수염 때문에 우리의 모습은 붐비는 도로를 지나다니는 많은 사람들에게 좋은 구경거리였다. 지나다니는 사람들은 대부분 북한 군인과 노동자들이었으나 두 대의 차를 나누어 타고 지나가는 소련 육군과 해군 병사를 보기도 했는데 아마도 그들은 현지 대사관에 근무하고 있는 듯했다. 유럽인들도 몇 명 있었는데 그들은 우리와 눈이 마주치자 재빨리 얼굴을 다른 쪽으로 돌렸다. 우리가 평양의 중심부를 행군할 때 약 삼십 명의 중공군이 우리 옆을 지나갔고 여러 대의 중공군 군수물자 보급차량들이 하나밖에 없는 다리를 통과하기 위해 줄지어 기다리고 있었다.

평양을 지나 수안으로 가는 도로를 따라 남동쪽으로 행군하기 시작했다. 항상 자기의 용기를 뽐내고 우리를 비하하던 돼지 얼굴이 아군의 야간 폭격기로부터 공중공격을 당하기 쉬운 도로로 행군하게 되자 불안해하기 시작하는 것을 보니 무척 재미있었다. 그의 불안감은 우리에게도 상당한 영향을 미쳤다. 그는 우리를 전보다 더 많이 괴롭히기 시작했다. 지체 없이 야간행군을 준비해야 한다는 핑계로 식사를 마치기도 전에 우리의 식사를 치워버리기도 하고 아군의 항공기가 출현하지도 않았음에도 우리가 그 항공기에 신호를 보낸다는 이유로 가까운 시냇가에 세수를 하러 가지 못하게 한다든가 혹은 작은 방에 가두어 두고 화장실도 가지 못하게 하곤 했다. 이렇게 여러 가지 방법으로 우리에게 화풀이를 했는데 그 중에서도 최악은 그가 과식을 하여 소화기능에 이상이 생긴 날이면 어김없이 우리의 아침 휴식을 방해하곤 했다.

행군을 시작한지 여덟 번째 되는 날 행군 중에 가까이에서 항공기가 접근하는 소리가 들려왔다. 전 지역에 공습경보가 내려졌고 우리는 모두 흩어져 산허리의 바위 뒤로 각자 몸을 숨겼다. 도로 저쪽에서 아군 전투기 한 대가 낙하산 투하식 조명탄의 불빛 아래 기관총을 쏘아대고 있었다. 총소리가 멈추는가 하면 다시 집중사격이 계속되었다. 그 순간 나는 바로 내 옆에서 창백하고 겁에 질린 중공군 장교 한 명이 도랑에 엎드려 있는 것을 보고 굉장한 쾌감을 느꼈다. 그 중공군 장교는 바로 그 돼지 얼굴이었는데 그는 심하게 구역질을 하고 있었다.

우리가 목적지에 도착한 것은 문하리를 떠난 지 열흘째 되는 날이었다.

그날 밤도 우리는 여느 때와 마찬가지로 길을 잃었는데 이날은 한 번도 아니고 여러 번 길을 잃고 헤매었다. 우리가 큰 도로에서 벗어나 미리 약속된 집결 장소에 도착했을 때 이번에는 우리를 마중 나오기로 한 감시병이 길을 잃어서 그 곳에 나와 있지 않았다. 억수같이 쏟아지는 비를 맞으며 우리는 비틀거리며 강을 건너고 언덕과 계곡을 오르락내리락하며 동네와 촌락마다 들려 길을 묻곤 했다. 새벽녘이 되어서야 우리 일행은 여러 채의 건물이 있는 곳에서 멈추었다. 감시병들은 짐을 내리면서 '타 마레가' - 중국어로 굉장히 거친 단어임 - 를 여러 번 내뱉었다.

"이제 다 왔는가 보다." 공군이므로 우리들보다 더 행군을 싫어했던 던컨이 말했다.

"나는 그렇게 생각하지 않는데?" 밑창이 빠진 군화를 신고 행군하던 칼이 말했다.

그러나 이곳이 바로 우리의 목적지였다. 우리의 새로운 숙소가 있는 마을에 도착한 것이다.

모든 짐과 장비를 내려놓고는 우리 감시병들은 중대본부가 자리 잡은 중간 정도 크기의 한국 집 마당에 우리를 인도했다. 그때 장이 돼지얼굴과 함께 나타나서 영국의 칸막이벽으로 지은 화장실 정도 크기의 두 개의 작은 헛간에 우리를 몰아넣었다. 이 방 하나에 우리 네 명이 같이 누우려면 다리와 엉덩이를 서로 포개어야 할 정도였으므로 교대로 돌아가면서 다리를 위쪽에 올려놓아야 했다. 피곤에 지친 칼, 바이론, 던컨과 내가 그 방들 중 하나에 들어가서 곧바로 잠에 빠졌다.

다음날 아침은 젖은 옷을 말릴 수 있을 정도로 날씨가 좋았으나 우리의 옷은 각자의 체열에 의해 이미 상당히 말라 있었다. 이제 칼의 군화 외에는 우리 모두 필요한 물품을 비교적 잘 갖추고 있었다. 나는 중국 신발 한 켤레를 신고 있었고 우리는 각자 중공군이 병사들에게 배급해 주는 것과 같은 작은 수건, 비누 그리고 칫솔을 하나씩 갖고 있었다. 이 물건들은 우리가 전쟁포로들이기 때문이 아니라 자신들이 가르치려는 진실에 대한 교육을 충분히 받지 못한 자들 – 실은 학습지진아들 – 이기 때문이라는 설명과 함께 우리에게 배급되었다. 우리는 아무런 대꾸도 하지 않고 이 물건들을 받았다.

　이제부터는 또 다른 언덕에서 낮 시간을 보내게 되었다. 문하리의 언덕보다는 못한 언덕이었다. 몇 백 야드의 옥수수밭 외에는 아무 것도 내려다보이지 않았다. 우리가 중공군으로부터 우리의 이동과 앞으로의 계획에 대한 그들의 설명을 기다리는 동안 하루하루가 지나갔다. 아무 일도 일어나지 않았다. 칸이나 장 혹은 심지어 돼지얼굴도 나타나지 않는 상태로 나흘이 지나갔다. 우리는 연대에 배속된 돌팔이 의사이지만 때로는 우리에게 호의적이기도 했던 중공군 군의관이 절실하게 필요했다. 한 번은 멀리 그가 보여서 불렀으나 그는 우리를 알아보자마자 가 버렸다. 닷새째 되는 날 돼지얼굴이 나타났다. 우리는 그에게 다쳐서 부어오르고 고름이 생긴 피처랄드의 발을 보여주었다. 이질이 악화된 바이론과 칼에게도 의사가 필요했다. 돼지얼굴은 우리가 학습지진아임을 잊어버린 듯 우리에게 포로는 치료를 받을 자격이 없다고 잘라 말했다. 덤으로, 그는 문하리를 떠나기 직전 칸으로부터 아주 간략하게 정전회담이 진행 중이라는 뉴스를 전해 들었던 우리에게 그 정전회담이 결렬되어 중공군이 남쪽으로 대대적인 공격을 가하며 밀고 내려가고 있다고 들려주었다. 그는 우리에게 듣기 싫은 말을 하도 많이 하고 거들

먹거리며 사라지곤 해서 앞으로 우리는 그에게 더 이상 대꾸를 하지 않기로 약속했다. 나중에 이 전략은 그를 화나게 하는데 효과가 있었다. 어쨌든 우리는 그가 전해준 정전회담에 관한 뉴스에 비추어 현재의 상황이 어떻게 돌아가고 있는지 따져보았다.

우리는 정전회담에 대해 크게 기대하지는 않았었다. 칸의 정보에 따르면 중공군 측은 정전회담으로부터 가능한 한 많은 정치적 선전거리를 얻어내려고 전력을 다하고 있는 것 같았다. 그 회담이 우리의 귀환 가능성을 높여줄 것이라는데 생각이 미쳤었다. 협상 초기인 이 시점에 상당수의 포로를 풀어줌으로써 중공군이 성의를 보이려고 할 수도 있었다. 그러나 돼지얼굴이 거짓말을 하지 않은 이상 - 그럴 가능성은 충분히 있었지만 - 이러한 희망은 이제 사라져 버렸다. 그날 나는 예측치 못한 좋지 않은 사태의 발생에 대비하기 위해 다시 탈출준비를 할 결심을 했다. 당면한 문제는 동행할 사람이었다.

다른 사람들은 모두 병이 들거나 쇠약해진 상태여서 나는 던컨의 의사를 타진해 보기로 마음먹었다. 그는 강한 성격의 소유자여서 한번 시작한 일에는 손을 놓지 않는 타입이었다. 그는 이기적이 아닌 동반자였고 강한 체질일 뿐 만 아니라 수영도 잘 했다. 그날 저녁 나는 유일하게 감시병들의 눈에서 벗어날 수 있는 시간인 취침 시에 우리들이 함께 사용하는 헛간 속에서 던컨과 조용히 이야기를 나누었다. 던컨은 아직도 우리들이 풀려날 가능성이 있다고 믿고 있었다. 일단 그러한 희망이 없어지면 나와 행동을 같이 하겠다고 그가 말했다. 나는 이미 탈출준비를 시작했으며 삼일 정도 기다리겠다고 그에게 말했다. 삼일 후에는 어쨌든 나는 탈출을 실행한다고 했다. 이제 그는 삼일 동안에 자신이 어떻게 할 것인지를 결정해야 했다.

이틀 후 저녁 무렵 칸이 '매 얼굴'을 한 연대장과 '퍼진 얼굴'을 한 여자 통역과 함께 나타났다. '매 얼굴'은 우리가 좋아 보인다고 운을 떼었다. 그는 우리가 더 이상 살이 찌지 않게 조심해야 할 것이라고 말했다. 지난번에 보았을 때보다 우리가 더 살이 쪘다고 단언하고는 그들의 경비 중대가 우리를 매우 잘 돌보아 주고 있다고 강조했다. 우리 숙소를 들여다보고는 우리가 정말로 운이 좋다고 말했다. 그의 행동은 마치 랙포드 스퀴어스가 학교를 시찰하는 것 같았다. 나는 왜 우리의 수수밥 배급이 중단되었으며, 왜 피처랄드와 다른 환자들을 돌보아 줄 의사와 의료품을 보내주지 않는지, 그리고 왜 우리를 명예로운 전쟁포로로 대우해주지 않고 중죄인 취급을 하는지를 질문할 뻔했다. 그러나 나는 참았다. 내게는 매 얼굴에게 질문하고 싶은 다른 것이 있었다.

"우리는 정전회담이 중단된 것에 대해 대단히 유감스럽게 생각한다." 나는 말을 시작했다. 이런 식으로 시작할 수밖에 없었다. 질문을 한다는 것은 아무 소용이 없을 것이었다. 질문 형식을 취했다면 그는 분명히 그런 것에 대하여는 아는 바가 없고 들어본 적도 없다는 듯이 온화하기 짝이 없는 미소를 짓는 것으로 답변을 대신했을 것이다.

매 얼굴은 칸을 잠시 째려보고는 고개를 끄덕였다. 칸이 '퍼진 얼굴'에게 무어라고 중얼거렸다.

"그렇다."

퍼진 얼굴이 통역을 시작했다.

"세계 평화를 진심으로 사랑하는 사람들에게 실패를 안겨 주었다. 이제 세계는 미제국주의자들과 그들의 아첨꾼들이 인민의 적이라는 것을 알게 되었을 것이다."

그녀는 우리들의 이해를 돕기 위해 부언했다.

"열심히 공부하면 당신들도 그것을 알 수 있을 것이다."

이 부분에서 매 얼굴이 끼어들었다. 그는 빠른 중국어로 그 여자에게 한참 동안 말을 계속했는데 중요한 점을 이야기할 때에는 왼손을 휘둘러 가며 강조를 하기도 했다. 드디어 퍼진 얼굴이 우리를 향해 돌아섰다.

"이제 취침하러 가라고 말씀하신다."

그녀가 통역을 하기 시작했다.

"당신들의 건강을 위해 이것이 필요하다. 스스로의 건강을 잘 돌보아야 한다고 연대장님께서 말씀하신다. 당신들은 진실에 대해 공부할 때 충분하고 열심히 하지 않았다. 이제부터는 더욱 진지하게 공부를 해야 한다. 고향의 친구들에게 한국의 평화를 위해 나서라고 편지를 써야 한다. 아마도 곧 북쪽 수용소에 있는 친구들에게도 진실을 전달할 수 있게 될 것이다."

그들은 우리에게 잘 자라는 인사를 했고 우리는 취침하러 갔다. 탈출시도를 하기 위해 너무 오래 기다렸다고 내가 확신하기에 충분한 이야기를 지금 들은 것 같았다. 주위가 조용해지자 나는 던컨에게 말을 건넸다.

"자네는 어떻게 생각하나?"

나는 속삭였다.

"나와 함께 가겠나?"

"당연하지. 나도 가겠다. 언제 출발할 예정인가?"

나의 탈출 준비는 다음날 밤 드디어 결실을 맺었다. 하현달이 떠올라 있는 가운데 던컨과 나는 조용히 마을을 빠져나가 서쪽 방향으로 향했다. 우리는 진퇴양난의 처지에 몰리지 않는 한 다시는 돼지얼굴을 보지 않게 되기를 희망했다.

해가 뜨자 우리는 언덕 위의 관목 숲에 몸을 숨기고 오는 길에 따온 날 옥수수로 아침을 때우고는 쉴 준비를 했다. 우리는 교대로 망을 보기로 했는데 내 순서가 먼저였다. 저 멀리 마을에서 떠드는 소리를 들으며 누워있으니 몇 달 전에 절에서 잃어버렸던 더 할 나위 없이 멋진 느낌이 나의 온몸에 가득 차 올랐다. 자유의 느낌 이었다. 우리의 갈 길은 멀고 쇠약해진 체력은 차치하고라도 그 외에 극복해야 될 어려움이 첩첩 산중이었다. 그러나 어쨌든 우리는 다시 자유의 몸이 되었고 자유에 대한 갈망은 어떠한 역경에서도 우리를 강하게 해 줄 것이었다.

매일 밤 우리는 가능한 한 우리가 미리 설정해 놓은 방향으로 이동했다. 우리가 가는 길은 그렇게 쉽지 않았다. 언덕은 덤불과 키 작은 참나무 숲으로 덮여있어 낮에는 좋은 보호막이 되어 주었으나 밤에는 우리의 이동에 방해가 되었다. 많은 계곡 바닥은 논이 차지하고 있었는데 장마철이라 논에는 물이 차 있었다. 우리는 가능하면 옥수수밭이나 콩밭을 택하다 보니 주요 도로를 비켜나갈 수밖에 없었다. 그러나 우리의 이동 경로가 뚜렷이 뒤에 남아있지 않도록 하기 위해서 가끔씩은 고의적으로 옥수수밭이나 콩밭을 피하기도 했다.

나흘째 되는 날 밤 우리는 우리의 진로를 정면으로 가로지르는 강에 다다랐다. 반대편 강둑은 보이지 않았다. 건널목을 찾으려고 약 1마일 정도 하류 쪽으로 강둑을 따라 내려가자 강 가운데로 사구가 뻗어있고 작은 물결이 그 사구를 돌아 다시 강의 물줄기에 합류되어 흘러 들어가는 것이 보였다. 이 지점에 우리가 걸어서 강을 건널 수 있도록 토사가 쌓여 있었다. 우리는 그 사구를 따라 물 속으로 걸어 들어갔다. 강바닥은 갑자기 깊어져서 물이 허리, 가슴, 어깨까지 차올라 왔다. 몸이 급류에 휩쓸려 들어갔다. 다시 돌아갈 수는 없었다. 지난 번 임진강에서의 경험을 돌이켜 생각하여 떠내려가면서 몸을 뒤집어 팔을 물 속에 넣고 발로 강하게 물장구를 쳤다. 내가 피로에 지쳐갈 때쯤 내 발이 건너편 강바닥에 닿았다. 정신을 차리고 보니 수직으로 솟은 절벽의 바닥에 도착해 있었다. 내가 막 강물 밖으로 빠져 나가려 할 때 던컨의 목소리가 들려왔다.

"도와줘!"

그가 소리쳤다.

"도와줘! 익사할 것 같아!"

그의 쪽으로 걸어들어 가면서 보니 그는 강변에서 불과 몇 야드 밖에 떨어져 있지 않았다.

"이제 괜찮아."

내가 소리쳤다.

"거기는 얕은 물이니 그냥 일어서 봐."

못 미더운 듯이 발을 뻗어 본 그는 물이 불과 겨드랑이 정도까지 밖에 올라오지 않는 것을 알게 되었다. 우리는 건너편 강둑에서 다시 만났다. 그는 아직도 원래 신었던 가죽 군화를 신고 있었는데 물에 젖은 군화가 그에게는 너무 무거웠던 것 같았다. 두 번째로 물 속으로 빠져 들어갈 때 그는 헤엄치랴 물살에 휘말려 물을 먹으랴 하면서 정신이 없는 와중에 구두를 벗어 버릴 뻔했다. 세 번째로 물 속으로 빠져 들어가다가 큰 소리로 내게 도움을 청했던 것이다. 그는 차가운 강물과 공포에 시달려 본인 스스로도 억제할 수 없을 정도로 덜덜 떨고 있었다. 나도 역시 오한을 느꼈다. 그러나 우리는 근처에 있는 숲 덤불로 덮인 가파른 골짜기로 기어 올라가 거기서 체력을 회복하려 했다. 그러나 날이 밝은 다음에 알고 보니 우리가 있는 곳은 타이어 자국으로 파인 넓은 도로 바로 옆이었다. 여기는 우리가 머무를 곳이 못 되었다. 우리는 낮 동안 숨을 곳을 다시 찾아야 했다. 그래서 우리는 서둘러서 그 도로를 벗어나 논밭을 건너 동네를 돌아 언덕으로 올라갔다. 언덕을 반쯤 올라가니 중공군이 여름에 포대로 사용하느라 파 놓은 웅덩이들이 여기저기 널려 있었다. 그 윗부분은 참호와 땅굴로 요새화 되어있었는데 현재는 사용하지 않고 있는 것 같았다. 참호 벽은 낡고 땅굴에는 물이 차 있었다. 이 요새는 작년에 적군이 압록강으로 철수하면서 구축해 놓았던 것 같았다. 이곳에서 적군과 마주칠 일은 없을 것 같아서 그 언덕 정상으로 올라갔다. 어쨌든 이미 날은 밝았고 양쪽으로 내려다보이는 계곡에 위치한 동네의 주민들의 눈에 띄지 않게 다른 언덕으로 이동하기는 어려운 상황이었다.

  우리의 옷은 강을 건널 때 물에 젖었으나 옷을 말려 입을 시간적 여유가 없었다. 불행히도 오늘은 날씨가 흐리고 동풍이 강하게 불었다. 나는 겉옷만 벗어 물을 짜내고는 다시 입었다. 그러나 던컨은 얇은 조종복만 걸치고 나머지 옷가지를 벗어 말렸다. 우리 둘 다 오랫동안의 피곤한 행군과 수개월 간의 조악한 식사 그리고 지난 사흘 간 허기를 달래기 위해 먹은 날 옥수수의 영향을 실감하고 있었다. 나는 우리의 목적지인 해안까지 10일 내지 12일 간의 험한 여정을 견뎌내기 위해서는 음식을 좀 장만 해야겠다고 생각했다. 던컨이 아랫동네에서 보이지 않는 곳에 옷가지를 널어 말리고 있는 동안 나는 언덕을 내려가서 음식을 구할 수 있을 만한 집이 있는지 살펴보기로 했다.

우리가 숨어있는 언덕의 동편에는 계곡이 있었다. 그곳 입구에는 외딴 집 한 채가 있었다. 그 외딴 집의 굴뚝에서 연기가 솟아오르는 것이 보였다. 오솔길이 그 집 앞을 지나 좀더 넓은 도로와 연결되어 있었으며 그 도로는 계곡 바닥에 위치한 동네로 이어져 있었다. 그 동네에는 중공군이 우글거리고 있었다. 그 외딴 집의 유리한 점은 그 집에 누가 살고 있는지 정탐하러 언덕을 내려갈 수 있는 오솔길이 덤불에 덮여 가려져 있었고 만일 민간인이 그 집에 살고 있을 경우 내가 들어가서 음식을 구하는 동안 던컨이 오솔길 양쪽 방향으로 반마일 정도는 망을 보아줄 수 있다는 것이었다. 우리는 이 계획대로 정확히 진행했다.

내가 열려 있는 부엌문 쪽으로 접근해 보니 부엌에서 젊은 아낙네가 솥에 무엇인가를 끓이고 있었다. 내가 문간에 서 있어 햇빛을 가려 부엌이 어두워지자 그 아낙네는 얼굴을 들어 나를 쳐다보았다. 나는 미소를 지으며 손에 아무런 무기도 갖고 있지 않다는 것을 보여주었다. 내게서 시선을 떼지 않은 채 그녀는 고개를 반쯤 돌려 옆방 안의 이불 위에 누워있던 남편을 불렀다. 두 아이가 소리 내어 아빠와 놀고 있다가 멈추는 것으로 보아 그 아낙네가 무엇인가 식구들을 깜짝 놀라게 하는 말을 했음이 분명했다. 잠시 동안 모두 조용해졌다. 그리고는 그 남편이 일어서서 부엌으로 왔다. 부엌 문간에 선 채 나는 그들의 놀란 갈색 눈을 내려다보았다.

나는 배가 고프다는 몸짓을 하고 손가락으로 끓고 있는 솥을 가리켰다. 그 남편은 내가 알아듣지 못하는 무엇인가를 한국말로 이야기하고는 물었다.

"미국 ? 어메리칸?"

나는 머리를 흔들어보였다.

"용-국."

그들은 잠시 계속하여 나를 노려보다가 갑자기 그 남자가 내 눈을 가리키고는 그의 처에게 돌아서서 웃음을 터뜨렸다. 그의 처도 미소를 지었다. 아마도 그들은 파란 눈을 가진 사람을 예전에 본 적이 없었던 것 같았다. 이 웃음을 계기로 하여 그 남자는 내게 친절해 진 듯했다. 그는 아침식사를 그릇에 담기 시작하는 처에게 뭐라고 이야기를 하고는 내가 서있는 문간으로 와서 동네가 있는 쪽을 손가락으로 가리켰다.

"중국 ? 나빠."

그가 말했다. 그가 중공군에 대해 좋지 않게 생각하고 있음을 알고 나는 기운이 났다. 나도 동의한다고 말해 주고 싶었다.

그의 처가 솥에서 음식을 다 꺼내었다. 삶은 옥수수 아홉 개였다. 나는 그들의 초라한 아침식사를 몽땅 뺏어 먹게 되어 미안한 생각이 들었다. 그들은 그 삶은 옥수수 꾸러미를 내 손에 쥐어주고는 계곡 쪽 동네를 가리키며 위험하다는 몸짓을 하고 빨리 언덕으로 올라가도록 독촉했다.

"신의 가호가 있기를 바랍니다."

나는 영어로 그들을 축복해주고 그곳을 떠났다. 언덕 위 우리의 은신처에 도달하자 던컨이 맞아주었다.

이 시점에서 나는 결코 나 자신을 용서할 수 없는 큰 실수를 저질렀다. 던컨이 추운 바람을 피해 은신처로 사용하자고 해도 군인의 한 사람으로서 그 제안에 동의하여 중공군이 파놓았던 언덕 위의 포대 근처에 머물러 있어서는 안 된다는 것쯤은 알았어야 했다. 그런데 우리는 그 근처 언덕 기슭에 그대로 웅크리고 앉아 아직도 따끈따끈한 옥수수를 아주 맛있게 먹었다. 적어도 이것이 빠른 속도로 소화되지 않기를 바랐다. 나는 옥수수를 먹자마자 곧 떠나야 된다고 던컨에게 막 말하려던 참이었는데 사람의 목소리가 들려왔다. 곧 동네 쪽으로부터 중공군 병사 다섯 명이 땔감을 구하러 나무 사이로 나타났다. 그들은 무기를 갖고 있지는 않았는데 그 중 두 사람은 긴 막대기를 들고 있었다.

우리는 제대로 몸을 숨길 시간이 없었다. 그들이 나타났을 때 우리는 바위 밑의 덤불 쪽으로 기어들어갔다.

"꼼짝 말고 엎드려. 그러면 그들은 우리를 보지 못 할 거야."

내가 던컨에게 속삭였다. 그들은 우리를 보지 못한 것이 확실했다. 서로 돌을 던지며 장난을 치면서 우리 쪽으로 오고 있었다. 그들이 땅 위에 떨어져 있는 나뭇가지를 줍고 나무에 달려 있는 나뭇가지를 꺾고 하는 동안 1분이 우리에게는 마치 한 시간 같았다. 우리를 발견했다고 금방이라도 소리를 지를 것 같아서 나는 나의 오른쪽에 있는 세 명의 중공군 쪽으로 차마 머리를 돌리지 못했다. 나에게서 약 20피트 떨어진 곳에 있는 나머지 두 사람은 나에게 등을 보인 채 담배에 불을 붙였다. 내 왼편으로 6 내지 8 피트 떨어져있던 던컨이 나에게 뭐라고 속삭였다.

"뭐라 그랬나?"

"그들이 우리를 본 것 같아. 나는 도망 칠거야."

"바보 같은 짓 하지 마."

내가 말했다.

"가만히만 있으면 그들은 절대 자네를 보지 못할 거야. 그들은 우리를 찾으러 온 사람들이 아니야."

"나는 모험을 하지 않겠어." 그가 말했다. "자네는 여기 있고 싶으면 그대로 여기 있어. 내가 그들을 다른 쪽으로 유인할 테니."

그리고는 그가 일어나서 우리가 방금 떠나온 포대 귀퉁이 쪽으로 달려 나갔다. 그의 발밑에서 나뭇잎과 죽은 나뭇가지 밟히는 소리가 내 귀에 들려왔다. 내 앞에 있던 두 명의 중공군이 돌아서더니 흥분에 가득 찬 큰 소리로 그를 발견했다는 사실을 떠들어 대었고 나머지 세 사람도 뛰어와서 합류했다. 다섯 명 모두가 그곳에 서서 소리를 지르며 손가락으로 그가 달아난 쪽을 가리켰다. 깜짝 놀란 그들이 정신을 추스를 동안 던컨은 충분히 멀리 달아날 수 있었으나 하필 그는 나무뿌리에 걸려 넘어져 버렸다. 그 순간 그들은 추격을 시작했고 던컨이 산등성이를 돌아서 내 시야에서 사라질 무렵 그들 사이의 간격은 좁아지고 있었다.

다른 것은 어찌되었든 던컨이 그들을 나로부터 유인해 가겠다는 약속은 지킨 셈이었다. 나는 이 기회를 놓치고 싶지 않았다. 주위를 재빠르게 둘러본 후 나는 깊은 숲에 덮여 있는 좀 더 윗부분으로 올라갔다. 그 지점은 언덕 아래쪽에서 일어나는 일을 전부 관찰할 수 있는 위치였다.

약 10분 후 그들은 던컨을 잡아왔다. 네 명의 중공군 병사들과 함께 그가 나무 사이로 나타났을 때 가장 먼저 눈에 띈 것은 그의 잘 자란 수염이었다. 다섯 번째 병사는 그를 잡았다는 뉴스를 전하러 동네로 먼저 내려갔다. 그 뒤를 이어 일행이 동네 입구에 도착했을 때 부대원 거의 전원이 그를 구경하러 뛰어나온 것을 볼 수 있었고 그는 지역 사령부로 보이는 큰 집으로 끌려 들어가고 있었다. 그가 마당 안쪽으로 사라지고 나자 문득 언덕 정상에 널어놓은 던컨의 옷가지가 아직 거기에 있다는 사실이 생각났다.

5 움직이면 쇠창으로 찔러

언덕 정상으로 올라가보니 던컨의 옷은 완전히 말라있었다. 아침 바람이 그 옷을 잘 말려놓은 것이었다. 나는 그 옷들을 수거한 후 나의 관측 장소로 돌아와서 어떻게 그에게 옷을 돌려줄 것인가를 연구하기 시작했다

그가 이 옷을 돌려받아야 한다는 것은 대단히 중요한 일이었다. 이제 9월이고 곧 추워질 것이다. 누구든지 얇은 여름 조종복(操縱服) 바람으로 북한의 겨울을 난다는 것은 생각만 해도 소름끼치는 일이었다. 그가 얼어 죽을지도 몰랐다. 가장 좋은 방법은 한국인들의 도움을 받아 그들로 하여금 옷 꾸러미를 중공군의 지역본부에 맡기도록 하는 것이었다. 이 경우 중공군이 옷을 던컨에게 전달할 것이라고 믿어야 했다. 그러나 비록 대낮에 세 사람의 무장군인들이 감시하고 있는 동네 한가운데에서 내가 그 옷 꾸러미를 던컨에게 직접 전달하지는 못

한다 하더라도 어떤 방법을 취하든 나로서는 이 문제에 정면으로 대처해야 했다. 일단 숲과 옥수수 밭에 몸을 숨겨 가며 동네 주변까지 접근해 보았다.

몇 시간 동안 동네 주위를 맴돌면서 옷 꾸러미를 건네줄 수 있는 거리까지 접근해오는 동네 주민을 기다렸으나 실패했다. 점차 뼈아픈 일이지만 내가 자수하여 옷 꾸러미를 던컨에게 직접 전달하고 모든 과정을 되풀이하여 다시 탈출을 시도하는 쪽으로 생각이 기울어져 갔다. 오후 늦게 그들이 던컨을 동네 밖으로 데리고 나가는 것을 보고는 최종 결론을 내렸다. 키 큰 옥수수 밭 사이에 몸을 숨기고 있던 나는 일어서서 옥수수 사이를 헤치고 나와 동네로 가는 도로로 들어섰다. 그로부터 십분 후 나는 지역본부에 던컨의 옷을 넘겨주고 있었다.

우리는 본래 우리가 잡혀 있던 동네로부터 상당히 이동해 왔을 뿐만 아니라 중공군들의 통신사정은 매우 열악해서 그들은 나를 보자 굉장히 놀랐다. 즉각적인 그들의 반응은 우리가 그 인근에서 격추당한 전투기의 생존자인 것으로 생각하는 것이었다. 그러나 내가 신고 있는 중국산 신발과 타올 두 장이 자신들의 것과 동일하다는 것을 알고 우리가 격추당한 전투기 조종사는 아니라는 것을 알아챘다. 어떻게 생각했든, 내가 던컨의 옷을 갖고 있었으므로 그들은 우리 둘이 서로 아는 사이라는 것을 깨달았다. 그들은 내가 곧 던컨과 합류할 수 있으리라는 것을 몸짓으로 신호했고 이 사실은 쥐 모양의 아주 검은 얼굴을 한 중공군 병사가 나타나서 제한적이기는 하지만 제법 알아들을 수 있는 영어를 하는 바람에 확인이 되었다. 날이 어두워지자 그는 다른 세 명의 병사들과 함께 나를 데리고 동네 밖으로 이동했는데 이동하는 동안 내내 그는 나와 즐겁게 영어로 이야기를 나누었으나 한 문장을 구사할 때마다 멈추고는 다른 병사들이 우리를 쳐다보고 있는지 확인하곤 했다. 나머지 세 명은 이상한 외국인과 외국어로 이야기하는 능력을 가진 그를 매우 인상적으로 생각하는 것 같았고 그는 그들 앞에서 자신의 능력을 뽐내고 있었다.

한 시간 후 우리는 던컨이 끌려간 동네에 도착했다. 그들은 내가 그와 몇 분 간 만날 수 있도록 해주었으나 대화는 하지 못하게 미리 경고를 했다. 나는 간단히 한 마디만 말했다.

"여보게 던컨, 내가 당신 옷을 가지고 왔네."

말이 끝나기가 무섭게 그들은 나를 던컨으로부터 떼어 놓았다.

뒤이어 심문이 시작되었는데 심문자의 영어가 하도 엉터리이어서 나는 그의 질문에 엉터리로 되는 대로 대답을 해야겠다고 마음먹었다. 이 작전은 성공적이라 나는 기분이 좋아지기 시작했고 그들이 밤에 나를 숙소로 데리고 갈 때쯤에는 꽤 원기를 회복할 수 있었다. 숙소는 농가에 붙여 지어놓은 볏짚 창고였다. 나는 밤새도록 꼼짝 말고 누워있으라는 명령을 받았다. 감시병 두 명이 지척에서 지키고 있으면서 자주 후레쉬를 내게 비췄다. 이 시점에 다시 탈출을 기도한다는 것은 무모한 짓이라고 느껴져서 나는 마음을 편하게 가지고 잠이나 실컷 자두기로 했다.

다음날 오후 던컨과 나는 서쪽으로 이동하여 서부 철로변에 위치한 남촌점으로 갔다. 파괴되지 않고 남아 있는 몇 채의 건물들은 이 지역을 장악하고 있는 중공군이 징발하여 사용하고 있었고 지역 헌병대를 제외하고는 북한 병사는 보이지 않았다. 영어를 좀 하는 쥐 얼굴의 중공군 병사가 우리의 호송을 담당하고 있었다. 폭격으로 파괴된 도로를 통과하고 있을 때 그가 던컨에게 말을 꺼냈다.

"당신네 전투기로 한국 여인들을 몇 명이나 살해했다고 생각하나!" "당신네가 투하한 폭탄으로 한국 어린이들이 몇 명이나 죽었다고 생각하나!" 그의 비난은 점점 도를 더해 몇 발자국 걸을 때마다 하나씩 되풀이 되고 있었다.

이런 말도 안 되는 소리를 처음에는 그냥 들어 넘기다 지쳐서 우리는 반격을 하기 시작했다. "당신네들은 이 집 속에 얼마나 많은 총기를 숨겨 두었나!" "이 동네에는 폭약을 몇 톤이나 저장해 두었나!" "이 건물 안에는 군인들을 몇 명이나 주둔시키고 있나!"

이것은 중공군의 아픈 곳을 찌르는 질문들이었다. 그는 신문이나 정치장교들에 의하여 교육받은 대로 틀에 박힌 대답을 했다. "그것은 상황이 다르다! 우리는 여기에 주둔하고 있을 권리가 있다."

"만약 한국 민간인들이 폭격당하는 것을 정말로 원치 않는다면 왜 당신네들은 한국의 동네들을 하나씩 하나씩 계속 점령하고 있는가?"

여기에 대한 답변은 물론 없었다. 다만 그는 앵무새처럼 이렇게 반복할 뿐이었다. "그것은 상황이 다른 것이다!" 우리 주변은 온통 군인들과 군용창고로 둘러싸여 있고 농가 및 동네 산비탈은 전쟁 요새화되어 있어서 모든 마을, 동네, 도시가 군사적인 공격 목표물이 되어 있다는 사실에 대해서는 부정하지 못했다.

해가 진 후 우리는 여러 가지 크기의 빈 깡통 짐을 반 정도 채워 단단히 동여매고 낡은 방수천을 그 위에 씌운 트럭을 타고 남촌점을 떠났다. 중공 국경에서 시작하여 남쪽 끝에 있는 부산까지 연결된 한국의 주요 도로인 서부 간선도로에는 군수품을 가득 싣고 남쪽으로 이동하는 중국제와 소련제 자동차들로 붐비고 있었다. 원래 보조등만

켜도록 되어 있었으나 기사들은 사고가 발생했다거나 통제가 제대로 이루어지지 않아서 생긴 교통체증을 풀기 위해 여기저기서 헤드라이트를 번쩍이고 있었다. 아군 전투기들의 어려움을 모르는 것은 아니었지만 이 좋은 목표물을 놓치고 있는 데 대해 내심 화가 났다. 중공군들은 공습경보에 많은 신경을 썼다. 고지에 자리 잡고 있는 대공 감시병들은 비행기 소리를 감지하면 소총을 쏘아 대피 신호를 했다. 그러면 순식간에 차량들은 보조등도 끄고 은폐물 밑으로 숨어들어 갔다. "피지" "피안기" "피지렐라" 따위의 소리가 운전기사들의 입에서 입으로 전달되었다. 차량에 승객이 타고 있는 경우는 그 소리가 합창으로 변했다. 그날 밤 트럭을 타고 이동하는 동안 내내 나는 아군의 공군력이 적군이 생각하는 수준의 반만이라도 되었으면 얼마나 좋을까 하고 생각했다.

  신막에서 1마일 정도 더 가서 우리는 동쪽으로 빠지는 샛길로 들어섰다. 샛길은 상태가 나쁜 데다가 산속으로 오르락내리락 이어지고 있어 우리의 행군 속도는 많이 느려졌다. 우리 감시병 두 명이 끄떡끄떡 졸고 있는 것을 보고 내가 던컨에게 차에서 뛰어내려 도로 쪽으로 이어지는 소나무 숲으로 도망가자고 신호를 하려는 찰나, 트럭이 덜커덩거리며 정지하였고 그 바람에 깨어난 감시병들이 우리에게 내리라고 명령했다.

  후레쉬 불빛 속에서 나는 산비탈로 이어지는 길을 따라 올라갔고 던컨도 내 뒤를 따랐다. 중간쯤 올라가니 견고한 소나무 원목 기둥에 쇠창살이 가로질러져 있는 문이 달린 두 개의 참호가 있었다. 아마도 우리는 대단히 견고한 감옥에 도착한 것 같았다.

  그곳에는 부사관 한 명과 감시병 두 명이 배치되어 있었는데 두 병커의 문은 4피트 거리를 두고 마주보고 있었다. 한 감시병이 총을 겨누고 있고 다른 감시병이 문을 열었다. 곧 나는 그 중 한 참호 안으로 들어갔고 던컨은 다른 참호로 들어갔다. 등 뒤에서 문은 닫혔고 견고한 자물쇠로 잠겨졌다. 우리를 여기까지 호송해 왔던 사람들의 발자국 소리가 멀어져 갔다.

감시병들의 후레쉬 불빛에 비친 이 참호는 벽, 천장, 바닥 할 것 없이 사방이 온통 두꺼운 소나무 원목으로 되어 있어 뚫고 나가려면 엄청나게 힘들 것 같았다. 내가 들어오는 바람에 깨어났던 두 명의 중공인이 다시 잠을 자기 시작했다. 그들의 복장이나 감시병들을 두려워하는 태도로 보아 그들도 감옥살이를 하는 죄수 신분인 것 같았다. 나도 누워 잠을 청했다.

보통 나는 몸을 이리저리 뒤척이면서 잠을 험하게 자는 편이었다. 그러나 그런 잠버릇이 여기서는 통하지 않음을 나는 곧 깨달을 수 있었다. 우리가 깔고 자는 짚으로 만든 돗자리에서 부스럭거리는 소리가 조금이라도 들리면 감시병들 중 한 명이 문의 쇠창살 사이로 후레쉬 불빛을 비췄고 또 한 명은 뾰족한 쇠막대기로 소리를 내게 한 사람의 몸을 찔러대곤 했다. 나는 신발을 벗고 있었기 때문에 내가 이 감옥에 들어온지 10분 만에 그 쇠막대기에 내 발바닥을 찔렸다. 그 이후 나는 가능하면 몸을 움직이지 않고 자려고 노력했으나 나도 모르게 몇 번 뒤척이다가 감시병들의 쇠막대기 공격을 받고 깨어나곤 했다. 아주 불쾌한 밤이었다.

아침이 되어 배추 잎이 한 장 들어있는 더럽고 뜨거운 국을 곁들인 좁쌀밥이 아침식사로 나왔을 때 우리는 한 번 화장실 사용을 위해 바깥으로 나가는 것을 허락받았다. 던컨의 감옥에는 중공인이 한 명 있었는데 내 쪽에 있는 사람들과 마찬가지로 감시병을 얼마나 두려워하는지 감시병들이 그에게 말을 걸기만 하면 기겁을 하곤 했다. 낮 시간 동안에는 눕는 것이 용납되지 않았고 심지어 앉은 자세로 조는 것조차 허용되지 않았다. 나는 가장 어두운 구석 쪽 벽에 등을 기대고 앉아 지난 밤에 설쳐버린 잠을 보충하려고 했다. 잠시 후 다행히도 감시병은 내가 졸고 있는지 감시하는데 지쳐버렸으므로 나는 함께 갇혀 있는 중공인 죄수가 경비대장의 순찰 시 고자질할 때까지 한숨 잘 잤다. 그 죄수는 고자질한 대가로 건빵을 얻어먹었다.

저녁식사로 좁쌀밥이 나왔을 때 우리는 두 번째 화장실 사용을 허락받았다. 통나무 감옥에서 또 하루의 불편한 밤을 지냈다. 다음날 아침이 되자 나의 탈출이 내가 의도했던 것보다 훨씬 더 늦어질지도 모른다는 생각이 들기 시작했다. 아침식사 때 나는 던컨에게 간신히 몇 마디 건넬 수 있었는데 우리는 기회가 오면 각자 상대방을 기다리지 말고 탈출하기로 의견일치를 보았다. 오전과 오후 시간이 어제와 다름없이 지나갔다. 저녁식사 때에는 좁쌀밥에 곁들여 상당히 괜찮은 묽은 생선국이 나왔는데 그다지 맛은 없었으나 국물에서 풍기는 냄새로 보아 그것은 대구를 끓인 것임이 분명했다.

저녁식사를 마친 던컨은 벌써 자기 감옥으로 돌아갔고 내가 막 나의 감옥으로 돌아가려 할 때 산 정상에서 통로를 따라 내려온 중공군 병사 한 명이 가지고 온 서류 한 장을 경비대장에게 건넸다. 그 서류를 본 경비대장은 나를 그 자리에 대기시키고 던컨을 감옥으로부터 불러내었다. 새로이 나타난 두 명의 중공군 병사들이 우리를 이끌고 다른 곳으로 이동했다. 이틀 전 우리가 트럭에서 하차했던 지점에서 두 사람의 병사가 추가로 우리 팀에 배속됐다. 우리 일행은 출발한 지

얼마 안 되어 좁은 길로 들어서서 북서방향으로 약 2마일을 걸었다. 또 하나의 동네가 우리를 맞았고 다른 중공군 병사들이 우리를 인계 받았다. 이번에는 던컨과 내가 각기 드럼통으로 입구를 막은 참호 하나씩에 갇혀 그날 밤을 지내게 되었다. 나는 너무 피곤해서 곧바로 잠에 빠졌다.

내가 깨어나기도 전에 이미 해는 떠올라 있었다. 내가 늦잠을 잔 이유는 참호의 내부가 굉장히 어둡고 빛이라고는 천장의 좁은 틈과 문 입구의 드럼통 사이로 새어 들어오는 것 뿐이기 때문이었다. 주위를 살펴보았다. 그 참호는 산언덕을 45도 각도로 파서 만든 것이었다. 벽면은 못 같은 것으로 고정되어 있지 않았지만 천장은 흙이 떨어지지 않게 나뭇가지 엮은 것으로 받쳐 있었다. 바닥에는 지푸라기가 조금 깔려 있었다. 천장이 너무 낮아 내가 똑바로 앉을 수 없는 것이 큰 결점이었다. 눕던지 아니면 팔을 고이고 비스듬히 앉아야 했다. 무릎을 세울 수 있는 정도로 넓은 것과 입구 쪽의 굽은 벽을 따라 약간 구부리면 다리를 쭉 펼 수 있는 정도로 긴 것이 그나마 다행이었다. 불빛이 없다는 것은 별 문제가 되지 않았다. 왜냐하면 감시병이 안을 들여다보려면 입구를 막아둔 드럼통을 치워야 하는데 그 소리로 그의 의도를 사전에 파악할 수 있기 때문이었다. 나는 감시병들이 무엇을 하고 있는지 파악하기 위해 드럼통 사이로 엿보고는 도망칠 방법이 있을지 알아보려고 나의 방을 상세히 검사해 보았다.

그 날 아침 역시 좁쌀밥인 아침식사를 먹은 후 화장실 가는 것이 허용되었다. 그 기회를 십분 활용하여 나는 나의 참호가 외부와 어떻게 연결되어 있는지를 관찰하였다. 처음 밖으로 나갔을 때 몸이 좋지 않은 것 같은 느낌이 들었다. 일어서니 현기증이 났고 몇 발자국 걷고 나서 먹었던 음식을 토해냈다. 나는 즉시 이것이 단순한 편도선염일 것이라고 생각했다. 과거에 그랬던 것처럼 목이 부어올라 통증이 느껴졌다. 게다가 먼젓번 감옥의 감시병이 쇠막대기로 찌른 발바닥에 패혈증이 있었다. 나는 발을 감시병에게 보여주면서 이 동네에 의사나 의무병이 있는지 물어보기로 마음먹었다. 감시병은 성격이 좋은 사람임이 분명했다. 그는 부어오른 내 발의 상처를 보고는 혀를 찼으며 내가 모랫바닥에 십자가를 그리니 머리를 끄덕였다. 이번 화장실 출입은 대성공이었다.

이틀 간 나는 터널을 뚫는데 전념했다. 파낸 흙은 지푸라기 밑에 조심스럽게 흩뿌려 없앴다. 둘째 날 내가 화장실에서 돌아오니 의무병이 와 있었다. 그는 자그마한 체구를 가진 명랑한 사람이었는데 나의 발에 붕대를 잘 감아주었으며 편도선염에 줄 약이 없어 미안해 했다. 나의 목을 검사한 후 그는 내 얼굴을 더 잘 보이도록 햇빛 쪽으로 돌려놓고는 내 눈을 유심히 들여다보았다. 나는 왜 그렇게 유심히 눈을 검사하느냐고 그에게 물어보았으나 언어의 불통으로 그의 답변을 알아들을 수 없었다. 다시 참호 속에 기어들어가면서 나는 그가 단순히 파란 눈을 갖고 있는 사람에 대한 호기심에서 그런 것으로 짐작했다.

다음날 나는 아무것도 먹을 수 없었지만 음식이 필요할 때에 대비하여 좁쌀밥이 상하지 않기를 바라면서 그것을 숨겨놓았다.

아침에 화장실에서 돌아오다가 나는 중공군 장교 두 명이 후레쉬로 비추고 벽을 찌르면서 나의 참호 안을 조사하고 있는 것을 보고는 소름이 끼쳤다. 그들 중 한 명이 나와서 성난 얼굴로 나에게 손가락질을 하면서 중국어로 뭐라고 말했다. 나는 심장이 뛰어 아무 일도 없는 체

위장하고 있기가 힘들었다. 왜 그들이 참호 안을 조사했는지? 왜 지금은 외부를 검사하는지? 그 중공군 장교가 나에게 위협적으로 한 말은 무슨 내용인지? 내가 파놓은 터널을 찾아내려면 돌을 몇 개 들어내야 한다는 것을 생각하며 나는 묵묵히 참호 옆에 앉아 기다리고 있었다. 두 번째 장교가 돌을 한 개 들고 밖으로 나왔다. 그는 먼저 나와서 참호 외부를 조사하고 있는 장교와 짧게 대화를 하고는 서둘러 사라져 갔다. 경비병이 나를 참호로 돌려보내 주었으므로 나는 그 안에 누운 채 몇 시간 동안을 내가 움직이는 것을 보고 터널을 발견하려고 그들이 지켜보며 기다리고 있을지도 모른다는 생각에 대부분의 모범 죄수들처럼 두려움에 떨고 있었다. 그러나 아무도 내게로 되돌아오지 않아서 몇 시간 후 어둠 속에서 나는 다시 터널을 파기 시작했다.

매일 저녁 이 동네의 주둔군들은 나의 참호 반대편에 있는 언덕으로 올라갔다. 거기서 그들은 한국에 주둔하고 있는 중공군이 통상적으로 따라 하는 일과에 들어갔다. 그 일과란 자신들의 지도자를 칭송하는 노래 혹은 적을 비하하는 노래를 배우는 것이었는데 후자의 경우 주요 대상은 미국인이었다. 이 저녁일과를 끝낼 때는 전에 배운 몇 개의 노래를 큰 소리로 합창하곤 했다. 네 번째 저녁이 가까워 오면서 내 참호 아래쪽 길을 따라 비교적 느린 속도로 군인들이 행진하는 소리가 들렸다. 곧 이어서 계곡 건너편 언덕에서 한 사람이 듣기 좋은 테너로 노래를 부르기 시작했고 나머지 병사들은 한 소절씩 그를 따라 복창하며 노래를 불렀다. 나는 드럼통에 가까이 가서 구멍 사이로 밖을 내다보았다. 다행히도 감시병들이 나의 제한된 시야 안에 들어왔는데 그들은 나무 옆에 서서 하늘을 쳐다보고 있었다. 이보다 더 좋은 기회는 없었다. 나는 참호의 한쪽 구석으로 기어가서 나의 맨손과 천장의 나뭇가지 받침에서 떼어낸 뾰족한 나무 조각으로 파낸 터널을 숨기기 위해 쌓아놓은 돌들을 들어내기 시작했다. 터널은 좁고 내 몸은 좀 큰 편이었다. 나는 꼼꼼히 터널 폭을 재어보고 실제로 꿈틀거리며 기어 들어가 보기도 했으나 더 이상 앞으로 나아가는 모험을 할 수는 없었다. 아무래도 터널이 너무 꽉 끼일 것 같았다. 언덕 비탈로 빠져나가려면 1피트 정도 더 흙을 파내어야 했고 또 최소한 한 번 더 참호로 돌아와서 감시병의 동태를 살펴보아야 했다. 만약 감시병이 터널의 끝에서 어떤 두더지가 나타나는가 하고 지켜보고 있다면 나의 모든 노력은 무위로 끝나는 것이었다. 나의 탈출이 감시병의 감시망에 걸려들기 십상이었다. 그러나 터널이 무너질지 모르기 때문에 자주 왕래하면서 망을 볼 수 있는 입장도 못 되었다. 몇 인치만 더 뚫으면 바깥으로 나갈 수 있을 것으로 추측될 때 나는 다시 꿈틀거리며 참호 안으로 돌아와서 감시병의 동태를 살폈다. 이제 땅거미가 내려앉아 나무의 형상이 겨우 보일 정도로 어두워지고 있었다. 감시병은 거기에 없었다. 나는 잠시 기다리며 감시병이 어느 위치에서 나를 지키고 있는지 생각해 보았다. 잠시 후 드럼통 틈새가 캄캄해졌고 그의 발자국 소리가 들려왔다. 그는 내 참호 바로 앞에서 지키고 있었다. 그가 지금 들어오면 나의 계획이 발각될 판이었다. 나는 어둠 속에 앉아 금방이라도 그가 드럼통을 열고 후레쉬를 비추며 들여다보지 않나 하는 불안감에 떨며 그의 다음 동작을 기다리고 있었다.

숨소리가 들려올 정도로 그는 가까이 있었다. 어둠 속에서 시간은 느릿느릿 흘러갔다. 내 느낌으로는 몇 시간을 그렇게 있었던 것 같았다. 마침내 그는 헛기침을 하고 침을 내뱉으며 던컨의 참호 쪽으로 걸어갔다. 몇 분 후 그가 나무 옆에 서 있는 형상이 어렴풋이 보였다.

이제 내가 신속하게 움직여야 할 시간이 되었다. 터널로 들어가 밖에서는 흙에 덮여 잘 보이지 않는 지점까지 몸을 움직여 갔다. 뾰족한 나뭇가지로 흙을 파낸 다음 파낸 흙을 손으로 옮겨 터널 벽에 가져다 붙였다. 약 1분 후 구멍 밖으로 손이 나가자 밤의 찬 공기가 나의 살결에 와 닿는 것을 느낄 수 있었다. 터널의 끝에 와 닿은 것 이었다. 나는 어깨로 구멍을 밀고 나가 내 참호의 위쪽을 볼 수 있었다.

감시병은 동료와 이야기를 나누고 있었다. 그는 내 쪽으로 등을 돌리고 있었지만 그와의 거리는 20피트도 채 되지 않았다. 나는 천천히 터널에서 몸을 빼내었다. 내 뒤에서 흙 부스러기가 떨어질 때마다 그 소리가 크게 울려 퍼지는 것 같은 느낌이 들었다. 나는 탁 트인 공간을 살금살금 걸어가서 저만치 떨어져 있는 옥수수 밭으로 들어가 산비탈을 기어올라 그 윗쪽의 덤불숲으로 향하였다. 차갑고 축축한 옥수수 잎 사이를 지나니 덤불숲이 나를 감싸 안았다. 5분 후 나는 산 정상 바로 아래에 있는 산소자리에 도착했다. 나는 숲에서 뛰어나와 열린 공간을 구보로 서둘러 건너가서 북쪽 산으로 이어지는 산길을 따라 재빨리 도망쳤다. 그 순간은 아픈 것도 잊고 피로도 느끼지 못했다. 밤공기가 자유의 냄새를 풍기며 나의 혈관을 활기로 가득 채우고 있었다.

6 고마운 한국 농부가족

　산으로 한참 올라가고 있는데 내가 방금 떠나온 계곡으로부터 총소리가 들려왔다. 그리고 몇 초 후 또 한발의 총소리가 뒤이어 들려왔다. 아마도 담당구역을 순찰하다가 언덕 옆에 수북이 쌓인 흙더미를 발견한 가엾은 감시병이 드럼통을 제치고 안을 들여다보고는 새가 날아가 버렸다는 것을 알아 버렸겠지! 산 정상 바로 아래 우거진 덤불숲에 다다라서 나는 그 숲 속에 앉아 적군이 나를 추적해온다면 과연 어떤 길을 따라 어떻게 추적해올 것인가를 생각해 보았다. 나는 밤중에 그 험한 언덕길을 따라 한 사람을 추적한다는 것은 불가능한 일이라고 믿었다.

　그러나 그들은 그렇게 생각하지 않음이 분명했다. 10분 후 서쪽으로 연결된 길 양쪽에서 사람들이 시끄럽게 외치는 소리가 들려왔다. 횃불이 번쩍이기 시작했다. 개 짓는 소리를 듣고서는 그들이 나를 추적하기 위해 개를 몇 마리 풀어 놓았을지도 모른다는 생각에 더럭 겁이 났다. 잠시 후 이런 생각은 기우에 지나지 않음을 깨달았다. 그것은 동네 개들이 무슨 일이 벌어졌는지 알고 싶어 짖어대는 소리였다. 내가 산 정상의 덤불숲을 지나서 우리가 신막으로부터 트럭을 타고 오던 솔밭에 도착할 무렵 시끄러운 소리들이 잠잠해졌다. 거기서 나는 숲속의 사람이 다니지 않는 길을 찾아 은신처로 삼고 또한 탈출하는 과정에서 생긴 갈증을 풀어줄 물을 찾아야 했다.

나의 서쪽으로의 여정이 시작되었다!

해안선까지 가는 여정에는 많은 애로가 따랐다. 시작단계에서부터 물이 차 있는 논바닥을 수없이 돌아서 가야 했고 여울목이나 징검다리가 없는 강은 헤엄을 쳐서 건너야 했으며, 이러한 노력이 내게 남아있던 체력을 소진시켰다. 3일이 지나서야 나는 그 중국 의무병이 왜 나의 눈을 주의 깊게 들여다보았는지 알 수 있었다. 그의 관심을 끌었던 것은 나의 푸른 눈동자가 아니고 홍채에 퍼진 노란색이었던 것이다. 소변 색깔로 미루어 황달에 걸린 것이 아닐까 생각했으며 맑은 물 표면을 거울 삼아 얼굴을 비추어 보고는 나의 생각이 맞다는 것을 알았다. 편도선염도 나를 매우 괴롭혔다. 부어오른 목 때문에 옥수수 밭에서 매일 꺾어오는 날 옥수수를 씹어 넘기는 것이 힘들었다. 매일 밤 행군을 했는데 그때마다 언덕과 계곡들은 나의 진로를 가로지르는 방향으로만 형성되어 있어 마치 내 길을 방해하려고 작정을 한 것 같이 느껴졌다.

신막으로 돌아오는 데 꼬박 이틀이 걸렸다. 아직도 신막까지 12마일 정도 남아 있는 지점에 도착했을 때 소나무에 기대어 쉬면서 나는 탈출을 꼭 성공시키려면 지금과는 다른 이동 방법을 고안해야 된다고 생각했다. 본래 계획은 탈출지점에서 해안까지 15일이면 충분하다고 계산을 했었다. 해안에 도착하면 3일 이내에 탈출 시 사용할 보트를 찾아내기로 하고 거기까지 총 18일이 필요할 것으로 계산했다. 그로부터의 여정은 비교적 짧을 것이다. 만약 바람과 조류가 내 편이 되어 준다면 몇 시간 정도면 충분했다. 그러나 그것만을 기대할 수는 없었다. 내가 바다 쪽으로 멀리 밀려나갈 수도 있을 것이고 혼자서 보트를 다루려면 힘에 부칠지도 모르는 일이었다. 그래서 나는 이 과정에 이틀 내지 삼일을 할애했다. 총 21일이면 성공할 수 있다는 계산이었다. 나의 건강상태를 고려해 볼 때 내가 최대한 버틸 수 있는 기간은 3주 정도라고 생각했던 것이다. 그런데 이제 분명해진 것은 내가 계산했던 대로 하루 10마일을 나아가지 못하기 때문에 해안까지 15일 만에 갈 수 없다는 점이었다. 하루 10마일이란 나의 위치와 해안과의 거리를 하루에 10마일씩 줄여간다는 뜻인데, 산과 계곡을 오르내려야 하는 실제 행군거리는 이보다 훨씬 더 길었다. 지난 4일간 나는 아마도 24마일 정도를 행군해온 듯했다. 그렇다면 나의 계획에는 이미 16마일이나 차질이 생긴 것이었다. 아침 해가 솟아오를 때 날 옥수수로 아침을 때우고는 새로운 계획을 세웠다.

해가 머리 위에 올라올 때까지 자고 일어났다. 전에는 통상적으로 새벽에 숲이 우거진 산으로 올라가서 오후 늦게까지 또는 초저녁까지 거기에 머무르곤 했는데 이 날은 일어나자마자 제일 높은 정상을 찾아 올라갔다. 거기서 낮 시간 동안 소나무 사이로 이동해 갈만한 길을 골라보았다. 이것은 모험이었으나 뒤처진 길을 따라잡고 내가 계획한 시간표에 맞추기 위해서는 이렇게 할 수 밖에 없다고 생각했다. 땔감을 구하러 온 병사, 케이블을 까는 통신병 또는 공습 감시병들과 마주칠 가능성이 있었으나 이런 위험을 일일이 고려할 수 있는 입장이 아니었다. 가능한 한 지름길을 택해 이동을 하고 나의 진행 방향이 제대로인지를 따져보기 위해서 걸음을 멈추는 것도 가끔씩만 했다. 더구나 이제는 하루 종일 이동할 여정을 내가 선택할 수 있게 되었다. 이제까지는 초저녁에만 길을 선택해 갈 수 있었고 더 어두워진 후에는 별을 보고 산과 계곡을 건너다보니 제대로 된 길은 거의 찾지 못하고 논이나 우거진 숲을 우회하면서 이동할 수밖에 없었다.

그간 늦춰진 시간을 보충할 수 있기를 간절히 바라기는 했지만 오후 시간에 이동하면서 나는 낮 시간 동안의 이동이란 전에는 생각도 못했던 것임을 깨달았다. 신막을 관통하는 주요 간선도로 동쪽에 있는 모든 동네에는 군인과 보급품으로 가득 메워져 있었다. 동네 중심부에는 언덕의 동쪽과 서쪽 굴속에 기거하는 철도 수리공들을 포함한 많은 행정요원들이 있었다. 신막에는 폭격을 받지 않은 건물이 몇 채 있었다. 이제 커다란 서부 반도로 들어서니 군인은 별로 보이지 않았다. 이것은 아군이 주요 간선도로로부터 서쪽 10마일되는 지점을 폭격 경계선으로 설정해 두고 정찰이나 특수임무를 제외하고는 이 경계선 넘어 서쪽지역에 대한 폭격을 금하고 있다는 바이론의 정보와 일치하고 있었다. 또한 다행히 언덕들이 몇 개의 능선을 제외하고는 해안으로 가는 나의 진로에 유리한 방향으로 자리 잡고 있었으며 그 몇 개의 능선은 간신히 피해갈 수 있었다. 자주 강을 건너야 했었지만 하루 10마일 씩 이동을 할 수 있어 내 체력이 계획대로의 여정을 지탱해 낼 수 있을 것 같아 만족스러웠다. 12일이 지나면서 나는 언덕에 오를 때마다 바다의 징후를 찾아보기 시작했다.

이때 쯤 내 신발이 문제를 일으키기 시작했다. 이 신발을 신고 나는 문하리로 가는 일부 여정을 행군했고 남쪽으로 남촌점까지 갔다가 거기서 탈출하여 여기까지 온 것이다. 탈출을 하면서 나는 자주 험하고 가파른 절벽 길을 이동했다. 이제 당황스럽게도 나의 오른쪽 신발 뒤꿈치가 갈라졌다. 오는 길에 주운 낡은 전화선으로 갈라진 뒤꿈치를 동여매느라 귀중한 두 시간을 허비했다. 녹슨 못을 바늘 대신 사용한 아주 서투른 구두수선이었다. 내가 언덕을 미끄러져서 구두 뒷창이 떨어질 때 생긴 일인지 아니면 다른 어떤 이유에서 였는지는 모르지만 신발을 다 고치고 다시 일어서면서 보니 중공군 감시병의 쇠막대기에 찔린 내 발바닥의 상처가 드러나 있었다. 이 시점에서 주저앉을 수는 없었으므로 나는 헝겊으로 발을 동여매고는 행진을 계속했다.

15일째 되는 날이 왔고 또 지나갔다. 그러나 아직도 바다의 징후는 보이지 않았다. 해가 지자 늘 하던 대로 소나무 가지를 밑에 깔고 또 위에 덮고 잠자리를 만들었다. 몹시 피곤했고 다리가 많이 약해졌으며 나의 심장은 언덕을 하나 올라갈 때마다 힘겨워 했다. 나는 이 날 바다를 볼 수 있기를 온 마음으로 바랐었다. 이 시점에서 마음을 더욱 확고히 다잡지 않으면 안 된다고 스스로에게 다짐하면서 나는 깊은 잠 속에 곯아 떨어졌다. 지금부터 3일 이내에는 반드시 바다에 도달할 것으로 확신했다.

다음날 아침에는 늦게까지 잠을 잤다. 이 긴 휴식으로 원기를 회복한 나는 기분이 상당히 좋아졌으며 고요한 숲 속의 작은 빈터를 지나갈 때는 햇살이 따뜻하게 느껴졌다. 소나무 향기로 기분이 상쾌해지는 것 같았다. 작은 개울가에 멈추어서 세수를 하고 물을 마시고는 날 옥수수로 아침식사를 하고 먹고 난 옥수수 속대를 폭포 옆 바위 밑에 숨겼다. 좁은 오솔길이 똑바로 언덕으로 올라가서 두 개의 커다란 바위 사이로 연결되어 있었다. 저쪽 편에 누가 나타나지 않기를 바라면서 나는 천천히 이 오솔길을 따라 올라갔다. 정상 근처에 도달해서 잠시 멈추어 쉬어야 했다. 그 짧은 오르막길에도 내 가슴은 망치로 치듯이 뛰었고 나는 몹시 어지러웠다. 잠시 쉬면서 몸을 회복하고 나서 바위 있는 곳에 다다라 귀를 기울여 주위를 살피고는 바위 사이를 지나 작은 절벽의 끝으로 걸어갔다. 그 오솔길은 좌측으로 급하게 꺾였고 소나무 숲을 통해 서쪽 경사면으로 연결되어 있었다. 그러나 나는 이 길을 택하지 않았다. 절벽 끝에 서있는 몇 그루의 나무 사이로 수면에서 반사되어 나오는 햇빛이 나의 눈을 사로잡았다. 소나무 숲을 지나 저 멀리 아래쪽에 바다가 있었다.

오솔길 아래쪽으로 좀 떨어져 있는 우거진 덤불숲 속에 앉아 나는 휴식을 취하였다. 쉬면서도 나는 바다에서 눈을 뗄 수가 없었다. 자랑스러운 콜테스 (역자 주: 엘난도 콜테스는 16세기의 스페인 탐험가로 태평양을 건너가서 멕시코를 정복하였음)가 태평양을 내려다보면서 느꼈던 감회도 아마 내가 그날 아침 황해를 내려다보며 느낀 것에는 못 미쳤을 것이다. 바보 같은 짓이었는지는 모르지만 나는 이 광경을 보기 위해 그토록 멀고도 먼 길을 내내 걸어서 온 것이다.

마침내 나는 행군을 마무리하기 위해 일어섰다. 아직도 상당한 거리가 남아 있었고 밤이 되기 전에 해야 할 일들이 많았다. 어두워지기 전에 안전한 관측장소를 확보하지 않으면 안 되었다. 이제 나는 해안에 다다랐으나 두 번째 과제인 내가 사용할 수 있는 돛이 달린 배를 찾아야 했다. 해안을 따라 조수 간만의 차가 30피트를 넘는다는 사실과 대동강 하구에서 쏟아져 나오는 갯벌도 고려해야 했다. 나는 남아 있는 내 체력이 급속히 소진된 지금 나무 사이로 내리막길을 타고 내려갈 수 있는 것을 다행스럽게 생각했다.

그 다음에 어떤 일이 벌어졌는지에 대해서는 할 말이 없다. 늦은 아침에 — 그때가 오후였을지도 모른다 — 나는 아마도 콩밭인 듯한 완전히 트인 들판을 걸어가고 있었던 것 같다. 바로 앞에 바다가 있었고 회색 돛이 달린 어선 두 척이 바다에 떠 있었다. 나는 나 자신에게 소리 내어 말하고 있었다. "남의 눈에 잘 띄는 이런 개방된 공간에서 도대체 너는 무엇을 하고 있나? 너는 곧 발각될 것이다."

나는 들판을 가로질러 숲 속으로 걸어 들어갔는데 어느 방향으로 갔는지는 기억이 나지 않는다.

다음으로 생각이 나는 것은 옥수수밭들 사이로 나 있는 길이었다. 다시 은신처를 찾아야 한다는 것을 깨닫고 나는 길 한쪽의 옥수수 줄기들 사이로 들어가려고 그쪽으로 돌아섰다. 내가 실제로 그 옥수수밭 안으로 들어갔는지 어떤지는 기억에 없다.

연기 냄새가 내 코를 찔렀다. 내 밑에 푹신한 침구가 깔려있는 것이 느껴졌다. 내가 눈을 떴을 때는 상당히 어두워서 나는 처음에 밤인줄 알았다. 그런데 나의 왼편 높은 곳에서 작은 빛줄기가 새어 들어오는 것을 보고 손을 뻗어보니 얇은 벽이 만져졌는데 내 손의 무게에 약간 움직이는 것을 느낄 수 있었다. 다른 손으로 오른쪽 벽을 감지할 수 있었다. 나는 무슨 통로 같은 곳 안에 누워있는 듯했다.

내가 어디에 있는지는 별로 상관이 없었다. 나는 어디엔가 누워 있었고 이곳은 아늑하고 조용해서 좋을 뿐이었다. 이윽고 왼쪽 벽 쪽에서 무슨 소리가 들려왔다. 한국인들의 말 소리였다. 그들은 계속 이야기를 하고 있어서 나는 목소리로 세 명의 어른과 한 아이가 그곳에 있음을 알 수 있었다. 어른들 중 두 사람은 여자였다. 내가 듣고 있는데 이야기 소리가 멈추었다. 몇 분간은 소곤거리는 소리만 들려왔다. 그리고는 왼쪽 벽이 반쯤 미끄러져 열리고 밝은 빛이 쏟아져 들어오는 바람에 순간적으로 눈이 부셔 앞이 캄캄했다.

 내가 짐작했던 것처럼 어른 세 명이 거기 서 있었다. 남자 한 명은 늙어 보였으나 아마도 50은 넘지 않은 것 같았다. 한국인들은 힘든 일을 하고 부실한 식사를 하여 대부분 실제보다 나이가 더 들어 보였다. 내 쪽 가까이에 서 있는 여자 한 명도 나이가 들어 보였는데 그녀 역시 50은 넘지 않은 것 같았다. 그리고 스무 살 정도로 보이는 젊은 여자와 그녀의 딸인 듯한 네 살 정도의 여자아이가 있었다. 흙으로 지어진 집의 방 안에 서서 그들은 모두 수염이 난 나의 얼굴을 뚫어지게 쳐다보고 있었다. 그들의 눈에서 적개심 같은 것은 찾아볼 수 없었다. 다만 친절하고 수줍어하며 호기심에 가득 찬 얼굴들이었다. 한 5분 정도 지났을 때 노인이 말하기 시작했다. 내가 전혀 알아들을 수 없는 한국말로 그가 무엇이라고 말을 하고는 잠시 기다리다가 내가 머리를 흔들자 먼저 자신의 입을 가리키고는 다시 자신의 배를 쓰다듬었다. 그가 음식 이야기를 하는 것으로 짐작하여 나는 내가 며칠 간 굶주렸다는 뜻으로 고갯짓을 했다. 그들은 모두 물러갔다. 그리고는 그 노인이 다시 자신이 열었던 미닫이 문 – 이 문이 나의 왼쪽 벽을 이루고 있었다 – 쪽으로 와서 문틀 끝에서 몇 인치 정도만 남겨두고 다시 닫았다. 그는 열려 있는 문틈으로 나의 팔을 다독거리고는 한국 남자들이 흔히 사용하는 작은 꼭지가 달린 가늘고 긴 쇠 파이프로 담배를 피우며 서 있었다. 잠시 후 그의 아내가 그릇에 가득 쌓아 올린 쌀밥과 국을 갖고 왔다. 밥을 먹을 생각을 하니 구역질이 날 것 같아서 국을 반 그릇 비우고는 뒤로 누워 먹은 것을 토해 내지 않으려고 무진 애를 썼다. 그리고 먹은 음식을 토하지 않고 넘기는데 성공했다. 이것이 바로 선량한 한국 사람들이 내게 친절을 베푼 여러 행위들 중 첫 번째 사례였다.

나는 그 집에 엿새 동안 있었는데 그 동안 그들은 나를 한 식구처럼 보살펴 주었다. 노인은 아침저녁으로 나를 찾아와 나의 손을 못이 박히고 주름진 자신의 손 옆에 갖다 대기도 하고 자기 손끝으로 나의 비교적 부드러운 살결을 어루만지기도 했다. 3일 후 식욕이 다시 살아났고 넷째 날에는 어두워진 후 일어나서 잠겨있는 문 안의 마당을 걸어 다니기도 했다. 그 노인은 나의 안전에 대해 무척 신경을 썼다. 내가 숨어 지내는 벽장은 가족이 방에 있지 않을 때는 항상 닫아두었다. 바깥일에 일손이 부족한 계절임이 분명한데도 한 번도 집을 비우지 않고 누군가는 지키고 있었다. 한 번은 저녁을 먹고 나서 여자아이와 일본 동전으로 마술 놀이도 하고 술래잡기 놀이도 했다. 그러나 이 모든 놀이는 속삭임으로 했고 모든 대화도 속삭임으로 이루어졌다. 나는 이들을 완전히 신뢰하고 있었다. 노인은 내게 손짓으로 길가에서 나를 발견하던 상황을 설명해주었고 나는 그가 나를 그냥 거기에 버려둘 수 있었는데도 사형을 각오하고 자신의 집에 데리고 와서 숨겨주고 돌보아주고 있음을 알고는 더욱 그를 신뢰하게 되었다. 나도 나의 입장을 손짓으로 설명했다. 우리가 서로를 더 잘 이해할 수 있게 되면서 나는 나의 입장을 정확하게 그에게 전달할 수 있었고 다음 행동에 대한 준비를 시작할 수 있었다.

바다는 그곳에서 약 2리 – 대략 반마일 정도 – 떨어져 있었다. 그는 보트를 한 척 구해서 가까이 있는 큰 섬인 초도로 데려다 주겠다고 했다. 이 섬은 한달 여 전 던컨과 탈출 후 가려고 했던 곳이었다. 나는 내 옷을 찢고 몇 달 전부터 깊숙이 숨겨 두었던 물에 젖고 땀에 절고 흙이 묻은 돈을 꺼내어 전부 그에게 주었다. 나는 그 돈을 그의 손에 쥐어주면서 우리가 성공하면 그만큼 더 주겠다고 했다. 처음에는 그 돈을 받지 않겠다고 사양하다가 마침내 그는 여러 번 "고맙습니다"를 반복하고는 돈을 받아 깊숙이 숨겼다.

  나는 아직 충분히 기력을 회복하지 못했으나 더 이상 거기에 머무른다는 것은 나 자신뿐만 아니라 노인과 그의 가족에게도 위험할 수 있다는 것을 알고 있었다. 그 젊은 여자의 남편도 어느 편에서 싸웠는지는 확실히 모르지만 일선에서 전사했다고 들었다. 만약 그들이 나를 숨겨주다가 발각되는 날에는 그들의 운명은 아무도 알 수 없게 될 것이었다. 한국에서 적용된 처벌의 전례에 비추어 보아 아마도 모두 심지어 어린아이까지도 죽음을 면치 못할 것이다. 이틀간 가벼운 운동으로 몸을 풀면서 내가 해안까지 걸어갈 수 있다는 것을 보여줬더니 노인은 여섯 째 되는 날 저녁에 떠나도 좋다고 동의해 주었다.

  항상 그랬듯이 그날 이른 오후에도 나는 벽장 뒤쪽의 벌어진 틈 사이로 이 집 옆을 통과하는 길을 내다보고 있었다. 집 밖의 길에서 여자아이가 며칠 전에 만들어 굳어진 흙 구슬을 가지고 놀고 있었다. 간혹 이웃사람들이 그 아이에게 아는 체하고 지나가는 것 외에는 조용했다. 오후 그림자가 점점 길어질 때쯤 북한군 병사 한 명이 어깨에 벌프총을 둘러메고 짐보따리를 등에 지고 웃옷은 열어 제친 채 바다 쪽에서 걸어오고 있는 것이 보였다. 그는 우물 근처에 와서 물을 마시고는 주머니에서 사과를 하나 꺼내들고 여자아이를 불렀다. 그 여자

아이는 머뭇거리다가 그에게 다가갔다. 사과가 그 아이의 수줍음을 잊게 한 것 같았다. 사과를 나눠 먹으며 나란히 앉아 그 군인과 여자아이는 이야기를 나누기 시작했다. 한국말을 알아듣지는 못하지만 나는 그 군인으로부터 눈을 뗄 수가 없었다. 나는 그저 그 군인이 얼른 떠나가기만을 간절히 바랐다. 갑자기 여자아이가 하는 말 중 '영국'이라는 단어가 내 귀에 들려왔다. 그 군인은 여자아이 쪽으로 몸을 구부리고는 그 아이의 어깨를 잡고 무언가를 물어보기 시작했다. 그리고는 그 군인은 일어서서 벌프총을 앞으로 받쳐 들고 집 쪽으로 걸어왔다. 마당으로 들어서는 입구 바로 앞까지 왔다가 그는 마음을 바꾼 듯 우물로 뛰어 돌아가서 짐보따리를 둘러매고 빠른 걸음으로 길을 따라갔다. 나는 이제 떠나야 할 시간이라고 판단했다.

  내가 방문 쪽으로 갔을 때 노인은 마당에 서있었다. 내가 대낮에 밖으로 나오려 하는 것을 보더니 그는 내가 제 정신이 아닌 줄 아는 것 같았다. 그는 서둘러 방 안으로 들어와서 문을 닫았다. 나는 손짓으로 지금 일어났던 일을 설명하려고 했지만 무언가를 전달하기에는 급한 마음에 너무 서두르고 있었다. 한 번 더 시도해 보고는 나의 이 복잡한 생각을 몸짓으로 빠른 시간 내에 전달할 수는 없겠다고 판단했다. 다시 그와 연락을 하지 않더라도 내 힘으로 보트를 찾을 수 있으리라 믿고 나는 즉시 떠나지 않으면 안 되었다. 그의 어깨를 토닥거려 안심시키고 방문을 뛰어나와 마당을 지나 길로 들어섰다. 그 집 뒤로는 완전히 열려있었다. 좀 떨어진 길 건너편에는 무슨 콩 종류가 낮게 자라고 있는 위로 길고 푸른 잎의 옥수수들이 서 있어 그 곳에 몸을 숨길 수 있을 것 같아 보였다. 내가 그 길을 가로질러 건너가고 있을 때 길 아래쪽의 구부러진 곳으로부터 무장한 중공군 병사 네 명이 뛰어오다가 나를 보고는 목이 쉬도록 소리를 질렀다. 나는 얼른 옥수수 밭으로 뛰어들어 옥수수 줄기들 사이로 뛰었다. 내가 가려는 방향 저 앞에 중공군 병사들이 뛰어 들어오는 것을 보고 나는 잠시 해안과는 반대 방향인 동쪽으로 향해 가야겠다고 마음먹었다. 옥수수 밭 양쪽에서 발자국 소리가 나를 향해 점점 가까이 다가오고 있었다. 해안에서 1/4마일 정도밖에 남겨두지 않은 곳에서 나의 마지막 자유의 순간도 죽어가고 있었다.

나는 소사리의 마을로 끌려갔다. 가는 도중 두 번 쓰러졌다. 결국 나의 느린 걸음에 지친 중공군 감시병들은 나를 지나가던 소형 군용차에 태웠다. 그 차의 운전병은 험상궂은 감시병들과는 달리 좋은 사람이었다. 그는 감시병들이 말리는데도 불구하고 자신의 쇠고기 통조림 절반과 비스켓 여섯 개를 내게 주었다. 소사리에서 감시병 교대가 있었다. 무뚝뚝한 얼굴을 한 부사관 한 명과 사병 두 명이 나를 송화로 데리고 갔는데 그곳에서 북한 경찰이 나의 한국말보다도 더 서투른 영어 실력을 가진 통역을 통해 나를 심문하려고 했다. 그는 자신의 능력을 검증받을 기회를 갖지 못한 채 상당한 기간 동안 통역 행세를 해 온 사람인 듯했다. 중공군 심문자는 통역의 능력을 빌려 자신의 의사를 내게 전달하려고 노력하다 지쳐 그 통역을 돌려보냈다. 그들은 나를 경비병 세 사람과 함께 많은 민간인들과 그들의 짐을 실은 민간인 트럭에 태웠다. 트럭은 이틀 동안 달려 서부 간선 철도역에 다다르자 우리를 거기에 내려놓았다. 비가 오자 경비병들은 대로에서 떨어진 철길을 따라 나를 빨리 이동시켰다. 우리는 철도 공병들이 있는 작은 마을에서 한 시간을 머물렀다. 이들은 대부분 나이가 들었고 수송업무에 종사하는 사람들이 많이 입는 푸른 제복을 입고 있어서 금방 알아볼 수 있었다. 우리가 합류한 중공군 공병 그룹은 마을의 한 집에서 징발해온 정종으로 파티를 열고 있었는데 우리가 도착했을 때는 공병들과 술을 더 이상 주지 않겠다고 버티는 성난 마을 주민 한 사람 사이에 큰 싸움이 벌어지고 있는 중이었다. 한 동안 나는 거기 서서 그들의 싸움을 지켜보고 있었다. 체구가 작고 심술궂게 생긴 그 마을 사람은 나를 힐끗 쳐다보더니 중공군들에게 자기가 얼마나 사나운가를 과시하기 위해 갑자기 칼을 들고 나에게 달려들었다. 공병 두 명이 그의 행동을 단순한 허세로 치부하여 그를 밖으로 끌어내고는 돌아와서 담배 한 갑, 권연 담배 약간과 성냥 한 박스를 내게 건네주고는 먹을 것을 권했다. 나는 술은 거절하고 그들이 먹고 있던 쇠고기는 조금 먹었다. 나의 주머니에는 담배와 성냥같은 사치스런 기호품으로 가득했고 삼일 만에 두 번째로 쇠고기를 먹었으니 내가 다시 포로가 된 뒤부터는 오히려 모든 상황이 호전되고 있는 것처럼 느껴졌다. 마침내 비가 부슬부슬 내리는 가운데 우리가 다시 행군을 시작했을 때에는 다시 한 번 나의 사기가 되살아나고 있었다. 여기에 나는 다시 철로와 간선도로가 있는 지점으로 되돌아 왔다. 문제가 될 것은 아무 것도 없었다. 좀 쉬고 음식도 조금 먹고 나면 나는 나의 계획을 처음부터 다시 실천에 옮길 수 있을 것이다. 나는 주변의 지형을 주의 깊게 살피기 시작했다.

우리는 철길을 떠나 긴 계곡으로 들어갔는데 나의 불쌍할 정도로 쇠약해진 몸을 쉬기 위해 자주 정지했다. 길은 고개 위로 이어졌고 그 고개를 넘으니 큰 부대 본부가 산비탈을 파내고 만든 참호에 자리 잡고 있었다. 낮 시간 동안에 나의 군 관련 신상정보를 주고 내가 북진하는 포로부대에서 탈출했다는 사실을 인정하고 나니 그들은 아주 친절한 태도로 내게 집에 편지를 쓸 의향이 있는지 물어 보았다. 이런 기회는 전에도 딱 한 번 있었다. 어느 비오는 날 문하리에서 봄의 소위 '중세 흑사병동'에 있을 때였는데 그 당시 나는 호기심 많은 탕의 눈을 피해갈 수 없을 것 같아서 별 희망을 걸지 않았다. 이번에는 편지를 쓰고 싶다고 하고는 그간 잡아보지 못했던 연필을 손에 잡고 아주 저질의 흰 종이에 편지를 쓰느라 반시간을 소비했다. 그날 저녁 나에 대한 심문이 재개되었을 때 내가 심문에 답변하기를 거절하자 심문자는 포켓에서 나의 편지를 꺼내 들고 이 편지가 집에 전달되기를 원하는지 물었다. 나는 그 편지가 집에 전달되기를 원하기는 하지만 군사정보로 우표 값을 지불할 의사는 없다고 대답했다. 그러자 그는 내가 보는 앞에서 그 편지를 찢어버렸다.

약 10분 후에 나는 짐을 챙겨 동쪽으로 이동하게 되었다. 나는 매우 피곤했으므로 행군 해야 할 거리가 길지 않기만을 바랐다. 우리의 행군 예정 거리는 2마일을 넘지 않았으나 감시병들이 세 번이나 길을 잃어 실제로는 4마일을 걸었다. 탈진 상태로 나는 감시병들에 의해 어느 집 마당으로 끌려 들어갔다. 나무로 된 이중문의 한쪽이 열려 있었는데 그 문이 열리며 그 속으로 던져졌다. 나의 발밑에 지푸라기가 바삭거리는 소리가 났고 씻지 않은 몸에서 나는 악취 같은 것이 났다. 나의 발에 누군가의 옆구리가 닿았다.

"제기랄! 여기 어디 빈자리 없나?"

내가 중얼거렸다.

"그 쪽도 영국사람 입니까?"

어떤 젊은 목소리가 영어로 대답하는 바람에 나는 깜짝 놀랐다.

잠시 후 나는 마이크와 따뜻한 악수를 나누었다.

7 신의주 북한경찰에 넘겨져

우리는 둘 다 오랜 세월 동안 동족으로부터 떨어져 있다가 다시 동족을 만났을 때 경험할 수 있는 감격에 사로잡혔다. 우리의 경우는 대부분의 시간을 적의 손에서 죄인 취급 당하며 보냈었기 때문에 그 감정이 더욱 격해져 있었다. 적군들이 포로를 이동시킬 때 일반적으로 사용하는 도로에서 상당히 떨어져 있는 이곳에서 동료를 만나게 된 것이 내게는 믿을 수 없는 행운으로 여겨졌다. 그러나 마이크가 남아프리카 공군 전투기 대대의 일원으로 P5I를 조종하다 격추당한 전투기 조종사라는 사실을 알고는 더욱 놀랐다. 잠시 포로로 잡혀 있다가 탈출해서 약 4일간 도망 다니다가 우연히 길을 잃고 헤매던 중공군 병사들과 마주쳐 다시 포로가 되었다고 했다. 나는 그가 바로 6주전에 격추 당했다는 것을 알고는 이중으로 행운을 잡았다고 생각했다. 왜냐하면 따분한 포로생활에서 함께 탈출할 가능성이 있는 동지를 만

▲ 한국전쟁에서의 용감한 행위로 조지 크로스 훈장을 수여받은 퓨질리어 부대원 키니

▲ 직접 한 무리의 적군을 격퇴하러 나서기도 한 그로스터 대대장 브이 씨 칸느 중령.

▲ 자신의 동료 의무병들과 함께 235고지를 사수한 브리스랜드 이등중사.

▲ 북한 포로수용소에서의 헤인즈 이등병.

났으며 또한 문하리에서 강제로 허송세월을 보내는 동안 내가 놓치고 지나갔던 모든 전투상황에 대한 뉴스와 외부 세계의 뉴스를 소유한 사람을 만났기 때문이었다.

　마이크와 나란히 더러운 바닥에 누워 임진강 전투가 시작된 4월 이후에 일어났던 모든 일에 대해 내가 질문했고 그는 대답했다. 마이크는 기억력이 좋았고 외부세계의 문제에 관심이 많았다. 이렇게 많은 질문을 계속하다가 마침내 우리는 둘 다 너무 지쳐서 그만 자기로 했다. 차가운 몸을 너절한 가마니 조각으로 덮고 각자 편하게 자리를 잡았을 때 마이크가 물었다.

　"그런데 자네 이 옮았는가?"

　나는 몇 주 전에 내 몸에서 이를 제거했다고 대답했다.

　"나도 옮은 것 같은데 어떻게 하면 이를 제거할 수 있는지 알려주면 좋겠네."

　그가 말했다.

　"마이크 자네도 이를 옮았다면 그것을 제거하는 방법을 말로 설명해줄 필요가 없네. 내일 아침에 내가 행동으로 보여주지."

　다음날 아침에 보니 마이크는 키가 크고 붉은 머리털을 가진 소위였다. 우리 둘은 수수밥으로 아침식사를 마친 후 즉시 가까운 언덕에 있는 벙커로 인도되었고 오래 전에 군복을 뺏기고 남루한 누더기 옷으로 갈아 입혀진 한국군 포로들과 함께 투옥되었다. 이 남루하고 굶주리고 기가 죽은 군인들의 원래 출신지가 어딘지는 마이크도 나도 알아내지 못했다. 손짓 발짓으로 그냥 한국군이라는 정도만 알아냈고 양쪽 다 더 이상 대화를 할 수가 없었다.

감시병과 감시병 대장은 그들 선임자들 보다 우리에게 적대감이 적었으므로 우리 둘은 이 악취가 나고 비좁은 벙커에서 빠져 나오는 것을 허락 받을 수 있었다. 바깥으로 나와 앉아 햇빛을 쬐면서 우리는 우리 앞에 놓인 가장 중요한 과제인 탈출과 관련이 있는 정확한 현재 위치에 대하여 협의했다. 우리는 지금 신막에서 약 10마일 남쪽에 있고 평행으로 달리는 주요 간선철도와 간선도로에서 약간 동쪽에 있었다. 이 지점에서 탈출하면 다시 해안으로 가거나, 아니면 남쪽으로 가서 마이크의 정보에 의해 알게 된 정전 협정을 위해 설치한 개성 중립지역으로 들어가야 했다. 최종 결정을 내리려면 그 전에 여러 가지 요소들을 고려해야 했다. 어쨌든 우리의 당면 과제는 우선 우리의 포획자로부터 벗어나는 것이었다.

  다음날 저녁 수수밥으로 저녁식사를 마친 후 나는 마이크와 합숙하던 방에서 나와 동네 서쪽 변두리에 있는 어떤 집으로 끌려갔다. 그 집에 있는 여러 개의 방들 중 하나에 들어가니 중공군 장교로 보이는 세 사람이 앉아 있었다. 나는 이들 각각에게 내 나름대로 '애송이', '말쑥이', 그리고 '검은 얼굴' 이라는 이름을 붙여 주었다. 세 사람이 눈도 깜짝하지 않고 나를 주시하고 있는 가운데 긴 침묵이 흘렀고 마침내 '검은 얼굴' 이 이야기를 시작했다. 여태까지 들었던 것과 똑 같은 말도 안 되는 이야기들이었다. 나는 전쟁 범죄자이며 이틀 전 본부에서 군 관련 질문에 대해 답변을 거부한 나의 '태도'는 내가 저지른 일에 대해 반성하고 있지 않음을 보여주고 있다는 것이었다. 현재와 같은 상황 하에서는 하루하루가 지나갈 때 마다 나의 죄가 점점 더 무거워지고 있으며 더 이상 '인간적인 대우'를 받기를 기대하지 말아야 할 것이라고도 했다.

검은 얼굴이 전형적인 중공군 방식의 기소문(起訴文) 전체를 장황하게 읽어 내려가는데 약 한 시간이 걸렸다. 내가 답변을 시작하자 바로 '애송이'가 끼어들어 나에게 손가락질을 하며 장시간에 걸쳐 한국 전쟁의 원인과 역사에 대해 설명하기 시작했다. 이것은 전부 미리 계획된 하나의 신파조 연극이었다. 그는 일어서서 공중을 향해 열정적으로 손을 내젓기까지 하며 나의 죄상과는 관계가 없는 내용에 대해 몇 분 동안 열변을 토하다가 검은 얼굴이 통역을 시작하자 고개를 휙 돌리고는 점잖게 자리에 앉았다. 통역이 끝나자 애송이가 특별한 표정을 지으며 다시 일어서서 연극을 계속했다. 시간이 흘러감에 따라 아마도 이러한 일들은 내가 이곳에 도착한 날부터 계획된 것이 아닐까 하는 생각이 들었다. 검은 얼굴이 통역을 하고 있는 동안 애송이의 수첩을 훔쳐보니 그것은 사실인 것 같았다.

애송이의 주장은 중국 공산당 정부가 한국 전쟁이라는 주제에 관하여 내부적으로 혹은 가끔은 외부용으로도 사용하는 내용과 동일하므로 반복이 가능한 것이었다. 그 주장은 한국 전쟁 시 유엔군 포로들이 그들에게 잡혀있는 동안 수없이 들었던 내용이고 계획된 정치적 세뇌 공작 프로그램의 일부였다.

애송이는 우선 월가에 위치한 뉴욕 증권거래소의 강력한 구성원인 미국의 전쟁상인들이 두 가지 이유에서 한국 전쟁을 일으켰다고 주장했다. 첫째로 그들은 무기가 제공해주는 보다 크고 풍부한 이익에 목이 말랐기 때문이며, 둘째로 일에 지치고 억압 받는 노동자들을 속이기 위해 코민포름 국가들에게 누명을 씌우고자 하기 때문이라는 것이다. 이 두 가지 이유는 서로 보완적이라고 했다. 주변 여러 전쟁 가능 지역을 살펴보고는 한국을 택한 것이고 표리부동하게 악의에 찬 침략 행동으로 인민들을 공격하려는 것이 이 전쟁의 이유라고 했다. 애송이는 만약 미국이 유죄라는 증거가 필요하면 자유의 최대의 적인 존 포스터 델레스(역자 주: 당시 미국 국무성 장관)가 한국 전쟁이 발발하기 직전에 남한을 방문했다는 것보다 더 좋은 증거가 어디 있겠느냐고 말했다. 아무리 의심 많은 사람이라도 그런 사실과 마주치면 더 이상 의심을 하지 않게 될 것이라는 주장이었다.

비록 수적으로 불리했지만 북한군은 미국의 괴뢰 정권인 이승만의 군대를 무찔러서 그 잔당들이 무질서하게 후퇴하도록 만들었다고 했다. 남쪽으로부터의 침략 위협을 영원히 종식시키고 또한 이승만 정권 하에서 불행하게 살고 있는 한국인들을 해방시켜주기 위해 북한군은 미국 정규군의 저항을 물리치며 승리의 행진을 했다. 그 후 모든 자본주의 국가들이 군대를 동원해서 저항해오는 바람에 용감한 북한 인민 저항운동군은 낙동강을 따라 봉쇄했던 구역에서 후퇴할 수밖에 없었다. 약탈자들이 압록강까지 그들을 쫓아가서 침략을 계속하려고 중국 국경을 넘었음을 알고 중국 인민들은 이에 대항해서 조국을 방어할 뿐만 아니라 미국의 침략에 대항해서 싸우는 북한군을 돕기 위해 정부와는 별개로 자발적으로 군대를 결성하였다. 마르크스-엥겔스-레닌-스탈린주의 철학에 교화된 사령관 지휘 하에 민주적 마르크스주의 정신으로 무장한 이 중국 인민 의용군은 압록강을 건너가서 침략자들을 격퇴시켰다. 중화인민공화국의 병력 동원, 지휘 및 지원과 관련하여 모택동 정부에게 어떠한 책임을 둘러씌우는 행위는 가장 비열한 중상모략이다.

팽덕회 장군 휘하의 한국전 지원군인 중공군 4야전군 – 우리의 용어로는 군에 해당 – 에 대한 어떠한 언급도 역시 비방이라고 보는 것 같았다. 나는 영국군 29 보병 독립연대도 영국의 전투계급과는 별개로 무기, 장비, 차량, 피복 기타 모든 필수품을 포함해서 자발적으로 결성된 군대라고 영국 정부가 주장한다면 그들은 무엇이라고 말할 것인지 물어보려고 하였으나 허용되지 않았다. 그러한 혹은 그와 유사한 논점에 대한 답변을 써 놓은 '커닝 페이퍼'를 갖고 있지는 않은 것 같았다.

애송이는 한 시간을 더 이야기를 늘어놓았으며 나는 더 이상 그와 논쟁하는 것을 포기했다. 어쨌든 그의 원고는 이미 준비되어 있었고 내가 뭐라고 반박하든 할 말을 뒤로 미루지 않을 것이 분명했다. 그는 찡그렸던 얼굴 표정을 고치고는 갑자기 자리에 앉아 사과를 먹기 시작했다. 그가 아직은 정치 견습생 역할을 하고 있으며 속으로는 이제 모든 것이 끝나서 다행스럽게 생각하는 것 같이 내게는 느껴졌다.

이제 '말쑥이'의 차례였다. 내가 짐작했던 대로 그는 세 사람 중 가장 높은 위치에 있었다. 달콤한 말투로 그는 전쟁 범죄자로서의 양심선언문에 서명하도록 내게 종용하면서 내 과거의 범죄에 대한 책임을 면제해 주는 양심선언문 작성을 자신들이 기꺼이 도와주겠다고 했다. 내가 정색을 하고 그렇게 할 수 없다고 하자 그들은 나를 마이크로부터 떼어놓겠다고 협박했다. 나는 그가 정신적으로 병들어 있는 상태이며 – 마이크는 자신의 탈출계획의 일환으로 이미 내가 오기 전부터 그들에게 그렇게 믿게 하려고 노력해 오고 있었다 – 내가 돌보아주지 않으면 완전히 미쳐버릴 거라고 주장했다. 그들은 그를 돌보는 것에 대해서는 아무런 관심이 없는 듯했으며 어쨌든 간에 나의 양심선언 문제로 한참 실랑이를 하고 나서 새벽녘에야 나는 다시 마이크가 있는 곳으로 돌아올 수 있었다. 우리는 두 사람 다 탈출계획에 대한 아무런 진전도 보지 못한 채 하루 밤을 넘긴 것이다.

다음 날은 여느 때와 달리 한국군 포로들과 함께 저녁식사를 하기 위해 언덕 아래로 내려가지 않았다. 오후 세 시께 하사관 한 명과 병사 두 명이 와서 벙커 밖에 앉아 있던 우리를 동네 한가운데로 데리고 갔다. 거기서 그들은 우리에게 수수밥과 가지를 넣은 국을 마음껏 먹을 수 있게 해주었다. 감시병들이 챙겨 가지고 있는 장비들로 보아 우리는 곧 길을 떠날 예정인 것 같았다. 식사를 끝내자 감시병들은 동네를 떠나 전에 내가 5일간 지낸 바 있는 본부로 우리를 데리고 갔다. 나의 편지를 갈갈이 찢어 버렸던 그 통역이 우리를 맞았다.
"두 사람 다 나를 따르시오."
그가 말했다.
"우리 사령관을 부를 때 경칭을 붙이는 것을 잊지 마시오."
우리는 둘 다 그에게 어떤 경칭도 붙일 의사가 없었기 때문에 실랑이를 할 각오를 했다. 그러나 우리가 만난 사람은 카키색의 단정한 군복을 입고 조금 커 보이는 모자를 쓰고 있는 작은 체구의 중공군 장교였는데 의외로 온화한 표정으로 우리에게 특별한 호칭으로 불리기를 요구한다거나 우리가 원치 않는 답변을 강요하지 않았다. 가구가 비교적 잘 갖춰져 있는 벙커 안에서 우리가 함께 이야기를 나누는 동안 그 통역은 그에게 굉장한 예의를 갖추었다. 나무로 된 문이 달려 있고 천장은 유리로 되어 있는 벙커 안에는 침대 한 개, 의자 두 개 그리고 탁자 한 개가 있었으며 낡은 주단이 깔려 있었다. 현지에서 조달했다 하더라도 이런 외진 곳에서 그 정도의 가구를 들여놓았다면 그는 분명히 아주 중요한 인물임에 틀림없었다. 나는 그가 준장이나 소장급에 준하는 지휘통제선에 있는 지역 사령관일 것이라고 판단했다.

그는 우리를 의자에 앉히고는 계급을 묻고 우리가 영국인이라는 것을 알고 있다고 말했다. 우리는 아무런 대꾸도 하지 않았다. 자신은 담배를 피우지 않지만 '이 동무'는 충분히 갖고 있다면서 그는 우리에게 담배를 주라고 통역에게 지시했다. '이 동무'는 재빨리 주머니에서 담배를 꺼내주고는 불까지 붙여주었다. 그 장교의 친절과 확고한 권위에 용기를 얻어 내가 물었다.

"내가 당신들의 질문에 대답을 하지 않는다고 하여 나의 가족에게 보내는 편지를 찢어버린 이유가 무엇입니까?"

그는 작은 갈색 눈으로 나를 잠시 쳐다보고는 대답했다.

"그것은 행정절차의 문제요.

나는 당신들의 여정이 즐겁기를 바라오." 대화가 끝났다는 신호로 그는 일어섰으며 우리는 서둘러 밖으로 나갔다.

감시병을 보충받기 위해 언덕 밑으로 내려가면서 그 통역이 말했다.

"당신들이 한 번만 더 탈출하면 총살 당한다는 것을 기억하시오."

우리는 아무 것도 싣지 않은 중공군의 군용2.5톤 트럭을 타고 밤새도록 달려 새벽녘에 평양에 도착했다. 수많은 구덩이와 임시로 세워놓은 다리 그리고 폭탄 구멍 언저리를 지나면서 트럭의 바닥과 옆면에 부딪쳐서 우리의 온몸은 상처투성이었다. 쇠 바닥에 부딪치는 바람에 내 발바닥의 상처가 다시 파열되어 하차 지점에서 동네 북쪽 끝에 위치한 집까지 걸어가는 동안 나는 상당한 고통을 겪었다. 한 시간 자고 나서 쌀밥으로 아침식사를 하고는 또 다시 명령에 따라 행진을 계속했다. 출발한지 얼마 되지 않아 우리는 길을 잃어 아침 내내 우왕좌왕 하다가 원래의 출발지점에서 1.5마일 쯤 떨어져 있는 꽤 큰 동네에 도착했다. 우리의 호송자들은 우리를 동네 위병소에 인계했고 거기서 우리는 신발과 혁대를 포함한 모든 소유물에 대해 샅샅이 검사를 받았다. 잠시 기다린 후 우리들은 견고한 통나무로 만든 감방에 15살 정도로 보이는 중국 소년 한 명 그리고 불결하기 짝이 없는 남자 한 명과 함께 갇히게 되었다.

우리는 끊임없이 항의를 하여 글자 그대로 이가 들끓고 있는 중국인 죄수 두 명으로부터 격리될 수 있었고 10월 밤의 한기를 덜 수 있는 덮개를 제공 받았으며 매일 잠시 동안이나마 양지에 나가 앉아 햇볕을 쬘 수 있는 자유를 보장 받을 수 있었다. 두 번에 걸쳐 세척을 할 수 있게 되었고 또한 열심히 이를 잡을 수 있게 되었다. 행운이 조금씩 돌아오는 듯했고 우리가 새로운 탈출 계획을 짜는 동안 이 행운이 계속되기를 바랐다. 그러나 네 번째 되던 날, 감시병들이 마이크의 소유물을 가지고 와서 그를 감방에서 데리고 나갔다. 그가 감시병과 함께 사라지기 전에 우리는 몇 분 간 서로의 행운을 빌어 주었다. 비록 같이 지낸 시간은 짧았지만 그와의 우정은 나에게 뜻하는 바가 컸다. 이제 탈출은 다시 한 번 개인의 과제가 되었다. 그날 나는 외로운 밤을 보냈다. 감시병 대장이 감방 철창을 봉쇄해 놓고 있는 현재의 상태에서는 이 외로운 신세가 개선될 수 없었다.

다음날 밤 나도 다른 곳으로 이동하게 된다는 것을 알았을 때는 상당히 다행스럽게 느껴졌다. 압록강을 건너 북한으로 진입할 때 정규 중공군의 표시인 붉은 별을 군모에서 떼어내는 것이 관례인 듯했는데 나는 그렇게 붉은 별을 떼어 낸지 얼마 되지 않은 것이 분명해 보이는 명랑한 표정의 장교에게 넘겨졌다. 밤새도록 트럭을 타고 이동해 가는 동안 그는 굉장히 친절했고 내게 사과와 중공군 휴대식량인 비스켓도 주었을 뿐만 아니라 출발한 직후 불어 닥친 찬 바람을 막을 수 있도록 운전병의 두터운 방한용 외투를 빌려 주기도 했다. 그러나 그는 친절하다고 해서 경계를 늦추지는 않았다. 평양을 떠난 우리는 빠른 속도로 신안주에 도착했다.

다음날 새벽에 우리는 진주에 도착했다. 감시병들은 나를 진주의 동쪽에 위치한 마을에 자리 잡고 있는 부대본부에 인계해 주고는 곧바로 떠나버렸다. 나는 다시 흙벽으로 된 작은 감방에 갇히게 되었는데 이번에는 감방을 나가 앉아 아침 햇볕을 쬐는 것이 금지되었다. 혹시 내가 벽에 구멍이라도 뚫지 않나 수시로 와서 들여다 보고하는 의심에 찬 보초병의 감시 하에 나는 하루 종일 감방 벽에 그려 넣은 크로스워드 퍼즐(글자 맞추기 놀이)을 하면서 소일했다. 해가 지기 한 시간 전쯤 감시병 대장이 쌀밥과 비교적 넉넉히 기름이 뜬 감자국을 저녁식사로 가지고 왔다. 다시 진주 시내로 이동하기 전에 나는 이 훌륭한 저녁밥을 마음껏 먹었다. 중공군 안내장교는 이동하는 동안 북한 탱크부대 장교 두 명과 유창한 한국어로 이야기를 나누었다. 그가 왜 나와 동행하는지는 그 지역 경찰서 앞에 도착해서야 알 수 있었다. 내가 그 경찰서의 감방으로 이송되었기 때문이었다. 몇 시간 어두운 감방에 갇혀 있다가 내가 그 감방에서 밤을 지내지 않는다는 것을 알고는 다소 안심이 되었다. 경찰관 한 명과 하사 두 명이 지나가는 차를 세워 편승하려고 나를 데리고 네거리로 나갔을 때, 나는 이미 난방이 되어있지 않은 감방에서 추위에 떨다 지친 상태였다.

손을 흔들어 지나가는 차를 세우려고 여러 번 시도했으나 아무도 차를 세워주지 않았다. 결국 그날 밤은 포기하기로 했다. 경찰관들이 그곳 감방에 나를 다시 가두려고 할 무렵 한국어를 유창하게 하는 중공군 장교가 뛰어 들어와서 그들에게 몇 마디하고는 중공군들에게 나를 데리고 동쪽으로 가는 길로 자신의 뒤를 따라오라고 지시했다. 우리가 네거리를 건너갈 때 그들의 대화 중에 '미국'이라는 한국어 단어가 들려와서 혹시 미군의 공습이 임박하다는 뜻이 아닌가 추측을 하고 있는데 길 가운데에 손수레 하나가 서 있는 것이 보였다. 그 위에는 한쪽 발 옆에 목발을 놓고 미국인 한 명이 앉아 있었다. 그들이 이야기한 '미국'은 이 사람을 지칭했던 것이다. 그의 이름은 톰이었다.

다음날 오후 톰과 나는 진주를 떠났다. 톰은 포로가 된 후 6개월간이나 이곳에서 지내다가 이제 처음으로 이동하게 되었다고 하는데 이것은 특별한 경우였다. 그는 미군 F-86제트기 편대장이었는데 진주 지역의 철로를 폭격하다가 대공포화에 맞아 격추되었다. 조종석에서 탈출하다가 그의 다리가 전투기 후미에 걸려 부상을 입었으며 고통과 출혈로 실신한 채 지상으로 추락하여 북한군에 의해 체포되었다고 한다. 그로부터 5일간 북한군은 그에게 먹을 것을 전혀 주지 않았다. 그는 심지어 마른 목을 축일 물 한 모금도 얻어먹지 못했다. 그런데 하느님의 은총으로 그 지역 중공군 본부에서 그의 위치를 확인하게 되었다. 공군 소령 정도면 심문할 가치가 있다고 판단한 그들은 부대원을 보내 그를 진주로 데리고 오도록 했으나 그는 너무 쇠약해져서 심문에 답변을 하기는커녕 심문 내용도 알아들을 형편이 되지 못했다. 그들은 수마일 떨어져 있는 명색뿐인 병원으로 그를 이송했다. 병원이란 흙으로 지어진 몇 개의 오막살이가 모여 있는 것이었는데 그 병원이 위치하고 있는 마을은 파리 떼와 오물로 가득 차 있고 여름에 접어들면서 파리가 점점 더 많아지고 질병이 점점 더 퍼져 가고 있었다. 다행히도 톰은 강한 체질의 소유자였다. 중국인 의무요원들이 그의 다리 하나를 대충 절단했고 그 일이 끝난지 한 시간쯤 지나자 심문팀이 찾아왔다. 그들은 장장 아홉 시간에 걸쳐 그가 이끌었던 전투기 편대, 대대, 비행단 그리고 극동공군사령부 조직에 대하여 쉴 사이 없이 질문을 해대었다. 심문자들이 그의 답변에 만족하지 않았음이 분명하였다. 결국 그의 다리는 한달 여 동안 치료받지 못하고 방치되어 절단부위가 병균에 심하게 감염되었다. 아직도 그가 진주를 떠나 이동해 가는 것은 무리인 상태였다. 절단부위가 부분적으로는 아물었으나 한국전쟁을 종료시킬 것을 미국정부에 요구하는 편지에 서명하는 것을 그가 거부하고 있었기 때문에 그는 더 이상 치료를 받을 가치가 없는 것으로 처리되고 있었다.

 오후 늦게 우리는 신의주에 도착했다.

 우리를 태운 트럭은 높은 벽돌담에 붙어있는 정문 앞에 멈춰 섰다. 그 안에 석조건물 여러 개와 커다란 벙커 하나가 보였는데 벙커 위로는 라디오 안테나가 솟아있었다. 그 뒤편으로는 압록강을 사이에 두고 신의주 맞은편 강변에 자리 잡은 중국의 도시인 안동에서 시작하여 압록강을 건너 북한으로 들어오는 철도선이 지나가고 있었다. 우리가 정문을 통과할 즈음 화차를 길게 연결해서 끌고 가는 기관차가 증기를 내뿜으면서 지나갔다.

 처음에 나는 우리가 북한군 총사령부에 들어온 것으로 생각했다. 그러나 우리가 마당에 서서 보니 우리 주변의 모든 장교와 사람들이 경찰복장을 하고 있었다. 게다가 석조건물들의 창문과 출입문에 창살이 있는 것으로 보아 우리가 도착한 곳은 경찰본부와 감옥임에 틀림없었다.

우리를 안내해 온 한국말을 하는 중국인이 본관 건물에서 나오더니 우리를 힐끗 쳐다보고는 중공군 감시병들과 함께 트럭으로 돌아갔다. 이제 우리는 북한 경찰관들의 손에 넘겨진 것이다. 그들은 우리를 가까이에 있는 목조건물로 데리고 가서 앉으라고 명령했다. 톰은 자신이 병원에서 듣기로는 주요 포로수용소들 중 한 곳에 이송된다고 했는데 왜 우리가 북한 사람들에게 이송되었는지 모르겠다고 조용히 내게 말했다. 그가 병원에서 군 관련 질문에 답변을 하지 않았기 때문임을 우리가 깨닫지 못했다는 것은 아주 바보스러운 것이었다.

어두워지자 우리는 감옥 건물로 끌려 들어갔다. 육중한 철문이 열리고 우리가 그 안으로 들어가자 다시 닫힌 후 자물쇠가 채워졌다. 그곳은 넓은 통로였는데 그 안에는 벤치, 의자 그리고 책상이 각각 한 개씩 놓여 있었다. 두꺼운 외벽에는 작은 창문이 있었는데 지금은 밤이라 등화관제를 위하여 막아버렸고 통로의 양쪽 끝에 문이 한 개씩 달려 있었다. 다른 쪽 벽에는 몸을 구부리지 않고는 드나들 수 없을 정도로 낮은 쇠창살이 달린 문들이 달려있었고 각각의 문 오른편 위쪽으로는 쇠창살이 달린 긴 창문이 있었다. 그 문과 창문들 뒤로는 나무 바닥과 시멘트벽으로 이루어진 길이 30피트, 폭 10피트의 방들이 줄지어 있었다. 그것은 감방이었다.

우리가 차고 신선한 공기가 있는 바깥으로부터 통로로 들어서자 씻지 않은 몸에서 나는 텁텁한 악취가 우리를 맞았다. 이 감옥에는 상당히 많은 사람이 갇혀 있음이 분명한데도 인기척은 거의 없었다. 공공 도서관 같은 데서 소리가 너무 크게 들릴 까봐 입을 막고 하는 것 같은 기침소리가 간혹 들릴 뿐이었다. 경찰 간부급인 세 명의 간수가 우리를 맞이하여 자신들의 담당구역으로 데리고 갔다. 그들은 불쾌하고 교활해 보이는 얼굴을 가지고 있었다. 나는 그들에게 각각 '밀고자' '족제비' 그리고 '담비'라는 이름을 붙여 주면서 종종 그렇듯이 그들의 마음씨가 얼굴 표정과는 다를 것을 기대했다.

'밀고자'와 '족제비'가 우리의 몸수색을 시작했다. 그들은 톰의 목발을 포함하여 신발, 속옷에 붙어있는 끈 등 모든 것을 우리에게서 빼앗았다. 그리고는 감방 문을 열고 우리를 그 속에 밀어 넣었다. 높은 천장에서 쇠창살을 통해 비치는 밝은 불빛 아래 스물한 명의 남자 어른과 아이들이 완전한 침묵 속에 통로 벽의 문과 창문을 등진 채 책상다리를 하고 마루바닥에 앉아 있었다. 우리가 들어설 때 눈을 들어 쳐다보는 사람은 하나도 없었다. 그들은 간수의 주의를 끄는 것 자체를 두려워하는 것 같았다. 쇠창살이 쳐진 창문 밑 벽 쪽에 - 그러나 벽에 기대지는 않고 - 앉아있는 두 사람에게 '담비'가 뭐라고 이야기를 했다. 그러자 그들은 황급히 감방 바닥에 두개의 빈 자리를 만들어 주었고 우리는 그 자리에 앉았다. 목발을 빼앗긴 톰은 나의 어깨에 기대고 한쪽 다리로 뛰어 그 자리로 갈 수 밖에 없었다. 우리 뒤에서 감방문이 닫혔고 자물쇠 잠기는 소리가 들렸다.

8 제네바협정은 부르주아 반동도구

우리는 곧 형무소의 규칙을 알게 되었다. 새벽 다섯 시가 되면 마룻바닥에 차곡차곡 겹쳐서 누워있던 몸뚱이들이 간수의 명령 한 마디에 자동인형처럼 반응을 보였다. 거의 모두가 한 사람 같이 즉각 일어나 책상다리를 하고 앉아 참회하는 자세로 어깨를 늘어뜨리고 머리를 수그렸다. 동이 틀 때 감방 천장의 왼쪽 구석에 있는 작은 창문에 등화관제를 위해 부착되어 있던 판자를 떼어내기 위해 한 사람만 일어서는 것이 허용되었다. 그는 죄수들이 볼 일을 볼 때 가리는 용도로 사용되는 무릎 높이의 흔들흔들한 작은 칸막이 위로 올라가서 판자를 떼어냈다. 감방 한쪽 구석의 창문 아래 뚫려있는 네모꼴 구멍이 화장실이었다.

두세 시간 후 죄수들의 머리가 조금 움직였다. 뒤쪽의 통로 뒤에서는 그 움직임을 알아채지 못할 만큼 미미한 움직임이었다. 나는 느끼지 못했으나 죄수들은 음식이 오고 있다는 것을 알아차리고 있었다. 그 후 약 5내지 10분 동안 주의 깊게 귀를 기울였으나 내 귀에는 아무 소리도 들리지 않았다. 그래서 나는 이번에는 죄수들의 생각이 틀렸다고 생각했다. 음식을 담는 양철그릇이나 쇠그릇이 부딪치는 소리 비슷한 것도 들리지 않았다. 그러나 몇 분 후 음식을 준비하는 소리가 들려왔고 이어서 음식이 도착했다. 간수가 문 가까이 오면 감방의 죄수들은 등을 벽 쪽으로 하고 흩어져 커다란 원을 그리고 앉았다. 그리고는 냄새나는 남루한 옷 속에서 젓가락 - 한 사람 당 두 개씩의 다듬지 않은 작은 나무 막대기 - 을 끄집어내면 식사준비가 완료되는 것이었다. 좁쌀 밥이나 또는 옥수수밥 - 주로 옥수수밥이었음 - 을 감방 안으로 밀어 넣어 주는데 대략 한 사람 당 반 그릇 정도씩 공급받았다. 간혹 아주 묽은 된장국이 나오기도 하는데 그럴 때는 그 맛있는 음식을 생각하고는 모두가 미리 침을 삼켰다. 톰과 나는 운이 좋은 편이었다. 우리는 전쟁 포로라는 특권 덕분에 찬밥 -간수들이 먹다 남은 밥 - 이나마 쌀밥을 반 그릇 정도 받았고 때로는 생선도 곁들여 받을 수 있었다. 눈에 안 띄게 그렇게 할 수 있는 경우 우리는 부러운 눈으로 바라보는 옆 자리의 죄수들과 그 생선을 나누어 먹었다. 가엾은 죄수들이었다. 식사가 끝나면 음식을 들여놓던 창문으로 빈 그릇을 내보내고는 즉시 제자리로 가서 다시 부동의 자세로 되돌아갔다.

밤낮으로 천장에 달린 전등불빛이 우리를 비추었다. 어두워지면 판지로 등화관제를 했다. 저녁식사는 오후5시경에 공급되었는데 죄수들은 언제나 식사시간이 가까워지고 있다는 것을 미리 알고 있곤 했다. 오후10시가 되면 그날의 두 번째 명령이 떨어졌다. 통로에서 그 명령 소리가 사라지기도 전에 감방의 마룻바닥은 드러누운 몸통들로 덮이곤 했는데 공간이 너무 비좁아서 죄수들의 다리가 서로 겹칠 정도였다. 톰과 내가 이 감방에 들어올 때는 이가 없었는데 이 틈바구니에서 이들이 우리 몸으로 빠르게 옮아오는 것을 느꼈다. 우리의 옷과 머리카락은 번식 속도가 엄청나게 빠른 이 생물에게 새로운 보금자리를 제공해 주는 꼴이 되고 있었다.

　죄수 한 사람이 형벌을 받았다. 여늬 때와 마찬가지로 규칙을 어기는 죄수를 잡기위해 통로를 살금살금 왔다 갔다 하던 '밀고자' 가 우리 감방의 한 죄수가 옆 사람과 귓속말을 하는 것을 발견했다는 것이다. 죄수가 자신의 결백을 주장하는 것은 소용없는 짓이었다. 사실은 그 죄수가 약간 움직이는 바람에 그의 옷이 옆 죄수의 옷과 스치면서 난 소리였지만 밀고자는 그 죄수가 옆 사람과 잡담을 하는 죄를 지었다고 믿었다.　혹은 믿는 척했다. 밀고자는 통로 창문 뒤에 서서 위협적으로 들리는 말들을 내뱉기 시작했고 그의 명령에 따라 굽실거리며 일어난 죄수는 겁에 질려 서 있었다. 톰과 나는 어찌 된 영문인지를 몰랐다. 그 죄수는 머리 위로 두 팔을 들었다. 밀고자가 소리를 질렀고 그 죄수는 팔을 더 높이 치켜 올려 최대한으로 뻗었다. 점차 우리는 그에 대한 형벌의 성격을 알 것 같았다. 그 죄수는 등을 통로 쪽으로 돌리고 있었으므로 간수가 자신을 지켜보고 있는지 아닌지 알 수가 없었다. 그래서 그는 올린 팔이 아파도 더 심한 형벌을 받게 될까봐 두려워서 내릴 수가 없었다. 한 시간이 지났다. 이따금씩 톰과 나는 밀고자가 우리 감방 쪽으로 돌아오는 발자국 소리를 들을 수가 있었다. 어떤 때는 우리 바로 위쪽에서 기침을 하는 소리를 듣고 그가 소리 없이 돌아와 있는 것을 알 수 있었다. 네 시간 가량이 흘렀다. 밀고자가 그 규칙위반자를 다시 소리쳐 불렀을 때 우리는 대답을 하는 그의 뺨에 고통의 눈물이 흘러내리는 것을 볼 수 있었다. 어둠이 깔리고 형벌을 받던 죄수가 거의 실신을 할 지경에 이른 후에야 밀고자는 그 죄수가 팔을 내리고 자신의 위치로 되돌아갈 수 있도록 허락했다.

  감방 안에서는 아무도 움직이지 않았다. 아무도 동정의 눈으로 쳐다보지 않았다. 그 죄수가 다시 책상다리 자세로 돌아가는 동안 그에게 손을 들어 격려의 표시로 토닥거려 주는 사람은 아무도 없었다. 다른 감방 쪽에서는 휙 하는 채찍소리가 나고 고통스러운 신음소리가 들렸다. 밀고자가 자신의 작업장을 다른 곳으로 옮긴 것이었다. 신음소리의 주인공은 여자인 듯했다.

  날이 감에 따라 이따금씩 우리에게는 얼굴과 손을 씻을 수 있는 기회가 주어졌다. 말하자면 3, 4일 간격으로 첫 번째 식사가 시작되기 한 시간 전쯤 감방 문이 열리고 남녀 죄수 여섯 명이 감방에서 나가 두 사람씩 짝을 지어 얼굴과 손을 씻게 허락을 해주는 것이었다. 나는 두 번 톰을 등에 업고 통로 끝에 있는 세면장에 갈 수 있었는데 죄수들의 밥그릇이 쌓여 있는 이 작은 방에는 얼음같이 찬물이 계속 흘러나오는 수도꼭지가 하나 달려 있었다. 우리가 몸을 씻을 수 있을 정도로 운이 좋지 못한 날에는 우리 감방의 죄수들과 몇 마디 말을 나눌 수 있었다. 세면장을 사용하는 날에는 보통 밀고자, 족제비 그리고 담비가 바빠서 모든 감방을 다 감시할 수가 없었다. 게다가 항상 문 옆에서 다음 조가 기다리고 있다가 앞의 조가 돌아오는 즉시 세면장으로 달려가곤 했는데 그렇게 하는 과정에서 서로 간수들의 접근을 사전에 경고해줄 수 있었다.

우리 감방에는 고등학교에서 배운 영어로 약간 대화가 가능한 소년이 있었다. 그는 하루에 두세 번씩 고열에 시달리지만 치료를 받지 못하고 있었다. 그 소년은 벽동이라는 마을에서 왔는데 그곳에는 중공군 감시 하에 미국, 영국 기타 여러 나라의 많은 포로들이 억류되어 있다고 했다. 그는 그 포로들이 지나갈 때 말을 걸었다는 이유로 체포되어 이 감옥에 왔다는 것이었다. 우리가 그의 형량이 어느 정도나 되느냐고 물었으나 그에게는 결정된 형량이 없었다. 구속 된지 5개월이 지났으나 아직 재판을 받지 못했다는 것이었다. 얼마나 오래 이곳에 머무르게 될 것인지는 그도 알 수 없었다. 종신형일지도 몰랐다. 그는 정치범인 것이다. 이곳에는 기독교 지도자라는 이유로 체포된 사람들도 있었고, 과거에는 공산당원이었으나 그 특권에서 밀려나서 잡혀온 사람들도 있었으며 심지어 이유도 모르는 채 잡혀 온 사람들도 있었다. 마치 옛날 프랑스 왕정시대의 체포영장 제도 같았다. 재판? 그들은 그런 것을 받아 본 적이 없었으며 앞으로도 받지 못할 것이다. 그들에게 길은 세 가지였다. 아는 고위층의 도움으로 풀려나거나, 다른 형무소로 이송되거나, 아니면 죽을 때까지 이 끔찍한 곳에 갇혀 있어야 하는 것이다. 톰과 나는 소름이 끼쳐 그들을 위로하려고 노력했으나 그들은 고마워는 하되 위안은 받지 못하는 것 같았다. 그들은 자신들의 장래에 대해 우리보다 더 잘 알고 있었다.

두 번째 세면장 출입을 마치고 통로로 돌아오는데 담비가 우리 뒤를 따라오면서 톰의 다리 상태에 대해 묻기 시작했다. 그는 톰이 한 발로 뛰지 않으면 안 되는 불편한 상태에서 굉장히 어렵게 화장실 구멍을 사용하는 것을 재미있어 하고 있었다. 그러나 그는 상냥한 태도로 옆 감방에 유럽인 죄수 한 사람이 더 있다고 알려주었다. 그런 사람이 옆 감방에 있어도 우리는 그 사실을 까맣게 모르고 지내는 것이 바로 이 감옥의 분위기였다. 우리를 창문 옆에 세워두고 담비는 통로를 지나 옆 감방에 가서 누군가에게 말을 걸었으며 오스트레일리아의 액센트가 섞인 영어로 쾌활한 목소리가 대답했다.

"전쟁 포로가 저 말고 또 있단 말입니까?" 그 목소리가 담비 한 테라기보다는 우리에게 들으라는 듯이 말했다. "좋은 일이군요! 곧 그들을 만날 기회가 있었으면 합니다. 이곳은 전형적인 공포의 방(역자 주: 고문 도구들이 전시된 지하 감옥)이거든요."

이제야 나는 우리가 씻으러 나갈 수 없었던 지난 번 세면장 출입일에 북한 죄수들 중 한 명이 우리에게 전해주려고 애썼던 말이 무엇인지를 알 수 있게 되었다. 그는 한국어로 '호주'를 반복했었다. 나는 그런 용어를 전에 들어 본 적이 없었는데 그 '호주'라는 한국어는 오스트레일리아를 가리키는 말이었던 것이다.

이틀 후에 그 '호주' 사람이 자기 감방에서 말하는 소리를 들었다. 식사 시간이었는데 나는 그 때 감방문의 쇠창살 사이로 그의 곱슬머리와 연한 갈색의 긴 수염을 볼 수 있었다.

그는 통로 맨 끝에 있는 간수에게 말을 하고 있었다.

"잠깐만요!"

"조지 왕을 위하여!" 내가 응수했다. 다행히 당번 간수는 담비였고 그는 기분이 좋은 상태였다. 그는 덜그렁 소리가 나게 감방 문을 구둣발로 찼고 그 이상의 질책은 없었다.

족제비와 밀고자가 둘 다 기분이 엉망인 것 같았다. 세면장을 출입한지 4일이 지났는데도 오늘 아침에는 아무에게도 세면장 출입이 허가되지 않았다. 그들은 문젯거리를 찾아다니고 있었다. 문젯거리가 없으면 그들 자신이 문제를 일으킬 참이었다.

한 동안 통로 저쪽 끝 감방에서 그들이 화풀이를 하고 있었다. 고함소리와 흐느끼는 소리가 우리 모두에게 들려왔다. 잠시 조용한 가 했더니 나와 톰이 앉아있는 위치 바로 위쪽의 창문으로부터 족제비의 고함소리가 들렸다. 그는 우리 감방으로 미끄러지듯 내려와서 벌을 줄 사람을 고르고 있었다. 그는 두세 명을 찾아내었음이 분명했다. 오늘 아침에는 그와 밀고자가 한 사람을 괴롭혀서는 성에 차지 않는 듯했다.

첫 번째로 나의 맞은편 왼쪽에 앉아있던 키가 작은 죄수가 찍혔다. 그는 우리 감방의 인원정리(다섯 명이 전화줄로 묶인 채 끌려 나갔는데 한 소년 죄수로부터 전해들은 바에 의하면 그들은 모두 탄광으로 보내졌다고 했다) 후 이틀 전에 새로이 입소한 사람이었다. 이제 그가 다섯 명의 신입죄수들에게 본보기로 징계를 받기 위해 선정된 것이다. 톰과 나는 그 죄수가 무슨 이유로 선정이 되었는지 알 수 없었다. 나중에 물어봐야 할 것이다. 이유 없이 화장실에 갔다거나 잡담을 했다는 이유였을 것이다. 그것이 밀고자와 족제비가 죄수를 괴롭히고 싶을 때 자주 쓰는 수법이었다. 무슨 이유에서였든지 간에 그들은 죄수를 감방 문 쪽으로 불러냈다. 어제는 한 죄수가 창살을 통해 그들에게 팔을 비틀린 채 한 시간을 세워져 있기도 했다. 한 팔을 거의 부러질 정도로 비틀어서 죄수가 거의 실신상태에 도달했을 때 그들은 고문을 정지하고 잠깐 쉬게 한 후 또 다른 팔을 비틀었다. 오늘 아침의 고문은 그 보다는 다소 완화된 느낌이 들었다. 그들은 죄수의 머리카락을 잡아당기면서 귀와 코를 비틀고는 창살을 통해 그의 얼굴을 구타했다. 그 죄수는 그들의 손이 미치는 거리 밖으로 물러나지 않고 서서 이 가학적인 행동을 견뎌내고 있었다. 그는 사실 더 심한 형벌을 당할지도 모른다는 두려움의 쇠사슬에 묶여 있었다.

그러는 동안 족제비는 머리카락을 점점 세게 잡아당기고 코에 주먹질을 하면서 계속 무언가를 질문하고 있었다. 죄수는 속삭이는 소리로 대답했다. 이제 다른 죄수 한 사람이 더 불러 세워졌고 그에게 밀고자의 주의가 집중되었다. 이렇게 10분 내지 15분이 지나면서 나머지 죄수들은 자신의 이름이 언제 불려질지 몰라 불안에 떨며 감히 쳐다보지는 못하고 묵묵히 소리만 듣고 있었다. 우리는 이들에게 아무런 도움도 줄 수 없어서 속만 태우고 있었다.

세 번째 죄수가 호명되었다. 그러나 그는 - 적어도 아직은 - 형벌을 가하기 위한 대상으로 호명된 것이 아니었다. 그들은 앞서 불려 나왔던 두 죄수에게 감방 끝 쪽으로 머리를 돌린 채 무릎을 꿇고 앉게 했다. 세 번째 죄수에게 그 두 사람의 엉덩이, 옆구리 및 다리를 발로 차게 했다. 그의 발길질에 두 죄수가 소리를 지르며 신음을 했으나 발길질의 강도가 밀고자와 족제비를 만족시킬 정도로 세지는 못했다. 그들은 손에 든 쇠막대기를 창살 사이로 넣어 세 번째 죄수를 때리면서 발길질을 더 강하게 하도록 주문했다. 약 오분간 신음소리, 발길질하는 소리 및 쇠막대기를 휘두르는 소리가 뒤범벅이 되어 들려왔다. 그런 후에야 상처의 고통으로 절규하는 소리를 잠재우는 밀고자의 일갈과 함께 신음하는 죄수들은 제 자리에 들어가 앉을 수 있었다.

바깥마당에는 조선 민주주의 인민공화국을 상징하는 깃발이 나부끼고 있었다.

드디어 우리는 다시 이동했다. 이 감옥에 도착한지 15일이 지난 후 우리는 감방에서 나와 이동 준비를 명령받았다. 우리의 혁대를 되돌려 받았으나 나의 중국산 신발은 도둑 맞고 없었다. 상당한 시간 동안의 언쟁, 협박, 실랑이를 거쳐 그들은 낡은 즈크화 한 켤레를 내게 갖다 줄 수 있었다. 진주에서 올 때 중공군 운전병에게서 얻었던 작은 성냥갑과 몇 대의 담배는 돌려주지 않았다.

나는 손목을 철사줄로 묶였고 톰은 목발을 빼앗겼지만 이곳을 떠나기 위해 트럭에 올라타니 그렇게 기쁠 수가 없었다. 트럭이 길을 따라 출발할 때 우리는 뒤에 남아있는 불행한 죄수들을 생각하며 뒤를 돌아보았다. 감옥 정문으로부터는 양손을 철사줄에 묶인 채 긴 죄수의 행렬이 다른 감옥이나 강제 노동수용소로 옮겨가기 위해 끌려 나오고 있었다.

처음에 우리는 압록강 남쪽을 강과 평행으로 달리는 길을 따라 동쪽으로 향해 이동했다. 북쪽으로는 중국 북동부의 큰 톱날모양의 산봉우리들이 보였고 남쪽으로는 논과 낮은 구릉이 교차하고 있었다. 남쪽으로 향하다가 남서쪽으로 방향을 바꾸는 등 이상하게 우왕좌왕하는 여정 끝에 나흘 후 우리는 다시 평양으로 되돌아 왔다.

새벽 2시경 우리는 경찰서로 보이는 한 목조건물에 도착했으나 다행히 감방에 투옥되지 않았다. 우리는 날이 밝을 때까지 졸다가 아홉 시가 조금 지나 식은 쌀밥과 두부로 된 아침식사를 제공 받았다. 전날 저녁 한 경찰서에서 최근 1개월 동안을 통털어 가장 훌륭한 음식을 얻어먹을 수 있었던 우리는 둘 다 이 시원찮고 맛없어 보이는 아침식사에 별로 입맛이 당기지 않았지만 영양을 생각해서 두부는 다 먹었다. 유럽식의 싸구려 신사복을 입은 한 북한 젊은이가 음식을 담은 그릇을 가지고 와서 자기도 죄수지만 이곳에서 허드렛 일을 하도록 허가를 받았노라고 말했다. 제한된, 그러나 그런대로 알아들을 수 있는 영어로 그는 평양에 있는 한 고등학교를 다녔다고 했으나 왜 자신이 죄수가 되었는지 영어로 설명할 수는 없는 것 같았다. 그는 우리와 이야기를 하다가 발각되는 것을 원치 않는 눈치였으나 우리는 그를 통해 개성에서 다시 정전회담이 시작되었다는 사실을 알아냈다. 그는 그 이상은 이야기해주지 않고 화제를 바꿔 미국의 한 공군 장교가 북한의 한 포로수용소로 이송되어 가는 도중에 바로 이 건물을 거쳐 갔다는 이야기를 해주었다. 사오 일 후면 우리도 그 포로수용소로 이송될 것이라고 덧붙였다.

새벽녘에 수행원 몇 명을 대동한 경찰 중령 한 명이 우리를 지프에 태우고 진남포로 가는 길을 따라 출발했다. 도시에서 수마일 나와서 주 간선도로를 벗어나 흙길로 들어서서 여러 개의 마을을 지나 약 40채 정도의 농가가 모여 있는 마을의 한 농장에 도착했다. 벽돌로 된 창고가 있고 방들이 마을의 다른 집들에 비해 넓은 것으로 보아 일본인의 소유였던 것으로 추측되었다. 그 중령은 이중으로 된 큰 나무대문을 두들기며 누군가를 불렀다. 문이 열리자 우리는 지프에서 내려 마당으로 들어갔다. 대문 안에는 오랜만에 보는 북한군 보병 사병이 벌프총을 들고 보초를 서고 있었고 그 옆에는 하사가 한 명 우리에 대한 지시를 받고 있었다. 잠시 후 그 하사는 창고의 이중 문 중 하나를 열고 전등을 켜고는 우리에게 들어가라고 명령을 했다. 나와 목발을 짚은 톰이 안으로 들어가니 누군가가 거적을 덮고 바닥에 누워있었다. 다름 아닌 신의주에서 본 그 '호주' 사람과 미군 비행복을 입은 주근깨가 많은 얼굴을 한 젊은이였다. 우리는 서로 따뜻한 인사를 나누었다.

우리는 어느 날 아침 언덕에서 작업을 하다가 탈출을 하기로 최종적인 결정을 내렸다. 새로 만난 전우들에게 나의 포로생활에 대한 이야기를 하다가 자연스럽게 다시 탈출에 대한 주제로 이야기가 옮겨가게 된 것이다. 신의주 감옥에서 벗어난 후 빠르게 북한의 겨울이 시작되었으므로 나는 겨울 3개월 동안은 감옥에서 그냥 지내고 다가오는 봄에 새롭게 탈출을 기도하기로 원래 결심을 했었다. 어떤 경우에도 톰과는 행동을 같이 할 예정이었다. 내가 탈출하면 그가 뒤에 남아서 나의 범행에 대한 일부 책임을 지고 고통을 받을 것이 염려되어서 그를 혼자 북한군의 수중에 남겨두고 탈출할 수가 없었다. 그러나 지금은 젊은 미국인 조종사 잭과 호주 사람인 론과 상의해 본 결과 상황이 많이 변한 것 같았다.

첫 번째 변화는 우리가 북한의 포로수용소가 아닌 심문센터에 수감되어 있다는 것이다. 포로수용소에서는 무슨 호사를 기대하지는 못하더라도 겨울을 지내는 동안 건강을 유지할 수 있는 충분한 양의 음식을 기대할 수는 있었다. 그러나 이 심문센터에서는 기본적인 영양가를 위해 우리에게 공급되는 좁쌀밥과 된장 혹은 무잎국의 양이 점점 줄어들고 있었다. 더 심각한 문제는 집중적인 심문 대상인 톰의 경우 그의 비협조적인 태도를 응징하는 의미에서 그들은 그를 굶기려 하고 있었다. 그의 음식 배급은 완전히 중단되었고 먹을 물조차 중단하겠다는 협박을 받고 있었다. 우리에게 공급되는 불충분한 좁쌀밥을 그와 나누어 먹는 것으로 간신히 버텨오고 있으나 그나마 식사 때가 되면 감시가 더 심해져서 경비대장이나 감시병들이 우리를 지켜보고 있곤 했다.

둘째로 우리가 수감되어 있는 창고는 밤이 되면 몹시 추웠다. 마을에 주둔하고 있는 북한군 장병들에게는 따뜻한 겨울옷이 지급되었으나 심문관들은 비협조적인 포로에게는 옷을 공급하지 않는다고 우리에게 공언을 했었다. 우리는 협조하지 않았고 협조할 의사도 없었다. 따라서 우리가 지금 입고 있는 낡은 옷으로 북한의 한겨울 추위를 견뎌내야 하는 상황이었다. 그 점에 있어서는 잭이 최악의 입장에 있었다. 한여름에 격추 당한 그가 지금 입고 있는 옷이라고는 얇은 내의와 여름용 비행복뿐이었다. 신의주 상공에서 격추되는 미티오 전투기에서 낙하산으로 탈출한 론은 그나마 모직셔츠를 입고 있었다.

심문센터의 요원들은 내가 지금까지 만난 사람들 중에서 가장 불쾌하고 파렴치한 자들이었는데 그들은 광신적인 공산주의자이거나 잔악한 새디스트, 아니면 이 두 가지가 복합된 자들이었다. 심문센터의 책임자는 영어를 조금 하는 보병 중령이었다. 우리가 이곳에 도착했을 때 그는 우리가 가장 악질적인 전쟁 범죄자들이므로 심문 차례를 기다리는 동안 스스로 '노력'을 하지 않는 한 정상적인 급식을 기대할 수는 없을 것이라고 말했었다. 사실 이 노력이란 본부의 방공호를 구축하는 작업, 흙과 돌을 파서 옮기는 일, 시멘트 작업에 필요한 물을 멀리 운반하는 일, 마을에서 언덕으로 목재와 벽돌을 옮기는 일 등의 힘든 강제노동을 의미하는 것이었다. 우리는 포로로서의 부자유한 생활과 조잡하고 열악한 식사로 굉장히 허약해져 있어서 그런 작업을 수행할 만한 체력이 남아있지 않은 상태였다. 가끔은 저녁에도 추가작업을 해야만 했다. 김이라는 이름의 민간인 통역에 의하면 '젊은 소령'으로 통하는 우리의 담당 장교는 보병 소령이었는데 그는 우리를 지독히 싫어했다. 그는 우리에게 가능한 한 불쾌한 작업을 찾아 시키려 들었다. 예를 들면 종종 더럽기 짝이 없는 화장실 청소를 우리에게 시켰는데 화장실 청소란 작은 깡통으로 땅에 묻힌 옹기 안의 오물을 퍼서 줄줄 새는 양동이로 옮기는 일이었다. 화장실 청소가 끝난 후에도 우리에게 손 씻을 기회를 주지 않고 오물을 묻힌 상태로 숙소로 돌려보냄으로써 자신의 즐거움을 배가시키곤 했다. 또 작두로 소의 여물을 써는 작업을 시킨다든지 혹은 축사 청소를 시키기도 했는데 이런 일은 그나마도 낫다고 우리는 생각했다. 왜냐하면 맛은 없지만 허기진 배를 잠시나마 채울 수 있는 무 꼭다리를 훔쳐 먹을 수 있었기 때문이었다. 비록 별 성과는 없었지만 처음 두 번의 심문때 나는 우리의 처우에 대해 김에게 항의를 했다. 그는 자신과는 아무 상관도 없는 일이라고 시치미를 떼었으나 제네바 협정과 그 협정에 포함되어 있는 전쟁포로에 대한 규정을 들어 항의하는 내게 그 협정은 부르주아의 반동을 위한 도구이며 어쨌든 우리와 같은 전쟁 범죄자들에게는 적용할 수 없는 것이라고 대꾸함으로써 자신의 본성을 드러내었다. 김은 허영심이 많은 사람으로 전직 서울대학교 정치경제학 교수인 체했었는데 하루는 잭에게 와서 사실은 자신이 서울 라디오 방송국의 아나운서였다고 슬쩍 흘리기도 했다. 그는 열등감으로 가득 차 있는 사람이었고 젊은 소령과 마찬가지로 교육이라는 이름으로 겉치레를 하고 있는 야만인이었다.

 이런 것들이 우리 포로생활 주변에서 일어나는 일들이고 상황은 점점 더 악화되어 갈 것으로 예상되었다. 우리가 그날 아침에 모여 결정을 하기로 했으나 그 전에 한 가지 중요한 사항을 고려하지 않을 수 없었다. 미국 정규군 소령이어서 우리들보다 더 미움을 받고 있는 톰을 홀로 그들의 손에 맡겨 두어야 한다는 점이었다. 그들에게 있어 톰은 그들이 그토록 동경하고 두려워하며 따라서 깊이 혐오하는 모든 권력과 풍요로운 생활의 표상이었다. 내가 그런 톰을 두고 갈 생각을 할 수 있었던 것은 우리의 탈출이 그들로 하여금 그의 처우에 대한 뉴스가 바깥 세상에 알려지게 될지도 모른다는 두려움을 느끼게 할 수 있다는 점이었다. 우리가 탈출에 성공한다면 실제로 그가 인간으로서 마땅히 받아야 할 대우를 받게끔 개성을 통해 그들에게 요구할 수 있을 것이다. 그러나 우리가 탈출했다는 것을 알고 나면 그들은 이루 말할 수 없을 정도로 격분할 것이므로 톰이 살아남기는 어려울 것을 톰도 나도 알고 있었다.

우리가 최종 결정을 하기 전날 밤 나는 톰 옆에 누워 우리의 탈출 후 일어날 수 있는 상황에 대해 그와 귓속말을 나누었다.

"물론 자네들은 탈출해야 해."

그가 말했다.

"이곳의 최상관으로서 나는 승산이 있다고 판단되면 나의 안전에 대해서는 신경 쓰지 말고 탈출할 것을 명령한다."

나는 톰에게 악령에 씌운 것처럼 성격이 포악하고 불같은 젊은 소령의 처분에 따라 그의 운명이 좌우될 것이라는 점을 상기시켜 주었다.

"자네들은 떠나야 한다."

톰이 되풀이하여 말했다.

그를 잘 아는 나로서는 그에게서 다른 어떤 대답을 기대할 수 없음을 알았다. 다음날 아침 우리는 형세를 검토하고 내가 그날 저녁 행동을 시작하기로 결정을 내렸다.

처음에는 김이 혼자서 나를 심문했었다. 이것은 완전히 정치적인 성격의 심문이었는데 나를 그들의 목적에 부합하도록 전향시키거나 혹은 적어도 협조자로 만들 수 있는지 그 가능성을 타진하기 위한 것이었다. 그 동네에는 병을 앓고 나서 뼈만 앙상하게 남은 젊은 포로가 하나 있었는데 그는 표면상 그들의 의견을 받아들이고 어느 정도의 정보를 제공해 주었다고 했다. 우리는 그를 두 번 만나 보았는데 그는 아주 늙은이 같은 목소리로 우리에게 반항을 포기하라고 애걸하곤 했다. 그가 아는 바로는 미국인 포로 한 명이 반항하다가 우리가 수감되어 있는 바로 그 건물에서 굶어 죽었다고 우리에게 겁을 주었다. 그를 담당하고 있는 '우'라는 사람이 와서 더 이상 우리와 시간을 낭비하지 말라고 하며 그를 데리고 갔다.

탈출작업을 시작하기로 한 바로 그 날 해질 무렵 젊은 소령이 '이대위' 및 내가 '포커 페이스'라고 이름 붙인 중위와 함께 나를 심문하기 위해 불러냈다. 김이 통역을 했으며 이대위는 극히 제한된 영어 단어를 구사했고 나머지는 전혀 영어를 하지 못했다. 언덕 위 방공호 바로 아래에 위치한 오두막으로 가는 마을길로 김을 따라가면서 나는 이번 심문이 정치적인 것인지 또는 군사문제에 관련된 것인지 궁금했다. 만약 후자라면 그들은 내게 무슨 질문을 할 것인가? 나는 그들이 톰에게 한 많은 질문들이 설사 톰이 답변을 하고 싶어도 할 수 없는 내용에 관한 것이었음을 잘 알고 있었다. 그들은 한국전에서 미 공군 전투대대의 작전을 지휘하는 소령으로서 그가 분명히 알고 있을 것이라고 주장하면서 극동공군본부가 사용하는 극비 암호에 대해 상세히 답할 것을 요구했었던 것이다. 그날 저녁 내게 던진 질문들은 더 황당한 것이었다. 내가 젊은 소령 앞에 앉자 그가 김을 통해 질문을 해왔다.

"유럽과 극동 아시아 지역에서의 영국 정보처의 조직, 모집 및 훈련 방법, 파견방법, 그리고 교신 시스템에 대해 말하라."

마치 나를 영국 국방부의 기밀사항을 다루는 정보요원인 것처럼 생각하고 있는 그들의 발상이 재미있어 대책 없이 웃음이 나왔다. 그러자 이대위가 묵직한 나무자로 내 머리를 내리쳤다. 한 시간 동안 협박과 구타를 당한 후 다음날까지 내 답변태도에 대해 재고토록 하라는 경고와 함께 나는 다시 창고로 보내졌다.

바로 그 시간 창고 문 밖에서 보초를 서고 있는 사람은 얼굴에 여드름이 잔뜩 난 불친절한 젊은 감시병이었다. 그가 론에게 '호주'라는 용어를 자주 사용하여 우리는 그를 '호주'라고 부르고 있었다. 그가 우리를 괴롭히는 것을 즐기기 때문에 우리는 그를 무척 싫어했다. 우리가 깔고 있던 가마니를 없애버린 것이 바로 이 감시병이었고 우리가 식사 때 음식을 숨겨두었다가 톰에게 주는 것을 탐지해 낸 것도 그였으며 우리가 화장실 가는 것을 막은 것도 또한 그였다. 그가 보초를 서고 있으면 우리는 귓속말로 이야기했다. 그렇지 않으면 그는 감시대장으로 하여금 우리를 양 쪽 끝으로 따로 떼어 놓도록 했고 서지도 눕지도 못하고 꼭 앉아만 있게 했다. 처음에 우리는 그의 비위를 맞춰주려고 노력했으나 그 후에는 그를 무시했고 마지막에는 우리가 할 수 있는 한 그의 명령에 반발했다. 이 시점에 그가 보초를 서고 있는 것을 보고 나는 다행스럽게 생각했다. 왜냐하면 곧 교대할 것이기 때문이었다. 비록 그의 존재가 우리의 탈출에 방해가 되는 것은 아니지만 그가 우리에게 끼치는 영향으로 보아 그의 경계는 오늘 밤 우리의 계획을 재앙으로 몰고 갈 수 있을지도 몰랐다. 나는 그가 다른 감시병과 교대할 때까지 어둠 속에서 기다렸다가 작업을 시작했다.

나는 창고 바깥벽에 구멍을 뚫을 계획을 세웠다. 벽의 아래쪽 반 정도는 벽돌로 되어있어서 우리가 가진 빈약한 도구로는 작업이 불가능했다. 그러나 위쪽 반은 나뭇가지 엮은 것에 진흙을 바른 벽이 천장의 튼튼한 목재와 벽돌층 사이를 연결하고 있었다. 바깥에서 작업을 할 때 나는 낡은 드라이버 한 개와 녹슨 식탁용 칼 한 개를 주워 두었었다. 이 도구들과 내가 문하리에서부터 숨겨온 면도날을 사용하여 나는 잘게 썬 짚에 진흙을 섞어 바른벽을 잘라내고 나뭇가지 엮은 것 위에 진흙을 바른 벽을 잘라냈다. 감시병은 창고의 방공벽으로부터 15피트 정도 떨어져서 마당의 정문 옆에 있었다. 무언가가 의심스러워서 창고로 들어오려면 마당으로 와서 - 약 다섯 걸음 정도 걸어와서 - 문을 따고 전등을 켜야 했다. 내가 주의 깊게 경계를 하면 자는 체할 수 있는 충분한 시간적 여유가 있었다. 그러나 구멍을 파는 작업이 어느 정도 진전된 후에는 위쪽 벽에 왜 구멍이 나 있는지 경비병에게 설명을 할 수가 없을 것이었다. 내가 하루 저녁에 작업을 다 해치울 수는 없음을 알고 있기 때문에 첫 날 작업은 다음날 들키더라도 벽에서 흙이 떨어졌다고 둘러댈 수 있을 정도까지만 해두었다. 물론 벽 속의 나뭇가지 엮은 것을 자르는 작업은 시작하지 않고 낮에 잘 봐두었다가 다음날 저녁에 작업을 할 수 있도록 하기로 했다.

다음날 아침 감시대장이 문을 열고 좁쌀밥 그릇을 들고 들어왔을 때 우리는 모두 심장이 멎을 지경이었다. 벽을 쳐다보니 나뭇가지들이 잔뜩 노출되어 있었고 흙을 제거한 부분은 사람이 기어나갈 수 있을 만한 크기였다! 그 커다랗고 어두컴컴한 부분이 마치 감시대장과 감시병을 향해 여기 좀 보라고 외치고 있는 것 같은 느낌이 들었다.

그날은 무사히 지나갔다. 외부에서 작업을 하고 돌아와서 우리는 파낸 벽에 관심을 표한 사람이 있었는지를 톰에게 물었다. 아무도 모르고 지나간 것 같았다. 우리는 저녁을 먹고 잠자리에 드는 척했다. 그 날 어두워지자마자 '호주'가 보초를 섰기 때문에 앞으로 여섯 시간은 그가 다시 보초를 서지 않는다고 판단했다. 그가 교대되어 가자마자 나는 다시 작업에 들어갔다.

톰, 론 그리고 잭은 거적을 덮고 누운 채 창고의 서쪽 반을 차지하고 있는 심문센터 장교들의 방에서 들려오는 소리에 귀를 기울이고 있었다. 일단 내가 벽 속의 잔 나뭇가지들을 자르기 시작하면 우리 모두가 그날 밤 반드시 탈출을 성사시켜야 한다는 것을 알고 있었기 때문에 나는 가능한 한 빠른 속도로 작업을 진행시켰다. 아무리 작은 소리라도 예외 없이 모든 소리들이 방안에 메아리쳐 울리는 것 같았다. 지금 당장이라도 옆방의 장교들이 경종을 울리고 그에 따라 북한군 병사들이 의자를 차 던지면서 문을 열고 들어와서 나를 덮칠 것 같았다. 이따금씩 동지들 중 한 명이 조심스러운 목소리로 진척사항을 물어왔고 나는 최선을 다해서 그들에게 확신을 시켜주었다. 약 두 시간에 걸친 작업 끝에 잔 나뭇가지가 엮어져 있는 부분을 완전히 떼어내고 그 바깥쪽의 진흙벽 부분을 파내기 시작했다. 그리고 십 분 정도 후 나는 실망스러운 발견을 했다. 진흙벽 바깥쪽에 또 한 층의 잔 나뭇가지로 엮어서 만든 벽이 버티고 있었던 것이다. 방은 몹시 추웠지만 가능한 한 빨리 자르고 밀고 당기고 긁어내고 하느라고 나의 이마, 얼굴, 목 할 것 없이 온통 땀이 흘러 내렸다. 다음 부분을 제거하는데 또 한 시간이 걸렸다. 바깥쪽 끝 부분에 남아있던 진흙을 끌어내고 미끈하고 부드러운 면을 감지하고는 손을 내미는 순간 바깥의 찬 밤공기가 느껴져 왔다.

나는 세 사람이 누워있는 곳으로 돌아왔다. 잭은 톰과 귓속말을 하고 있었고 론은 잠이 들어 있었다. 그를 깨우고는 구멍으로 돌아가서 최선을 다해서 기어나가 끝쪽으로 내 손을 떨어뜨렸다. 외벽쪽에 가로질러 있는 넓은 선반 위에는 빈병, 양동이, 깡통, 자동차, 타이어, 나무를 때는 쇠난로 등이 놓여있었다. 선반 위에 서서, 병과 난로를 한쪽으로 치워 다음 순서인 론이 나올 수 있도록 공간을 만들었다. 구멍으로 그의 머리가 보이고 그의 어깨와 엉덩이가 보였다. 그러다가 갑자기 그가 균형을 잃었다. 그는 앞으로 꼬꾸라지면서 팔로 선반을 휩쓸어 난로를 그 아래 통로 쪽으로 떨어뜨렸다. 온 동네에 와장창 소리가 퍼져 나갔다.

가까이 위치한 외양간에는 황소 한 마리가 있었다. 론은 황급히 벽구멍으로 되돌아가 사라졌고 나는 황소 옆으로 가서 누워 이 경고음에 대한 반응을 살폈다. 몇 분이 지났으나 자고 있는 황소의 큰 숨소리 이외에는 아무런 소리도 들리지 않았다. 10분 후 나는 그 구멍으로 돌아가서 작은 목소리로 론을 불렀다. 이번에는 구멍에서 빠져 나오면서 선반 위의 빈 병을 넘어뜨렸으나 그것이 아래로 떨어지기 전에 내가 잡았다. 잭이 그의 뒤를 따라 나왔다. 우리 셋은 미리 계획한 대로 창고에서 80야드 정도 떨어져 있는 말린 옥수수대 더미로 이동했다. 내가 앞마당으로 돌아왔을 때 잭과 론은 이미 몸을 숨기고 있었다. 우리는 탈옥에 성공한 것이다.

앞마당의 한쪽 구석에 낡은 누비 상의와 바지들이 쌓여 있었다. 잭과 론의 옷이 너무 얇았으므로 이것이야말로 우리가 꼭 필요로 하는 물건이었다. 특히 잭이 해변에 도착하면 그 추위에 충격을 받을까 봐 걱정이 되었었다. 나는 건초사료를 마구간으로 옮길 때 주로 사용하는 구멍을 통해 앞마당으로 기어나가 옷을 짊어지고는 다시 그 구멍을 통해 옥수수대 더미로 돌아왔다.

 새 옷을 입은 잭과 론은 기분이 좋아 보였다. 잭이 벗어 버린 검은 비옷은 내가 입고 논을 가로질러 산쪽을 향해 북서방향으로 나아갔다. 우리가 심문센터를 뒤로 하고 진남포로 가는 간선도로를 건너가고 있을 때에도 총소리나 경보음은 들리지 않았다. 우리는 다시 한번 자유의 몸이 되었다.

9 얼굴에 수건 덮고 물 부어

　아침이 될 때까지 우리는 우리가 탈출한 포로수용소로부터 12마일을 걸었다. 대동강과 그 유역의 비옥한 계곡을 따라 넓게 자리 잡고있는 평양이 아침햇살 속에 우리의 눈 앞에 펼쳐져 있었다. 우리가 서 있는 언덕정상에는 숲이 우거져 있어서 밤새도록 걸어온 피로를 풀기에 충분했다. 오는 길에 저 멀리 들에서 캔 무를 먹으면서 해변으로 가는 진로를 의논했다.
　내가 알기로 진남포 북쪽의 해변은 밀물 시에도 갯벌이 5마일 이상 뻗어있었다. 그러나 그곳에는 깊은 내해가 형성되어 있었고 진남포 항구는 우리가 바다를 발견할 것으로 기대하는 지점에서 20마일 남쪽에 있었다. 론과 잭도 나의 의견대로 해안을 따라 북쪽으로 꺾어 깊은 내해로 가서 어선을 찾는 것이 진남포로 가다가 감시병을 만나는 위험을 감수하는 것보다는 낫다고 동의했다. 일단 우리가 해안에 도달하면 바람과 조수가 우리에게 불리하지 않기 만을 기원했다. 우리의 여정에서 가장 큰 문제는 음료수인 것 같았다. 현재 우리의 상태로 보아 음료수 없이 일주일 이상 바다에 머문다면 배를 효율적으로 저어 나갈 수 없을 것이었다.

　주의 깊게 정찰을 하고나서 어두워질 때 언덕을 내려왔다. 저 멀리 해안으로 연결되는 산맥으로 올라가기 전에 강과 계곡 하나씩을 건너야 했다. 낮은 경사면을 따라 숲속으로 걸어가는데 발밑에는 온통 누런 나뭇잎들이 덮여 있었다. 이곳에는 밤나무가 많았으나 밤은 동네 아이들이 다 따가고 나무 밑에는 빈 밤송이들만 여기저기 흩어져 있었다. 논이 펼쳐져 있는 계곡에 다다라서 우리 진로에 위치한 첫 번째 동네를 우회하여 나아갔다. 저 멀리 진흙으로 이루어진 높은 강둑들 사이로 깊고 빠른 물살의 강이 흐르고 있었다. 나는 옷을 적시지 않기 위해 상류 어딘가에 있을 건널목을 찾아야겠다고 생각했다. 일단 옷을 적시면 밤 서리에 젖은 옷이 얼어 버릴 것이고 다음날 밤이 오기 전에 그 옷을 말릴 수 있는 맑은 날을 보장할 수도 없는 상황이었다.

　갑자기 작은 사잇길에서 젊은 민간인 한 명이 나타나서 우리가 지나가는 것을 주의깊게 쳐다보았다. 우리는 그가 우리 시야에서 사라질 때까지 뒤돌아보지 않고 계속 계곡을 가로질러 가다가 다시 오던 길을 되돌아가서는 방향을 바꾸어 강둑을 따라 나 있는 사용되지 않는 것 같아 보이는 좁은 길을 따라갔다. 충분히 몸을 숨길 수 있을 만한 덤불숲이 있는 곳에 다다르자 그 안으로 들어가서 누가 우리를 추적하고 있는지 살펴보았다. 덤불숲 속의 차가운 땅 위에 앉아있는데 아래쪽에서 강물 흐르는 소리 외에는 아무 소리도 들리지 않았다. 10내지 15분쯤 지나서야 가벼운 발자국소리가 들려왔다. 나뭇가지 사이로 내다보니 아까 우리가 마주쳤던 그 민간인이 주위를 살피며 좁은 길을 따라 오고 있었다. 그는 우리를 보지 못하고 지나쳐서 우리의 오른쪽으로 뻗어있는 큰길을 따라갔다. 약 반 시간이 지났는데도 그는 되돌아오지 않았다. 그래서 나는 다시 행진을 계속해도 되겠다고 생각했다.

또 하나의 동네를 우회하여 우리가 막 다시 강을 건너기 위해 내려가려는 찰나 가까운 위치에서 소총을 장전하는 소리가 들려왔다. 그 순간 구름에 가려져 있던 달이 구름을 벗어났고 달빛 아래 약 25야드 떨어진 위치에서 소총을 내게 겨누고 있는 한 보초병이 보였다. 잭과 론은 나의 뒤쪽에 있었다. 우리 모두가 다시 포로로 잡힌다는 것은 어리석은 짓이었다. 그들이 도망갈 수 있는 가능성은 내 경우보다 나았다. 그들에게 옆에 있는 논두렁을 따라 포복하여 도망가도록 신호를 하고 나는 보초병의 주의를 딴 곳으로 돌리기 위해 침착한 목소리로 말을 걸면서 그를 향하여 천천히 접근해 갔다.

나에게 신경을 쓰느라고 그 보초병은 다른 두 사람을 보지 못했다. 내가 그로부터 약 열 발자국 정도 떨어진 위치까지 다가갔을 때 그는 나를 확고하게 정지시켰다. 우리는 서로 마주 쳐다보았다. 그는 나의 정체에 대해 알지 못하는 것 같았다. 나는 그가 겨누고 있는 총구로부터 어떻게 하면 빠져 나갈 수 있을까 하고 궁리를 했다.

감시병이 출동하여 나를 근처 동네의 초소로 데리고 갔다. 그 초소는 푹 파인 지형에 위치해 있어 낮에 언덕에서 정찰할 때 미처 우리 눈에 띄지 않았던 것이다. 나는 그들에게 속임수를 쓰기로 결심하고 아주 친근한 목소리로 벽에 걸린 천연색 스탈린 사진을 가리키며 '토바리취(역자 주: 동지라는 의미의 당시 소련어)'라고 말했다.

잠시 동안 북한군 병사들은 어리둥절하여 나를 쳐다보았다. 그들은 탈출할 때 톰이 내게 준 중공군 모자와 내가 입고 있는 검은 비옷을 유심히 보더니 나의 수염과 파란 눈을 가리키면서 자신들끼리 이야기를 나누었다. 그 중 한 사람이 앞으로 나와 초급 소련어인 듯한 말 몇 마디를 내게 건네었고 나는 열심히 '스키' '쉬' '윗쉬' '오프' 같은 접미어를 말끝마다 붙이며 되는대로 지껄여 댔다. 그들의 갈색 눈이 점점 내게 친밀감을 보이게 되자 나는 마치 지금 몇 시인지 묻는 것처럼 그들의 시계를 가리키며 이제 가야 한다는 표시를 했다. 그들이 웃음을 띠웠고 그 중 두 사람은 내게 악수까지 해서 나는 정말로 빠져나가게 되는 줄 알았다. 운이 좋으면 그들이 나를 동네 어귀까지 배웅해줄지도 모를 일이었다. 그들이 내게 준 담배에 막 불을 붙이려는 순간 문이 열리더니 한 북한 경찰 간부가 들어왔다. 그는 한국어도 아니고 중국어도 아닌 어떤 언어로 빠르고 유창하게 말을 걸며 내게로 다가왔다. 몇 마디 더 듣고는 나는 게임을 포기해야겠다고 생각했다. 그는 소련어 통역이었다. 나는 담배를 한 모금 깊게 빨아들이고는 영어로 말했다.

"무슨 오해가 있는 것 같다."

그의 굳어진 표정으로 보아 그는 무엇인가를 단호하게 바로잡으려는 것 같았다. 나는 두 팔을 뒤로 단단히 결박당한 채 초소를 나섰다.

혹시 내가 그곳에서 빠져나가 갈라진 마룻 바닥 사이로 기어 도망가지나 않나 해서 30분 간격으로 들여다보는 감시병 때문에 자주 잠을 깨면서 아주 불쾌한 밤을 보냈다. 해가 뜬 후 두세 시간 지나 현지 경찰서의 감방문이 열리자 심문센터 책임자가 나를 내려다 보고 서 있었다.

"아!" 그가 말하며 내게 장난끼 섞인 발길질을 했다. "그래 그들이 잡은 것이 누군가 했더니 바로 당신이었군."

나는 묶인 채 감방에서 나와 다른 동네로 끌려갔는데 그곳에는 김과 한 경찰 중령이 기다리고 있었다. 내가 가까이 가자 김이 말했다. "당신은 대단히 어리석은 짓을 했다. 이 일로 당신은 죽음을 면치 못할 것이다." 그의 얼굴은 분노로 일그러져 있었다.

나를 데리러 왔던 7 내지 8명의 경비병들이 모두 한 집에서 아침식사를 하는 동안 나는 밖에서 기다리고 있었다. 그들이 식사를 마친 뒤 나는 안으로 끌려들어가 예비 심문을 받기 시작했다. 참관자들에게 정신교육을 시키기 위해 그 경찰 중령은 권총을 빼서 내 얼굴에 대고 휘두르다가 그것으로 머리를 후려쳤다. 그는 행동을 시작하기 전에 나의 손과 팔이 확실히 묶여있는지 먼저 확인을 했다.

우리는 누군가가 혹은 모두가 다시 잡히는 경우 이렇게 이야기하기로 미리 합의를 했었다. 첫째, 톰이 자고 있는 동안 우리가 벽을 뚫고 탈출했으므로 그는 우리의 탈출계획에 대해 전혀 모른다. 이렇게 말함으로써 그에게 처벌이 가해지지 않도록 하려는 것이다. 다음은, 누군가는 탈출을 고안해내고 구체적인 계획을 세운데 대한 책임을 져야 하는데 그 책임은 상급자로서 내가 지기로 했다. 마지막으로 앞으로 선박에 대해 그들이 특별한 경계를 하지 않도록 하기 위해 어떠한 경우라도 우리가 선박을 사용하여 탈출하려 했다는 것은 절대로 입 밖에 내지 않기로 했다.

나는 우리가 합의했던 대로 이야기를 했다. 동네에서 맨 처음 심문

받을 때도 그렇게 이야기했고 같은 날 오후 평양에 있는 경찰본부에서도 같은 이야기를 했다. 이제 또 다시 나는 이 불쌍한 탈출미수범을 심문하는 것 외에는 별로 할 일이 없어 보이는 경찰간부 세 명과 함께 한 방에 앉아 있었다. 그들이 내게 특별히 관심을 쏟고 있는 이유는 포로를 놓쳤을 때 그 탈출한 포로로 인하여 포로들의 처우가 바깥세상에 알려질 수 있기 때문인 것 같았다. 어떤 이유에서든 그 후 내게 발생한 일에 대한 책임이 적어도 어느 정도는 그날 오후 나와 회견을 했던 경찰간부들에게 있었다.

내가 그 방으로부터 끌려 나가기 전에 그들의 전형적인 불합리성을 단적으로 보여주는 사건이 발생했다. 책상에 앉아있던 첫번째 대령이 말했다.

"당신은 겨울옷도 주지 않는 등 포로들에 대한 열악한 대우 때문에 탈출을 시도했다고 했는데 - 이것도 우리가 사전에 합의한 내용의 일부였다 - 우리에게는 여분의 음식, 의복 그리고 의료용품이 없다. 모든 예법을 어기는 미국 침략자들의 비인도적인 폭격으로 모든 보급품이 단절된 것이다. 당신네들은 우리를 원망하지 말고 당신들 편을 원망해야 한다."

김의 통역이 끝나자마자 다음 대령이 말을 이었다. 앞 사람이 말한 내용은 전혀 무시하고 그와는 완전히 상반되는 이야기를 했다.

"우리는 보급품을 충분히 확보하고 있다. 미국 침략자들의 폭격은 우리의 전쟁수행 능력에 조금도 영향을 미치지 못하고 있다. 그러나 우리는 진실을 받아들이고 우리에게 협조하는 자들에게만 그 보급품을 공급한다. 만약 우리에게 협조한다면 당신도 다른 사람들과 똑같이 좋은 대우를 받을 것이다"

이처럼 모순 되는 두 가지 이야기로도 충분치 않았는지 이번에는 세 번째 대령이 보충을 했다.

"당신은 우리에게서 그런 보급품을 절대로 기대할 수 없다. 당신은 전쟁범이고 따라서 범죄자로서의 신분이외의 것을 기대해서는 안 된다. 그나마 당신이 아직 목숨을 부지하고 있는 것은 단지 우리의 자비심 덕분이다."

이 세 사람의 이야기를 통역하고 나서 김은 나를 방에서 데리고 나갔다. 아마도 세 대령들이 누가 무슨 이야기를 내게 했어야 하는지를 서로 따져 보려는 것 같았다. 나는 가까이에 있는 네모난 석조 건물로 끌려 들어갔는데 그 곳에는 젊은 소령이 직접 나를 심문하려고 기다리고 있었다. 중위인 포커 페이스와 김도 합류했다. 이것은 심상치 않은 심문이 될 것 같은 느낌이 들었다.

나는 우리가 미리 합의했던 대로 이야기했는데 그들은 내가 다시 포로로 잡힐 때 론과 잭이 어느 방향으로 도주했는지를 물었고 나는 답변을 거부했다. 처음에 나는 엉터리 정보를 제공할까 생각을 했으나 그것은 별 의미가 없음을 깨달았다. 나는 그들에게 아무런 정보도 주지 않겠다고 했고 또 그렇게 말하는 것이 당연했다. 매번 심문을 받을 때마다 나는 영국군 장교이고 나의 동료를 다시 잡는데 도움이 될 만한 정보를 내게서 기대하지는 말라고 말했다. 젊은 소령은 그것이 나의 의도하는 바라면 그렇게 하라고 했다. 실랑이가 약 30분 정도 지속됐고 결국 김의 통역으로 젊은 소령이 말했다.

"당신은 거짓말로 우리를 속일 수 있다고 생각하고 있다. 그러나 당신은 절대로 그렇게 할 수 없을 것이다. 우리는 과학적인 마르크스 스탈린주의로 무장하고 있으며 당신의 이야기를 과학적으로 분석하고 있다. 더구나 당신의 태도는 당신의 불성실함을 잘 보여주고 있다. 당신은 우리와 협조하는 것을 거부함으로써 당신 자신을 우리의 적으로 만들고 있다. 우리 소령님께서는 이제 탈출을 시도하고 침략군에서의 지위를 이용하여 다른 포로들에게도 함께 탈출하도록 압력을 가한 죄를 속죄할 수 있는 마지막 기회를 당신에게 주려고 하고 있다. 이 기회를 놓친다면 우리는 당신에게 가혹한 형벌을 적용할 수밖에 없다."

그가 통역을 마치자 모두 나를 쳐다보았다. 내가 대꾸했다.

"당신들에게 다 털어놓았다. 더 이상은 할 이야기가 없다."

내가 한 말을 김이 젊은 소령에게 통역하자 그는 자리에서 일어나 그가 알고 있는 단 한 마디의 영어를 했다.

"오케이."

그는 문 쪽으로 가며 다시 한 번 말했다.

"오케이!"

그가 권총을 빼어들고 나를 겨누자 포커 페이스가 나에게 따라나서라는 눈짓을 했고 김을 포함하여 우리는 모두 함께 방에서 나왔다.

젊은 소령이 복도를 따라 걸어갔다. 복도가 거의 끝나는 지점의 왼쪽 편에 지렛대 형의 손잡이가 두 개 달린 철문이 있었다. 지렛대는 6인치가 넘는 길이였는데 그 끝이 안쪽의 문기둥에 연결되어 철문이 잠겨지는 구조로 되어 있었다. 그 문을 통과하면서 살펴보니 벽은 상당히 두꺼웠고 두 개의 철판 사이의 부분은 무슨 섬유 종류로 채워져 있었다. 포커 페이스가 문을 닫아 안쪽의 지렛대로 잠그고는 돌아가서 젊은 소령 옆에 섰다.

"웃옷을 벗어라." 김이 말했다.

내 눈 앞에 펼쳐져 있는 광경이 내 마음에는 도저히 현실로 받아들여지지 않았다. 우리는 시멘트벽과 콘크리트 바닥에 둘러싸인 사각형의 작은 방에 있었다. 머리 위에는 나무천장에 달려있는 금속고리에 연결된 밧줄이 내려와 있었다. 왼쪽 벽에 그런 고리가 두 개 더 있었고 오른쪽 벽 밑에 큰 물통이 하나 있었다. 그 옆에는 어린 아이들이 유치원에서 쓰는 것 같은 작은 의자가 있었고 그 등받이에 뒤엉킨 밧줄이 걸쳐져 있었다. 천장에 매달린 한 개의 밝은 전등불빛으로 바닥과 벽에 묻은 핏자국 같은 것이 보였다. 더럽고 이가 들끓는 나의 웃옷과 내의를 벗으면서 나는 이곳이 고문실이라는 것을 깨달았다.

그러나 나는 아직도 실감이 나지 않았다. 나는 20세기에 살고 있다. 올해는 서기 1951년이다. 설마 이 세 사람이 비정하게 나를 고문하려는 것은 아닐 거라고 나는 믿었다. 그들의 얼굴을 둘러보니 누구의 얼굴에도 감정이나 동정심은 보이지 않았다. 나는 내가 벗은 옷을 바닥에 떨어뜨렸고 김이 그것을 구석으로 차 던지고 포커 페이스는 다시 내 손목을 묶었다. 젊은 소령이 김에게 뭐라고 말했고 김이 통역했다.

"꿇어 앉아."

아직도 이것이 정말로 내게 벌어지고 있는 일임를 실감하지 못한 채 꿇어 앉으며 그들을 쳐다보는 순간 젊은 소령의 주먹이 나의 관자놀이를 향해 날아왔고 그것을 시작으로 그와 포커 페이스의 구타가 한 동안 계속되었다. 그들이 나를 걷어차기 시작하자 김도 합류했다. 젊은 소령의 주먹을 피하기 위해 몸을 숙이자 이번에는 김의 주먹이 내 얼굴을 강타했다. 그들이 보자기로 내 얼굴을 가리는 순간 나는 젊은 소령의 얼굴에 야만적인 쾌락의 표정이 떠오르는 것을 보았다. 그것은 공포스러운 일이 아닐 수 없었다. 그는 나의 고통을 진짜로 즐기고 있었다.

 순진하게도 나는 이 고문이 나에 대한 형벌이거나 아니면 론과 잭에 대한 정보를 얻어내기 위해 유도하는 하나의 방법인 것으로 생각했다. 이것은 서장에 지나지 않았다. 얼굴을 덮었던 보자기를 치우더니 김과 포커페이스가 나를 부축하여 작은 의자에 앉혔다. 나는 연민과 동정으로 인한 것으로 보이는 그들의 행위에 고맙다고 말할 뻔했다. 그러나 그것은 연민이나 동정에 의한 행위가 아니었다. 이제 그들은 나의 두 다리를 의자의 앞다리에 묶고 두 팔을 의자의 등받이에 묶었다. 아직 묶인 채인 나의 손목은 또 다른 밧줄로 의자의 뒷다리 사이를 가로지르는 막대와 연결하여 묶여졌다. 그리고는 젊은 소령이 나의 가슴을 발로 차자 내 묶인 몸은 의자와 함께 뒤로 넘어졌다.

 젊은 소령이 옆에 있는 물통에서 얼음처럼 차가운 물을 몇 바가지 떠서 나의 얼굴과 목에 끼얹자 포커페이스가 수건을 가지고 왔다. 그때까지도 나는 이들이 무슨 짓을 하려는지 잘 이해하지 못하고 추위에 떨면서 반복되는 찬물세례로 뼛속까지 냉기가 느껴진다는 생각만 했다. 그러나 포커페이스가 내 얼굴에 수건을 덮고는 그 위에 물을 계속 더 많이 부었다. 내가 일어서려고 움직이자 ― 그래봤자 얼굴을 약간 앞으로 쳐들 수 있는 정도에 불과한 불쌍한 시도였지만 ― 젊은 소령은 구둣발을 내 입 위에 올려놓고 짓눌러 내 얼굴이 다시 뒤로 제쳐지도록 했다. 수건 위로 계속 퍼붓는 물의 일부는 가슴으로 흘러 내렸지만 일부는 코와 입으로 스며들어갔다. 나는 목구멍과 코로 스며든 물을 도로 뱉어내려고 안간힘을 썼다. 그들이 조심하지 않으면 나는 완전히 질식할 지경이었다. 그 순간 나는 그들의 의도를 알 수 있었다. 그것이 바로 그들이 의도하던 바였다. 나는 내 생애에 그렇게 공포에 질린 적이 없었다.

 그것은 간단하지만 대단히 효과적인 고문이었다. 수건으로 위쪽으로는 머리끝에서부터 아래쪽으로는 가슴까지 나의 얼굴을 완전히 덮어놓고 처음에는 그 수건이 나의 피부에 달라붙어 떨어지지 않을 정도로만 물을 부었다. 그래서 내가 숨을 들이쉴 때마다 젖은 수건이 빨려 들어와 나의 얼굴에 더 밀착되었다. 수건이 어느 정도 말라 있는 상태인 동안에는 나는 적당히 호흡을 할 수 있었다. 그러나 점점 수건이 흡수한 물의 양이 증가하며 포화상태에 이르자 내가 호흡을 할 때마다 폐에 공급되는 산소의 양은 점점 줄어들었다. 나의 입과 콧구멍은 물로 가득 찼다. 얼굴에 달라붙어 있는 젖은 수건을 떼어내어 보려고 머리를 양쪽으로 흔들어 마지막 안간힘을 쓰면서 나는 내가 죽어가고 있음을 깨달았다. 포커페이스와 김이 양손으로 나의 머리를 고정시켰고 젊은 소령은 물을 더 많이 부었다. 숨을 참느라 잠시 엄청난 고통을 느끼다가 나는 어느덧 어두움으로 가득 차 있는 달콤한 고요함 속으로 빠져 들어가고 있었다.

 틀림없이 그들이 나를 죽이려 하고 있다고 나는 생각했다. 그들이 내게 가하고 있는 잔혹한 고문의 정도로 보아 그들의 목적을 안 이상 나는 살아남기를 바랄 수 없었다. 그러나 그들은 나보다 이 방면의 경험이 더 많았다.

 젊은 소령은 언제 고문을 중지해야 되는지를 정확히 알고 있었다. 내가 의식을 잃어가는 그 순간 잠시 고문이 중지되었다. 이번에는 아직도 작은 의자에 묶인 채 그러나 의자를 일으켜 세워 꼿꼿이 앉혀져서 계속 퍼붓는 물이 콧구멍과 입에서 가슴으로 흘러내리는 물고문을 당했다. 젊은 소령이 간헐적으로 내 등을 담뱃불로 지져서 나는 비교적 빨리 의식을 되찾았다. 나는 그가 미소를 짓고 있는 것을 보았다. 그것은 절대 유쾌한 미소가 아니었다. 김은 자신들이 원하는 정보에 대해 더 캐묻기 시작했지만 젊은 소령은 이미 단념하고 있었다. 약 십분 후 이 고문의 전 과정이 다시 반복되었고 나는 똑같은 공포를 다시 한 번 경험했다. 내가 죽어가고 있다는 느낌은 전과 마찬가지였지만 죽어가는 허파로 숨을 쉬려고 할 때의 고통이 죽음보다도 더 다급했다. 이런 식으로 세 번이나 같은 고문이 반복된 후에야 나는 고문실에서 끌려 나올 수 있었다.

호출되어 들어온 경찰 간부 두 명 사이에서 나는 간신히 걸어서 그 건물 밖으로 나왔다. 음산하고 흐린 밤에 그들은 나를 약 200야드 떨어져 있는 콘크리트 건물인 감옥으로 데리고 가서 그곳의 당번 준위에게 인계했다. 그 감옥은 신의주의 감옥과 아주 비슷하게 지어져 있었고 감방 안의 죄수들도 비슷한 모습으로 앉아 있었다. 조금 지나서야 안 것인데 한 가지 다른 점은 이 건물이 조금 더 현대적이고 견고하게 건축된 것이었다. 간수 두 명이 긴 통로를 지나 끝에 위치한 문을 열고 후레쉬 불빛으로 비추며 그 안의 증축한 부분으로 나를 데리고 들어갔다. 그 안쪽 통로의 거의 맨 끝에 불이 켜져 있지 않은 감방이 하나 있었다. 다리도 묶여 있고 손목은 더 단단히 결박된 상태인 나를 그들은 그 방으로 밀어 넣었다. 나를 결박하고 있는 밧줄이 튼튼한지 확인을 하고 나서 간수들은 감방을 나갔다. 문이 닫히는 쇳소리가 나고 자물쇠를 돌려 잠그는 소리가 들렸다. 그들이 통로를 걸어 나가는 발자국 소리가 메아리 쳐 들리고 바깥 통로로 나가는 문이 닫히더니 마지막 남아 있던 불빛의 흔적이 사라졌다. 나는 평화로운 상태는 아니더라도 잠시나마 적어도 혼자 남겨져 있다는 것으로 만족했다.

이것이 첫째 날의 일이었다. 그들은 둘째 날에도 나를 고문했으나 삼일째에는 하지 않았고, 사일째와 육일째 날에는 다시 고문을 했다. 그 사이에는 감방 바닥을 온통 덮고 있는 물을 피해 구석에 웅크리고 누워 지냈다. 매일 아침 삶은 옥수수를 한 그릇 가져왔으나 먹을 물은 주지 않았다. 내가 식사를 하는 동안 손목은 풀어주었으나 상처가 나서 욱신욱신 쑤시는 발목은 풀어주지 않았다. 내가 화장실에 갈 것을 요청해도 그들은 허락해 주지 않았다. 무를 잘못 먹어서인지 옥수수 때문인지 장염에 걸려 나의 옷은 금방 더러워졌다. 그런데도 이들은 개의치 않는 것 같았다. 내가 누워 있으면 밤낮으로 피를 빨아 먹는 벌레들이 내 살 위를 기어 다니며 나를 괴롭혔다. 어떤 때는 내 몸뚱이 전체에 수백 마리의 이가 우글거리며 내 살을 뜯어먹고 있는 것 같았다. 단 몇 분간도 한 군데에 가만히 앉아 있을 수 없는 지경이었다. 그 불편함은 더 이상 참을 수 없는 지경에 이르렀으며 나의 관절에는 불이 났다. 그 6일간은 내게 음식을 가져올 때나 내가 고문실로 끌려 갈 때 이외에는 불을 켜주지 않았다. 나는 어둠 속에 누운 채 물통이 있는 고문실로 끌어내기 위해 다가오는 발자국 소리만 듣고 지냈다.
여섯 번째 날 저녁 고문실에서 돌아왔을 때 나는 어느때 보다도 더 의기소침해져 있었고 나의 저항이 약해져 가고 있는 것을 나 자신으로부터도 숨길 수가 없는 상태였다. 나는 매번 내 스스로가 한번만 더 버티어 보자고 다짐했고 또 다음 번에는 다시 한 번만 더 버텨보자고 하곤 했다. 그날 밤 내내 머리가 어지러웠는데 아마도 심한 구타 때문인 것 같았다. 주기적으로 나의 귀에는 사람들의 목소리가 환청으로 들리기 시작했고 가족과 함께 있는 꿈을 생생하게 꾸기도 했다. 그날 고문 중에 김이 내게 말했었다.

"우리가 달아난 놈들을 다시 잡지 못하면 당신은 고문당하다가 죽을 것이다. 우리는 당신을 서서히 죽이는 여러 가지 방법을 알고 있다."

일곱 번째 날이 되자 나는 나의 심신이 견딜 수 있는 한계점에 도달했음을 깨달았다. 나는 열심히 기도를 했다. 하나님에 대한 나의 믿음이 지금보다 더 강해본 적은 없었다. 신기하게도 그로부터 한 시간도 채 지나지 않아 내가 처한 상황이 나아지기 시작했다.

바깥 통로로 나가는 문이 열리고 후레쉬 불빛이 나의 감방을 향해 다가오고 있는 것이 보였다. 나의 방문 앞에 세 사람이 도착하더니 감방의 전등 스위치를 켰다. 그 순간 나는 또 다시 이들에 의해 끌려 나가는 것으로 생각했다. 심문센터의 이 대위가 내 감방으로 들어와 나를 내려다보며 나의 이름을 불렀다.

"당신은 참으로 운이 좋다." 그가 말했다. "우리는 내일 당신을 총살하기로 했다."

차라리 다행스러운 심정이었다. 고통으로 울부짖는 나 자신의 목소리를 내 귀로 들으며 고문실에서 고통과 공포 속에 비열하게 죽느니 나의 직업에 걸맞게 깨끗한 죽음을 맞이하게 된 것이 그저 감사하게 여겨졌다. 나는 고문을 받으면서도 소리를 지르지 않고 버텨내는 부류는 아니었다. 나는 숨이 붙어 있는 한 심문자들에게 욕하며 소리를 질러대곤 했다.

이 대위는 떠났으나 나머지 둘은 남아 있었다. 북한 경찰간부 한 명이 간수 한 명과 함께 감방문 밖에 선 채 조금이라고 편해 보려고 이리저리 움직이고 있는 나를 쳐다보고 있었다. 그는 간수에게 무언가를 지시했고 그러자 간수가 감방 안으로 들어와서 손목과 발목의 결박을 풀어주고는 다시 감방문 자물쇠를 잠그고 멀어져 갔다. 갑작스런 움직임의 자유에 익숙지 않아 불안하게 흔들거리면서 나는 일어서 보았다. 발길질로 인하여 갈비뼈 두 개가 부러졌고 머리, 어깨 및 허벅지는 상처가 나서 쓰라렸으며 여기저기 담뱃불로 지져진 등은 누더기 옷자락이 스칠 때마다 따끔따끔 쑤셨다. 그러나 나는 다시 자유롭게 움직일 수 있었다! 나의 팔을 내 마음대로 올리고 내릴 수 있었다. 몇 분간 나는 경찰 간부가 아직 남아 있다는 사실을 잊어버리고 그가 지켜보는 가운데 행복하게 몸을 이리저리 움직여 보고 있었다. 그가 창살을 통해 나를 불러서 우리는 서로 얼굴을 마주보게 되었다. 그는 보통 키이고 그의 경찰 제복에는 대위 계급장이 붙어 있었다. 후레쉬 불빛 속에 그가 안경을 끼고 있는 것이 보였다.

"담배 있소?" 잠시 후 그가 물었다. 나는 머리를 저었다. 그는 물론 내가 담배를 가지고 있지 않다는 것을 알고 있었다. 그는 호주머니에서 담배 세 대를 꺼내어 성냥과 함께 창살 사이로 밀어 넣어 주었다. 여러 주일 만에 처음으로 담배를 피우면서 그의 앞에 서 있는데 그는 머리를 가로저으며 나에게 미소를 지었다. 분명히 동정의 미소였다.

그간 그처럼 모진 일을 겪은 후이므로 이 단순한 동정의 행위에도 나는 자제력의 한계를 벗어났다. 우리가 말없이 서로 마주보고 서 있는 동안 나의 수염 덮인 볼에는 눈물이 하염없이 흘러내렸다.

다음날 아침 이 대위가 나의 감방에 왔을 때 내 마음은 담담했다.

지난밤에는 간수들을 위해 허드렛일을 하는 대가로 어느 정도의 자유를 누리고 있는 듯한 다른 죄수가 나의 감방에 넣어준 멍석 조각 위에 앉아 비교적 편안한 시간을 보냈다. 그는 중국계 북한 사람이었는데 할빈에서 몇 년간 고등학교에 다닌 적이 있다고 했다. 그는 영어를 꽤 하는 편이어서 우리는 속삭이는 목소리로 이야기를 나누었다. 그를 통해 나는 내가 갇혀 있는 곳이 정치범들의 구역임을 알 수 있었다. 이곳에 갇힌 죄수들은 보통 죄수들보다 더 긴 시간 동안 강제 노동을 해야 하는 아주 나쁜 구역이라고 그가 설명해주었다. 미국인들이 나를 구출해 줄 것이냐고? 나는 그들에게는 나를 구해주는 것보다 더 중요한 할 일이 많이 있을 것이라고 말해 주었다. 그가 낡은 걸레를 가져다주어서 나는 그것으로 내 몸에 묻은 오물을 조금이라도 더 닦아내려고 노력했다. 속옷은 이제 얼마 안 있으면 필요 없어질 것이라고 생각하여 벗어 버렸다. 모자와 빗이 없어 총살형을 집행하는 병사들에게 단정치 못한 군인으로 보일까봐 그것이 가장 유감스러운 일로 생각되었다. 나의 팔꿈치를 무릎에 얹고 감방 한쪽 구석에 있는 조그마한 멍석조각 위에 앉아 호사스러운 시간을 보냈다.

그들이 전날 결박을 풀어주고 난 후 조금 있다가 지붕의 덮개를 조금 제거해 주어 동전 크기의 공간이 생기면서 희미하지만 햇빛이 비춰 들어와 감방 안이 많이 좋아진 것 같았다. 차차 나의 눈은 여기에 적응해 나갔다. 감방 한쪽 구석에 앉아 지난날을 더듬어 생각해보니 즐거웠던 일들이 그렇게도 많았던 내가 얼마나 운이 좋은 사람이었는 지를 알 수 있었다. 나는 이 구역에 갇혀 있는 다른 어떤 죄수들보다도 훨씬 더 행복했었음에 틀림이 없었다. 나는 우리 가족들이 나의 죽음에 대한 통보를 빨리 받아서 더 이상 나에 대해 노심초사 하지 않게 되기를 바랐다.

이 대위가 나타나자 나는 전날 누군가가 내 감방에 던져 넣어준 잭의 검은 우비를 주워들고 일어섰다. 나는 그것으로 나의 누더기 옷을 가리려고 했던 것이다.

"당신 어디를 가는데 그걸 가지고 가나?" 이 대위가 말했다. "그것은 필요 없다."

그의 말이 맞는 것 같았다. 나는 우비를 멍석 조각 위에 던져버리고 그보다 앞서서 감방문을 나섰다. 우리는 통로를 지나 상쾌한 11월의 아침 공기 속으로 걸어 나갔다. 하늘은 푸르고 맑은 햇빛이 쏟아지고 있었다. 바깥 공기는 차가웠으나 해가 나서 춥지는 않았다. 문 바깥쪽으로 진흙으로 덮인 광장에 느긋하게 서 있는 소총을 든 병사들이 보였다. 나는 이 총살형을 집행할 병사들과 함께 얼마나 더 걸어가야 사형 집행 장소에 다다를지 궁금했다.

이 대위는 병사들을 향해 자신의 권총으로 신호를 하며 말했다.

"시작하라."

나는 시편 23장을 외우며 그들에게로 다가가서 그들과 함께 평양의 중심부로 가는 길을 따라 행군을 했다. 그 순간 나는 잭이 근처의 다른 건물로부터 걸어 나오는 것을 보고 깜짝 놀랐다.

"그와 잡담하지 말라." 이 대위가 명령했다. 그와 함께 나온 세 명의 감시병이 제대로 인사를 할 시간도 주지 않고 우리를 길 양편에 갈라놓았다. 내가 잭도 역시 총살당하러 가는 것인지, 그리고 그렇다면 누가 먼저 총살될 것인지 궁금해 하고 있을 때 이 대위와 잭을 데리고 온 세 사람을 제외하고는 모두 우측 방향으로 돌아 사라져 갔다. 우리는 햇빛이 내리쬐는 도로를 따라 평양 중심부에 위치한 강 건너 비행

장을 굽어보는 숲이 우거진 언덕을 향해 아무 말도 없이 계속 걸어갔다.

덤불숲과 덤불숲 사이의 확 트인 논을 지나갈 무렵 드디어 우리가 이야기를 나눌 수 있는 기회가 왔다. 친구를 발견한 이 대위가 그를 부르며 뒤쫓아 가더니 우리와 좀 떨어진 위치에서 그와 열띤 대화를 계속했다. 감시병들은 모두 모여서 담배를 피우면서 잡담을 하기 시작했다. 잭과 나는 논두렁에 서로 마주보고 앉았다.

"우리를 대체 어디로 데려가는 겁니까?" 잭이 물었다.

"나는 모르겠는데." 내가 대답했다. "당신도 총살당하러 가나?"

그는 그렇게 생각하고 있지 않음이 분명했다. 잠깐 생각해 보더니 그가 말했다.

"모르겠는데요."

감시병들이 계속 우리에게는 별로 신경을 쓰지 않았으므로 우리는 몇 마디 더 이야기를 나누었다. 잭은 론과 함께 이틀 전에 잡혔다고 했다. 그들을 잡은 사람들과 함께 잠시 지내다가 심문센터로 끌려가서 비참한 시간을 보냈다. 우리들이 합의했던 대로 다 '고백'을 했는데도 그와 론은 심한 구타를 당했다. 더구나 잭은 두 팔을 등 뒤로 돌려 무거운 널판지로 묶이고 꿇어 앉혀진 채 조금이라도 움직일 때마다 주먹세례를 당했다. 톰은 여러 번 심한 구타를 당했으나 회복 중이었다고 했다. 한쪽 다리밖에 없는 사람을 공격하는 것이 더 쉽다고 생각했는지 여섯 사람이 그의 목발을 빼앗아버린 상태로 그를 구타했고 혹시나 한 발로 뛰어 그들을 덮칠까봐 두 사람이 권총을 빼들고 그를 겨누고 있었다는 것이다. 그 구타와 이틀 전에야 끝난 굶김, 그리고 그들이 찬물을 끼얹고 혹한에 내버려 두어서 얻은 감기로 인해 아주 쇠약해 보였다. 그날 아침 젊은 소령이 그와 론을 지프에 태워 어디론가 데리고 갔으며 이 대위가 잭을 심문센터로 데리고 가는 동안 김은 농가에 머무르고 있었다. 그와 론이 바다에 도착해서 북쪽으로 가지 않고 남쪽으로 갔었다는 이야기를 내게 해주고 있는데 이 대위가 친구와 이야기를 끝내고 돌아왔다. 의외에도 그는 내가 잭과 가까이 앉아 이야기를 나누고 있는데도 화를 내지 않았다. 오히려 나의 희망을 푸른 하늘로 솟아 올라가게 하는 말을 했다.

"당신이 알아둬야 할게 있어." 자신의 권총을 두드리면서 내 눈을 똑바로 바라보고는 그가 말했다. "당신이 다시 한 번 탈출을 시도하면 내가 이 권총으로 쏴 죽여 버릴 거야."

상황은 진짜로 좋아지고 있었다.

우리는 길고 힘든 행진을 했다. 우리는 둘 다 매우 쇠약해져 있었고 하루종일 아무 것도 먹지 못해 더욱 피곤했다. 우리는 평양시의 남동쪽에 있는 작은 광산촌의 네거리에서 지프 한 대를 만났는데 나는 그 지프 안에 젊은 소령이 타고 있는 것을 발견하고 기분이 나빠졌다.

그는 우리를 보더니 상냥하게 아는 척을 하고는 빙긋 웃었지만 우리는 본 체도 하지 않았다. 몇 분간 서로 의논을 하더니 젊은 소령이 차에서 내려 우리와 이 대위를 차에 타게 하고는 한 식당으로 들어갔다. 나는 그 젊은 소령을 뒤에 두고 우리는 차를 타고 가게 되어 몹시 기뻤다.

평양을 방어하고 있는 것으로 짐작되는 중공군 고사포 부대들을 지나치면서 훤히 트인 시골길을 여러 마일 달려가서 우리는 버려진 한 석탄 광산 입구에 멈추었다. 이대위가 우리를 북한군 병사들에게 인계하고는 갑자기 친절해져서 자기 소화물 속에 있는 담배를 꺼내어 전부 우리에게 건네주고는 다시 평양을 향해 출발했다.

"이 상황을 어떻게 보십니까?" 그가 사라지자 잭이 말했다. "이틀 전만 해도 저 나쁜 자식이 나를 개 패듯 두들겨 패 놓고는 말입니다."

우리는 광산의 주 간선도로를 따라 멀리 언덕 쪽에 있는 사무실로 걸어갔다. 그곳에서 북한군 장교 두 명이 우리의 이름을 적고는 근처에 있는 여러 개의 임시 막사 쪽으로 우리를 데리고 갔다. 마지막 막사에 도착하자 우리를 환영하는 큰 소리가 들렸다. 사방에서 익숙한 얼굴들이 나타났다. 헨리, 스파이크, 남아연방의 마이크, 우리 포병 장교 로니, 톰, 론, 그리고 새로운 얼굴의 영국, 미국, 프랑스 군인들이었다. 우리가 안으로 들어가니 분위기는 거의 제2의 동창회 모임 같았다.

10 죽어가는 포로들

 이곳은 강동이라는 폐광촌으로 포로들 간에는 '동굴'이라고 알려진 비참한 포로수용소였다. 1950년과 1951년 여름까지 많은 유엔군 포로들이 지하수가 밀려들어와서 흠뻑 젖곤 하는 이 언덕 주변의 동굴 속에 갇혀 지냈다. 이 시커먼 동굴 속에서 죽어나간 사람들의 정확한 숫자는 아무도 모른다. 우리 전우들을 찾으려고 여러 자료를 토대로 조사해 본 결과 줄잡아 250명은 여기서 희생된 것으로 확인되었다. 그러나 이것이 전체 숫자는 아니다.
 이 동굴에 갇혀 있었던 포로들의 용감하고 사심 없는 행위에 대한 이야기는 수없이 많이 있지만 그 중에서 하나만 여기에 소개하고자 한다. 이것은 그 이야기의 주인공과 함께 있었던 사람들에게서 나중에 들은 것이며 그 이야기에서 용기를 얻어 우리는 가장 어려웠던 순간에도 저항을 계속해 나갈 수 있었다. A중대의 마지막 중대장이었던 테리가 1951년 여름 이곳 동굴로 이송되어 왔다. 그는 두 개의 포로 본대열이 출발한 후 임진강 북쪽으로 천천히 이동하던 심하게 부상당한 포로 대열에 속했던 멤버였다. 그는 다리 및 머리 부상 때문에 그 자신도 굉장히 고통스러웠으나 최선을 다해서 다른 부상병들을 돌보면서 행군 중 내내 모범적인 모습을 보여주었다. 그들이 동굴에 도착했을 무렵 많은 포로들의 상태는 위험한 수준이었다. 왜냐하면 그들은 아직도 포로가 되기 전 아군 의료진이 부상을 치료하면서 사용했던 붕대를 그대로 감고 있었는데 그 붕대는 걸레같이 더러워지고 너덜너덜해졌으며 포로가 되어 행군을 하는 동안에는 아무런 치료도 전혀 받지 못했기 때문이었다.

테리와 기관총 소대의 호퍼 이등중사는 다른 많은 부상병들과 함께 허기와 병으로 죽어가고 있는 한국군으로 가득한 이곳 동굴에 투옥되었다. 구멍으로 하루 두 번 삶은 옥수수를 넣어줄 때 말고는 하루종일 칠흑 같은 어둠 속에 앉아 지냈다. 이 동굴로 흘러 지나가는 지하수는 그들의 고통을 더했고 이런 상황에서는 죽은 사람과 죽어가는 사람을 분별하는 것조차 어려웠다.

하루는 한 북한군 대령이 와서 한 가지 제안을 했다.

"우리는 이곳의 환경이 당신들에게 얼마나 많은 고통을 주는지 잘 안다."

그가 말했다.

"우리는 당신들을 동정한다. 그러나 당신들이 우리에게 협조해 주지 않는 한 나 자신이 당신들을 도와줄 힘은 없다. 만약 당신들이 한국에 대한 미국의 침략에 맞서는 평화운동에 가담할 의사가 있다면 더 좋은 식사와 잠자리가 제공될 뿐만 아니라 의사로부터 부상을 치료받을 수도 있는 제대로 된 수용소로 옮겨 주겠다."

우리 부대원 개개인은 그 제안을 거절했다. 그러나 테리는 동료들의 상태와 그들의 숫자가 점점 줄어들고 있는 것을 보고 한 가지 결심을 하고 다음날 아침 그것을 행동으로 옮겼다. 그는 호퍼 이등중사를 한쪽 옆으로 끌고 가서 말했다.

"이 일에 대해 곰곰이 생각을 해 봤는데 당신들은 '평화운동' 수용소에 가는 것이 좋겠다는 결론을 얻었다. 이런 상태로 여기서 더 버티다가는 당신들 모두가 죽을 것이다. 그러니 그곳으로 가되 그들이 시키는 일을 가능한 한 적게 하고 항상 당신은 영국의 군인이라는 것을 잊지 말라."

"그러면 중위님께서는 어떻게 하실 것입니까?"라고 호퍼 이등중사가 물었다.

▲ 임진강이 내려다보이는 곳에 위치한 그로스터 부대 한 장교의 무덤.

"내 경우는 입장이 다르다."

테리가 말했다.

"나는 장교이므로 갈 수가 없다. 그러나 자네는 다른 동료들을 데리고 그곳으로 가도록 하라. 이것은 명령이다."

테리는 자신의 결정에 대해 단호한 입장을 취했고 그들이 짐작했던 대로 북한군 대령이 왔을 때 호퍼 이등중사는 동료들을 데리고 미군 포로들과 함께 대령을 따라 그 동굴을 떠났다. 그 대령은 테리에게도 합류하도록 압력을 가하고는 그의 최종적인 거부를 받아들이지 않고 다시 오겠다고 했다.

그는 테리를 회유하기 위해 네 번이나 다시 왔었다. 그는 의사를 불러 테리의 부상을 수술하게 해 주겠다고 약속하기도 하고 삶은 옥수수 대신 계란, 육류 및 우유로 구성된 특별한 식사를 제공하겠다고도 하며 테리를 회유했으나 번번이 실패했다.

테리는 센헐스트에 위치한 영국 왕실 사관학교를 갓 졸업한 젊은 육군 중위였다. 그러나 짧은 군복무 경험과 연령에 걸맞지 않게 그는 자신이 적국에서 영연방을 대표하고 있는 장교이며 영연방의 명성이 자신의 행동에 의하여 평가될 것임을 명확하게 알고 있었다. 그에게 주어진 선택은 아주 간단한 것이었다. 그것은 자신이 한국에서 싸우고 있는 목적인 원칙을 최소한 표면상으로라도 부인함으로써 목숨을 부지하느냐 아니면 그 원칙을 고수하면서 죽음을 택하느냐 하는 것이었다. 침착하고 충성스럽게 그리고 용감한 군인답게 테리는 죽음을 택했다. 그리고 그는 그렇게 죽었다.

지금은 상황이 조금 개선되었다. 그 동굴은 비워지고 우리는 일제시대에 광부들이 사용하던 시설로 옮겨졌다. 그 시설은 오래 전부터 개보수를 전혀 하지 않아 앞으로 닥칠 한겨울 추위 동안 지내기에는 적합하지 않았다. 아직은 11월이고 좁은 방에 너무 많은 사람들이 수용되어 있는데도 밤이면 추위에 잠을 깨곤 했다. 음식도 열악했다. 하루 세 번 옥수수와 쌀 - 쌀은 아주 적은 양이었음 - 을 섞은 밥 아니면 밥 대신 죽과 묽은 양배추 혹은 무국을 주었다. 최근 들어 간혹 한 사람 당 두세 개비를 만들 수 있을 만한 양의 아주 강한 한국 담배를 배급해 주었다. 내가 그곳에 수용되어 있는 동안 그런 담배 배급은 딱 한 번 있었다. 그러나 이러한 생활수준의 열악함에도 불구하고 내게 있어서 강동 수용소는 사는 데 필요한 갖가지 좋은 것들로 가득 찬 궁전과도 같았다. 심문센터와 그 후 평양 형무소에서 끔찍한 시간을 경험했던 내게 세 끼의 식사와 약간의 담배 배급 그리고 더 나아가서 햇빛을 쬐며 밖에 나가 앉아 동료들과 이야기를 나눌 수 있는 생활이란 정말 호사스런 것이 아닐 수 없었다.

이 수용소에 있는 포로들은 평양에서 약 50마일 반경 이내에 있는 격리된 부대본부 또는 부대, 형무소, 심문센터 등 여러 곳으로부터 이송되어 온 사람들이었다. 그 중에는 악명 높은 '박의 궁전' 출신도 있었는데 그곳에서는 북한군 심문책임자인 박 소령이 사용하는 악랄한 심문방법 때문에 많은 희생자가 발생되었다고 했다. 우리의 동료 장교들은 압록강 근처에 위치한 중공군 포로수용소에 있다가 북한군으로부터 심문을 받기 위해 '박의 궁전'으로 이송되었다. 영국 해병대 군수품 관리 교관인 데이 씨, 페스켓 하사 및 4명의 해병대원들은 원산 근처의 해변에서 포로가 되어 평양 쪽으로 서서히 이동해 오다가 박의 손에 들어갔다. 빨간 수염의 미군 조종사 맥 대령은 여러 개월 동안 독방에 감금당했다가 심문센터에 이송되었다. 평양 북쪽에서 나와 헤어진 마이크가 그곳에서 맥과 합류했다. 파비안과 재킷은 명성을 떨친 프랑스군 대대원으로 평양에서 심문을 받는 동안 여러 가지 궁핍을 경험했다. 내가 이곳에 도착한 지 이틀 후 우리는 모두 밖으로 나가 몸수색을 당하고는 약 200마일 떨어진 압록강을 향해 길을 떠날 준비를 했는데 이 긴 행군에 견딜 만한 상태에 있는 사람은 하나도 없었다. 우리의 항의에도 불구하고 그들은 우리에게 배급되었던 누비옷을 빼앗아 갔으므로 대부분의 공군 조종사들은 여름 비행복으로 11월의 매서운 바람을 견뎌내야 했다.

우리의 호송을 담당한 사람들은 모두 장교였다. 소위들은 벌프 총을 소지했고 담당 중위는 권총을 휴대하고 있었다. 긴 행군을 견딜 수 있도록 특별히 배급해준 것으로 보이는 쌀과 멸치를 가지고 우리는 그날 오후 길을 떠났다. 우리의 행군 대열 끝에 따라오는 짐수레에는 톰, 해롤드라는 이름의 미국인 환자, 그리고 해골바가지에 살가죽만 붙인 것처럼 삐쩍 마른 메든이라는 이름의 호주인 병사가 타고 있었다. 나는 각기 증세가 심해보이는 로니가 걱정스러웠으며 이질에 걸린 헨리와 많은 미국인 포로들 역시 걱정이 되었다. 의약품이라고는 약간의 아스피린밖에 없었다. 이 대열을 수행하는 뚱뚱한 여군 간호병은 아주 심한 환자에게만 아스피린을 주었다. 환자의 수에 비해 아스피린의 양은 늘 부족했다. 행군이 진행됨에 따라 나는 평양 형무소에서 당한 고문으로 체력이 소진되어 더 이상 걸어서 행군을 계속할 수 없게 되었다. 결국 짐수레에 실려가게 되었고 짐수레에 실려 가면서도 나의 건강은 점점 악화되고 있었다. 지난 여름 문하리에서 떨쳐버렸던 회귀열이 재발하여 나는 공포에 질렸다.

나머지 여정은 악몽이었다. 저녁마다 긴 행렬과 우리 짐수레가 군

숙소 지역에만 도착하면 우리의 호송자들은 자신들이 식당에서 식사를 하느라 행군을 정지시켰다. 그들은 꾸물대면서 길을 잃기가 일쑤였고 지정된 동네를 찾는 동안 우리를 추운 겨울 바람 속에 떨도록 내버려 두었다. 그들이 식사하는 동안에도 우리는 식당 밖에서 찬바람에 노출되어 누워 있어야 했는데 주간에도 견디기 어려웠지만 야간에는 소름이 끼칠 정도였다. 우리 옷은 다 떨어진 상태여서 이 초겨울 날씨조차 감당할 수 없었다. 스파이크와 다른 동료들이 자기들의 옷가지와 담요 몇 개를 우리 짐수레에 놓아주었으나 우리는 그것을 순순히 받을 수가 없었다. 그것을 받으면 그들 자신도 병마에 시달리게 될 것이 뻔하기 때문이었다. 행군을 시작한 지 이틀째 되는 날 호송자들이 두 시간 동안 어떤 집 안에서 노닥거리고 있는 사이에 해롤드가 집 밖의 참호 안에 누워 있다가 죽었다. 며칠 후에는 로니와 내가 혼수상태에 빠졌다가 나만 회생되었다. 감시병에게 구걸해 얻은 촛불로 스파이크, 데이 씨 그리고 페스켓 하사가 우리의 차가워진 몸을 회생시키기 위해 필사적으로 노력했으나 결국 로니는 야간 행군이 마무리 될 무렵 숨을 거두었다. 우리는 그의 죽음을 무척 슬퍼했다.

  23마일 떨어진 다음 목적지인 창송으로 가는 길에 위치한 한 마을에 도착할 무렵 세 사람이 우리 짐수레에 합류했다. 그들은 헨리, 공군 중위인 에이스 및 1년 전에 포로가 된 미국인 소총 소대장 딕이었는데 이들은 모두 이질로 완전히 탈진된 상태였다. 이들이 합류함에 따라 짐수레에는 도저히 걸어서 행군할 수 없는 상태인 사람들만 태워졌고 그외의 많은 환자들은 장거리를 양쪽의 동료들에 의하여 글자 그대로 들어서 옮겨지다시피 했다. 다행히 보급품의 중량은 많이 감소했다. 호송대장인 중위가 우리가 행군하는 동안 우리의 배급쌀을 현금, 옥수수 그리고 약간의 보리와 바꾸었다. 멸치는 양배추와 바꾸었는데 그 양은 얼마 되지 않아 양배추잎 한 장을 약 30명이 나누어 먹었다.

환자들은 이 마을에서 이틀간 머물렀다. 첫날밤에는 눈이 왔고 우리 감시병들은 우리를 창송으로 데리고 가기 위해 트럭 한 대를 징발하기로 결정했다. 이튿날 밤늦게 눈보라가 치는 가운데 우리는 사거리로 끌려가서 트럭에 태워졌다. 헨리는 거의 의식이 없는 상태였는데 그날 밤 결국 숨을 거두었다. 그의 차갑고 생명이 없는 몸이 바로 내 옆에 누워 있는데도 나는 그가 죽었다는 것이 믿어지지 않았다, 아니 믿을 수가 없었다. 그럼에도 불구하고 나는 생각을 다른 곳으로 돌려야 했다. 나는 신발도 없고 발은 얼어오기 시작하고 있었다.

북한 호송자들에게 대항할 수 있는 사람은 물론 톰이었다. 우리가 탈출할 수 없다는 것을 알기 때문에 그들 중 두 명은 어떤 집 안으로 들어가서 몸을 녹이고 또 한 사람은 밤을 지낼 숙소를 찾기 위해 시내로 들어갔다. 톰이 우리의 숙소를 요구하여 확보해 주었으며 그 끔찍한 여정 동안 항상 그랬듯이 우리를 돌봐 주었다. 그는 환자는 아니었으나 지난날의 고생으로 몹시 쇠약해져 있었고 더구나 그는 다리가 하나뿐이었다. 그런 상태인 그가 혼자서 어떻게 일곱 명의 환자를 돌볼 수 있었는지 나는 이해할 수가 없었다. 아마도 그의 강인한 품성과 용기가 그것을 가능케 하였을 것이다.

어디에든 도착하면 감시병들은 북한에서 호텔로 통하는 곳에서 자신들의 숙식을 해결하면서도 우리를 구석진 곳에 버려둔 채 저녁도 주지 않았다. 우리는 한 텍사스주 출신 조종사가 자신이 숨겨왔던 시계를 판 돈의 절반을 환자들을 돌보고 있는 톰에게 비상용으로 나눠

주었던 덕분에 그 돈을 주고 다음 날 오후나 되어서 음식을 얻어먹을 수 있었다. 호텔 관리인이 점심에 남은 찌꺼기를 우리에게 팔았으므로 우리들 중 몇몇 사람은 찬밥과 미지근한 국을 먹었다. 톰이 조금만 먹으라고 간곡히 권유했으나 나는 국물조차 보기도 싫었다. 우리가 식사를 막 끝낼 무렵 상급자인 소위가 밖으로 나와 행군을 계속하라고 명령했다.

그 뒤에 일어났던 일은 거의 기억이 나지 않는다. 길을 조금 가다가 말이 끄는 중공군의 달구지에 기어 올라가면서 푸른 제복을 입은 유럽계 병사들의 대열이 지나가는 것을 본 것 같다. 같은 포로랍시고 그 대열에서 아는 척을 하는 소리가 들렸으나 무슨 말인지는 알아들을 수 없었다. 어두워지면서 매서운 바람 속으로 행군을 하는 동안 우리의 굳은 몸은 달구지에 단단히 묶여 있었다. 행군이 정지되고 톰이 달구지에서 내렸을 때 추위는 뼛 속으로 스며들어 우리들 중 두 명은 꼼짝도 할 수 없었다. 영어로 누군가가 물어왔다.

"당신들 이름이 뭡니까?"

나와 함께 달구지 위에 남아 있던 에이스가 나보다 앞서 대답을 했다. 한 중공군 병사의 넓은 등에 업혀 여러 채의 오두막집들이 있는 길을 지나 어떤 집 마당으로 들어갔다. 열려 있는 방문이 보였고 바닥에는 담요가 깔려 있었다. 톰과 호주인 메든이 그 안에 있었다. 딕은 훨훨 타는 숯불이 담긴 작은 놋쇠 화로 옆에 앉아 있었다. 에이스와 내가 들어가 담요 위에 나란히 앉았다. 도보로 행진이 불가능했던 여덟 명 중 살아남은 다섯 명이었다.

한 중국인의 얼굴이 문간에 나타났고 후레쉬 불빛 속에 그의 안경이 어슴프레 빛나고 있었다.

"당신들이 지금까지 살아남은 것은 행운입니다."
누군가의 목소리가 들려왔다.
"내일이 추수감사절입니다."

이후 건강을 되찾을 때까지는 비극과 좌절의 연속이었다. 우리는 드디어 한 병원에 도착했다. 그 병원이란 한 마을에 흙으로 지은 오두막 여러 채가 모여 있는 곳이었는데 바닥은 가마니로 덮여 있고 벽에는 지나간 상하이 신문으로 도배가 되어 있었다. 두 명을 제외하고 이 병원의 간호사와 잡역부들은 바닥에 가래를 뱉어 발로 뭉개곤 하였으며 하루에 많아야 두 번 정도 씻는 손으로 우리를 돌보고 있었다. 추위를 쫓으려고 부엌 아궁이에 불을 때면 온 방 안이 연기로 가득 채워지곤 했다. 그러나 다행스럽게도 중국인 여자 간호사 두 명은 상하이에 있는 유럽계 병원에서 교육을 받았으며 자신들의 직업에 충실하여 아군과 적군을 구분하지 않고 최선을 다해서 병자들을 돌보았다. 마찬가지로 의사 두 명도 최선을 다해서 우리의 건강을 회복시키려고 노력했다. 우리는 깨끗하고 이가 없는 환자복, 그해 겨울 내내 모든 중공군 병사들에게 지급되었던 푸른 면으로 누빈 제복 그리고 누비이불을 제공받았다. 또한 마침내 우리는 인간이 먹을 만한 음식을 제공받았다. 즉 쌀밥, 흰 빵 및 약간의 고기를 매일 공급받았고 두부, 감자 그리고 때로는 양파도 공급받았다. 이틀에 한 번씩 제공해주는 녹차 한 잔씩은 영국군 환자들에게 특히 환영을 받았다. 위독한 환자들에게는 따로 계란과 분유가 공급되었다. 소량이나마 페니실린, 항균제 및 비타민 같은 약품까지도 얻을 수 있었다. 그러나 톰을 제외한 우리의 병세는 너무 악화되었고 쇠약해져 있어서 이런 좋은 것들의 공급이 너무 늦은 감이 있었다. 그리고 톰은 곧 병원을 떠나 동쪽으로 보내겼다.

내 곁에 남아 있던 동료들은 하나 둘씩 죽어갔다. 에이스가 추수감사절 날 의식 불명이 되었다가 다음 날 오후에 숨을 거두었다. 메든은 그 며칠 후 사망했다. 딕은 크리스마스까지 명을 이어갔으나 각기병에서 회복하기에는 역부족이었다. 의사 숙소 근처의 병동에서는 거의 매일 사망자가 발생했다. 너무 굶주리고 학대를 받아 뼈만 앙상하게 남은 포로들이 이 개선된 처우에 반응을 보이기에는 이미 너무 늦었던 것이다. 내가 병원의 통역인 이씨에게 이 문제를 제기하자 그는 준비된 미소를 띠우며 미군의 폭격으로 인하여 보급품을 운송할 수 없었기 때문이라고 답변했다. 그러면 이를 시정하기 위한 국제적십자사의 제안을 왜 거절했느냐고 묻자 그는 더욱 온화하게 웃으며 말했다.

"그것은 또 다른 문제요. 나는 다른 할 일이 있어 이제 가 봐야겠소."

이씨의 원래 직업은 해군 조함 기사인데 일종의 위선자로 자신이 마르크스주의자라고 공언하면서도 동료를 사랑하지는 않았다. 어느 정도 기력을 회복한 환자들에게 정치 강의를 하기도 하고 분임 토의를 시키기도 하는 것이 그의 임무였다. 그는 이런 자리에 내가 참석하지 못하도록 했다. 왜냐하면 내가 참가자들에게 토의에 나올 질문과 답변을 사전에 알려준다는 것을 그가 알고 있었기 때문이었다. 그는 내가 토론에 참여하면 안된다는 것을 공식적으로 발표했다. 우리는 서로 항상 예의를 지키는 사이였다. 그는 나를 부를 때 늘 나의 계급과 성을 사용했고 그의 정중함에 대한 답례로 나는 그를 '미스 터리'라고 불렀다. 병원 근처의 얼어붙은 압록강변을 천천히 걷는다든지 또는 나의 병실 안에 나란히 앉아 우리는 장시간의 정치 논쟁을 수없이 했다. 마르크스주의 유물사관의 많은 오류들 중 하나를 인정하지 않고서는 대답을 할 수 없는 질문을 던질라치면 그는 늘 답변을 회피하곤 했다.

"그것은 또 다른 문제요. 나는 다른 할 일이 있어 이제 가 봐야겠소." 이렇게 말할 때 그의 입가에는 항상 예의 그 온화한 미소가 있었다.

나의 건강 회복은 길고 어려운 투쟁이었다. 일찍부터 나는 내가 매일 이렇게 침대에 누워서만 지낸다는 것은 글자 그대로 치명적인 일이 될 수 있다고 생각했다. 그래서 나는 매일 침대에서 일어나 단지 몇 발자국이라도 걸어보기로 결심했다. 첫째 날은 거의 일어설 수조차 없었다. 밖은 추웠고 병실 안은 따뜻했다. 옷을 입는 것이 무척 힘이 들었다. 그러나 나는 매일 병실 밖으로 나가도록 노력했고 몇 발자국씩 미리 정해 놓고 걸었다. 첫째 날은 스물다섯 걸음, 둘째 날은 삼십 걸음 이런 식으로 매일 다섯 걸음씩 늘려갔다. 봄이 올 때까지 나는 다시 탈출할 수 있는 체력을 회복해야 했다. 처음에는 냄새도 맡을 수 없었던 음식을 꾹 참고 먹었다. 크리스마스 때 쯤에는 나는 걸을 수 있는 환자가 되어 끝까지 버티는 몇 명의 동료들과 함께 다른 병동을 돌며 기도도 해주고 크리스마스 캐롤을 불러주기도 했다.

좋은 동료들과 같이 있다는 것이 다행스러웠다. 헨슨, 스트롱 및 바코빅 등의 매우 믿음직한 미군 보병의 상병들이 몇 명이 있었다. 특히 바코빅은 마취도 하지 않은 상태로 하는 다리 수술을 세 번이나 받았는데 엄청난 고통과 끊임없는 불편함 속에서도 그는 항상 명랑한 모습을 유지함으로써 그 암울했던 시절에 동료들에게 희망을 주었다. 임진강 전투에서 포로가 된 우리 대대의 C중대 소속 트렘릿도 있었다. 지오디 지방(역자 주: 잉글랜드 북동부에서 북해로 흐르는 타인강 변 지역을 말함) 출신 특유의 번뜩이는 재치를 소유하고 있는 강인한 성격의 북부 국토방위 소총부대 소속 젊은이인 폴러도 있었다. 우리 병동에는 다행히도 다섯 명의 쾌활한 미군 동료들이 같이 있었는데 그 중 한명은 스코틀랜드의 글래스고우 시민이었다가 미국으로 이민을 간 존 맥크래큰이었다. 눈보라가 치거나 바람이 세게 부는 따분한 날이면 그와 나는 소치홀가(역자 주: 글래스고우의 번화가)를 산책하고 있는 것으로 상상하거나 여러 위스키 종류들의 장단점을 이야기하며 시간을 보내곤 했다.

드디어 그들이 내게 병원비를 청구하는 날이 왔다. 첫 번째 청구는 2주 전에 있었는데 그때는 우리에게 모택동과 김일성에게 새해 인사의 편지를 보내라고 요구해 왔다. 나는 동료 환자들에게 그런 요구는 거절하는 것이 좋겠다고 알렸다. 그 다음에는 우리에게 적십자 회원증 소지자인 두 명의 의사와 간호사에 관한 소위 국제 적십자 양식을 써 내도록 요구해왔다. 혹시나 우리들의 이름이 국제 적십자 위원회에 전달될 수 있을지도 모른다는 희망에서 나는 그 양식에 이렇게 써 주었다.

"중국 적십자 회원인 의사 X와 Y 그리고 간호사 A와 B는 포로수용소 제 3본부에서 본인이 회귀열과 영양실조에서 회복될 때까지 치료해 주었다"

그리고는 그 양식에 서명을 했다. 나는 헨슨 이등중사에게도 같은 식으로 양식을 작성하도록 내용을 구술해 주고 병원에 있는 모든 환자의 군번, 계급, 이름을 포함시키도록 했다. 이씨는 그것은 만족스럽지 못하다고 했으나 한 시간 여의 실랑이 끝에 우리에게서 그 이상 얻어 낼 것이 없음을 깨닫고 그 상태에서 끝내기로 했다. 그러나 그때 이미 나는 그에 대한 응보의 시간이 다가올 것임을 알고 있었다.

어느 맑은 날 아침 나는 얼어붙은 강변을 산책하고 있었다. 나는 방금 두 명의 의사 중 좀더 나은 의사와 만나고 왔는데 그는 내게 6주 동안 더 병원에 머물러 있도록 권고했다. 그는 쇠약해진 내 다리와 젊은 소령의 구둣발에 채였던 갈비뼈의 통증에 대하여 많은 걱정을 했다. 나는 비록 동쪽 어디인가 있을 장교 포로수용소의 동료들과 빨리 합류하고 싶은 마음이 굴뚝 같았지만 6주간 더 이곳에 있으면 그 후에 포로수용소의 열악한 음식을 먹게 되더라도 때가 오면 다시 탈출을 할 수 있을 정도로 충분히 건강을 회복하게 될 것이라고 생각했다. 나의 생각은 나를 찾아다니고 있었던 것으로 보이는 매서운 눈을 한 작은 중국인이 나를 부르는 소리로 인하여 흐트러졌다. 그의 손에는 카메라가 들려 있었다.

"당신은 건강을 회복한 것 같소." 그는 자신이 누구라고 밝히지도 않고 내게 말을 건넸고 나는 나의 건강이 좋아졌다는데 동의했다.

"그것은 우리 중국 인민 동무들의 능력 덕분이오. 나는 당신이 그들에게 매우 감사하고 있을 것이라고 생각하오."

헨리와 로니 그리고 그 외에도 많은 동료에 대한 아직도 생생한 기억을 떠올리며 내가 대답했다.

"나는 중공 지원군들이 순전히 자신들이 부숴버린 것을 다시 고치고 있는데 지나지 않는다고 생각하오."

그러나 그는 이런 이야기에 구애받을 사람이 아니었다.

"우리 의료 요원들이 당신을 어떻게 도와주었는지에 대한 설명을 포함하여 당신의 회복상태에 관하여 매일 보고서를 써서 제출하기 바라오."

"그렇게 할 수는 없을 것 같소."

그는 내 말을 제대로 듣지 못한 것 같았다.

"그렇소. 당신은 우리 의료 요원들과 함께 사진을 찍어야 하오. 지금 이 카메라로 몇 장 찍어야 하니 의사와 간호사들을 찾아오겠소"

나는 정확히 내가 어떻게 느끼고 있는지를 그가 알아야 한다고 생각하여 그에게 내 느낌을 말했다. 우리는 뜨거운 격론을 벌였고 양쪽이 다 격분했다. 그는 24시간 동안 시간을 줄 테니 다시 한 번 잘 생각을 해보라고 말하고는 가버렸다. 다음날 11시경 그가 다시 돌아와서 내 의사를 물었다.

"나의 답은 어제 말한 대로요. 오늘의 답도 어제와 같소."

그는 나의 병동 문 바깥쪽 마당에 서서 작은 갈색 눈으로 나를 째려보며 말했다.

"당신은 우리가 당신에게 베풀어 준 이 모든 것에 대해 전혀 감사하고 있지 않소. 당신은 건강을 회복할 가치가 없는 사람이오."

단순한 우연의 일치인지는 모르지만 그날 저녁 의사들은 내 건강상태에 대한 자신들의 소견을 변경했으므로 다음날 나를 퇴원시키기로 했다고 말했다. 나는 그들의 소견서에 나의 퇴원 이유로 '병원비 지불거부'라고 덧붙였어야 할 것이라고 생각했다.

내가 병원을 떠나기 일주일 전쯤 맥크래큰 상병이 그의 가족으로부터 편지 한 장을 받았다. 그것은 그가 포로가 된 후 8개월 만에 처음으로 받은 편지였으므로 그는 편지를 열어보기 전에 그것을 가슴에 꼭 껴안았다. 그 편지는 발송한 지 한 달도 채 걸리지 않아 전달되었고 그의 이름이 북한과 중공군이 발표한 전쟁포로 명단에 포함되어 있었다는 반가운 소식이었다. 그 편지 한 장이 맥크래큰 상병에게는 일년간의 병원 치료보다 더 큰 효험을 나타냈다.

나의 입장에서 중요한 것은 지난 12월 18일 그 양식에 써넣은 군번, 계급, 이름이 마침내 그 값을 했다는 점이었다. 사실 크리스마스에 이씨가 곧 포로명단 교환이 있을 것이라고 우리에게 말했지만 우리는 그것을 믿지 않았었다. 딱 한 번 그는 우리에게 진실을 말했던 것이다.

어느 날 아침 벽동으로 이동하기 위해 트럭에 올라타면서 맥크래큰에게 작별을 할 때 이 정보는 내게 커다란 위로가 되었다. 내가 다시 자유인이 되기를 희망하며 기도를 했던 이 날은 새해 열다섯 번째 날인 1952년 1월 15일이었다. 완전히 건강이 회복되지는 못했지만 우리 대대의 많은 전우들과 다시 합류할 것이라는 생각에 나의 마음은 굉장히 설레고 있었다.

벽동은 압록강의 남쪽 강변에 위치한 작은 촌락이었다. 맑은 강물 쪽으로 돌기한 암석 절벽을 따라 가옥들이 늘어서 있고 멀리에서 보면 오래된 절이 그 위쪽에 자리 잡고 있는 경치가 뛰어난 작은 촌락이었다. 이곳은 포로수용소 사령관 왕양쿵 장군과 그의 요원들이 주둔하고 있을 뿐만 아니라 고강도의 포로심문센터 및 외국인 포로수용소인 곳으로 유명해져 있었다. 맥크래큰은 전년도의 상당기간 동안 이곳에 수감되어 있어서 내가 강동에서 들은 이곳의 소름끼치는 사망률에 대해 재확인해 주었다. 맥크래큰에 의하면 지난해 늦은 봄에서 초여름 사이에 매일 15명에서 20명이 죽어나갔다고 한다. 국제적십자 단체가 포로들을 위해 어떠한 도움도 주지 못하도록 북한과 중공군이 거절하였으므로 많은 포로들이 혹독한 추위에 견딜 숙소도 음식도 의복도 없이 자신들의 마지막 남은 체력을 1950~1951년의 최악의 겨울과 싸우는 데 써버렸던 것이다. 심문을 받던 포로 중에서 만족스러운 답변을 하지 않거나 또는 중공군의 정치적 세뇌에 대해 저항하거나 반론을 제기한 포로는 '얼음창고'에 갇히는 형벌을 받았다. 이 형벌은 불쌍한 포로를 북극에 준하는 온도까지 떨어지는 콩크리트 감방에 홀로 가둬놓고 그 안에서 자신의 잘못에 대해 '재고(再考)'하게끔 하는 것인데 때로는 주어진 시간 내에 '재고'를 하지 않는 포로가 매장도 하지 않은 채 버려둔 시체들 사이에 끼워 언덕에 버려지기도 했다. 봄이 오면 '얼음창고'는 '땀 창고'로 바뀌었다. 그 안에서 포로는 작은 우리 속에 처넣어진 채 앉거나 다리를 올릴 수도 없이 바닥에 밤낮으로 계속 누워서 자신의 잘못에 대해 '재고'해야 했다.

한겨울 내내 또는 매서운 겨울추위가 느껴지는 늦은 가을을 그곳에서 지낸 포로들로부터 이 모든 이야기들을 들었기 때문에 나는 우리가 탄 화물차의 바퀴를 네 갈래의 새끼줄로 바닥에 형식적으로 묶은 바지선이 강물을 가로질러 벽동 포로수용소에 가까워지자 굉장한 호기심으로 그곳을 관찰했다. 본부에 도착하자 영어를 구사하는 중국인과 두 명의 소녀들이 나를 맞아주었는데 소녀들은 내게 자리를 내어주었고 나의 입소서류가 도착하기를 기다리는 동안 내게 상당히 정중하게 대해 주었다. 그 둘 중 어린아이 수준을 갓 넘긴 듯해 보이는 한 소녀는 꽤 능숙한 영어로 이야기를 시작했는데 중경에서 영어를 배웠다고 했다. 그녀는 자신이 들은 바대로 영국에서의 생활이 정말 그렇게 어려운지 내게 물어왔다. 영국사람들이 정말로 굶어 죽기도 합니까? 어떻게 그런 환경과 정부의 압박을 견딜 수 있습니까? 왜 공산당의 인민해방운동에 동참하지 않습니까? 나는 헤리 폴리트씨의 해방운동 – 또는 다른 어떤 운동도 – 이 대중의 지지를 얻지 못하고 있다고 그녀에게 말해주고 그 이유는 그가 일반 대중이 지금 누리고 있는 생활보다 더 나은 어떤 것도 제공해 주지 못하기 때문이며 많은 사람들이 그가 제공해 줄 수 있는 것이 지금보다 더 못한 수준일 것으로 믿고 있다고 설명해 주었다. 그녀는 내 말을 믿지 않았다. 그녀는 자신의 눈으로 직접 노동자들의 굶주림에 대해 상세히 읽었다고 했다. 인민이 해방되고 모택동 주석 휘하의 새로운 중국이 설립되기 전에는 그녀의 중국 동지들도 그 굶주림을 충분히 경험하여 잘 알고 있다고도 했다. 그녀 자신은 진정한 노동자가 아니고 부르주아 계급 출신이지만 물론 여러 해에 걸쳐 오명을 씻기 위해 굉장히 노력하고 있다고 진지한 어조로 덧붙였다. 그녀의 순진한 소녀다운 홍조 띤 표정은 중국의 고질적인 문제인 굶주림을 해결한 경험담을 이야기할 때 사라지고 그 대신 정열적인 흥분의 표정이 나타났다.

"당신 나라인 영국에 홍수가 져서 논밭을 휩쓸고 지나간다면 당신의 어머니와 부인은 어떻게 할 것입니까?"

그녀가 질문을 던져왔다.

"그렇게 되면 당신 가족은 무엇으로 연명할 수 있을까요?"

내가 이 흥미로운 질문에 대답하기 전에 서류가 도착했다. 젊은 중국인은 그 서류를 읽은 후로는 내게 다소 불친절해졌다. 나는 그 소녀가 내게 읽으라고 준 작은 책자를 가지고 주 건물 밖의 작은 막사로 끌려갔다. 책자는 "한 발자국 전진하고 두 발자국 후퇴한다"는 제목으로 레닌의 저서였다.

책자의 표제를 훑어보면서 레닌이 나와 같은 경험을 한두 번 했을 것 같은 느낌이 들었다.

막사는 난방을 하지 않았으나 나의 담요, 방한용 누비 외투 그리고 누빈 제복으로 견딜 만했다. 밤사이 잠을 잘 자고 일어나자 문 옆에 한 중국인이 수수죽과 무국을 담은 에나멜을 칠한 양재기를 든 채 웅크리고 서 있었다. 그는 사기 그릇 두 개에 그 일부를 떠 주고는 발을 질질 끌면서 나갔다.

그날은 지루하게 지나갔다. 감시병이 나무로 된 장애물로 문을 막아놓아 그 장애물에 발라놓은 종이에 나 있는 작은 구멍 사이로 밖을 내다볼 수밖에 없어 주변이 어떻게 생겼는지 볼 수가 없었다. 그러나 오후 세 시경이 되어 나는 주변을 조금 볼 수 있었다. 당번 감시병에게 방안이 너무 어둡고 추우니 바깥 햇볕을 쬐게 해달라고 요청을 했는데 그것이 받아들여진 것이다. 나는 좁은 베란다 위에 앉아 따뜻한 햇볕을 쪼이며 외부 지형이 어떻게 생겼는지를 관찰했다.

거기에 앉아 있는데 중년의 한 중국인이 다가와서 개성에서 진행되고 있는 평화협상의 진전에 대한 나의 의견을 물었다. 나는 아무런 소식을 접할 수 없어 의견을 제시할 수가 없다고 대답했다. 내가 그의 유혹에 넘어가지 않자 그는 내 옆에 놓여있는 선전 책자로 화제를 돌렸다.

"그 책자를 어디서 가져왔나?"

나는 내가 도착할 때 거쳐 온 접수실 쪽으로 고갯짓을 하며 대답했다.

"저기 있는 젊은 숙녀가 주었소."

"젊은 숙녀!"

혐오스러운 표정으로 그가 내 말을 반복했다.

"'숙녀'라는 용어는 '신사'라는 용어와 마찬가지로 당신과 같은 지배계급 즉 귀족들 사이에서나 사용되는 것이다. 중국에는 '숙녀' 같은 것이 없다!"

그가 그곳을 지나가던 동료와 이야기를 나누기 위해 자리를 뜨자 나는 그가 중국 여성 전체를 비하한 것은 제쳐놓고라도 옛날 뮤직홀에서 통용되던 재담의 최신판을 이야기한 것 같은 느낌을 지울 수 없었다.

그때쯤, 감시병들은 자신들의 오후 학습에 들어갔다. 도로 저쪽 햇볕이 잘 드는 베란다에서 각자 기초 학습지를 손에 들고 삼삼오오 쭈그리고 앉아 있었다. 그들 중에 선배가 후배들의 학습지도를 담당했다.

"당신도 보고 있듯이 새로운 중국에서는 누구나 읽고 쓰는 것을 배워야 한다."

다시 돌아온 그 중년의 중국인이 말했다.

"이것이 바로 새로운 행복한 삶이다."

"대단히 칭찬받을 만한 일이오."

내가 응수했다.

"그것은 칭찬받을 만한 일이 아니다."

그가 다시 말을 계속했다.

"내 생각에는 그것이 필수적인 일이다. 만약 우리의 인민들이 읽을 줄을 모른다면 우리가 주는 책과 신문을 어떻게 공부할 수 있겠나? 그냥 혼자서 중얼거려야 아무 소용이 없다. 그래서는 충분하지 않지."

"그들이 읽는 것을 배운다면 우리가 인쇄한 책과 신문도 읽을 수 있지 않겠소?" 내가 말했다.

그는 내게 가련하다는 듯한 웃음을 지었다.

"그게 아니지. 일단 그들이 우리의 글을 읽으면 진실을 알게 될 것이다. 그렇게 되면 왜 그들이 당신들이 퍼뜨리는 거짓말을 믿고 싶어하겠나?"

그는 길모퉁이를 돌아서 멀어져 갔다.

나는 한동안 개성으로부터의 소식을 들은 동료를 만나 그곳의 상황이 어떻게 돌아가는지를 알 수 있게 되기를 희망했다. 나는 격리되어 다른 사람들과의 접촉이 금지된 상태이므로 그것이 그리 쉬운 일이 아닌 것을 잘 알고 있었다. 마침내, 세 명의 젊은 유럽인들이 내 옆을 지나가게 되었는데 감시병들의 감시가 소홀한 틈을 타서 우리는 몇 마디의 이야기를 나눌 수 있었다. 평화협상 의제들 중 세 번째 및 네 번째 사항에 대한 토의가 아직 진행 중인 것 같았다. 우리의 대화가 진행되고 있는데 갑자기 나의 감방 건물 한쪽 끝에서 격분한 외침이라고밖에 표현할 수 없는 목소리가 들려왔다. 푸른색 테를 두른 안경을 낀 키가 큰 중국인 한 명이 노발대발하면서 가까이 왔다. 그는 길 쪽을 가리키면서 불운한 세 명의 유럽인에게 씩씩거리며 말했다.

"너희들의 위치로 돌아가라!"

그런 다음 나를 향해 돌아선 그는 너무 화가 나서 말을 잇지 못했다. 어떻게 감히 허락도 없이 내가 다른 사람들과 대화를 한 것인지가 문제였다. 감시병과 감시대장이 불려 왔다. 나는 음산하고 작은 내 감방으로 내팽개쳐졌고 내 뒤로 문이 쾅 닫히고 나무 빗장이 채워졌다. 그리고는 보초병이 매 5초 내지 10초마다 감방 안을 들여다보았다. 그날 저녁은 영락없이 굶을 것 같은 생각이 들었다.

그러므로 오후 네 시경 중국인 취사병이 음식이 담긴 양재기를 들고 왔을 때 나는 상당히 의아스럽게 생각했다. 내가 이 음식을 반쯤

먹고 있는데 전날 아침 나를 맞아주었던 중국인이 감시병 한 명과 함께 왔다. 그는 내게 즉시 짐을 챙기라고 했고 내가 아직 식사가 끝나지 않았다고 거절하자 음식을 치워버렸다. 그의 말을 무시하기에는 뒤에 따라올 고통이 너무 클 것 같아 나는 짐을 꾸렸다.

감시병은 작은 오솔길을 지나 큰길로 가서 언덕 위 고찰 내에 위치한 병원으로 나를 끌고 갔다. 그러나 우리의 목적지는 잘못된 것이었고 우리는 다시 그 길을 따라 언덕을 내려가서 거기에 대기하고 있던 트럭에 올라탔다. 뒤에 서 있는 군인들 무리 속에는 푸른 죄수복을 입은 네 명의 서구인이 있었는데 그들이 나를 도와 차에 올라타게 해 주었고 우리는 어둠 속에서 서로를 관찰했다.

그들은 모두 미국인이었다. 필은 내가 먼저 강동에 있을 때 만났던 사람이었다. 그의 일본어 실력 덕분에 우리가 북쪽으로 행군할 때 북한군과 연락장교 역할을 하는 그로부터 많은 도움을 받은 적이 있었다. 찰리는 해병대 조종사였고 윌리엄 피와 또 다른 한 명은 예비군에서 차출되어 온 보병 소대장들이었다. 넷 다 병원에서 퇴원하는 사람들이었다. 윌리엄 피는 순천 근처에 있는 작고 어둡고 불결한 움막에 갇혀 여러 달 동안 하루에 옥수수 한 그릇 씩만 먹다가 각기병에 걸려 굉장한 고생을 했었다. 그는 터지지 않은 폭탄들을 안전하게 해체해 준 대가로 중공군으로부터 그와 두 사람이 먹을 식량을 얻어낼 수 있었다고 했다. 사실 그 폭탄들은 이미 안전한 상태였으나 당시 심한 굶주림에 시달리던 윌리엄 피가 이것을 안전하게 해체하는 척 연극을 하면서 폭탄 하나를 해체할 때마다 식사 한 끼와 교환하는 조건을 달았는데 불행히도 그의 계략은 자기 생명만 구하는 데 그쳤다. 그 음식을 얻어 먹은 다른 두 사람은 이미 너무 늦어 그만 죽고 말았다. 윌리암 피는 자기만 살아남을 수 있었던 것은 소위 미국인들이 말하는 '고집이 센' 덕분이라고 했는데 그의 주장이 맞는 것 같았다.

우리는 어둠 속에서 눈과 얼음이 덮인 길을 따라갔다. 달은 이미 기울어서 도중에 여기저기 흩어져 있는 동네와 촌락 사이의 산과 계곡들은 하늘에 떠 있는 별빛으로 희미하게 그 윤곽을 짐작할 수 있을 뿐이었다. 시골길을 따라 한 시간 가량 달린 후 어떤 마을의 도로에 멈춰 섰다. 감시병들은 우리를 차에서 내리게 하여 밭 사이를 지나 큰 한옥으로 끌고 갔다. 이곳이 우리에게 할당된 포로수용소의 접수처였다. 모두들 아무 것도 먹지 못했다고 항의를 했고 먹던 음식을 뺏긴 것이 기억나서 나도 다른 사람들 못지않게 격렬히 항의했다. 등록 서류를 기입하고 나니 우리에게 찬밥과 감자가 제공되었다. 그리고는 연기가 지독하게 새어나오는 난로 옆에 둘러앉아 우리는 세 시간 정도 기다렸다. 드디어 열 시 반 경 자다가 깨어 불려오는 바람에 신경질적이 된 두 명의 중공군 병사들에게 끌려 철조망을 지나 그들이 '중대 본부'라고 부르는 가옥에서 찾아낸 자료에 따라 부대 안에 있는 작은 집에 투옥되었다.

윌리암 피 및 다른 보병중위 한 명과 나는 벌써 세 명이 쓰고 있는 방에 합류했다. 그들은 담요를 덮은 채 일어나 앉아 어두운 전기불 속에서 눈을 깜박이고 있었다. 나는 그들 중에서 퓨질리어 부대 정보장교 안소니의 얼굴을 찾아내고는 몹시 기뻤다. 나는 나의 희망이 충족되었음을 감지했다. 이제 나는 다시 나의 동료가 있는 포로수용소에 합류한 것이다.

11 영하 40도 추위에 방치

우리는 토요일 저녁에 도착했는데 알고 보니 일요일에는 아침 일찍 기상나팔도 불지 않고 또한 의무적으로 하는 정치학습도 없었기 때문에 새 포로수용소 생활을 시작하기에 좋은 날이었다. 일요일에는 제공되는 음식도 일주일 중 제일 좋았다. 적은 양이나마 돼지고기 음식이었는데 아침에는 국이었고 저녁에는 콩도 들어간 찌개 – 아주 걸쭉한 국 – 였다. 그리고 쌀밥 대신에 일인 당 빵 두 쪽을 주었다. 내 경우에는 이 일요일의 좋은 음식보다도 옛 동료와 재회하는 기쁨이 더 컸다. 이미 먼저 간 로니, 헨리, 베럴리 및 테리를 제외하고는 우리 대대 대대장을 포함하여 1951년 4월의 임진강 전투에서 포로가 된 제29여단의 모든 장교 및 준위들이 거기 있었다. 그리고 1951년 연초에 서울 북쪽에서 후위 방어작전에 참여하다가 포로가 된 우리 연대의 장교들도 있었다. 얼스터부대 소속이었던 조, 제임스, 로빈과 센디,

그리고 그들의 군의관도 있었고 북으로 끌려가다 동료들은 사망하고 혼자 남은 포병부대 소속 스퍼드도 있었다. 이 다섯 명은 1951년의 1월과 2월의 혹한 속에서 포로생활을 하느라 엄청나게 고생을 했으며 때로는 잔혹한 고문에 시달리기도 했다. 예를 들면 스퍼드의 경우, 박의 궁전이라는 곳에서 양쪽 엄지손가락들로만 매달려 있기도 했고 더 심한 경우 손톱 밑을 핀으로 찌르는 고문을 당하기도 했다. 이 모든 고통 속에서도 그들은 추수감사절 이후 개선된 처우와 자신들의 뛰어난 정신력 덕분으로 건강을 유지하고 있었다. 실제로 이제는 데니스만이 폐렴으로 수용소 '병동'에 누워 있었다. 나는 지난 11월 이후 처음 만나는 톰, 론 및 잭을 잠깐 보러 갔다. 그리고 지난 9월 해안가로 탈출할 때 그의 감옥인 벙커에서 헤어졌던 던컨도 만나볼 수 있었다. 그는 70일간이나 더 외부 화장실 출입도 못한 채 그 벙커 속에 갇혀 있었다고 했다. 그 후유증으로 각기병을 얻어 몸이 부었으나 이제는 회복하고 있는 중이었다.

우리 보급 부대장이었던 샘이 나에게 수용소 구경을 시켜주었다. 그는 이 포로수용소가 벽동에서 동쪽으로 10마일 또 압록강에서 남쪽으로 4마일 떨어진 마을인 빈총리에 있는 한 학교의 본관 건물이라고 설명해 주었다. 이 학교 건물은 일제시대에 목재와 진흙을 사용하여 동서로 길게 건축한 것으로 뒤쪽 편에 복도가 길게 뻗어 있고 미닫이 문을 통해 각 교실로 들어가게 되어있었다. 서쪽 끝에 교실 두 개 크기의 '도서실'이 있었는데 거기에는 세계 공산당 지도자들의 초상화, 책 20권, 그리고 3개월 지난 상하이 신문, 런던과 뉴욕의 노동자 일간지와 샌프란시스코의 피플월드 몇 부씩이 있었다. 책들이 모두 마르크스주의에 관한 약관 혹은 소련 소설의 번역본들인 점으로 보아 그 도서실은 정치선전을 위한 것임에 틀림 없었다. 그 외 다른 교실들은 침실로 사용되고 있었는데 내부는 한복판에 통로가 있었고 양쪽 옆의 바닥에는 가마니가 깔려 있었다. 밤이면 이 가마니 위에 포로들이 누워 자는데 몸을 파고드는 추위를 피하기 위해 누비이불, 담요 및 외투 등을 덮고 잤다. 각 교실 문밖의 복도에 난로가 하나씩 놓여 있고 빨래를 하거나 몸을 씻을 물을 데우기 위해 그 난로에 사용할 장작이 조금씩 공급되었다.

현관은 건물의 한복판에 있었고 현관의 넓은 홀이 교실 복도 및 뒷문과 연결되어 있었다. 현관의 문간에 서서 – 실제로 현관문은 떨어져 나갔지만 – 샘은 문 위에 달려 있는 커다란 붉은 별과 평화를 상징하는 두 마리의 흰 비둘기 조각을 가리키며 크리스마스 장식으로 중공군이 달아두었던 것이라고 설명했다. 그 옆에 '평화'라고 쓰인 표지판도 붙어 있었는데 포로들은 붉은 별이 자신들의 표상이 아니며 평화의 비둘기와 '평화'라는 슬로건은 진정으로 평화를 위해 사용해야지 정치적 선전 도구로 사용해서는 안 된다고 주장하며 이 장식물에 대해 항의를 했었고 몰래 그 표지판을 찢어 버렸다고 했다. 샘과 나는 기회가 오면 가능한 한 빨리 그 별과 비둘기도 제거하기로 합의를 보았다.

현관 아래쪽에는 축구장 반 정도 크기의 진흙으로 덮인 운동장이 펼쳐져 있었는데 지금은 이곳이 우리들의 운동장이고 동시에 사열장(査閱場)이었다. 학교 건물은 높은 위치에 세워져 있었고 운동장으로 내려가려면 폭이 약 15피트 정도 되는 산책로를 가로질러 시멘트 계단을 지나야 했다. 운동장 전체를 둘러싸고 있는 산책로부터 아래로 내려가는 계단은 세 군데에 있었는데 하나는 현관 아래에 있었고 또 하나는 서쪽 끝 중공군 본부로 이어지는 출입문 옆에 그리고 나머지 하나는 동쪽 끝에 위치하여 취사장으로 연결되고 있었다. 우리는 산책로를 따라 동쪽으로 가서 주방으로 내려갔다.

이 포로수용소는 모든 장교와 준위급 포로들 및 유엔 사령부 소속 공군 장교들을 더 이상 심문하지 않기로 한 후 이곳으로 수감하면서 작년 10월에 설치되었다. 취사장도 이때 지어졌는데 이 칸막이 건물에는 나무로 불을 때어 조리하는 아홉 개의 큰 솥을 설치해 놓은 주방, 14명의 취사병이 숙소로 사용하는 작은 방 하나, 그리고 엉터리로 지어져서 도저히 사용할 수 없는 공동변소 하나가 있었다. 취사를 책임지고 있는 미군 소령 맥 밑에 영국군 취사병으로 시드와 토니 그리고 갤리거 및 몰튼 일등상사들이 일하고 있었다. 굴뚝이 연기를 반쯤 밖에 빨아들이지 않아 주방 안에는 연기가 자욱했고 그 나머지 연기는 중세기에서나 볼 수 있었을 듯한 천장의 환기구를 통하여 조금씩 빠져나가고 있었다. 샘과 나는 눈이 매워 그곳을 빠져 나와 현관을 통하여 본관 건물로 돌아가서 다시 뒷문을 통해 건물 뒤로 빠져 나갔다.

몇 야드 뒤에 조금 더 높은 평지가 있었고 그곳에 짧은 산책로와 몇 채의 한옥집들이 있었다. 원래 이 집들은 학교 직원들의 사택이었으나 지금은 숫자가 넘쳐나서 학교 본관 건물에 수용할 수 없는 포로들을 수감하고 있었는데 거기 수감된 사람들은 그곳을 '스납힐(역자 주: 스납힐이란 원래 좋은 집들이 들어 서 있는 부자들이 사는 동네라는 뜻인데 여기서는 수용소의 장교 숙소 지역을 냉소적으로 일컫는 별명임)'이라고 불렀다. 나와 새로 도착한 네 명의 포로들이 이곳에 수감된다고 했는데 우리가 합류함으로써 이제 이곳의 수용능력도 거의 포화상태가 되었다.

'스납힐'에서 가장 중요한 장소는 이발소였다. 이 자그마하고 아늑한 방 안에는 스토브와 책상이 각각 하나에다가 두 개의 검소하게 만든 의자와 임시 조달한 세 명의 이발사가 있었는데 한 명은 공병 출신이었고 또 한 명은 해병대 그리고 나머지 한 명은 공군 출신이었다. 그들은 하나의 작은 제국을 형성해 놓고 있어 우리는 거기서 일주일에 한 번씩의 면도와 한 달에 한 번씩의 이발을 할 수 있었고 대화는 무제한으로 나눌 수 있었다. 작은 동네 이발소들이 늘 그렇듯이 이 이발소는 주변에서 일어나는 모든 이야깃 거리의 전달 장소였다. 이발사들이 자칭 평가 게시판에 휴전협정과 관련된 루머들을 올렸을 때에는 모두가 그 루머들을 이발사들이 원하는 것 이상으로 심각하게 받아들였다.

수용소에서의 일과는 매우 단조로워서 가끔은 따분하기까지 했다. 누구든 새로 수감되는 포로들은 일주일도 지나기 전에 마치 몇 달 동안 이곳에서 지낸 것 같은 느낌이 들게 마련이었다.
새벽이면 수용소 내의 모든 포로들이 중공군 병사들에 의해 깨워져서 운동장에 모여 체조를 하거나 또는 감시병들과 함께 주변 도로를 따라 짧은 산책을 하기도 했다. 수용소 내의 일과를 따분하게 만드는 것은 이 체조나 산책을 마치고 돌아와서 세수하고 감방을 정리하고 나면 아침식사 때까지 두 시간 반을 기다려야 한다는 사실이었다. 아침식사 후 학교종이 울리면 우리는 오전의 정치 학습에 들어갔다. 그리고는 점심시간이 이어졌으나 실제로 점심식사는 제공되지 않았다. 두 시에 오후 학습이 시작되어 네 시에 끝나고 그 삼십 분 후에 그날의 두 번째 식사가 제공되었다. 식사 후에는 분임토의가 이어지며 아홉 시가 되면 본관 건물의 모든 전등이 꺼졌다. 이것이 바로 우리의 주간 일과표이였다.

월, 수, 금에 제공되는 두 끼의 식사는 동일한 것으로 쌀밥과 무국이었는데 겨울철에는 아주 저질의 쌀을 쓰는 듯했다. 화요일 저녁에는 쌀밥과 콩으로 만든 반찬 그리고 빵 두 개 반을 제공받았다. 토요일에는 빵은 공급받지 못했지만 콩으로 식단의 단조로움을 덜어주었다. 일요일과 목요일에는 성찬이 베풀어졌다. 쌀밥과 돼지고기가 들어간 국으로 아침을 먹었고 저녁에는 돼지고기 찌개와 빵을 먹을 수 있었다.

매 10일마다 각 개인에게 소량이긴 하지만 설탕과 담배가 배급되었으며 풀스캡지(역자 주: 17 x 13 인치 크기의 양쾌지) 네 장 크기의 종이 두 장도 주었는데 한 장은 화장실용이고 또 한 장은 흡연용이었다. 담배를 피우지 않는 사람은 담배를 동료들에게 나누어 주었지만 종이만큼은 자기가 쓰려고 양도하지 않았다. 신문, 강의시간표 또는 정기 간행물은 갖다 놓기가 바쁘게 없어졌다. 종이야말로 수요가 많은 귀중한 물품이었다.

저녁이면 우리는 본관 건물 현관으로 올라가는 계단 아래쪽에 여섯 개 소대의 형태로 집합하여, 항상 비난하는 듯한 표정을 짓고 있기 때문에 우리가 '분노보다 슬픔에 빠진 자'라고 부르는 흰 머리의 나이든 중공군 중대장이나 우리를 재미있게 해주어 여러 명의 보좌관들 중 우리가 가장 좋아하는 사팔뜨기 눈을 가진 보좌관 '틸트'로부터 훈시를 들었다. 엉터리 영어를 쓰는 지와 젠이 통역을 담당했는데 그 중에서도 지의 영어가 더 엉터리였다. 그 혈색 나쁜 중공군 통역을 옆에 세워놓고 훈시자가 5분정도 중국어로 훈시하다 통역을 하라고 말을 멈추면 지의 통역이 이어졌다.

"자, 여러분들, 내일은 목요일입니다."

그 다음 날이 목요일이 아닌 경우에는 어떤 요일이든 그것을 언급한 다음 그는 아주 간단하게 통역을 했다.

"중대장님께서 당신들에게 내일도 침대에서 일어나라고 하십니다. 알겠습니까?"

또 소나기를 퍼붓듯이 중국말로 훈시를 하고 나면 단순 명쾌한 통역이 이어졌는데 어떨 때는 그 통역 내용이 도무지 말도 안되는 경우도 있었다. 이렇게 훈시가 끝나면 또 하루가 지나가곤 했다.

표면상 이것은 그저 지겹기는 하지만 견딜 만한 포로들의 단조롭고 따분한 일상인 것처럼 보였으나 사실은 전혀 달랐다. 매일 매 시간마다 우리의 운명은 자기들의 목적에 이용하고 싶은 포로나 수용소 내에서 인간적인 대우를 앞장서서 요구하거나 그러한 움직임을 선동하는 사람을 언제든지 끌고 나갈 수 있는 정치적 과격론자들의 손에 의해 좌우되고 있었다. 포로의 신상 – 정신을 포함하여 – 에 있어서 진정한 위험은 중공군 요원 한 명이 감방에 와서 이렇게 말할 때 시작되곤 했다.

"본부에서 당신을 찾으니 당장 짐을 싸서 나를 따라오시오."

또는 중공군 한 명이 감방에 와서 '어떤 것이 누구누구의 소지품이지?'라고 말하며 그 포로의 짐을 챙겨 나가면서 동료들이 그가 어디 있는지 그리고 앞으로 어떻게 될 것인지를 물어도 아무 대답이 없을 때도 마찬가지의 경우였다.

수용소장의 이름은 딩이었다. 그는 보통 키의 뼈대가 가는 체격에 창백한 피부색과 긴 손가락을 가진 자였다. 그의 눈은 중국인 치고도 가는 편이었고 뱀눈처럼 반짝반짝 빛났다. 그는 광신적인 공산주의자였으며 그의 부하들조차 그를 무척 두려워했다. 그는 우리가 그들의 정치적 세뇌공작을 거부하고 자국 정부에 충성을 하고 있다는 사실 때문에 우리를 증오했다.

딩의 본부는 350명의 포로들을 담당해야 하므로 꽤 많은 요원들을 거느리고 있었다. 부소장과 부소장보 각 한 명씩 이외에도 17명의 장교들이 이곳에 근무하고 있었다. 수용소 안에서 포로로서 우리가 평상시에 주로 접촉하는 요원들은 여섯 명 - 웡, 첸청휘, 선, 큰 추, 작은 추, 그리고 뉴 - 이었다. 웡은 거의 6피트나 되는 키에 어깨가 벌어진 꽤 큰 체구를 갖고 있었다. 그는 수용소 내를 언제나 으스대며 걸어 다니곤 했으며 어떤 작은 일이라도 그에게 걸려들면 기회를 놓치지 않고 벌을 주었다. 포로를 감독하기 시작할 무렵 그는 벽동의 제5 수용소와 창송의 제1 수용소에서 정치학습 참여를 거부하는 포로들이 앞으로 어떻게 될 것인지에 대해 영어로 훈시를 한 적이 있었다.

"당신들이 현재 우리의 포로라는 것을 아는 사람은 아무도 없다."

병들고 굶주림에 시달리는 포로들을 앞에 두고 그는 말을 시작했다.

"아무도 당신들이 이곳에 수용되어 있다는 것을 모른다. 당신들 중 우리에게 저항하는 자는 앞으로 40년간 깊은 지하 감옥에 처넣어 둘 것이다. 그러면 거기서 당신들의 뼈도 다 썩을 것이고 세상은 당신들을 잊어버리게 될 것이다."

또 한 번은 훈시를 마치고 장교 포로들에게 각자가 가지고 있는 모든 섹스 사진들을 내어놓으라고 말한 적이 있었다.

"우리는 당신들이 각자 간직하기 위해 많은 섹스 사진을 구입했다는 것을 알고 있다."

그가 자신 있게 단언했다.

"모두 지금 당장 그 사진들을 제출하기 바란다."

아무런 반응도 없자 그는 각 포로의 소지품을 검사했으나 결국 아무 것도 나오지 않았다. 짐작컨대 웡은 그런 사진들을 빼앗아 그 자신이 수집하려했던 것 같았다. 아무튼 그 일로 인하여 웡은 '음란한 사진' 또는 '디피(역자 주: 음란한 사진을 의미하는 dirty picture의 영문약자) 웡'이라는 별명을 얻게 되었다.

첸청휘는 작은 체구의 소유자로 몸과 마음이 뒤틀린 자였다. 그의 척추는 기형이고 등이 구부러져 있어서 작은 어깨가 앞으로 튀어나와 있었다. 얼굴에는 어릴 적에 입은 화상의 흉터가 남아 있었으며 걸어 다닐 때는 그의 큰 눈알이 흰 접시 위의 놓인 고깃국물 같이 이쪽저쪽으로 왔다 갔다 해서 군목 파드레는 그를 사악한 작은 도깨비에 비유하곤 했다. 공산주의 혁명 전에는 학교 교장이었던 그가 권력을 잡을 기회를 포착했으므로 그 권력을 유지하기 위해 갈 때까지 갈 준비가 되어 있는 사람이었다. 그는 수용소의 질서를 유지하는 직책을 맡고 있었는데 우리를 염탐하는 것이 주요 임무이기 때문에 그것을 즐기는 것 같았다.

선도 역시 키가 작은 자로 그의 행동거지는 거의 여자 같았다. 모든 요원들 중에서 가장 성실한 공산주의자인 그는 '수단은 목적에 의하여 정당화 된다'는 마르크스주의를 신봉하고 있었다. 그는 수 개월간 정치학습 프로그램을 작성해왔으나 자신의 프로그램이 실패로 끝날 것을 처음부터 알고 있었다. 그가 강의자료를 읽어 내려가다가 "미국

인민들이 굶주림에 시달린다"라거나 "소련이 독자적으로 독일과 일본을 패배시켰다"라는 대목에 이르면 포로들로부터 야유, 조롱 그리고 비웃음이 쏟아졌다. 그러면 선은 누리끼리한 작은 얼굴을 일그러뜨리며 소리를 질렀다.

"조용히들 하시오! 당신들은 진실을 외면하려고 하는 것이요!"

작은 추는 팔방미인이었다. 그는 우편물을 관리하고 첸청휘를 도와 수용소 내의 질서유지를 담당하고 있었으며 포로들에 관한 모든 자료를 정리하고 보관했다. 작은 키와 마른 체격 그리고 개구리눈을 가진 중국인인 그는 포로에게 모든 불유쾌한 형벌이 가해질 때 기꺼이 보조역을 맡곤 했다.

큰 추는 다른 범주에 속하는 자로 심문, 징벌, 선전 등 특별히 중요한 사항들을 담당하고 있었다. 5피트 10인치 정도의 키와 여윈 체격을 가진 그는 뛰어다니는 듯한 특이한 모습으로 걸어 다녔다. 그가 어떤 포로를 찾아와서 중국식 액센트가 섞인 유창한 영어로 이야기할 때는 대개 수용소 소장이 특별히 신경을 쓰는 경우였다.

딩의 나머지 요원들 중 우리의 생활에 중요한 영향을 미쳤던 다른 한 사람은 뉴였다. 뉴는 오스카 와일드의 작품에 나오는 목사와 너무 흡사했다. 아마도 그라면 차스블 박사(역자 주: 영국의 극작가 오스카 와일드의 유명한 희극 작품인 The Importance of Being Earnest 에 나오는 등장인물 중 하나)의 역을 맡는다면 충분히 잘 해낼 수 있었을 것이다. 그는 과장된 액센트가 섞이고 느리기는 하나 꽤 괜찮은 영어를 구사했다. 그는 교양에 대해 예민했고 예의를 잃는 법이 없었으나 철저한 거짓말쟁이였다. 뉴는 절대로 난처한 상황에 빠져들지 않으며 그런 상황이 벌어지기 전에 슬며시 자리를 뜨는 사람이었다.

1952년 봄부터 시작된 그의 직책은 우리의 여흥과 오락을 담당하는 것이었는데 그는 그 일을 훌륭히 해냈다.

중공군은 1951년 미국 추수감사절과 크리스마스에 포로들을 위한 잔치를 베풀었다. 정전회담의 재개와 전쟁포로에 대한 공산군의 처우에 관한 헨리 보고서의 출간에 따른 국제 여론의 영향이 아주 없었던 것은 아닌 듯했다. 잔치 장면을 찍으려고 사진사들이 왔고 포로들에 대한 중공군 측의 양호한 대우와 특히 추수감사절과 크리스마스 잔치에 대하여 포로들이 쓴 글을 공산당 기관지에 싣기 위해 백방으로 노력을 했으나 실패로 끝났다. 사진사들이 나타나면 포로들은 얼굴을 가렸기 때문에 좋은 사진을 찍을 수가 없었으며 기자들에게 글을 써주는 포로는 아무도 없었다. 크리스마스 때에는 그들이 다른 술수를 써서 포로들에게 한국 내의 중공군 사령관인 팽덕회장군과 포로수용소의 딩소장에게 크리스마스 카드를 쓰도록 종용했다. 포로생활위원회는 이를 거부했다.

수용소에 도착한 포로들은 중공군의 지시에 의해 수용소 내의 일상 행정을 담당할 위원회에서 대표 역할을 할 위원을 '선발'했다. 모든 포로들은 각 해군 또는 육군 부대 소속이었으므로 위원을 선발하는 데는 별 문제가 없었다. 자연스럽게 최상급 장교들 중에서 한 명이 선정되어 그 이름이 다른 부대원에게 위원 후보로 전달되었다. 이런 방법으로 위원 후보를 각자가 지명했다. '비'대령과 데니스가 각기 미국 및 영국군을 대표하는 위원이 되었다. 유엔군의 상급자인 우리 대대의 대대장은 1951년에 장기간 독방감금 상태였던 이유로 이 위원회에서 제외되었다. 그는 수용소 내의 여러 나라 출신 포로들로부터 두

루 존경을 받는 입장이었고 더 중대한 문제가 발생했을 때를 대비해서 이 위원회에 포함시키지 않는 것이 바람직했다.

크리스마스 축제가 끝나고 마지막 사진사와 기자가 떠나자마자, 비 대령이 중공군이 실시하는 훈련, 군 관련 심문 및 정치학습을 거부하는 '지하 저항운동'을 주도하였다는 이유로 체포되었다. 또한 포로들이 중공군 사령관과 딩소장에게 보낼 크리스마스 카드 쓰기를 거부한 것도 문제가 되었다. 표면상으로는 부수적인 이유 같았지만 사실은 그것이 주된 이유였다. 엄중한 감시를 받으며 영하 40도의 추위 속에서 외투와 침구도 없이 동네 중심부에 위치한 개방된 감방에 가두어진 그는 서서히 얼어 죽어가기 시작했다. 위원회의 위원인 미군 소령이 대표로 중공군 측에 그를 풀어주도록 요청했다가 그 자신도 체포되었다. 나머지 두 명의 위원인 해병대 소령과 공병대 소령도 함께 체포되었다. 폐렴으로 7일간 병원에서 치료를 받고 막 퇴원한 데니스도 수용소로 돌아 온지 몇 시간 뒤에 체포되었다. 내가 이 수용소에 입소한지 7일 후 드디어 우리 대대의 대대장도 체포되었다. 1952년 2월 8일에는 그들에 대한 '재판'이 시작되었다.

우리는 모두 무장한 감시병들과 수용소 및 중공군 중대본부 요원들이 줄지어 벽을 둘러싸고 서 있는 도서실로 안내되었다. 우리가 바닥에 쭈그리고 앉아있는데 우리 대대 대대장, 비 대령, 세 명의 미군 소령 그리고 데니스가 도서실로 들어왔다. 데니스의 얼굴은 죽은 사람처럼 창백했고 두 손을 축 늘어뜨리고 있었다. 비 대령을 선두로 하여 피고들은 한 사람씩 앞으로 나와서 포획자들의 인간적인 정책에 반항한 죄에 대한 '자백서'를 낭독했다. 그들이 읽은 내용은 상당히 과장된 문체로 되어있어 중공군이 구술한 것을 받아썼음이 분명해 보였다. 더욱 더 한심스러운 일은 그들이 '자백'했다는 죄는 실제로 존재하지도 않는 것으로 중공군들의 마음속에 있는 환상에 지나지 않는 것이었다. 앞으로 반항하는 자들에 대한 경고의 말과 함께 중공군들은 피고들에 대한 처벌내용은 상부에서 결정하여 발표할 것이라는 말을 남기고 도서실을 떠났다. 그것으로 '재판'은 종료되었다. 거기에는 인정심문도 없었고 변론도 없었다. 피고들은 우리 모두 앞에서 자신들의 죄를 '자유의사에 의해 자백'했다는 것이다. 도서실을 떠나면서 우리는 이것이 상당한 기간 동안 우리가 짐작해 온 중공군의 재판절차라고 서로 입을 모았다. '반동주의자'라는 잡지에서 우리가 읽었던 내용이 사실인 것 같았다.

그 재판 전에 그들이 어떻게 모든 자백서를 받아낼 수 있었는지 그 경위를 다 알지는 못한다. 그러나 데니스의 경우엔 어떻게 그런 자백이 나왔는지 상세히 알 수 있었다.

처음에는 상당한 압력을 받았음에도 불구하고 데니스는 우리의 일상생활을 개선하고 진실에 대하여 교육하려는 중공군의 방침 – 그들의 주장 – 에 저항하려는 계획을 공모했다는 혐의에 대해 일절 아무 말도 하지 않았다.

이 계략에 실패하자 그들은 새로운 방법을 택했다. 데니스는 자신의 행위에 대한 책임이 우리 대대의 사령관에게 있음을 인정하는 문서에 서명하도록 강요당했다. 당연히 그는 서명을 거부했다. 그러자 그들은 데니스에게 그 자신의 죄를 '자백'하는 것으로 대대장의 입장을 좋게 할 수 있다고 설득했다. 이 '자백'이라는 용어는 중공군이 데니스에게 '시사'했던 것이다. 대대장을 연루시키지 않으려고 데니스는 수용소의 영국인 포로들이 정당하게 포로생활 위원회의 위원을 선출했고 그 위원회의 지시를 따랐다는 것을 확실히 하기 위해 자신이 한 행위에 대한 모든 책임을 자신이 진다는 자술서를 작성했다. 이렇게 하여 확보된 데니스의 자백서는 대대장의 무죄를 입증하는 부분은 무시된 채 그 자신을 처벌할 수 있는 충분한 증거를 중공군에게 제공해 준 셈이 되었다. 이제 데니스는 그들의 손아귀에 들어갔고 그들은 재판 전에 이를 최대한 활용하기로 하고 군사정보를 제공하겠다는 확인서를 그에게서 받아내려 했다.

대대장으로부터 '자백서'를 확보하기 위해 직접 나섰던 딩이 이번에도 데니스를 직접 다루었다. 데니스가 그에게 끌려가서 확인서를 쓰라는 제의를 받았으나 이를 거절했다. 딩은 포로들에 대한 신체적 고문에 직접 참여하지 않기 때문에 선이 데니스를 별관으로 끌고 가서 양손을 뒤로 묶어서 발가락 끝으로 겨우 바닥에서 설 수 있도록 천장 들보에 매달았다. 네 시간 동안 선이 매 시간마다 와서는 데니스가 마음을 바꿨는지 물었으나 그는 마음을 바꾸지 않았다. 그러자 선은 데니스를 그대로 매달린 채 두었다가 다음날 아침에 돌아와서 풀어주었다. 그날 밤에도 확인서 서명을 거절하자 선은 데니스의 윗옷을 벗기고 딩의 숙소 밖으로 끌고 가서 추위에 새파랗게 질리고 너무 추워서 말도 할 수 없을 정도가 될 때까지 내버려 두었다. 선이 데니스를 따뜻한 방으로 잠시 데리고 갔고 데니스는 말을 할 수 있게 되자 다시 서명을 거부하였다. 선은 다시 데니스를 동네 중심부에 있는 감방으로 데리고 가서 전날 밤과 꼭 같은 상태로 다시 천장에 매달았다. 그러나 이 무렵 그들은 데니스의 저항이 그들이 짐작했던 것보다 더 강하다는 것을 알게 되었다. 선은 데니스에게 마음을 바꿀 기회를 주기 위해 두 번 돌아왔다가 포기하고 그 상태로 내버려 두었다. 다음날 아침에 경비대장이 와서 데니스를 풀어주었고 그 후로는 확인서 서명문제가 다시 제기되지 않았다. 재판 시 우리가 데니스를 보았을 때 그의 손이 아래로 축 늘어뜨려져 있었던 것은 바로 이런 고문 때문이었던 것이다.

며칠 후 도서실에서 야유 속에 가지각색의 장기 형량이 발표되었다. 우리의 대대장과 비 대령 및 데니스는 6개월의 감금형을 선고 받았다. 세 명의 미군 소령은 3개월 형을 선고 받았다. 이맘때쯤에는 그 긴 형량이 만료되기 전에 휴전회담이 성공할지도 모른다는 희망적인 관측이 있었다.

이 동네 주변에는 단독으로 또는 두 사람씩 죄수의 신분으로 수감되어 있는 포로들이 있었다. 군사 관련 심문을 재개하기 위해 수용소에서 격리되어 온 사람들도 있었고 중요한 군사정보를 끌어내기 위해 다른 포로와 함께 있지 못하도록 고의로 독방에 격리시켜 수감한 사람들도 있었으며 포로가 된 후 너무 많은 것을 관찰해서 수용소에 그냥 놔두기에 너무 위험한 것으로 판단된 사람들도 있었다. 이렇게 다양한 여러 부류의 포로들이 작은 감방이나 지하 동굴 속에서 가지각색의 조건하에 고통스럽게 지내고 있었다. 이런 이들은 식량 수송의 임무를 맡거나 또는 나무를 구하러 수용소 본부로 왔다가 간혹 만날 수 있는 정도였다. 간수들의 감시를 받으며 수염을 기른 낯선 얼굴이 문간에 나타난다든가 또는 화장실로 가는 길목에서 목격되곤 했다. 그들은 스치고 지나가는 동료들이 인사를 해도 미소로 조차 아는 척을 하지 못했다.

형을 선고 받은 여섯 명의 장교들도 이제 이러한 생활을 피할 수 없게 되었다.

12 13개월만에 받는 아내편지

내가 수용소에 입소했을 때 대부분의 동료 포로들이 우편물을 받아 오고 있다고 했다. 2주 내지 3주마다 우편물이 왔는데 판문점의 서신 교환소에 도착하는 데는 며칠이면 되지만 거기서 북쪽으로 압록강까지 몇 백마일 가는데 두 달이 걸리기도 하여 결국 오래된 편지들이 각 수신인의 손에 들어왔다. 운이 좋은 사람들은 우편물이 올 때마다 편지를 한두 통 받아 보았으나 그렇지 못한 사람들도 있었다. 여러 가지로 생각해 보았지만 우편물에 대한 어떤 특별한 음모는 없는 것 같았다. 데니스의 차석자인 빌과 포병대원인 칼의 경우 두 사람 다 독방 감금형을 받았었는데도 계속 우편물을 수신하고 있었다. 보다 더 가벼운 형을 받았던 사람들이 오히려 우편물을 받지 못하고 있었다.

우편물 발송의 경우도 불명확하기는 마찬가지였다. 우리 수용소 수감자들 중 약 1/4이 중공군들에게 발송해 달라고 편지를 넘긴 후 가족으로부터 10내지 20통의 답장을 받았다. 그러나 1952년 5월 경 가까운 친인척에게 규정상 허용되는 최다 횟수인 월 3회 편지를 써 보냈으나 답장을 받지 못한 사람도 있었다.

우편물을 받지 못한다거나 목적지까지 전달되지 않는 편지를 쓸 필요가 없다는 불평에 대해서 중공군 측은 일률적이고 간단한 답변으로 일관했다.

"그 책임은 미군의 폭격에 있다. 당신들이 쓴 편지는 거의 다 파손되어 몇 통만 중립지역까지 전달된다."

어느날 아침에는 우편물 배달차량에도 공습이 가해지고 있다는 것을 증명하기 위해 우리가 전에 써 보냈던 한 무더기의 편지들이 도서실로 되돌아오기도 했다. 아닌게 아니라 모든 편지들이 못쓰게 되어 있었으며 반 정도 불에 타버린 상태인 것도 많았다. 작은 추와 티엔이라는 이름의 똥한 중공군 병사가 파손된 편지 다발들을 가지고 왔는데 그들은 그 편지들이 더 이상 소용없다는 이유로 우리에게 되돌려 주지 않았다. 그러나 어찌어찌하여 네 사람이 그 파손된 편지들을 세밀하게 살펴볼 수 있었는데 어이없게도 위쪽에 놓여있던 편지 다발은 7주전에 발송한 것이고 또 다른 다발의 편지들은 바로 전 날 발송한 것이었다.

또 다른 예로 나는 봅 및 스파이크와 함께 수용소 본부 근처의 담장 밖에 있는 낡은 방공호 옆에서 일을 하고 있었다. 그 근처에서 타다 남은 모닥불이 아직 연기를 내뿜고 있었는데 그 모닥불 언저리에 미국에서 발송된 편지들이 반 정도 탄 상태로 여기저기 널려 있었다. 그 타고 있는 종이들은 편지봉투들 뿐이었는데 그렇다면 내용물들은 다 어디에 있는 것일까? 때로는 검열병(檢閱兵)들이 편지 내용물을 다른 봉투에 잘못 넣기도 했지만 어쨌든 포로에게 전달된 편지들은 모두 봉투 속에 들어 있었다.

　마지막 예로 미국 화생방 부대 중위인 척의 경우를 들 수가 있다. 그는 잠시 심문을 받으러 불려 나갔는데 그들은 그에게 온 비교적 최근의 편지 두 장을 보여 주며 묻는 질문에 대답을 하면 편지를 주겠다고 했다. 결국 그는 편지를 받지 못한 채 되돌아 와서 전 소대원들 앞에서 통역에게 그 편지를 언제 받아볼 수 있을지 공개적으로 질문을 했다. 통역은 그 편지들이 수용소 요원들의 손에 있다는 것을 구태여 부인하려 들지는 않았으며 다만 그 문제는 자신이 끼여들 수 있는 성질의 것이 아니라고만 말했다. 다른 장교들도 이와 비슷한 경험을 한 적이 있었으며 그들 중 그 문제가 됐던 편지를 받아본 사람은 아무도 없었다.

　나는 우편물이 올 때마다 혹시나 하고 신경을 곤두세우다가 편지 한 장도 받지 못하자 낙담하여 우편물 받는 것을 포기하고 있었다. 5월의 어느날, 그날도 나는 우편물 배달 시간에 목욕을 하고 있었는데 호주인 포로 론이 뛰어와서 나를 찾았다.

　"당신에게 편지가 왔어요! 편지가 왔습니다." 그가 소리쳤다.

　나는 그것이 사실인지 미심쩍어 하며 도서실로 갔다. 누군가가 나의 아내에게서 온 편지 한 장을 내 손에 쥐어주었다. 그것은 실로 14개월의 포로생활에서 처음 접하는 편지였다. 그 동안 아내가 내게 써 보낸 편지는 무려 300장이 넘었었다.

　2월 하순에는 수용소에 독감이 유행했는데 좁은 방에 너무 많은 포로들이 수용되어 있는데다가 모든 포로들이 병에 대한 저항력이 떨어져 있는 상태였으므로 많은 희생자가 나왔다. 결국 나를 포함해서 대여섯 명의 경우 독감이 폐렴으로 진행되었다.

나는 폐렴에 걸린 포로들만 모아 격리시켜 놓은 학교 건물 내의 작은 방에 옮겨가서 거기 며칠간 머물러 있다가 프랭크와 봅의 부축을 받으며 우리 숙소인 스냅힐로 되돌아왔다. 봅과 미국인 의사 두 명이 중공군 의무장교에게 강력하게 항의하여 그 의무장교도 폐렴환자들의 문제를 심각하게 받아들이기 시작했다. 그때까지만 해도 폐렴환자들은 아무런 치료도 받지 못한 채 방치되었었다. 우리는 이 중공군 의무장교를 '더러운 의사'라고 불렀는데 그것은 불결한 손으로 환자를 치료하고 바닥에 아무렇게나 침을 뱉는 버릇이 있는 그에게 아주 적합한 호칭이었다. 그가 어디서 어떤 의학 교육을 받았는지는 알 수가 없었다. 수용소 내에서의 그의 활동상황으로 미루어 짐작컨대 그의 능력은 감기를 진단하는 정도인 것 같았는데 그것은 그가 의료활동에 별 관심을 가지고 있지 않기 때문인지도 몰랐다. 그의 진찰실은 그 자신과 마찬가지로 항상 불결하였다. 그러나 수용소에는 깨끗한 흰 가운, 수술모자, 고무장갑 및 앞치마 등이 비치되어 있었다. 하루는 지오프가 지난 가을 폭격으로 손가락 세 개를 잃은 손에 붕대를 감기 위해 불려갔는데 사실은 그 손의 상처는 이미 오래 전에 다 아물었었다. 그가 가서 보니 의사, 간호사 및 조수들이 모두 단정하게 흰 가운을 입고 있었으며 흰 천으로 덮인 탁자 위에는 붕대와 몇 가지의 의료기구가 놓여 있었다. 의사가 그의 손을 진찰하는 동안 나머지 의료진들은 온화한 미소를 지으며 그 주위에 둘러 서 있었다. 사진사 한 명이 나타나서 사진 몇 장을 찍고 나자 모든 작업이 끝났다. 의료진들은 모두 자신들이 입었던 흰 가운을 조심스럽게 벗어서 접었다. 본의 아니게 선전용 사진 모델로 이용당한 지오프는 화가 나서 씩씩거리며 수용소로 돌아왔다.

운 좋게도 이번에는 그 '더러운 의사' 혼자가 아니었다. 좀 더 능력이 있어 보이고 환자 치료에 관심을 가지고 있는 듯한 젊은 의사 한 명이 최근 수용소 의료진에 합류했다. 내가 스납힐로 돌아가도 될 정도로 건강을 회복할 때까지 원래의 나이든 의사는 딱 한 번 밖에 보지 못했으나 새로 온 젊은 의사는 정기적으로 우리를 진료하러 왔었다. 우리에게 요양기간은 따로 주어지지 않았다. 그 젊은 의사가 아무리 양심적인 사람이라 하더라도 우리가 정치학습 시간에 빠지는 것을 허락해 주지 않았을 - 아니 아마도 허락해 줄 수 없었을 - 것이다. 우리는 선이 주관하는 '세계 자본주의의 쇠퇴'라는 강의를 듣기 위해 외풍이 있는 도서실로 가서 다른 포로들과 합류했다.

유엔군 포로들을 정치적으로 세뇌시키려는 중공군과 북한군의 시도에 관하여는 따로 책을 한 권 써도 될 정도여서 이 책에서 묘사하기보다는 훨씬 더 포괄적으로 다루어져야 할 것이다. 다만 여기서 간단히 말하고자 하는 것은 1951년 4월에는 강제 학습을 매일 아홉 시간 반씩 했는데 일 년이 지난 지금은 4시간으로 줄었다는 점이었다. 강제 학습은 디피 윙과 같은 소위 '동무들'이 '진실'을 받아들이지 못하는 포로들에게는 가혹한 체벌이 가해질 것이라는 협박을 함으로써 시작되었고 또 실제로 체벌이 가해지기도 했다. 그리고는 학습 중에 터무니없는 대목이 나와서 우리가 야유를 하면 선과 같은 '동무들'이 '조용히' 하라고 우리에게 요구하는 것으로 끝나곤 했다. 선은 자신의 가르침을 거부하는 포로들 모두에게 데니스에게 했던 것과 같은 혹독한 형벌을 가하고 싶었겠지만 철의 장막 외부의 세계로부터 포로수용소 안에서 어떤 일이 일어나고 있는지에 대한 문의가 점점 증가하고 있음을 알게 된 그의 상관들이 그것을 허락하지 않았다. 1952년 부활절 무렵에는 모든 세뇌용 교육 프로그램이 실패로 돌아갔음이 명백해졌고 포로들의 저항이 거세지자 강제학습을 중단한다는 결정이 내려졌다. 체면을 세우기 위해 그들은 여름이 오기 전에 숙소 및 그 주변에 대한 봄맞이 대청소를 실시한다고 발표했다. 당분간 이 '명예로운 노동'이 학습 시간을 대신한다는 것이다. 언제 다시 강제학습이 재개되는가 하는 문제는 미결로 남아 있었다.

기존의 화장실은 이미 가득 차 버려서 새로운 화장실이 필요했다. 겨울 동안 얼어붙어 있었지만 아열대 여름이 오면 파리 번식장이 될 불결한 도랑과 벙커들도 더 이상 방치할 수가 없었다. 다행히 우리의 동료 의사들이 우리 스스로의 방제 노력을 지휘했다. 일단 우리 숙소와 그 주변 그리고 우리가 출입을 허가받은 지역 내에 산재해 있던 위험 장소들을 없앤 다음 우리는 다시 정치학습이 재개되는 것을 피하기 위해 별로 필요하지도 않은 일들을 만들어 해 가며 늑장을 부리기 시작했다. 수용소 본부는 우리로 하여금 도로를 따라 흰 돌멩이를 박아 넣고 역시 돌멩이를 사용하여 꽃밭에 피카소의 평화의 비둘기 모양으로 장식을 하고 '평화'라는 표지판을 세우도록 유도했다. 우리 수용소에서 동쪽으로 몇 마일 떨어져서 한국군 포로들이 수용되어 있는 시범 수용소가 하나 있었는데 장식 방법을 배우기 위하여 우리 수용소의 포로 몇 명이 차출되어 그곳으로 견학을 갔다. 견학을 하고 돌아온 사람들이 그곳에서는 이러한 장식들뿐만 아니라 여러 숙소에 기본적으로 걸려있는 모택동과 김일성의 초상화 밑에 꽃화분을 나열해 놓았다고 보고했다. 그러한 노력에 대한 보상으로 한국군 포로들은 음식과 담배를 추가로 받았으며 자신들의 수용소를 특별취재한 내용이 중공군 잡지에 실렸다고 말했다는 것이다.

우리 수용소의 몇몇 동료들은 한국군 포로들이 이런 식으로 중공군에게 협력했다는데 대해 노여워했다. 그러나 내가 키니를 처음 만났던 남쪽의 동네에서 한국군 포로인 상사 한 명과 나누었던 대화가 생각났다. 하루는 공산주의의 장점에 대하여 중공군 강사가 장시간 강의했는데 그것이 끝나자 그가 목소리를 낮추어 내게 말했다.

"중공군이 와서 '공산주의는 인민을 보살펴 준다. 진실을 배우기만 하면 누구나 충분한 음식, 좋은 집 그리고 충분한 땅을 가질 수 있다'고 하기에 우리가 '그래요. 맞아요. 공산주의는 아주 좋습니다. 아주 멋지죠'라고 마음에도 없는 맞장구를 쳐 주었더니 그들이 정말로 담배도 주고 음식도 더 많이 주더군요."

그러더니 그 상사는 가늘고 검은 눈으로 나를 마주 보면서 아주 의미심장한 말을 덧붙였다.

"그것이 바로 공산주의라고 우리는 생각합니다."

나는 지금 시범 수용소에 있는 한국군 포로들도 그렇게 생각하고 있을 것이라는 느낌을 떨쳐 버릴 수가 없었다.

영국으로부터 잭 게스더라는 사람이 중국에 왔는데 그가 중국에 체류하고 있는 동안 북한 정부의 초청을 받아 자국의 포로들이 어떻게 지내고 있는지를 살펴보기 위해 압록강변에 위치한 포로수용소를 방문했다. 상하이 신문은 그를 변호사라고 소개했으나 그가 쓴 포로수용소 방문기를 읽고나서 우리는 그가 변호사일 리가 없다고 생각하게 되었다. 그는 자신이 관찰한 바에 의하면 포로수용소 내의 상황은 전적으로 만족할 만한 수준 – 그가 우리 수용소에 와 보지 않은 것은 확실하다 – 이라며 다음과 같이 말한 것으로 인용되고 있었다.

"우리 포로들에게 제공되는 음식을 본다면 영국의 가정주부들조차 입맛을 다실 것이다."

그런 논평을 한 것을 보면 아마도 그는 그것이 자신의 방문에 대비하여 특별히 준비된 식단이라는 것을 몰랐을 것이다. 그것은 영국 여왕의 적에게 유리한 선전을 함으로써 우리의 포로생활에 대한 진실을 외부 세계로부터 감추어 주는데 일조를 하게 될 또 다른 방문자 – 예를 들면 모니카 펠튼 여사 – 가 올 때까지는 다시 접하지 못하는 식단이었다. 변호사로서 증거를 관찰하는 게스더 씨의 능력의 예봉이 그가 중국에 머무르는 동안 둔화되었을지도 몰랐다. 학대와 방관으로 몇 천명의 포로들이 죽어나간 벽동 수용소에서 그가 어떻게 그런 발언을 할 수 있었는지 우리는 알 수가 없었다. 분명한 것은 우리가 그의 글을 읽었을 때 – 정확히 1952년 4월 15일 아침이었음 – 는 안소니와 내가 수용소의 쉰밥과 무국으로 아침식사를 막 끝냈고 난 후였다. '제국주의자들의 국가'인 영국 내에 얼마나 악한 일이 벌어지고 있든 간에 일주일에 3분의 2 이상 매일 반복하여 먹는 우리의 식단을 보고 입맛을 다시는 영국의 가정주부는 한 명도 없을 것이라고 단언할 수 있다.

중공군은 부활절을 위한 특별한 계획을 세워놓고 있었다. 모든 수용소에 특별한 음식을 분배해 줄 것이며, 각 포로에게 '사키 (정종)'도 조금씩 나누어 줄 것이며, 담배 땅콩 및 엿 등도 배급한다는 것이었다. 아마도 많은 사진사들도 동원할 모양이었다. 결국 이러한 호사는 우리를 위한다기 보다는 중공군 자신들의 이익을 위한 것이었다.

내가 이 수용소에 입소한 이래 꽤 좋은 여흥시간을 가진 적이 있었는데 그것은 미군 포로들이 주동한 것이었다. 이번에는 우리 영국군 포로들 중 몇 명이 영국인의 선천적인 재능을 살려 무언극을 하자고 제의했다. 내가 그 문제를 상의하기 위해 부활절행사를 담당하고 있는 사람들 중 하나인 퉁한 표정의 티엔에게 갔다. 그러나 이것은 단순히 부활절에 연극 공연을 하고 싶다고 말한다거나 간단한 무대장치에 사용할 물품 몇 가지를 요청하는 정도의 일이 아니었다. 공연 준비를 시작하기 전에 대본의 내용을 한줄 한줄 검열받아야 했는데, 그 검열 과정은 우리가 대본을 한 줄씩 읽고 그 의미를 설명하면 티엔은 혹시 그 내용이 한국 안팎에 있는 중공군과 그들의 동맹국, 마르크스, 엥겔스, 레닌 또는 스탈린에 대한 어떤 풍자를 포함한 것이 아닌지를 따지는 식으로 진행되었다. 티엔의 사무실에 앉아 우리는 그 대본을 한장 한장 이런 식으로 검열받았다.

티엔: (다음 장으로 넘길 때 손가락으로 한 부분을 지적하며) 이것은 무슨 뜻인가?

우리: 그것은 농담이죠.

티엔: 이것은 어떤 농담인가?

우리: 두 사람이 만났는데 뚱보가 (손가락으로 지적하며) "여기서 뚱보 한 사람 보았나?"라고 묻잖아요.

티엔: 왜 그렇게 묻나?

우리: 그게 그 농담의 일부이죠. 그러면 두 번째 사람은 "아니," 라고 대답합니다.

티엔: 그렇지만 그는 그 풍보를 보았지 않나?

우리: 물론 보았죠. 그러니까 풍보는 "당신이 여기서 풍보를 보지 못했다면, 나는 꺼져야지," 라고 말합니다.

티엔: 그렇지만 그는 없어지지 않고 있지 않은가?

우리: (이런 식으로 세 시간 동안 실랑이를 하다가 지쳐서) 그건 농담인데 모르겠나요? 훌륭한 농담은 아니고 그냥 무언극에 흔히 쓰이는 농담입니다.

티엔: 이것은 분명히 중공 인민 지원군에 대한 어떤 음모다. 당신들은 우리가 당신들을 잘 먹이지 않아 이곳에는 풍보가 없다고 말하려는 것이다. 연극에서 이 구절을 빼야 된다.

군목 파드레가 교회 예배를 위한 계획안을 제출할 때도 이와 비슷한 경험을 했었다. 그는 기도문, 시편 및 찬송가의 구절구절을 설명해 주어야 했다. 부활절 일요일의 영성체에 사용하기 위해 포도주를 조금 달라고 요청했을 때 첸청휘가 말했다.

"부활절이 도대체 뭔가? 내가 수용소에 있는 여러 사람에게 물어보았는데 모두들 모른다고 했다. 우리 생각엔 당신이 포로수용소의 처우에 불만을 가지도록 다른 포로들을 선동하기 위한 음모를 꾸미고 있는 것 같다." 이런 맥락의 일들이 비일비재했는데 그 중의 한 예로 첸이 우리 대대 사령관에게 가서 부활절에 대한 질문을 했다는 것이다.

"심지어 그 사람도 부활절에 대해 모르고 있었다." 첸이 말했다. "이것은 부당한 요구이니 정상적인 일요일 예배를 보도록 하라."

다행히 이 특별한 기간이 별탈없이 지나가기를 바랐던 그들이 마지막 순간에 가서 다소 기세를 누그러뜨리고 파드레에게 부활절 예배를 허락하고 요청한 물품들도 제공해주었다.

부활절 행사 기간 동안 예측하지 못했던 일이 일어났다. 부활절 성 금요일에 호주인 조종사들인 벤스와 부르스가 세 명의 미국인 포로들과 함께 탈출을 감행했던 것이다.

부활절이 지나고 얼마 지나지 않아 북한군이 심문팀을 보내왔다. 매일 몇 명씩 불려나가 그들에게 심문을 받았는데 이미 중공군에 의해 비밀장소에 격리된 채 심문을 받고 있던 포로들과 더불어 그 피심문자의 숫자는 점점 더 늘어났다. 며칠 후 선임 영국군 장교인 조가 불려 나가 심문팀의 중령에게 넘겨졌다. 그는 그 주에 수용소로 돌아오지 않았다. 아니 사실은 그 후 영원히 돌아오지 않았다. 두 달 후 우리가 간신히 접한 소식에 의하면 그는 굉장히 고생을 하고 있으나 잘 버티고 있다고 했다. 그 보다 더 뒤에 들은 이야기로는 북한군이 그의 고집에 질려 그를 다시 중공군에게 넘겼다고 했는데 그가 선임 장교였을 뿐만 아니라 멋진 성격을 갖고 있기 때문에 동료 포로들로부터 존경을 받고 있다는 사실을 알고 있는 중공군이 그를 당시 새로 조성되고 있던 다른 계곡의 포로수용소로 보내버렸다. 그러나 여기서도 그는 중공군에게 큰 골칫거리였다. 결국 그들은 그에게 보초병을 구타했다는 죄를 뒤집어 씌워 독방에 감금시켰고 그것은 포로가 된 후 그에게 내려진 세 번째 독방 감금형이었다.

부활절 성 금요일에 탈출했던 포로들은 며칠 후 잡혀 와서 동네에 있는 구 소방서 건물에 투옥되었다. 그들은 한 달가량 그곳에 갇혀 있다가 재판을 받게 되었는데 그 재판에서 주 피고들은 그들이 아니었다.

우리 대대 대대장과 데니스, 비 대령 그리고 미군 소령 세 명을 구속시켜 웃기는 재판을 진행시킨 후, 중공군이 피고들의 자백에 대하여 우리가 어떻게 생각하는지를 물어왔다. 우리는 이 모든 것이 날조된 일이라고 생각한다고 분명하게 말해주고 그들이 사법절차를 어떻게 진행해야 하는지 전혀 모르는 것 같다고 꼬집었다. 그러자 그들은 다음 '재판'을 군법 재판의 형식으로 진행하려는 시도를 했다.

어느날 아침 각 부대에서 차출된 포로 대표들이 제2차 공개재판에 입회하기 위해 동네 안의 큰 가옥으로 안내되었다. '지'가 완전 무장을 한 모습으로 '군사재판소 – 정숙!'이라고 써 붙인 법정으로 안내하는 역할을 하고 있었다. 포로 대표들이 법정의 변호인석에 앉은 후 곧 딩과 그의 앞잡이 두 명이 들어와서 각기 재판장과 배석자들 역할을 했다. '검사'는 첸청휘였다! 그리고 여러 보좌관, 경비병, 잡역부들이 참관하는 가운데 재판이 시작되었다.

죄수들의 긴 명단이 호명되었다. 한 미국인 공군대위는 이미 한 번 기소되고 한 번이 아니라 두 번이나 처벌을 받았던 범죄행위에 대해 또 다시 기소되었는데 그 이유는 그가 '참회'하는 기색이 없기 때문이라는 것이었다.

미국인 포로 두 명은 학교 건물 현관에 붙어있던 붉은 별을 떼어 내고 학교 종을 화장실에 쳐 넣었다는 죄목으로 기소되었는데 사실 그 붉은 별은 샘과 내가 떼어냈는데 그 두 명이 자신들의 소행이라고 자백했기 때문이었다.

다른 두 명은 도서실을 장식했던 세계적인 공산당 지도자들의 초상화를 망가뜨렸다는 죄목이었고 미국인 조종사 데이브는 다른 동료 포로들을 탈출하도록 유도한 죄목으로 기소되었다.

이들은 모두 중공 인민 지원군에 대하여 '적대적인 태도'를 보였다는 혐의를 받았는데 이것은 사실 덮어씌우기는 쉽지만 부인하기는 어려운 죄목이었다.

피고인들은 기소되었고 '검사'의 수중에 있는 그들의 자백서를 각자 확인하는 절차를 거쳐 그 자백서를 낭독하고 공식적으로 유죄 선고를 받았다. 형량을 결정하기 위해 공판은 휴정되었으나 이삼 분 후 재판관들이 돌아와서 재판이 진행되는 동안 내내 탁자 위에 놓여 있던 상세하게 타이핑된 형량 목록을 집어 갔다. 그 재판에는 변론도 없었고 형량을 경감시키기 위한 탄원의 기회도 주어지지 않았다. 물론 변론을 할 변호사도 없었으며 피고를 대변할 사람도 없었다. 선고된 형량은 4개월 내지 10개월의 독방 감금이었다. 그러나 끝에 가서 데이브를 제외한 탈출자들은 가벼운 범죄를 저지른 푸에르토리코인 장교 한 명과 함께 처벌을 받기 위해 중공군 중대장에게 넘겨졌는데 그는 '제네바 협정에 따라' 그들에게 1개월의 징역형을 주었다.

약 3개월 전에 디피 윙은 딩의 말을 통역하다가 우리에게 '국제법'상 탈출에 대한 처벌은 사형이고 심각한 범죄의 경우 자신들은 사형을 가차 없이 적용할 것이며 제네바 협정이란 부르주아가 속임수를 쓰기위해 사용하는 도구에 지나지 않는다고 말했었다. 그때만 해도 유엔 사령부 하에 있는 포로들의 처우에 대한 역 비난 선전은 시작하지 않았었다. 그러나 제2차 공판 시에는 제네바 협정에 대해 들먹거리기 시작했다. 중공의 주요 신문에 난 전쟁포로에 대한 최소한의 예우 수준에 대한 기사가 끊임없이 인용되었다.

3개월의 형기가 끝날 무렵, 세 명의 소령들 중 두 명과 데니스는 풀려나서 수용소로 돌아왔다. 한명의 소령은 복역기간 동안 '버릇없는 태도'를 보인 죄로 3개월 추가 형을 받았다! 나중에 알고 보니 그의 태도는 다른 두 명의 소령들과 별로 다를 바 없었으나 복역 마지막 날 그의 농담이 조금 예의에 벗어나자 그들은 심각한 문제를 웃어넘기려는 것이 현명하지 못하다고 하여 그에게 3개월 추가 형을 준 것이었다.

이렇게 수용소에 추가 입소자가 생기자 곧 전체 인원의 균형이 잡히게 되었다. 버드라는 이름의 미군 한 명과 스파이크가 저수지의 물가에서 도로쪽으로 목재를 운반하는 노동을 하면서 파업을 모의했다는 이유로 체포되었던 것이다. 그 때문에 스파이크는 중공군 중대장에게 얻어맞고는 동네로 돌아오자마자 버드와 함께 재판에 회부되었다. 그들은 북한 경찰서의 감방에 함께 투옥되었다. 우리는 스파이크가 자신이 겪었던 많은 비화를 남김없이 버드에게 들려줄 수 있을 정도로 오랜 기간 동안 두 사람이 거기 함께 있게 될지 궁금했다.

늦은 봄과 초여름에 걸쳐 평화협상이 성공할 것이라는 희망적인 예상 때문에 나를 포함하여 탈출을 계획하던 많은 포로들이 탈출 시도를 보류해 왔었다. 현재 상황을 다시 점검하고 나서 샘과 가이도 나를 포함한 몇몇 사람이 7월 말 경이나 8월 초에 탈출하려는 계획에 동의했다. 그들은 수용소의 상급 장교인 해병대 대령에게 그 뜻을 전달했고 우리는 준비를 완료했다.

이번에 탈출계획에 동참하려는 사람들은 시드, 홉스씨, 해병대의 데이씨, 갤리거 일등중사, 스트롱, 몰튼, 그리고 스모키라고 불리는 미군 포병 장교로 꽤 많은데 삼엄한 경비를 뚫고 담장을 넘어 한 번에 탈출을 시도하기에는 너무 많은 인원이었다. 선택 가능한 방법은 야간에 여러 지점으로 탈출하는 것과 주간에 '자연스러운 속임수'를 써서 탈출하는 것이었는데 나는 후자를 택했다.

  수용소에서 사용할 세탁 및 목욕물은 빈총리 남부를 흐르는 강에서 길어다 쓰고 있었다. 그 강가에 가려면 물 운반자들이 수용소 정문을 통해 밖으로 나가서 옥수수가 익어가는 밭 사이로 난 길을 약 300야드 걸어가야 했다. 이 물 운반 작업과정을 감독하는 시스템은 비교적 단순했다. 첫째, 물을 운반할 포로들에게 정문 경비병이 알아보고 출입증으로 인정할 수 있도록 한자를 써넣은 완장을 착용케 했다. 둘째로는 지정된 물 긷는 시간 동안 감시병과 수용소 요원 각 한 명씩이 물 긷는 지점이 내려다보이는 위치에 서서 지켜보는 것이었다. 정문을 통과하기 위해서 얼스터 부대 장교들 중 한 명인 로빈이 중공군으로부터 훔친 붉은 깃발을 사용하여 물 운반자들에게 매일 매일 지급되는 완장을 위조했다. 다음 문제는 물 긷는 위치에서 감시 중인 중공군 두 명의 눈을 피해 탈출하는 것이었다. 우리는 한 동안 그들의 행동을 관찰하고는 두 가지 방법을 강구해냈다. 비가 오는 날이면 두 사람은 비를 피해 은신처 밑에 웅크리고 앉아 물 운반자들에 대한 감시를 소홀히 하고 있었다. 운이 좋으면 민첩하게 움직일 경우 옥수수 밭으로 몸을 피해 순식간에 감시자들의 시야에서 사라질 수 있을 것 같았다. 맑은 날이면 한 조 또는 여러 조에게 담요를 빨거나 몸을 씻을 수 있게 강가에 가는 것을 허가해 줄 때만 탈출의 가능성이 있어 보였다. 이 세탁 혹은 목욕조들의 출입은 엄격히 감독되고 있었지만 우리가 물 운반자로 위장해 나가서 옥수수 밭 근처의 물가에 있는 그들 사이에 끼어들게 되면 잽싸게 옥수수 사이로 몸을 숨길 수 있는 기회를 포착할 수 있을 것으로 생각되었다. 이 두 가지 방법의 유리한 점은 저녁 점호시간에 빠지더라도 중공군이 우리가 언제 없어졌는지 또 어디로 갔는지 알 수 없으리라는 것이었다. 물 운반자로 위장하는 '자연스러운 속임수'로 우리는 아무런 검문도 받지 않고 정문을 빠져나갈 수 있었다.

내가 이러한 탈출방법을 결정하여 다른 사람들에게 알려주고 나자 그 다음에 대두된 문제는 칼이 천재적인 솜씨를 발휘하여 만들어 준 나침반을 포함하여 우리가 공동으로 모아놓은 탈출용 물품들을 밖으로 갖고 나가는 일이었다. 우리는 각자 임시방편으로 자루를 하나씩 만들었다. 며칠 간 우리는 이 자루 속에 물품들을 숨겨갖고 나가 옥수수 줄기 아래쪽에서 자라고 있는 콩 넝쿨 속이나 또는 음식의 경우에는 동물들을 피해 강둑에 있는 무거운 바위 밑에 숨겨두었다. 7월 26일 아침이 되자 상하기 쉬운 몇 가지 음식물만 남았다. 보통은 장마철에 접어들 무렵이었지만 그때까지 닷새 동안 비가 오지 않았다.

27일은 덥고 건조했다. 그러나 저녁이 되면서 검은 구름이 몰려오기 시작했고 그에 따라 우리의 희망도 부풀어 올랐다. 28일에는 하루 종일 비가 퍼부었다. 네 시가 되자 물 운반 당번들의 반 정도가 부엌 옆에 모여 첫 번째로 자신들을 인솔하여 정문을 통과해 나갈 중공군 감시병을 기다리고 있었다. 두 번째로 나갈 나머지 반은 우리 조로 구성되어 있었다. 시간이 흘렀으나 중공군으로부터 아무런 지시가 없었다. 마침내 물 운반 당번 조장이 어떻게 된 일인지를 물어보러 중공군 중대 본부로 갔다. 밖으로 나가기에는 비가 너무 많이 오고 있고 아무도 씻고 싶어하지 않을 것이라는 것이 그들의 대답이라고 했다. 정문은 굳게 닫힌 채로 있었고 쉬 상하는 음식들을 여러 곳에 분산해서 숨겨 둔 채 우리는 도서실로 돌아왔다. 그것으로 끝이었다.

제2차 시도를 위한 준비를 마치기 전에 8월 4일이 되었다. 그 무렵 여러 가지 새로운 사실이 전개되었다.

8월 1일이 중공의 명절이었는데 그들은 자신들의 잔치에 우리도 끼워주는 의미에서 8월 3일에는 우리에게도 돼지고기, 땅콩, 엿, 그리고 사키를 약간씩 나누어 주었다. 우리는 파티를 열고 최근에 들은 우리의 젊은 여왕의 대관을 축하하기 위해 그 술로 축배를 들기로 했다. 도서실에 모인 영국 포로들은 수용소에 있는 미 해군 및 해병대 장교들도 파티를 열고 있는 것을 목격하게 되었다. 우리는 각각 도서실의 반씩을 차지했고 미군 장교들은 미국 국가를 불렀다. 미국 국가가 끝날 무렵 남아공의 선임 장교인 헥터가 큰 목소리로 영국 국가를 부르기 시작했고 나머지 영국군 장교들과 미군들도 곧 따라 불렀다. 내 바로 옆에 있던 미 해군 헬리콥터 조종사 쟈니 로터햇은 다른 어느 영연방 군인 못지않게 또렷한 발음으로 노래가사를 따라가며 영국 국가를 멋지게 부르고 있었다. 합창이 끝나자 헥터가 모두를 운동장으로 이끌고 나가 콩가 춤을 추도록 유도했다. 그리고 5분 후 샘이 중대본부로 불려갔다.

중공군 중대장은 격노했다. 그는 발음하기 어려운 이름을 갖고 있는 체구가 작고 비열한 인물이었는데 전 중대장인 '분노보다 슬픔에 빠진 자'의 후임으로 이곳에 오자마자 이렇게 훈시를 했었다, "이제 당신들의 신은 당신들을 도울 수 없다. 다만 중공 인민 지원군만이 당신들이 필요로 하는 것을 줄 수 있다."

그는 수용소 요원들 중에서 영어를 가장 잘하는 새로운 통역인 장을 통해 샘에게 말했다. 중대장은 한편으로 격노하고 있었지만 또 한

편으로는 겁에 질려 있었다. 그는 콩가춤을 추는 모습을 본 적이 없었으며 술에 취한 포로들이 모여 폭동이라도 일으키려 하는 것으로 착각을 하고 있었다. 이 상황에서 샘이 포로들 간에 존경을 받는 인물이라는 것을 알고 있는 그는 샘에게 돌아가서 문제가 생기지 않도록 방지하라고 지시했다. 샘은 방지하고 말고 할 아무런 문젯거리도 없다는 것을 잘 알고 있었지만 별 대꾸도 하지 않고 그냥 자리를 떴다. 우리는 의외로 그가 무사히 되돌아온 것을 다행스럽게 생각했다. 중공군에 대한 샘의 행동은 아주 악명이 높았고 그는 늘 아슬아슬한 생활을 영위하고 있었다.

8월 4일은 쾌청한 날이었고 강가로 가서 담요를 빠는 것이 허용되는 대청소의 날이었다. 따라서 우리에게는 긴장의 날이었는데 이 긴장은 여러 가지 재미있는 사건들로 인하여 다소 덜어졌다.

갤리거 일등중사에게 학교 건물 복도를 걸어가면서 마지막으로 가지고 나갈 음식물을 수집하라고 지시를 했다. 그는 도서실을 떠나 포로 숙소인 교실들을 지나가기 시작했다. 그가 복도를 따라 걸어감에 따라 각 교실 문이 재빨리 열리면서 식료품을 쥔 손들이 나와 그 식료품을 그의 손에 쥐어 주었다. 이들을 감추느라 그의 호주머니는 금방 다 차버렸고 그가 복도의 반대편 끝에 이르렀을 때는 가장 의외의 장소까지도 부풀어 오른 모습으로 기묘하게 쩔룩거리며 걷고 있었다.

푸른 겉옷을 입기 전에 몰튼 일등상사의 체격은 '깁슨의 소녀'(역자 주: 미국의 화가 씨 디 깁슨이 그린 1890년대 미국 소녀 혹은 그녀의 복장을 말함) 모습과도 같았다. 홉스씨가 중공군의 텐트에서 훔쳐낸 긴 밧줄을 콜셋처럼 사용하여 가장 보기 좋은 모습이 되도록 그의 몸에 둘둘 감았다. 그러나 처음에는 너무 세게 감다 보니 숨을 쉴 수가 없을 정도가 되었을 뿐만 아니라 그의 몸이 거의 두 동강 날 뻔했다.

　식당 문 근처에서 나는 시드와 마주쳤는데 그의 자루 속에 남아있던 물품들을 스트롱 일등상사가 갖고 나왔다고 그에게 일러주었다.

"시드, 나는 화장실에 간다."

내가 시드에게 말했다.

"자네도 화장실 가나?"

"아니, 안 가네."

그가 대답했다.

"난 오늘 벌써 열다섯 번이나 갖다 왔거든!"

　마침내 그 순간이 왔다. 몰튼 및 갤리거 일등중사들과 함께 붉은 완장을 차고 양손에 든 물통을 경쾌하게 흔들며 운동장 남쪽에 있는 정문을 통과했다. 이 물통들은 개울에서 돌아오는 조가 담요 밑에 숨겨서 가지고 들어 왔다. 베이트 일등상사 및 미 공군의 윌킨스 상병과 그들과 같은 조의 상병들이 우리보다 30분 앞서 바로 그 임무를 수행했었다.

　강가에서는 로빈과 스퍼드가 물을 긷고 있었다. 언덕 위에서는 수용소 요원과 감시병들이 잡담을 하고 있었다. 그 밑으로 강의 하류에서는 두 개 소대에서 온 포로들이 담요와 옷을 빨고 있었다. 일등상사 몰튼이 우리와 합류하기 위해 하류쪽으로 내려올 기회를 엿보고 있는 동안 갤리거 일등중사와 나는 옥수수 밭을 향하여 이동해 갔다. 우리 둘은 옥수수밭 안으로 들어갔고 갤리거가 가지고 온 자루 속에 마지막으로 남아있던 물건들을 돌 밑에 숨기기 시작했다. 바로 그때 나는 옥수수가 흔들리는 것을 보았다. 그것은 바람 때문에 생긴 흔들림이 아니었다. 올려다보니 감시병 한 명이 우리를 응시하며 서 있었다. 그 뒤에는 수용소 요원 한 명이 서 있었다. 갤리거 일등중사가 나에게 말했다. "그들이 우리를 발견했습니다! 누군가가 언덕에서 이쪽으로 내려오고 있습니다."

우리는 급한 용변을 보고 있는 체하고는 잠시 후 아무 일도 없었던 것처럼 강가로 어슬렁어슬렁 걸어갔다. 그러나 감시병 한 명이 갤리거가 감춰 놓은 자루와 강가 옥수수밭의 낡은 셔츠 밑에 숨겨 두었던 물품들을 다른 사람들에게 보여주고 있었다. 갤리거는 체포되어 수용소로 끌려 들어갔는데 다행히 수용소 안에서 탈출 신호를 기다리고 있는 다른 포로들에게 로빈이 이 사실을 이미 전달하고 난 후였다. 옥수수밭에 숨겨져 있던 물품들 중에서 편지 한 장이 발견된 후 곧바로 몰튼도 체포되었다. 나는 아직 비교적 자유로운 몸으로 물통을 들고 수용소 안으로 돌아왔다.

시드가 토니와 함께 부엌에서 나를 기다리고 있었다. 나는 그들에게 무슨 일이 일어났는지를 전부 설명해주고 우리가 가지고 나가려고 지금 소지하고 있는 탈출장비들을 모두 다시 숨겨놓고 며칠간은 근신해야 한다고 말해 주었다. 토니가 내가 소지하고 있던 나침반과 지도를 가지고 갔고 다른 물건들은 즉시 여기저기에 숨겨 놓았다. 옥수수밭에 숨겨둔 물건들도 물론 포기했다.

그날 저녁에는 별 말이 없었고 점호도 평상시와 다름없이 무사히 끝났다. 저녁 8시가 되어서야 낮에 일어났던 사건의 결과에 대한 소식을 알게 되었다.

샘, 가이, 안소니와 더불어 나는 스납힐에서 위쪽으로 좀 떨어진 언덕 위에 자리 잡은 우리의 숙소인 작은 학교 건물 밖에서 오르락내리락 산책하고 있었다. 거기에 있는 놀이터는 아주 작아서 왕복 거리가 열두 걸음 정도였다. 양이라는 이름의 나이 든 우리 소대 통역이 근처에 있는 중공군 요원 숙소로부터 나와 샘의 이름을 부르며 우리에게 다가왔다. 샘과 양은 중공군 요원 숙소로 들어갔고 뒤에 남은 우리는 산책을 계속했다. 십분 후 중공군 심부름꾼 한 명이 샘의 소지품을 수거하러 왔으므로 우리는 그가 체포되었다는 것을 직감했다.

지오프, 안소니와 내가 샘의 소지품을 챙겨 보냈다. 아직 숙소에서 잠을 청하기에는 너무 더웠고 더구나 나의 계획이 실패로 돌아갔으며 동료들이 체포되어 휴식을 취할 기분이 아니었다. 그래서 우리는 다시 산책하러 나갔다. 잠시 후 양이 다시 왔는데 이번에 그가 이름 부른 사람은 바로 나였다. 그는 나를 자신의 숙소로 끌고 가서 문을 열고 안으로 밀어 넣었다. 그 안에는 중대장과 장이 기다리고 있었다. 내가 들어서자 내 뒤에서 문이 닫혔다.

중대장은 궐련 한 대를 다 피우고 나서 장의 통역으로 내게 말을 시작했다.

"당신은 동료들과 공모하여 그들에게 탈출하도록 사주했다. 또한 당신은 과거의 직위를 남용해서 동료들에게 수용소 규칙을 어기도록 사주했다."

나는 아무 대꾸도 하지 않았다. 우리는 이런 상황에 대비한 계획을 이미 세워 놓고 있었으며 일의 추이를 좀 더 지켜볼 필요가 있었다. 중대장은 중국어로 폭언을 쏟아내며 과거에 했던 비난을 다시 반복했고 새로운 비난을 추가하면서 간간이 협박도 했다. 내가 아무런 반응도 보이지 않자 그는 과장된 몸짓으로 자신의 모자를 책상 위에 내던지며 말했다.

"당신은 이제 담배, 자유, 그리고 설탕의 혜택을 받을 수 없다."

그는 자신이 가치 있다고 생각하는 순서대로 나열했음에 틀림없다. 마지막으로 나를 체포한다는 선언을 했다. 감시병과 심부름꾼이 나를 달빛이 비치는 후텁지근한 밤공기 속으로 끌고 나갔다.

수용소 본부쪽로 끌려가서 본관 건물 밖에 서 있자 첸청휘가 나와서 내 이름을 물었다.

"자백하라."

그가 연극조로 잘라 말했다.

"우리는 너희들의 계획을 낱낱이 다 알고 있다! 어떻게 된 일인가?"

이 유치한 행동과 그의 기형적인 작은 체구는 달빛 아래 벌어지고 있는 이 장면 전체를 비현실적으로 보이게 했다. 잠시 동안 나는 마치 무대 위에서 공연 중인 인형극을 보고 있는 듯한 느낌이 들었다. 이 환상은 잠시 후 사환 한 명이 수용소 본부로부터 나타나는 바람에 사라져버렸다.

"이 동무를 따라가라."

첸이 말하고는 자신의 방으로 돌아갔다.

'이 동무'는 감방으로 나를 데리고 가서 간수들 중 한 명의 입회 하에 몸수색을 하고는 그날 밤을 거기서 지내도록 나를 밀어 넣고 문을 잠갔다. 감방 속에서 나는 노력한 만큼의 가치는 충분히 있었다고 스스로를 위로했다.

13 햇빛 그림자로 시간 계산

　아침이 되자 나는 나의 감방이 스파이크와 버드가 체포되어 수감되었던 바로 그 북한 경찰서 감방임을 알게 되었다. 그들의 감방 생활에 대한 기록이 벽면에 새겨져 있었던 것이다. 그들은 못으로 벽면을 긁어 '스파이크'와 '버드'라고 새겨 놓고 그 밑에 '1952년 7월 27일'이라고 날짜를 새겨 놓았다. 나도 헐거운 못을 하나 찾아낸 다음 그것을 사용하여 나의 이름과 날짜를 수감자들의 긴 명단 밑에 새겨 넣었다.
　그 감방은 8피트 길이에 4피트 넓이였다. 벽의 삼면은 견고한 소나무 판으로 덮은 나무 벽이었다. 네 번째 벽면은 천장에서 바닥까지 첩첩이 박아 넣은 소나무 빗장으로 되어있고 그 위를 가로질러 튼튼하게 만들어져 있었다. 그 빗장 밖은 감방을 따라 복도로 되어있었는데 양쪽 끝에는 문이 달려 있었다. 문 하나는 경찰서 사무실로, 또 하나는 바깥 마당으로 연결되어 있었다. 문을 닫으면 희미한 빛이 들어오는 철사 그물로 봉한 창문이 달려있었다. 내가 몸수색을 받을 때 모든 지참물을 빼앗겼으나 아침에 담요 한 장과 밥그릇 두 개를 가져다주었다. 바닥 나무 판 하나가 망가져서 밑으로 손을 넣어 돌을 발견하고는 벽을 뚫고 탈출하기 위해 못 두 개를 그 돌에 갈기 시작했다. 이 작업은 상당한 시간을 요하는 것이었다. 벽이 두꺼웠을 뿐만 아니라 도구가 너무 조잡하고 또 감시병이 수시로 나타나기 때문이었다.

독방에 감금된 죄수들의 하루 일과는 다음과 같았다. 동틀 무렵 – 어떨 때는 동이 트기 30분 전에 – 당번 감시병들이 각자 자신이 담당한 감방의 죄수들을 깨우는데 꾸물거리는 죄수에게는 총검을 사용하기도 했다. 원칙적으로 죄수들은 하루 종일 책상다리를 하고 똑바로 앉아 있어야 했다. 벽에 기대고 앉는 것도 허용되지 않았다. 그렇지만 실제로 나는 내가 앉고 싶은 대로 앉고 때로는 일어서기도 했다. 만약 감시병들이 예고 없이 내가 바른 자세로 앉아 있나 확인하려면 바깥마당으로 연결된 복도 문을 항시 열어두어야 했다. 그럴 때면 나는 그 문을 통해 초록빛 산과 파란 하늘을 감상할 수 있었다. 아주 조금 밖에 내 시야에 들어오지 않았지만 내게는 몹시 소중한 것이었다. 외부와 완전히 차단시켜서 나를 암흑 속에 가두어 나의 독방 생활을 더 힘들게 하려면 문을 닫아두어야 했는데 그럴 경우 문을 열어 내가 무슨 짓을 하고 있는지 확인하는데 시간이 걸렸다. 그래서 나의 감방 생활은 여섯 시간마다 교대하는 경비대장과 세 시간마다 교대하는 감시병의 성질에 완전히 좌우되었다. 끊임없이 죄수들을 못살게 구는 사람들이 있는가 하면 우리를 그냥 내버려두는 사람들도 있었다. 어떤 경비대장들은 죄수에게 주는 음식 – 수수밥과 배춧국 비슷한 색깔을 띤 더운 물 - 의 양을 줄이기도 하고 규정에 허용된 하루 두 번의 화장실 사용을 위한 바깥 출입을 금지하기도 했다. 그런가 하면 우리에게 규정에 허용된 모든 생활의 즐거움을 그대로 보장해 주는 경비대장들도 있었다. 이 경우는 몸을 씻는다거나 담배를 피운다거나 또는 심지어 서로 이야기를 하는 것도 허용되었다. 그러나 범죄행위에 대하여 심문을 받는 동안을 제외하고 새벽에서 저녁까지 죄수들에게 일관성 있게 요구되는 것은 수도승의 침묵이었다.

감시병들 중 많은 수가 우리에게 불친절하게 대하는 것은 별로 놀랄 일이 아니었다. 그들의 무식한 머리 속은 유엔군에 대한 광적이고 어이없는 악선전으로 가득 차 있었다. 그러한 악선전들 중 하나는 그들이 특히 애용하는 이야기로 우리는 그것을 몇 번이고 반복해서 들었다. 내가 이 경찰서의 감방에 있는 동안에도 또 한 번 들었는데 이번에는 그것이 아주 소설의 형태를 갖추고 있었다.

어느날 오후에 항상 마치 자신이 귀족이나 되는 듯한 표정을 하고 있어서 내가 '귀족'이라고 이름 붙인 키가 크고 젊은 경비대장이 나타났다. 그는 얼마 동안 선교사 학교를 다닌 적이 있어 꽤 괜찮은 영어를 구사했다. 문 안으로 머리를 디밀고 몇분간 나를 말끄러미 노려보다가 그가 물었다.

"미국인인가?"

"영국인."

내가 머리를 저으며 대꾸했다.

그는 여기에 만족하지 않았는지 나의 신분을 대라고 다시 압력을 가해왔다. 잠시 이런 일로 실랑이를 벌이다가 지쳐 다시 조용해졌다.

그러다가 그가 새로운 화제를 들고 나왔다.

"모든 미국인과 영국인들은 자기들의 실속을 취하고 부녀자들을 겁탈하려고 한국에 온다." 여기서 그는 잠시 말을 멈추었다. 이 문장은 그들이 악선전할 때 애용하는 구절을 다시 한 번 되풀이한 것이다. 그러나 그것이 끝이 아니고 더 있었다. 또 다른 악의에 찬 질문이 그의 머리 속에서 구상되어 결국 그의 입 밖으로 뱉어져 나왔다. 그는 긴 목을 앞으로 쭉 내밀며 호기심으로 가득 찬 퉁방울 같은 눈을 굴리며 물었다.

"한국 여자들을 몇 명이나 겁탈했나?"

나의 대답을 듣고 그는 너무 실망하여 그것을 믿으려 하지 않았다.

열흘 후 나는 원래 일본인들이 경찰 가족에게 숙소로 제공하기 위해 지었던 건물 안에 있는 다른 감방으로 옮겨졌으며 따라서 그때까지 탈출하기 위해 내가 해 놓은 작업은 수포로 돌아갔다. 내가 갇힌 곳은 습기 찬 흙바닥에 나뭇가지로 엮어서 그 위에 흙을 바른 벽으로 된 부엌이었다. 불행하게도 문에는 감시병이 들여다볼 수 있는 틈구멍이 있었고 그 반대쪽에 있는 비상구는 전투기용 알루미늄 연료통 더미로 막아두어 약간 건드리기만 해도 소리가 나고 연료통 사이에 틈이 많아 감시병이 언제든지 그 틈으로 감시할 수 있게 되어 있었다. 이러한 결점들을 어느 정도 보상해 주었던 것은 근처에 동료들이 수감되어 있었고 이따금씩 바깥 세상을 볼 수 있다는 점이었다. 내 감방의 바로 남쪽에 위치한 방은 수용소의 보급계 요원들이 사용하고 있었는데 그들은 내가 본 군인들 중 가장 게으른 자들이었다. 대부분의 시간을 그들은 앉아서 담배를 피우고 잡담을 하거나 스냅 사진이나 거울에 비친 얼굴들을 보고 서로 감탄하거나 혹은 노래를 부르면서 소일을 했다.

내 감방의 북쪽으로는 두 개의 감방이 있었다. 서쪽 감방은 원래 장작 창고였는데 아보트라는 젊은 미공군 이등중사가 그곳에 수감되어 있었다. 그 이등중사와 미공군 장교 두 명 – 검은 수염의 대위는 반대쪽 감방에 수감되어 있었고 젊은 소위는 우리 건물의 남쪽 끝 방에 투옥되어 있었음 – 은 모두 세균전에 참여했다는 혐의를 받고 있었다. 그들은 지난 4월 이래 계속 독방에 감금되어 있었는데 자신들이 알지도 못하는 일에 참여했다고 자백하는 것을 완강히 거부하고 있어 풀려날 가망은 없어 보였다.

지난 봄부터 우리는 세균전을 주제로 한 악선전을 끊임없이 들어왔는데 최근에는 그 악선전에 여러 공군 포로들이 서명한 소위 '자백서들'이 포함되어 있었다. 그 서류가 전적으로 자의에 의하여 작성되었다는 문구와 중공 인민 지원군으로부터 따뜻하고 관대한 대우를 받고 양심상 더 이상 자신들의 죄의 무게를 감당할 수 없어서 자백을 하지 않을 수 없었다는 문구가 자백서에 적혀 있는 경우도 있고 혹은 따로 첨부되어 있기도 했다. 자백서에 서명한 사람들 중 적어도 두 명은 한 번도 우리와 같은 수용소에 있지는 않았지만 빈총리 마을에 수감되어 있던 사람들이었다. '자백서'에 서명하기 얼마 전에 그들은 벽동 수용소로 옮겨 왔었다. 해병대 대령이 또 한 사람에 대해 알고 있었는데 그 대령은 그의 자백서가 공개되기 전에는 그의 생명에 대해서까지 걱정을 했었다. 셔츠와 면바지 차림으로 2월의 어느 몹시 추운 밤에 전봇대에 묶여 있던 것이 대령이 본 그의 마지막 모습이었다는 것이다.

이미 먼저 잡은 공군 포로들로부터 자백서를 받아낸 후에 세균전에 대해 문초를 받은 아보트와 다른 두 명의 경우는 차라리 불행 중 다행이라 할 수 있을 것이었다. 중공군이 집요하게 심문하기에는 계급이나 직책상 그들이 그렇게 중요한 입장에 있지 않았던 것 또한 다행스런 일이었고 결국 이 문제는 그 이후 그들보다 더 상급의 장교들에게로 넘어갔다. 벽 사이의 구멍을 통하여 아보트가 귓속말로 전해 준 이야기는 유엔군 사령부가 한국전에서 세균 병기를 사용했다고 발표한 '자백서'들을 신빙성 없는 것으로 생각했던 우리의 견해를 뒷받침해 주는 것이었다.

  아보트는 세균 폭탄에 대해 아는 것이 전혀 없었다. 그는 일본군이 제2차 세계대전 시 운영했던 세균전 실험실에 대하여 읽어본 적도 없었다. 그래서 중공군들이 그 주제를 끄집어냈을 때 그들은 세균전이 무엇인지에 대해서 아보트에게 오히려 설명을 해주어야 했다! 그는 디피 웡 및 여러 명의 통역들과 거의 한 달 동안 같은 집에서 함께 지내며 심문을 받았는데 그들은 매일 서로 교대로 그를 감시하면서 잠시도 혼자 있게 두지 않았다. 그들은 매일 하루종일 다른 이야기는 일절 꺼내지 않고 미 공군이 전체적으로 사용한 세균 병기에 관한 이야기, 특히 아보트 자신의 야간 폭격기 부대가 이를 사용하지 않았나 하는 이야기로 일관했다. 그들은 아직도 세균전을 하는 부대에 소속되어 범죄행위를 계속하고 있는 장교들의 이름을 들먹이기도 하고 그런 범죄행위에 대하여 '자백'하는 것을 거부하다가 처형 당한 장교들, 그리고 자백을 했으므로 중공군들이 목숨을 구해 준 장교들의 이름을 그에게 들려주었다. 이 심문 기간 동안 그들은 한 번도 그에게 진술서를 쓰라거나 자백을 하라고 직접적으로 강요하지는 않았으나 그들의 특기인 우회적인 추론에 의한 방법으로 그에게 압력을 가해 왔다.

이 단계의 끝부분에 이르러 그때까지도 아보트로부터 원하는 답변을 하지 못하자 디피 윙과 그의 동료들은 좀더 직접적인 방법을 사용하기 시작했다. 어느날 밤 그들은 예고 없이 아보트가 잠든 후 한 시간 반 정도 지났을 때 그를 깨워서 보통 낮시간 동안 지내는 방으로 데리고 갔다. 자발적으로 자백을 하지 않으면 공범인 셈이라고 윙과 그의 동료들이 아보트에게 장시간 동안 노골적인 비난을 퍼붓는 동안 그는 차렷 자세를 취한 채 듣고 있어야 했다. 아보트가 다시 그 모든 사실에 대해 아는 바가 없다고 말하자 그들은 그를 발로 걷어차고 구타하기 시작했다. 주위에 여러 동료들이 있을 때 이 방법을 사용하는 것을 디피 윙은 더 좋아했다. 아보트는 새벽까지 잠도 못 자고 문초를 받다가 새벽이 되어서야 자신의 감방으로 돌아왔다.

그는 그렇게 3주간이나 제대로 잠을 못 자면서 심문을 받았고 공판에 회부되어 두 번이나 사형선고를 받았으며 마침내 지금의 장작 창고에 갇히게 되었던 것이다. 근처에 갇혀 있는 다른 두 명 및 이 동네에 갇혀있는 여러 죄수들과 같이 그는 목욕을 하거나 종종 화장실을 사용할 기회조차 박탈당하고 신선한 공기를 마시거나 햇빛을 쪼이지도 못하는 상태로 이제 여기서 독방 생활을 하고 있었다. 그는 원칙을 포기하지 않았다. 그러나 그것은 그가 자신을 고문하는 자들에게 굴복했을 경우의 소름 끼치는 위험을 알고 있기 때문은 아니었다. 내가 중공군들이 끝까지 포기하지 않고 심문했던 사람들이 어떻게 되었는지에 대해 설명을 해주어도 그는 그것을 잘 이해하지 못했다. 나는 뉴욕주 출신의 그 이등중사가 내 옆방에 있다는 것이 아주 다행스럽게 여겨졌다.

아보트가 내 감방 북쪽면에 붙어있는 두 개의 감방들 중 서쪽 방에 수감되어 있다고 묘사한 적이 있다. 그런데 내가 이 새 감방으로 온지 얼마 지나지 않아 다른 한 개의 감방에서 군목 파드레의 목소리가 들려와서 나는 깜짝 놀랐다. 그는 내가 체포된 후 며칠 있다가 체포되었다고 하며 이쪽으로 옮겨온 것은 그가 투옥된 후 두 번째 아니면 세 번째 날이었다.

나의 감방 바닥은 그의 감방보다 훨씬 낮아서 나는 경비대장이 설정해 놓은 내 위치에서 별로 움직이지 않고도 고개만 돌리면 갈라진 벽을 통해 군목 파드레와 이야기를 나눌 수 있었다. 그는 그간 자기에게 일어났던 일들을 내게 들려주었는데 물론 그의 고난에 대한 이야기는 최근에 일어났던 사건보다 훨씬 더 전으로 거슬러 올라간 것이었다.

내가 아는 한 한국전에서 포로가 된 성직자는 두 명이었다. 한 사람은 미국인 천주교 신부였는데 그는 벽동 포로수용소에서 이질로 타계했다. 그가 쾌유되는 것을 원치 않았던 중공군이 그의 이질을 치료해 주지 않았던 것이다. 또 한 사람은 바로 우리의 군목 파드레였다. 그 두 사람의 존재 자체가 중공군들에게는 난처한 일이었다. 그들은 완전한 종교의 자유를 허용한다고 계속 반복하여 주장하면서도 그 말을 행동으로 증명해 줄 생각은 없어 보였다. 다른 수용소에서는 군목도 없이 부활절이나 성탄절에 잠깐씩 예배를 드리는 것이 허용되었고 후일 몇몇 수용소에서는 일요일마다 예배를 드리는 것이 허용되기도 했다. 그러나 군목 파드레는 목회는 지속적으로 유지되어야 한다고 확고하게 느꼈고 따라서 보다 많은 것을 요구했다. 그는 원하는 사람들에게는 견진성사와 신학 강의를 해주고 싶어했고 기독교의 기념일에는 특별 주중예배를 갖기를 원했다. 또한 천주교 신자들은 미국 장교의 지도 하에 천주교 신부가 타계하기 전에 집전했던 대로 미사를 드리고 싶어했다. 내가 알기로 우리들의 종교활동이 중공군의 권위를 침해하거나 침해할 가능성이 있었던 적은 한 번도 없었다. 그러나 그들은 매번 어떤 방법으로든 우리의 종교활동을 방해했다.

"종교의식을 갖는 것은 일요일만으로 제한해야 한다."

"첸청휘는 종종 이렇게 말하곤 했다."

"다른 날에는 예배를 볼 필요가 없다."

처음에 그들은 우리가 예배에 참석하는 것을 만류하려고 노력했다. 그러나 그것으로 인하여 우리가 더욱 단결하여 그들에게 저항하는 것을 보고 그들은 방법을 바꿔 이번에는 군목 파드레의 활동을 방해했다. 찬송가나 시편 구절을 적어서 나누어 줄 종이 또는 십자가나 초를 만들 재료가 제공되지 않았다. 우리는 모든 것을 임시변통으로 만들어서 써야 했다. 성경공부나 단체예배 등의 모든 종교 모임은 금지되었다. 일요일 예배를 드리려면 사전에 허가를 받아야 했고 예배 때 사용할 기도문, 찬송가, 시편 및 설교문은 정확히 그대로 기술해서 5, 6일 전에 제출한 다음 군목 파드레가 각 구절의 의미에 대해 엄격한 심의를 받아야 했다. 가능한 경우 예배시간에 맞추어 포로들에게 수용소 내의 허드렛일을 시켰으며 예배를 드리기로 예정된 시간에 축음기 음반을 확성기로 커다랗게 틀어 대기도 했다. 군목 파드레는 매월 말에 그 달의 종교활동에 대한 보고서를 제출해야 했다.

이렇게 제출된 보고서들은 그를 괴롭히는데 사용되었다. 중공군들은 그가 비밀집회를 가졌다는 증거를 조작하여 그 집회에 대한 사항은 왜 그의 월별 보고서에서 빠졌는지를 따져 물었다. 당연히 그는 대꾸를 하지 않았으며 그들은 자신들의 입장을 십분 활용하여 그를 비난하고 그의 신앙을 비웃곤 했다.

군목 파드레가 신성시하는 단어와 문구들이 첸, 티엔 혹은 다른 수용소 요원들의 입에 오르내리고 비웃음의 대상이 된다는 것은 그에게 고통스러운 일이었다. 이 사실을 알고 있는 그들은 가능한 한 자주 그런 식으로 군목 파드레를 괴롭혔다. 그러나 그들이 알지 못했던 것은 그러한 노력으로도 그의 임무수행 의지를 막을 수는 없다는 사실이었다.

여러 주 동안 성가대는 매주 정기적으로 도서실에 모여 그 주의 일요일 예배를 위한 연습을 했다. 이 연습 모임에 대하여는 중공군이 알고 있었고 또 이미 허락을 했었다. 그런데 8월 두 번째 주에 그들은 갑자기 시치미를 떼고 그 모임이 군목 파드레가 주도하여 그들에게 저항하기 위해 교활하게 획책한 비밀 회동이라고 주장했다. 그들은 군목 파드레에게 그러한 취지의 '자백서'에 서명하면 투옥하지 않겠다고 하면서 서명할 기회를 주었는데 그가 서명할 것을 거부하자 그를 체포하여 감옥으로 보냈다. 몸수색을 할 때 티엔이 그의 성경책과 기도책을 빼앗아 바닥에 던지고는 방 한 구석의 오물 더미 쪽으로 차 버렸다. 그들은 너무 어리석은 자들이어서 자신들의 이런 행동이 군목 파드레의 저항심을 더 키울 뿐이라는 것을 인지하지 못했다.

그가 감방 동료가 된 것이 나에게는 큰 위안이 되었다. 밤 시간에 혹은 낮에는 감시병의 감시가 소홀한 틈을 타서 우리는 벽을 사이에 두고 많은 이야기를 나누었다. 그가 체포된 직후의 일요일과 그 다음

주 일요일에 우리는 멀리 도서관에서 들려오는 찬송가 소리를 듣고 기뻐했다.

중공군들은 목적 달성에 완전히 실패한 채 3주 후 군목 파드레를 풀어 주었다. 그가 체포된 후에도 평신도의 통솔 하에 예배는 계속되었고 그의 체포로 인해 반감만 더해갔던 것이다. 성가대를 통한 비밀 획책에 대한 '자백'을 받아내려는 그들의 시도는 실패로 돌아갔고 성가대 연습을 일요일 아침 예배 전에만 한다는데 대하여 티엔이 군목 파드레의 동의를 받아내는 것으로 겨우 체면을 세웠다. 그가 풀려날 때 나는 굉장히 허전함을 느꼈다. 그러나 바로 스파이크 중대 부중대장이었던 앨런이 중공군 행정요원 한 명과 싸움을 벌인 죄로 투옥되어 내 감방 동료가 되었다.

어떨 때는 명상 속에 하루가 훌쩍 지나갔고 또 어떤 때는 하루가 참을 수 없이 지루하게 질질 끌며 지나갔다. 나는 벽 사이로 스며드는 한 줄기 햇빛의 그림자를 관찰함으로써 하늘에 떠있는 태양의 움직임을 추적하곤 했다. 나는 내 달력에서 하루하루를 지워나갔다. 8월이 지나고 9월로 접어들었다. 또 다시 겨울이 다가오고 있었고 그렇게 결국 탈출 가능한 기간이 또 한 번 가버렸다.

9월이 되자 첸이 내게 탈출을 계획하고 시도한 죄 이외에 또 다른 혐의가 있다고 통고해 왔다. 그는 내가 스파이크로 하여금 아침에 침대에서 늑장을 부리도록 사주했다고 쓴 스파이크의 가짜 친필 문서를 갖고 왔다! 또 그 후에는 아주 오랫동안 감방생활을 하던 어느 영국군 장교가 결국 자신의 잘못을 전부 자백했다는 허위서류를 내게 보여주기도 했다. 마침내 우리가 미리 계획했던 꾸며낸 이야기를 할 수 있는 상황이 되었다. 다행히 갤리거 및 몰튼과 은밀하게 교신을 할 수 있게 되어서 우리는 서로 입을 맞춰 다 함께 같은 이야기를 할 수 있었다. 중공군들은 며칠 사이에 우리를 한 사람씩 출옥시켜 수용소로 돌려보내 주어 처음 구속되었던 네 사람 중 샘 혼자만 감방에 남게 되었다. 그들은 아무런 증거도 없이 우리로 하여금 샘에게 죄를 뒤집어 씌우도록 집요하게 강요했다. 이때쯤 그들은 감방에 있는 샘이 모든 영국군 장교들 중 가장 결심이 굳은 사람이 아닐까 하는 생각이 들기 시작했을 것이며 그것은 사실이었다.

14 벽동수용소의 소프트볼 경기

 내가 없는 동안 몇 번의 탈출 시도가 있었다고 했다. 젊은 미국인 전투기 조종사인 월트가 브락 상병과 함께 마지막으로 탈출을 시도하여 그해 일 년 동안 탈출을 시도한 포로들의 숫자는 총 41명으로 늘어났다. 월트의 탈출 시도는 너무 절묘해서 우리 포로소대를 담당하는 양이라는 자가 이틀 동안이나 그가 없어진 것을 알지 못했다. 갤리거 일등중사를 강가에서 체포하는데 주요한 역할을 했던 자가 양이었으므로 나는 양을 놀림감으로 만든 이 깨끗한 탈출에 대한 이야기를 전해 듣고 상당히 기분이 좋았다. 그러나 가련한 월트와 브락은 몇 백 마일이나 도망을 갔다가 잡혀서 이미 이 동네로 다시 끌려와 있었다. 그들은 북한 경찰서 건너편에 위치한 더럽고 어두우며 쥐가 들끓는 감방에 함께 투옥되어 있었던 것이다.
 내가 감방에서 풀려나온 후 얼마 지나지 않아 해병대 대령이 구속되었다. 그가 수용소에 있는 유엔군 포로들 중에서 가장 상급자이고 따라서 우리가 그를 우리의 지휘관으로 인정하고 있다는 것을 알고 있는 중공군이 그를 구속하려는 계획을 이미 오래 전부터 세워놓고 있었던 것이 틀림없었다. 사실 그는 우리들의 옷을 보관하는 창고에서 그 자신의 군화를 '훔쳤다'는 어이없는 혐의로 구속되었는데 수용소 본부에 가서도 그 혐의에 대해 해명하라는 요구를 받았다. 거기서 오랫동안 독방에 감금되었다가 그 후 더 큰 죄를 뒤집어쓰게 되었다.

  수용소의 일상생활에서 있었던 주요 변화는 많은 영국인 포로들이 미국식 소프트볼(역자 주: 야구공보다 더 크고 부드러운 공으로 10명이 하는 야구의 일종) 게임을 시작한 것이었다. 그래도 아직은 손수 만든 장비로 운동장에서 일주일에 두 번 크리켓(역자 주: 영국에서 특히 인기 있는 11명이 하는 옥외 구기)을 즐기는 사람들이 있었으나 그 숫자는 더 적었다. 제임스와 리들링튼 일등상사가 운영 중인 세 리그 중 제일 잘하는 리그에 속해 있었고 폴이 주장을 맡고 있는 영국 팀이 그 다음 리그에서 경쟁 중이었다. 미국인들은 철조망, 못쓰게 된 군화에서 떼어 낸 가죽, 그리고 땔 나무를 사용하여 훌륭한 장비를 만들었고 한창 게임이 진행될 때는 선수와 구경꾼들이 외치는 소리가 빈총리 온 동네에 울려 퍼졌으며 기회가 있을 때마다 북한 어린이들이 언덕 위에 모여 앉아 게임을 내려다보곤 했다.

  내가 막 다시 일상적인 수용소의 일과에 적응하게 되었을 때 수용소 본부가 우리의 생활에 큰 사건이 된 변화를 일으켰다. 그 수용소에 있던 포로들을 두 그룹으로 나누어 한 그룹을 그 동네에서 철수시켰던 것이다.

내가 이 수용소에 합류해 오기 전에 중공군 한 명이 내게 했던 말이 생각났다.

"당신은 감시탑이 세워져 있고 높은 철조망 울타리로 둘러싸인 수용소로 가는 줄 알고 있을 것이지만 그것은 틀린 생각이다. 우리는 당신을 포로가 아니라 일종의 대학생으로 만들어 주려는 것이다. 그곳에는 담도 없다."

비록 대학교에 관하여 말한 부분은 틀렸지만 일반적으로 보아 담이 없다고 한 것은 맞는 말이었다. 1952년 중반까지 이곳의 수용소는 높은 담으로 둘러싸여 있지 않았으며 그 전에 내가 수용되어 있었던 빈총리 수용소의 담은 한 줄로 된 철조망이었다. 그러나 중공군이 포로를 관리하는 방법은 서유럽이나 미국에서 사용되고 있는 방법과는 판이하게 달랐다. 서구에서처럼 높은 담과 감시탑으로 둘러싸인 500명 이상을 수용할 수 있는 수용소를 세우는 대신 중공군은 포로들을 비교적 작은 그룹으로 나누어 수용하고 관리했으며 때로는 10명 정도의 그룹으로 나누기도 했다. 처음에는 그들의 주요 관심사가 정치적 세뇌였으며 그들은 각 그룹의 인원수가 많을수록 그에 비례하여 세뇌 작업이 더 어렵다는 것을 재빨리 알아차렸던 것이다. 나중에는 세뇌공작 프로그램이 실패로 돌아간 후에도 포로들의 반란 움직임이 생길 것을 우려해서 원래의 계획대로 소그룹에 대한 철저한 감시를 통해 그러한 움직임을 사전에 방지하려고 했다. 우리 수용소의 별관, 즉 제2수용소를 건설했던 1952년 여름까지도 그들은 포로들을 8명 내지 10명씩으로 이루어진 여러 개의 소그룹과 30명 정도의 그룹 한 개로 나누어 몇 개월 동안 관리했다. 큰 수용소에는 지나치게 많은 수의 감시병들이 투입되었다. 빈총리 수용소의 경우 포로 두 명당 감시병 한 명이 할당되었다. 우리는 잠시도 혼자 남겨지지 않았다. 우리는 우리 자신의 음식을 만들어 먹을 수 있는 권리를 확보할 수 있었으나 우리의 의사들에게는 '부르주아 적'이고 '마르크스주의자가 아니며' '비민주적'이고 '올바른 과학적 자세를 받아들일 능력이 부족하다'는 등의 이유를 들어 의료활동을 공식적으로 허가해 주지 않았다. 우리가 강제노동에 동원될 때도 아주 단순한 일조차 엉망으로 만들어 버리는 능력을 가진 중공군 감시병들이 여러 달 동안 일일이 감시를 했다. 우리가 사진, 건축 및 자동차 혹은 항공기 엔지니어링 등의 일반적이고 비정치적인 취미활동을 위해 모임을 갖는 것도 허용되지 않았다. 칼은 고등수학 강의를 하기 위해 허가를 받으려고 몇 개월간 시도했으나 번번이 거절당했다. 우리를 세뇌시키려는 시도가 실패로 돌아가자 그들은 우리의 기분풀이나 오락을 금지했던 것이다. 그들은 누가 누구와 무슨 이야기를 하는지 엿듣기 위해 이방 저 방을 돌아다니다가 용케도 카드를 구해 브릿지를 하는 사람들이 있으면 그 카드놀이를 하던 네 명 모두를 데려가서 조사를 했다. 그들은 밤낮으로 수용소를 배회하면서 우리를 감시했다. 이제 우리가 두 개의 수용소에 나누어 수용되면 각 감시병이 담당해야 하는 포로들의 숫자가 더 줄게 되어 우리는 더 심한 감시를 받게 될 것이었다.

10월 하순 어느 날 아침식사를 끝낸 직후 우리 소대 전원에게 이동을 위해 짐을 꾸리라는 지시가 떨어졌다. 세부적인 사항은 알려주지 않았고 단지 각자의 소지품을 아무것도 남겨놓지 말라고만 했다. 내가 짐을 싸고 있는데 장이 다가와서 말했다.
"당신은 다른 사람들과 같이 가지 않는다. 짐을 챙겨 학교건물로 내려가라."

　이런 종류의 명령이 어떤 전조인지는 아무도 모르는 일이었다. 나는 동료들에게 작별인사를 하고 언덕 아래로 내려갔다. 학교 건물은 완전히 비워져 있었고 운동장에 모여 선 포로들은 각자 자신의 이름이 호명될 때마다 한 사람씩 정문 쪽으로 가서 포로 대열에 합류하고 있었다. 이들은 이미 다른 길로 떠나버린 우리 소대원들 뒤에 남겨진 제2 중대원들이었다. 그러나 나는 제 1중대원들과 함께 다시 학교 건물에 수용되었다. 전에 내가 묵고 있던 언덕으로 들어가는 문은 닫혔고 자물쇠로 잠겨져 있었다.

　스파이크, 빌, 그리고 갤리거 일등중사와 더불어 나는 새 방에서 간신히 누울 공간을 만들었다. 첫 날 저녁 나는 우리 박격포부대 장교였던 그래햄이 수용소 본부의 명에 따라 저녁식사 직후 수용소 밖으로 끌려 나갔다가 다시 우리 방으로 걸어 들어오는 것을 보고 깜짝 놀랐다. 내가 어떻게 된 일인지 묻자 그래햄이 대답했다.

　"그들이 원하는 것은 내가 아니고 당신이었다네."

　그의 말이 맞았다. 중공군 한 명이 그를 뒤따라와서 내게 짐을 챙겨 따라오라고 말했다.

　첸청휘가 수용소 본부에서 나를 기다리고 있었다.

　"당신을 감옥에서 풀어줄 때 수용소의 규정을 준수해야 한다고 경고를 했는데 당신은 그 경고에 주의를 기울이지 않았다. 그래서 딩 소장님께서는 당신을 딴 곳으로 보내기로 결정하셨다."

　약 두 시간 동안 본부의 작은 냉방에서 기다리다가 여행 복장을 하고 각자가 먹을 쌀자루를 둘러멘 하사관 한 명과 다른 두 명에게 끌려 나갔다. 전에도 이렇게 끌려간 경험이 있었다. 빈총리에서 적어도 하룻밤이 걸리는 여정 같았다. 나는 형무소 같은 곳으로 가는지 또는 다른 부속 수용소로 가는지 그리고 샘도 나와 함께 가는지 등이 궁금했다.

경찰서 앞마당에 트럭 한 대가 시동을 걸어놓은 채 기다리고 있었다. 하사관을 제외한 우리는 트럭에 올라탔다. 추운 밤에 약 반 시간 동안 기다린 후 우리는 자동차로 이동하는 죄수들이 거의 모두가 한 번씩은 경험한 일, 즉 여정 취소를 경험하게 되었다. 한 사환이 본부로부터 뛰어나와 운전기사에게 무엇이라고 큰 소리로 외치자 운전기사는 자동차 시동을 끄고 "타말레가?"라고 말하고는 차에서 내려 엔진에 방수포를 씌우고는 모자를 벗었다. 그러는 동안 사환과 감시 담당 하사관이 이야기를 나누었으며 그 결과에 따라 나는 차에서 내려 다시 수용소 본부로 돌아왔는데 첸이 입구에 서서 기다리고 있었다. 그를 다시 보게 된 것만 해도 충분히 나쁜 일이었는데 그에게 나의 모든 소지품을 빼앗기고 침구라고는 아무 것도 없는 감방에 가두어졌을 때는 더욱 처량했다. 추운 밤을 보내면서 나는 첸에 대해 그 전 어느 때보다도 더 심한 욕을 했다.

제2중대에 소속된 동료 포로들이 수용소 본부를 떠난 지 7일 후에도 나는 아직 본부 감방에서 딩 소장이 나를 어디로 보낼 것인지 결정하기를 기다리고 있었다. 4일째 되던 날 나의 소지품을 돌려주면서 첸은 나의 이동이 좀 더 연기 되었다고 통고를 해 왔다. 7일째 되던 날 해질 무렵 나는 그의 사무실로 끌려가서 또 한 번의 경고를 받았다.

"딩 소장님께서 당신을 원래 당신이 소속되었던 중대로 복귀시키기로 결정하셨다." 첸이 말했다. "다른 곳으로 이송되지는 않는다. 그러나 다시 한 번 경고하거니와 앞으로 한 번만 더 규칙을 어기면 당신은 극심한 형벌을 받게 될 것이다. 우리는 수용소 안에서 일어나는 모든 일을 다 알고 있다. 당신은 중공 인민 지원군을 절대로 속일 수 없을 것이다."

감시병 한 명과 당직병 한 명이 나를 벽동으로 가는 길로 데리고 갔다. 우리는 그 동네에서 서쪽으로 약 1마일 정도 가서 북한군들이 차지하고 있는 다른 학교 건물 옆에서 길을 벗어나 긴 계곡을 따라 올라갔다. 계곡 동쪽 경사면에 제2중대 본부가 새로 자리 잡고 있는 중국식 긴 건물이 서 있었다. 그 안에 들어가니 장이라는 자와 중대장이 나를 기다리고 있었다.

장은 통통하고 키가 작은 인물이었는데 본인 말로는 상하이에 소재한 세인트 존스 대학을 졸업했다고 했다. 그는 영어 액센트를 잘 알아듣고 상대방이 누구인가에 따라 그에 맞추어 자신의 영어 발음을 변경하여 대화를 하는 능력을 가지고 있었다. 미국인에게는 미국식 액센트를 섞어서 발음했고 영국인에게는 순수한 영국 영어로 대화를 구사했다. 뿐만 아니라 벽동에서 제5수용소 포로들과 함께 지내면서 런던 토박이 영어 발음을 배운 그는 런던 출신인 몰튼과 스트롱 일등상사에게 수시로 이를 구사해 보곤 했다. 그는 자신의 영어를 향상시키기 위해 열심인 사람이어서 혼자서 영어공부를 하거나 자신이 이해하지 못하는 구절을 우리에게 물어보는데 많은 시간을 할애했다. 아마도 그가 북한에 주둔하고 있던 중공군들 중 유일하게 스펜서의 '요정여왕'이나 고대 페르샤의 시인 오마르 카이얌의 4행시 '루바이 야트'의 핏제랄드의 영어번역본을 상당 부분 암송할 수 있는 사람이었을 것이다. 그러나 이러한 재능과 부드러운 매너에도 불구하고 그는 제2중대의 중공군 요원들 중 가장 위험한 인물이었다. 그는 원칙이 없는 기회주의자였으며 1952년 4월에 호주 조종사인 벤스와 부르스가 탈출했다가 다시 잡혀왔을 때 그랬듯이 탈출 시도자들에게는 서슴지 않고 구타해대곤 했다. 그러나 이상하게도 장은 수용소 내 중공군들 중 유일하게 우리에게 접근할 수 있는 가장 좋은 방법이 예의와 친절을 잃지 않는 것임을 알고 있는 사람이었다. 그는 우리에게 퇴짜를 맞아도 절대로 포기하지 않았다. 그리고 의심할 여지 없이 그의 이런 태도가 그의 상관들에게 많은 골칫거리를 덜어주었으며 또한 그의 그러한 태도와 통역으로서의 유능함 덕분에 우리와 수용소 중대본부 간의 관계에 있어서의 껄끄러움이 조금 덜어질 수 있었다.

"그래 당신은 결국 우리와 합류하게 되었군?"

장이 나를 맞으며 말했다. 그는 우리가 에리노어라고 부르는 땅딸막한 중공군 중대장이 한 말을 통역해 주었는데 그 내용은 모든 규칙과 규정을 잘 지키고 건강을 유지했다가 사랑하는 가족과 재회하도록 하라는 것이었다. 동료들과 재회하는 기쁨을 나누고 나자 나는 터키 군인들이 수용되어 있는 온돌방에 배정되어 있었다.

내가 터키인들과 같은 숙소에 배정된 것은 행운이었다. 그들은 모두가 예절 바르고 함께 지내기에 아주 좋은 사람들이었다. 상급 장교인 하미드와 나피 이등병을 포함하여 그 11명의 터키인들은 모두 다하나 같이 뛰어난 성격의 소유자들이었다. 특히 나피 이등병은 동료 터키인들 사이에 굉장한 영향력을 가지고 있어 처음에는 중공군들이 그를 장교로 착각했었다. 다행히 아직도 중공군들은 그의 정확한 계급을 모르고 있었다. 그들에게는 터키어를 제대로 통역할 수 있는 사람이 없었던 것이다.

1952년 11월에 접어들자 밤에는 몹시 추웠으나 낮에는 아직 지낼 만했다. 그 즈음 중공군들이 '포로수용소올림픽'이라 이름 붙인 체육대회를 준비하고 있었는데 그나마 낮 동안의 날씨가 몹시 춥지는 않아서 다행스러웠다. 우리는 헬싱키 국제 올림픽과 관련된 그들의 허위 선전을 이미 경험하고 있었다. 예를 들면 처음에 그들은 금메달 획득 경쟁에서 미국과 소련이 동률 선두를 이루었다고 말했다. 그러나 최종 결과가 발표되어 사실은 소련이 미국에 졌다는 것이 알려지자 그들은 당황하지 않고 이렇게 변명을 했다.

"최종 메달 집계에서는 공동 우승이 아닌 것으로 나타났지만 실제로 소련은 미국과 공동 우승을 한 것이나 다름없다. 왜냐하면 몇몇 종목에서 심판의 불리한 판정 때문에 우승에 필요한 점수를 부당하게 빼앗겼기 때문이다."

이 수용소 올림픽 대회 계획은 포로수용소들에 대한 정치적 선전의 수단으로 채택된 것이므로 우리는 여기에 참가 여부를 놓고 상당히 망설이고 있었다. 우리가 장교 팀으로 이 대회에 참가하기로 결심한 진짜 이유는 결국 다른 포로수용소에 갇혀있는 우리 동료 포로들과 소식을 나누기 위함이었다. 선임 공군 중령이 참가 선수 및 관객들을 인솔해 갔고 도날드가 영국인 대표로 갔다. 그는 추수감사절 전날 저녁에 다른 수용소에 있는 동료들로부터의 즐거운 소식과 대회 기간 동안 벌어졌던 흥미진진한 이야기들을 잔뜩 가지고 돌아왔다.

포로들의 기분을 고려해서 과거에 종종 했던 '평화를 위한 투쟁'이라는 경기 전 퍼레이드는 취소되었다. 대회를 시작할 때 중공군 장군이 참가 선수들의 사열을 받겠다고 해서 우리는 응할 수밖에 없었으며 이런 행사에 빠지지 않고 필연적으로 끼는 연설들은 한반도에서의 평화를 희망한다는 다소 완화된 내용으로 진행되었다. 뜻하지 않았던 장애물이라면 많은 사진사들을 동원시켜 놓은 것이었다. 사진사들은 운동경기 장면들 뿐 만 아니라 식사 때마다 상당히 괜찮게 나오는 음식을 부지런히 찍어 대었다. 실제로는 우리가 새로운 겨울 식단으로 제공 받고 있는 양배추 감자국으로 연명하고 있는데도 불구하고 이 사진들은 마치 대회 기간에만 제공되는 이 좋은 음식이 우리가 평상시 매일 먹고 있는 식단인 것처럼 바깥 세상에 선전하는데 사용될 것이었다. 특히 외신기자 대표 한 명은 현 상황을 선전 목적으로 활용할 수 있는 이 기회를 반기고 있음에 틀림없었다. 그 사람은 바로 런던 노동자 신문의 알렌 위닝턴 특파원이었는데 그는 북한군이 유엔군 포로들을 심문하는 것을 도와주기도 했고 우리 포로들에 대한 적군의 대우에 대하여 같은 동족인 영국에게는 불리하고 적군에게는 오히려 유리하게 계속 보도해 온 자였다. 도날드가 그에게 접근하자 그는 거짓으로 명랑한 표정을 지으며 곧 우리 수용소로 우리를 인터뷰하러 오기를 희망한다고 말했다. 도날드가 그 자리에서 당장 자신을 인터뷰해도 좋다고 했으나 그는 유감스럽지만 다른 일이 있어 가 봐야 하며 나중에 인터뷰 약속을 하러 다시 오겠다고 했다. 그 후 대회의 남은 기간 내내 그는 도날드를 피해 다녔다는 것이다.

우리가 예상했던 대로 오래지 않아 압록강변에 위치한 포로수용소의 행복한 생활을 독자에게 알린다는 제목으로 수용소 올림픽에 대한 화보가 출간되었다. 그 화보에는 우리 대대 대대장처럼 이미 오래 전에 형기가 끝났는데도 계속 독방에 감금당하고 있는 포로들이라든가 샘처럼 형도 확정되지 않은 채 독방 생활을 하는 포로들, 그리고 한국전에서 세균전을 수행했다는 '자백'을 더 얻어내기 위한 고문을 당하며 산속 외딴 굴 속에 갇혀 있는 포로들에 대한 내용은 일절 취급되어 있지 않았다.

추수감사절을 전후하여 휴전 협상이 중단되었으나 우리에게는 다행스럽게도 중공군들은 이제 자신들은 포로를 관대하게 대하는데 유엔군은 포로를 학대 한다고 바깥 세계에 선전하려고 노력하는 중이었다. 그런 노력의 일환으로 우리는 추수감사절과 그 후에 이어진 크리스마스와 설날에 특별 식사를 제공 받을 수 있었다. 그러나 축제일이 지나고 나면 어김없이 양배추와 감자국 또는 가끔씩 콩나물국이 나오는 우리의 평상시 식단으로 되돌아가서 향연에 대한 빚을 갚아야 했다. 틀림없이 생활환경은 개선되었지만 우리는 거의 언제나 소금, 물, 그리고 채소만을 사용하여 우리가 먹을 음식을 만들어야 했으며 매일 밤낮으로 똑같은 음식을 먹고 지낸다는 것이 쉬운 일이 아님을 느낄 때가 있었다.

연말이 가까워지면서 수용소 생활에 있어서 또 한 가지 개선된 점은 새 도서실에 정치선전 용이 아닌 서적이 비치되었다는 것이다. 여름에도 레오 톨스토이와 디킨스의 한두 가지 작품들이 진열된 적이 있었는데 이제 천진의 불란서 서점의 도장이 찍힌 책자들이 몇 권 추가되었다. 이러한 사실은 상당한 자금이 포로들에 대한 처우 개선을 위해 할당 되었다는 수용소 본부의 성명서 내용을 확인해 주고 있었다. 우리에게 제공되는 신문과 잡지들도 보충되었으나 이들은 모두 마르크스주의자들의 신념에 관한 내용들이었다. 삼 개월 정도 늦게 도착하기는 하지만 꽤 주기적으로 런던 노동자 신문도 배달되고 있었다. 이 신문은 우리에게 괜찮은 스포츠 뉴스와 많이 뒤틀려서 보도된 것이기는 하지만 세계에 관한 뉴스와 특히 영국에 관한 뉴스를 계속해서 공급해 주었다. 하루는 내가 노동자 신문을 읽고 있는데 제임스가 와서 "이곳에서는 포로를 별로 학대하지 않는다" 혹은 그 비슷한 제목 하에 실린 한 미국인 포로의 사진을 본 적이 있다고 했다. 그 사진에는 동료 포로가 미소를 지으며 보고 있는 가운데 한 장교가 면도를 하는 모습이 찍혀 있었다. 사진 속의 그 포로는 아주 건강해 보였는데 사실 그 사진은 그가 포로로 잡힌 후 2주 밖에 지나지 않았을 때 찍은 것이었다. 그런데 그 사진이 실제로 그가 이질에 걸렸으나 치료를 받지 못해 죽은 지 9개월이나 지난 후 영국의 노동자 신문에 실렸던 것이다. 그 당시 제임스와 함께 있던 미국인 의사가 그 장교의 사망 확인서에 서명을 했다고 한다.

군목 파드레가 제1중대에 소속되어 있었으므로 제임스가 우리 중대의 개신교 군목 역할을 담당하게 되어 위엄과 품위를 갖추고 그 임무를 수행하고 있었다. 개신교와 천주교의 두개 종단으로 분리되어서 점보가 천주교 신부의 역할을 맡았는데 이 두 목자가 우리의 신앙생활을 인도했다. 미 보병 소령인 듀크와 우리 기관총 부대 장교인 테오가 예배에 사용할 새 제단을 만들고 장작을 깎아 촛대를 조각했으며 도서실 의자로 우리에게 제공된 큰 소나무 토막을 사용하여 십자가, 성서대(聖書臺) 및 기도대(祈禱臺)를 만들었다. 크리스마스 날 성찬식을 집전하기 위해 우리 수용소 방문을 허가 받아 온 군목 파드레는 우리가 준비해 놓은 것들을 보고 아주 만족스러워했다. 그러나 파드레와 동행해 와서 우리가 서로 '성탄축하' 인사를 나누는 광경을 구경하고 있는 첸청휘를 보는 것은 그다지 기쁜 일이 아니었다. 나는 샘이 제1중대로 돌아왔다는 소식을 듣고 다소 기분이 누그러졌다. 이제 우리는 우리 대대 대대장, 해병대 대령, 그리고 데니스의 석방을 기대하기 시작했다.

 1952년 성탄절 날 – 특히 그날 저녁 – 은 기억할 만한 날이었다. 천주교와 개신교를 가리지 않고 모두가 7시 께에 영국군 보급 중대 베이커 일등상사의 지도 하에 가이, 레키, 그리고 다른 일등상사들이 그림, 장식 리본 및 소나무 가지로 화려하게 장식해 놓은 도서실에 모여 성탄예배를 드렸다. 우리는 아주 자연스럽게 모두 집 생각을 하게 되었으며 9시 경이 되어 딩 소장의 연설문을 장이 읽어내려 갈 때는 별로 즐거운 분위기가 아니었다.

 장은 우리의 분위기를 미리 알아차렸다. 연설을 들은 뒤에는 우리가 자신의 축하인사를 달갑게 받지 않은 것을 예상한 그는 연설 전에 미리 우리에게 인사를 했던 것이다. 대부분의 청중이 미국인이었기 때문에 장은 미국식 억양을 넣어서 말했다.

 "여러분, 나는 지금 딩 소장님께서 여러분들에게 보내는 성탄절 메시지를 가지고 있습니다. 곧 그 내용을 읽을까 합니다. 그러나 이것을 읽기 전에 나는 여러분에게 성탄을 축하하는 인사를 하고자 합니다. 내년에는 여러분 모두가 여러분 가족에게 돌아가기를 기원합니다. 이제 소장님의 메시지를 전하겠습니다."

 그는 손에 들고 있던 타이프로 친 원고를 읽어 내려가기 시작했는데 우리의 반응에 대한 그의 예상은 정확했다. 그것은 최악의 내용이었다. 딩 소장은 처음에는 부드럽게 시작했으나 광적인 공산주의자로서 자신의 신념을 끝내 자제하지 못했다. 그는 성경 구절, 특히 예수 그리스도의 가르침을 묘하게 다른 의미로 인용했다. 예를 들면 성탄절에 우리가 애용하는 구절을 인용하여 '선의의 사람들에게 세계 평화를'이라고 묘사했는데 여기서 말하는 선의의 사람들이란 코민포름의 정책을 추종하는 자들만을 지칭하는 듯했다. 장이 원고를 읽어내려 가는 동안 모두들 점점 더 조용해졌으며 그가 읽기를 마쳤을 때는 아무도 입을 떼지 않았다. 나는 한 집단이 깊은 반감을 그런 침묵으로 표현할 수도 있다는 것을 예전에는 생각하지도 못했고 본적도 없었다.
"이상입니다."
장이 말했다. 그는 자신이 읽은 내용에 대해 유감스러워 하지 않았다. 그가 유감스럽게 생각했던 것은 하필 자신이 그런 내용을 읽어야 했고 그렇게 함으로써 인기를 잃게 되었다는 점이었다.

작년 10월부터 새 수용소로 사용되고 있는 이 건물은 U자 모양이었다. 주요 숙소로 사용되는 본관 건물은 계곡의 동쪽 경사면을 절단하여 만든 평지에 건축되어 있었고 부엌과 작은 거실이 서쪽 날개를, 그리고 도서실이 동쪽 날개를 형성하고 있었다. 이 날개들과 본관 건물에 둘러싸여 포로들이 사열하는 운동장이 자리 잡고 있었는데 그 사각형의 흙 마당은 포로들이 파서 만든 것이었다. 숙소 건물 앞쪽으로 빈총리의 학교 건물 앞에 있던 산책로에 비해 좀 짧고 좁은 산책로가 있었다.
1952년 12월 31일 자정을 2분 남겨 둔 시점에 시드와 나는 이 산책로에 서서 맑고 추운 겨울의 밤하늘에 반짝이며 빛나는 별들을 쳐다보고 있었다. 갑자기 도서실 쪽에서 환호성이 들리더니 '올드 랭 사인'을 노래하는 소리가 들려왔다. 우리는 잠시 서로 마주보고는 악수를 했다.
"행복한 새해가 되기 바라네!"
이것이야말로 우리 두 사람의 가슴 속으로부터 우러나오는 바람이었다.

15 칠전팔기(七顚八起), 7번째 탈출시도

그때까지는 한겨울에는 탈출할 엄두가 나지 않아 포기했었다. 왜냐하면 전쟁 통에 지난 두 번의 겨울을 보내는 동안 포로들의 몸이 너무 쇠약해져서 보트를 타고 살아남거나 산야를 횡단하는 힘든 여정을 감당할 수 없을 것이라고 생각했기 때문이었다. 이제 우리는 후자의 과정을 거치지 않아도 되는 계획을 세웠다. 우리들 중 몇 명은 전자의 방법으로 탈출을 시도할 수 있을 만큼 충분히 건강하다는 의견을 갖고 있었다. 우리의 새 계획은 2월에 얼어붙은 압록강 위를 따라 걸어서 바다로 탈출하는 것이었다. 몇 명이 흰 옷을 입고 눈 덮인 얼음 위를 걸어 탈출한다면 성공할 수 있을 것 같았다. 우선 영국군 중에 두 명씩 두 조가 준비에 들어갔다. 첫 번째 탈출팀은 젊은 소총부대 장교인 피터, 우리 디 중대 소대장인 톰, 시드 및 나로 구성되었다. 그런데 가이가 미군 포로들로부터 미 공군 대령 맥과 보병 소령 해리도 거의 같은 시점에 탈출을 계획하고 있다고 들었다고 했다. 그래서 우리는 모두 같은 날 밤에 수용소로부터 탈출하기로 합의했다. 왜냐하면 만약 한 조가 다른 조보다 며칠 앞서서 탈출할 경우 이 추운 한겨울에 탈출을 하리라고는 예상하지 못했던 감시병들이 깜짝 놀라 경계를 강화할 것이고 따라서 두 번째 조의 탈출이 훨씬 더 어렵게 될 것이기 때문이었다. 이렇게 기온이 낮은 상태에서는 그 어느 때보다도 더 많은 비상식량이 필요할 것이고 우리는 상당히 많은 짐을 가지고 탈출해야 하는 형편이므로 경계가 강화되어 감시병들이 총력을 다하여 감시를 하게 될 경우 많은 짐을 가지고 수용소를 빠져나가기가 매우 어려울 것이 틀림없었다.

상당히 불안한 순간들이 지나갔다. 홉스씨가 전에 식당에서 구해 놓았던 콩을 우리에게 주었고 현재의 주방장인 도날드는 콩과 함께 다른 식품도 장만해 주었다. 프랭크의 박격포 부대 애스큐 일등상사는 우리를 위해 고기를 훔쳐왔다. 어느날 아침 시드가 아궁이 불에 마른 콩을 볶고 있는데 수용소에 근무하는 중공군 요원들 중 우리가 크렘이라고 부르는 불쾌한 인물이 나타났다. 우리의 경고 시스템에 뭔가 이상이 생겼음이 분명했다. 나는 시드가 얼굴이 하얗게 되어서 볶던 콩을 불 뒤쪽으로 던져놓고 그 냄비에 아침에 남겨두었던 감자국을 끓이려는 척하는 것을 보았다. 크렘은 각 방의 모든 아궁이를 들여다보면서 걸어오는 중이었는데 시드 옆에서 멈추더니 그가 앉아있는 곳의 아궁이를 들여다보았다. 불현듯 그가 그곳에서 영원히 자리를 뜨지 않을 것 같은 생각이 들었다. 그러나 마침내 그는 만족한 듯 멀어져 갔다. 우리가 필요한 물자를 챙기는 동안 지루하게 며칠이 지나갔다. 제 8경기갑부대 의사였던 더기가 봅과 함께 우리가 갖고 갈 식품들의 영양가를 일일이 검사했고 또한 언제나 최소한의 영양가는 섭취해야 한다고 우리에게 경고했다.

맥 대령이 친절하게 우리 조가 탈출을 선도할 수 있게끔 배려해주었다. 톰과 나는 누가 먼저 출발할지를 결정하기 위해 제비뽑기를 했는데 그가 이겼다. 그날 밤 어두워지자마자 탈출하기 위해 우리는 미리 준비된 옷을 입었다. 그러나 난처하게도 하필 그날은 감시가 평상시보다 삼엄했다. 수용소 요원들 전원이 마당에 모여 앉아 전등을 닦고 있었고 감시병들은 수용소 건물 뒤에서 같은 작업을 하고 있었다. 우리는 경비가 허술해질 것을 기대하면서 탈출을 24시간 연기하기로 결정했다.

다음날 밤 첫 번째 두 명의 조가 다시 복장을 갖추었다. 톰과 피터가 출발했다는 신호를 접하는 즉시 맥 대령과 해리도 숨겨두었던 물품과 복장을 꺼내려고 준비를 갖추고 있었다. 그러나 우리는 그 이상 진전을 보지 못했다. 수용소 요원 두 명이 곧장 피터에게로 와서 탈출 복장을 갖춘 그를 체포해 갔고 몇 분 후에는 톰도 자기 방에 있다가 역시 탈출 복장을 입은 채 체포되었다. 그러고는 그들이 나머지 포로들 중 탈출 예정자가 더 있는지를 조사하기 시작했다. 내가 막 간신히 식품이 든 배낭을 벗어 스트롱 일등상사에게 어딘가에 숨기라고 넘겨주고나자 양이 내게로 들이닥쳐 후레쉬를 비추며 내 옷을 뒤지기 시작했다. 내가 아무런 짐이나 보따리도 갖고 있지 않고 평상복을 입고 있으니까 그는 못마땅해 하면서 중국어로 욕지거리를 하며 역시 방금 탈출 복장을 벗어버린 시드를 찾으러 갔다.

최근 들어 우리는 축음기로 클래식 음악을 듣는 음악회를 갖기 시작했다. 이 또한 포로들에게 할당된 예산이 증가된 결과였다. 늦은 2

월의 바로 그날 밤에도 그런 음악회가 진행되고 있었다. 스트롱 일등상사와 안소니는 내게서 받은 많은 양의 식품을 여기저기 다시 감춰두고 나서 외견상 차이코프스키 음악에 심취해 있는 모습을 하고 음악회장에 앉아 있었다. 다행히 우리는 맥 대령과 해리에게 숨겨둔 탈출 장비를 꺼내지 말라고 늦기 전에 경고할 수 있었다.

그날 밤 우리의 실패와 톰 및 피터의 체포 때문에 마음이 무거운 상태로 잠자리에 들면서 한 가지 사실을 충분히 명확하게 알 수 있었다. 수용소 안의 누군가가 밀고자 역할을 하고 있다는 사실이었다. 이것은 오래 전부터 우리가 갖고 있던 의심이었다. 누가 그리고 언제 탈출한다는 정보를 중공군에게 알려줄 수 있는 사람은 동료 포로들 중 한 사람임에 틀림없었다. 중공군들에 대한 공포 때문인지 또는 악의가 있어서였는지는 모르지만 누군가 자신이 알고 있는 것을 그들에게 일러바쳤고 그래서 곧바로 수용소로 와서 피터와 톰을 체포했고 나머지 네 사람도 조사 할 수 있었던 것이다. 누군가 우리의 적에게 두 사람이 탈출을 위해 이미 복장을 갖추었고 시드와 내가 복장을 갖추고 있는 중이라는 것을 알려주었던 것이다. 우리는 비통한 마음으로 잠을 자러 숙소로 들어갔다.

그 후 4일 동안은 아무 일도 일어나지 않았다. 피터와 톰은 체포된 첫날 중대본부 근처에 머무르다가 그 다음날 동네로 끌려갔다. 그들이 체포된 지 4일째 되던 날 첸청휘가 중대본부로 와서 나를 호출했다. 그는 내가 피터와 톰을 부추겨 탈출하도록 사주했으며 – 사실 탈출 계획을 세운 것은 그들이었다 – 나 자신도 탈출할 계획이었다는 정보를 갖고 있다고 내게 말했다. 만약 내가 지금 자백을 한다면 많은 괴로움을 미리 덜 수 있을 것이며 수용소 내에서의 자유를 계속 누릴 수 있을 것이다. 만약 자백을 하지 않는다면? 등 등 그는 반시간 동안 장광설을 늘어놓았다. 나는 일절 대꾸하지 않았다. 그는 내게 24시간 동안 생각할 시간을 주겠다면서 내가 이미 수용소 규칙을 어겨 두 번이나 경고를 받았고 한 번은 탈출을 시도한 죄로 징역형을 받기까지 했었음을 일깨워 주었다. 나는 그들의 문서관리가 엉망이라서 그 전에 내가 시도했던 다른 탈출에 대한 기록은 그들이 갖고 있지 않음을 다행스럽게 생각하며 수용소로 되돌아왔다. 그가 내게 더 심한 위협을 가하지 않아 나는 오히려 불안한 느낌이 들었다. 나는 홉스씨와 베이커 일등상사와 함께 아직 내 소지품 속에 남겨두었던 더 귀중한 물품들을 다른 곳에 깊숙이 숨겼다.

그로부터 24시간이 지났으나 나는 아직도 예전처럼 제한된 자유를 누리는 몸으로 남아있었다. 다음날 저녁식사 후에 양이 내의 방으로 와서 내게 짐을 챙기라고 지시했다. 그날은 3월 1일이었으며 낮 동안에는 맑고 따뜻했다. 그러나 저녁하늘은 짙은 회색 구름으로 덮여 있었고 기온은 떨어져 가는 것 같았다. 내가 침구, 밥그릇 그리고 여분의 옷가지를 챙겨 방을 떠나는데 한 미국인 소령이 큰 소리로 말했다..

"걱정하지 마라! 겨울이 다 지나간 후 감옥으로 가게 되어 다행 아닌가. 봄이 올 때까지 잘 지냈다."

그날 밤 그가 한 말을 나는 후에 다시 기억해 냈다.

밤새 8시간 동안 심문을 받은 후, 나는 잠시 심문관들에게서 벗어나 휴식을 취할 수 있었다. 두세 시간 후 첸은 나를 짜증스러운 얼굴에 누런 테 안경을 쓴 키 큰 중공군 한 명에게 넘기고 가버렸다. 그의 이름은 쿵이었다.

쿵은 내가 심문받던 집 밖 도로로 나를 끌고 나가서 그곳에서 기다리고 있던 감시대장에게 뭐라고 한마디 했다. 우리는 도로 남쪽에 위치한 새 감옥 건물로 갔다. 나는 빈총리를 떠날 때 챙겨온 짐 꾸러미를 넣어 둔 감방에 수감될 것으로 짐작했는데 이것은 잘못된 짐작이었다. 그들은 나를 감옥 건물 끝에 있는 헛간으로 끌고 가서 내 누빈 웃옷을 벗기고는 그 안에 가두어 놓고 문을 잠갔다. 여러 시간 동안 눈이 내렸고 기온이 영하로 많이 내려가 있음을 알고 있는 나로서는 불안한 마음을 억누를 수 없었다. 그 헛간에는 낡은 목재와 농기구로 가득 차 있었고 나를 따뜻하게 해 줄만한 것은 아무 것도 없었다. 나는 추위를 이기기 위해 운동을 했으나 너무 많이 해 땀이 얼어붙을 정도는 되지 않도록 주의했다. 만약 그렇게 되면 나는 아침이 오기 전에 동상에 걸렸을 것이다. 나는 너무 추워서 잠을 이루지 못하고 온 몸으로 추위로 인한 고통을 느끼면서 몹시 불편한 밤을 보냈다. 새벽이 되었을 때 아직도 눈이 계속 내리고 있음을 알고 낙담하였다.

그날 아침 내게는 아침식사가 제공되지 않았다. 그것은 쿵이 악의로 내게 아침식사를 금지시켰기 때문일 수도 있고 행정적인 착오에 기인한 것일 수도 있다. 전에도 감방생활을 하는 동안 이런 식으로 잊혀진 적이 있었다. 어두워지기 바로 전에 저녁식사가 왔다. 그리고 잠시 후 쿵이 와서 내가 자백하기로 마음을 바꿨는지 물었다. 나는 마음을 바꾸지 않았으며 그는 별다른 말을 하지 않고 가버렸다. 나의 두 번째 밤은 첫 번째 밤보다 더욱 처량했다. 나는 추위를 참을 수 없었고 어떤 때는 온 몸이 자제할 수 없을 정도로 심하게 떨렸다. 아침 햇살 속에 나는 나의 손가락이 푸르스름한 색을 띠고 심하게 부어있는 것을 발견했다. 감각이 없는 발은 더 나쁜 상태였다. 나는 내 몸이 추위로 인한 쇼크 상태에 빠져 있다는 것을 깨달았다.

나는 내 몸 상태를 누군가에게 알리기 위해 아침식사를 거부했고 다시 저녁식사도 거부했다. 내게 무슨 일이 있는지를 물어보러 쿵이 다시 나타난 것으로 미루어 보아 이 상황을 경비대장이 상부에 보고한 것이 틀림없었다. 나는 쿵에게 내 손가락을 보여주었다. 그는 뭐라고 혼자 투덜거리더니 아무 말도 없이 가버렸다. 당번 감시병이 다시 문을 닫아 걸었으며 나는 내 의도가 실패로 끝난 것이 아닌가 생각되어 가슴이 내려앉았다. 그러나 우리의 이름이 포함된 포로 명단이 공개된 이 시점에 그들이 나를 이렇게 극단적인 추위 속에 내버려두어 동상으로 손과 발을 잃게 할 수는 없을 것이라고 나는 확신했다. 위험 수준에 도달하면 그들이 이 형벌을 중지시킬 것이라고 믿었던 것이다. 감옥 문이 다시 열리고 토니와 시드가 '돌리'라고 부르는 꽤 괜찮은 의료 보조원이 들어왔을 때에야 나는 나의 실망이 오판이었음을 확신하게 되었다. 그는 나의 체온을 재고는 나의 손가락과 발을 후레쉬 불빛으로 검진 하고는 되돌아갔다. 십분 후 그는 몹시 쓴 물약을 갖고 와서 먹이고는 나를 다른 곳으로 옮기도록 지시했다.

중공군에게서 무엇을 기대할 수 있을지 알 수 있는 사람은 아무도 없다. 나는 온돌방에 옮겨졌는데 옷을 벗어서 깔고 누워야 될 정도로 방바닥이 뜨거웠다. 다음날 아침 깊은 잠에서 깨어 일어나 보니 내 옷에는 크게 눌어붙은 자국이 나 있었다.

나의 새로운 환경은 굉장히 개선되었다. 첫째, 쿵은 다시 나타나지 않았다. 그는 분명히 죄수에 대한 자신의 조치가 잘못되었음을 보고

할 수밖에 없었을 것이고 더 이상 체면을 깎이는 일을 하고 싶지 않았을 것이었다. 둘째로는, 내 소지품들 중의 일부를 되돌려 주었다. 물론 내게 담배는 공급되지 않았지만 연필은 주어졌으며 종이는 어떤 종류의 것이든 제공되지 않았다. 여러 날 동안 극한적인 추위가 계속되었는데 그 동안 방바닥에 불을 계속 지펴주었고 이틀 간은 하루에 두 번씩 그 쓴 물약을 갖다 주었다. 하루에 두 번씩 정상적으로 식사가 공급되었고 그것도 대체로 상당히 따끈한 상태로 나왔다. 비록 단조로운 중국식 식사였으나 그 음식은 나의 기력을 회복시켜 주었다. 감시병이 보지 않을 때를 택해서 나는 매일 운동을 계속했다.

내가 이곳에 수감된 지 일 주일째 되던 날 아침 나는 다른 날보다 일찍 화장실로 갔는데 놀랍고 반갑게도 그 근처에서 왔다 갔다 하고 있던 데니스가 내 눈에 띄었다. 그는 자신이 수감되어 있는 감옥 앞마당 안에서는 비교적 자유롭게 움직일 수 있는 것 같았다. 그는 운동을 하고 있었는데 그가 왕복으로 걷는 한 쪽 끝이 바로 내가 사용하는 허술한 화장실 근처였다. 감시병이 좀 떨어진 곳에 서서 강에 돌을 던지고 있는 사이 나는 소리를 죽여 가며 데니스를 불러보았는데 다행히 그가 들었다. 이렇게해서 우리는 첫 번째 연락이 닿았고 그 후에는 비록 몇 번 들킬 뻔하기도 했지만 어쨌든 서로 좀더 잘 대화하는 방법을 고안해냈다. 데니스는 낮 시간 동안에는 자신이 원하면 언제든지 밖으로 나올 수 있었으나 내 경우는 화장실 출입도 자유롭지 못한 상태여서 감시병의 변덕에 따라 하루 한 번 나가기도 하고 또 어떤 날은 하루 종일 나가지 못하기도 했다.

서서히 나는 그에게 어떤 일이 일어났었는지를 알 수 있었다. 그의 6개월 형기가 끝났을 때 처음 보는 중공군 한 명이 나타나서 그에게 그의 형기가 끝났음을 알려주고는 말했다.

"비록 당신은 당신의 잘못을 충분히 인정하지 않고 있지만 수용소 본부는 당신이 내심으로는 잘못을 미안하게 생각하고 있으리라고 믿는다. 따라서 당신의 형기는 이제 끝났다."

데니스는 수용소로 되돌아가기 위해 자신의 소지품을 챙겨야겠다고 생각했다.

"좋소, 그러면 나는 언제 떠나면 되는 것이오?"

"당신의 형기는 이제 끝났다."

중공군이 대답했다.

"그러니 여기에 있어야 한다."

그래서 데니스는 과거와 똑같은 감옥생활을 5개월 더 계속했다. 다만 한 가지 달라진 점은 수용소 본부 별관이 있는 동네의 언덕 위에 위치한 외딴 감옥에서 1952년 크리스마스 직전에 이곳으로 옮겨온 것뿐이었다.

지금은 가끔씩 큰 추가 그에게 와서 그를 포로수용소로 돌려보내 주면 수용소 본부에 '협조'하겠다는 서류에 서명할 것을 종용하고 있는 듯했다. 그런데 그들이 말하는 협조란 수용소 내에서 일어나는 일들을 그들에게 밀고하는 역할을 뜻하는 것이었다. 그들은 어쩌면 데니스를 그렇게도 과소평가하고 있는지! 그가 가까이에 있다는 것이 무척 위안이 되었다.

나는 벽 틈새로 바깥세상 돌아가는 것을 관찰하는 데 많은 시간을 보냈다. 감시병이 다른 일에 매달려 있을 때마다 매일 중공군의 동태를 관찰했는데 내가 지난 번 독방에 감금되었을 때보다 그들의 직책,

일과 및 수용시설 등에 다양한 변화가 있었음을 주목할 수 있었다.

그러나 예전과 비교하여 조금도 변화되지 않은 것이 세 가지 있었다. 그 첫째는 경비중대의 군인들이 읽기와 쓰기를 공부하는 오전 및 오후의 수업이었으며 둘째는 매일 하는 군사 훈련이었는데 그것은 하도 엉터리여서 몇 번이고 내가 뛰쳐나가 지휘를 잘 하는 방법을 알려주고 싶은 충동을 느낄 정도였다. 그리고 셋째는 매일 주간 일과 중 마지막에 시행하는 '증오와 사랑' 학습시간이었다. 이 시간에는 군인 전원이 교정 반대편에 모여 '동쪽에 빛나는 붉은 물결' 아니면 '중공 인민 지원군이 압록강을 건너다' 같은 마르크스주의자의 노래들 혹은 중앙 본부에서 새로 하달된 노래들을 합창했다. 그 중간 중간에 강의 시간이 있었는데 '모택동', '스탈린', '주은래', '레닌' 기타 공산주의 지도자들의 이름이 거론되곤 했는데 그러면 이들 이름이 호명될 때마다 군인들 중 총명한 사람들이 크게 손뼉을 치거나 또는 일어서서 다른 사람들도 따라 하게끔 선도했다. 또한 연설 도중에 '미국' '리지웨이(역자 주: 당시 유엔군 사령관)' '트루만' 같은 이름이 거론될 때는 사랑이 증오로 바뀌어 증오스러운 얼굴을 한 풍자만화가 내걸리고 선도자가 주먹을 휘두르면 다른 사람들도 이를 흉내내어 따라했다. 통상적으로 집회는 국제 공산당의 인류 동포주의에 관한 노래를 부르며 끝을 냈다.

중공군은 다른 일에는 별로 일관성이 없었지만 수용소 내의 질서를 유지하려는 노력은 일관성 있게 계속하였다. 1953년 이른 봄에는 질서유지를 위한 새로운 절차가 소개되었는데 이 방법은 철의 장막 뒤에 있는 나라들이 정치범들을 제거할 때 사용하는 수법과 아주 유사

한 것이었다.

 어떤 수용소 내의 어느 개인이나 그룹이 지나치게 큰 영향력을 행사하고 있거나 또는 규칙을 위반하는 행위에 관여한 혐의를 받고 있는 경우 그 관련자들은 독방에 감금되었다. 이 경우 사건 처리에 적용되는 신속성과 방법은 두 가지 요인, 즉 사건의 중요성과 당시의 감방 점유율에 의하여 영향을 받았다. 감방에 여유가 있고 해당 인물을 수용소로부터 오래 떼어놓는 것이 좋다고 생각되는 경우에는 몇 주일 동안 심지어 몇 달 동안이라도 그에 대한 조사를 진행시키지 않고 그냥 내버려 두었다. 그러나 사안이 중요하다든지 혹은 어떤 특별한 목적으로 '자백'이 필요한 경우에는 지체 없이 조사를 시행했다. 우리 대대 대대장의 경우와 같이 책략으로도 또는 압력으로도 일정한 기간 내에 '자백'을 받아내지 못하게 되면 그들은 그 포로 역시 몇 주일이고 몇 달이고 재판도 하지 않고 옥중에서 고생하게 내버려 두었다. 이 모든 경우 원칙은 동일했다. 어떤 형태로든 자백을 하지 않으면 그 포로는 감옥에서 풀려날 수 없었다. 어떤 혐의든 포로가 죄를 인정하지 않는 이상 재판에 회부되지 않았으며 형이 선고되지 않았다. 이런 식으로 수용소 본부는 언제든지 포로들을 체포하여 감금할 수 있었다.

 내 경우는 특별히 심각한 사건이 아니었다. 중공군은 내가 탈출 활동에 관련돼 있다고 의심했으며 사실 어느 정도의 증거도 갖고 있었다. 그러나 그것은 대단히 제한된 종류의 증거였으며 그들은 그 출처도 밝힐 수 없는 입장이었다. 내게서 자백을 받아내는 데 실패한 그들은 나의 비협조적 태도에 대한 징벌로 추가적인 심문을 하지 않고 몇 주일 동안 그대로 내버려 두었다. 나의 사건이 다시 상정되었을 때 그들은 자신들의 체면을 구기지 않고 다른 각도로 사건에 접근하기 위해 상당한 시간을 할애했다.

결국 나를 다시 찾아온 사람은 첸청휘였는데 그는 느끼한 웃음을 띠면서 나의 죄목이라든가 헛간에 나를 가둬 두었던 일에 대해서는 일절 이야기를 꺼내지 않았다. 그가 말문을 열자마자 나는 그가 어떤 종류의 자백을 얻으려고 내게 파견되어 왔다는 것을 알았다. 그래서 내가 받아들일 만한 흥정거리를 그가 내놓을 것인지 두고 보기로 했다.

"당신은 참 어리석은 사람이다." 그는 마치 내가 경마에서 꼴찌로 들어오는 말에 돈을 걸기라도 한 것처럼 나를 꾸짖었다. "나는 이제 당신이 동료들과 떨어져 있는 것에 지쳤으리라고 생각한다."

나는 동료들과 재회하고 싶다는 데 동의했으며 첸은 고개를 끄덕였다.

"나는 당신이 여러 번에 걸쳐 수용소 규칙을 어겼다고 생각하는데?"

나는 대꾸 하지 않고 그가 가지고 온 제안을 꺼내놓기를 기다렸다.

"예를 들면 당신은 아침 점호에 네 번이나 지각을 했다. 어떤 때는 점호 받을 때 모자도 쓰지 않고 복장이 불량했다."

이것이 바로 그의 흥정이었다. 나는 나의 자유를 위해 조건을 받아들일 준비가 되어 있었다. 다음날, 나는 점호와 관련해서 규칙을 어겼다는 것과 다시는 규칙을 어기지 않겠다는 진술서에 서명을 했다. 첸은 미소를 지으며 그 서류를 호주머니에 챙겨 넣었다.

"내가 당신 사건을 중대본부로 회부해 처벌토록 수용소장님께 요청하겠다. 이제 당신은 실수를 인정했기 때문에 풀려나게 될 것이다."

나는 부활절 토요일에 풀려났다. 그리고 일요일에는 데니스가 수용소로 들어오는 것을 보고 몹시 기뻤다. 이것이야말로 진정으로 즐거운 부활절이었다!

내가 돌아와서 처음 본 것은 수용소 둘레에 구축되어 있는 견고한 담이었으며 처음으로 들은 이야기는 중병에 걸렸거나 심각하게 부상당한 포로를 교환하는 협정이 체결되었다는 것과 휴전협상이 곧 재개되리라는 것이었다. 데니스와 내가 예상했던 것보다 훨씬 빨리 풀려난 것도 이 사실과 어떤 관련이 있는 게 아닌가 하는 생각이 들기 시작했다. 데니스가 곧 풀려날 것이라는 암시를 큰 추가 여러 번 준 적이 있었으나 그가 '협조' 확인서에 서명하는 것을 계속 거부하고 있어서 그리 큰 기대를 하지 않고 있었다. 휴전협상 재개에 대한 합의가 이루어진 날부터는 수용소 내의 생활환경이 월등히 개선된 것을 곧 알 수 있었다. 음식도 굉장히 좋아졌고 새로운 밥그릇이 제공되었으며 그 외에도 많은 것이 개선되었다. 담배 배급량이 증가했고 면도기도 지급되었으며 매달 1인당 세 갑의 성냥을 공급해 주었다. 그것뿐만이 아니라 더 많은 처우 개선이 이어졌다.

우리에게는 알려지지 않았지만 포로수용소 본부는 제1 중대 및 제2 중대의 구역과 그 별관인 제4 중대 건물 외에 또 하나의 수용소를 운영하고 있었다. 그것이 제3 중대였는데 이곳에는 사병 수용소의 포로들 중 너무 위험한 인물이라서 독방에 감금시켜야 하는 것으로 판정받은 사람들이 수용되어 있었다. 이제 곧 자유의 몸이 될 중병에 걸렸거나 심각하게 부상한 포로들의 입을 통하여 우리의 생활환경이 외부세계에 상세히 알려질 것을 예상한 중공군은 이 제3 중대 포로들의 비참한 생활을 갑자기 백배나 향상시켜 주었고 그들 중 몇 명에게는 소프트볼, 농구, 배구 및 영국식 축구와 같은 운동을 함께 할 수 있도록 허락해 주었다. 첫날은 그 방문자들의 임시 숙소가 빈총리에 마련되었으므로 그들은 제1 중대 구역을 먼저 볼 수 있었다. 그 다음날인 부활절 다음 일요일 아침에는 그들이 우리 수용소를 방문했으며 그 다음에는 우리들 중 몇 명도 제1 중대 방문 허가를 받아서 학교건물 앞 운동장에서 남은 경기를 할 수 있었다.

중공군과 북한군들은 종종 우리 부하들이 자신들의 상관인 우리를 몹시 증오한다고 말하곤 했다. 우리가 부하들을 무시하기 때문이라는 것이었다. 이런 말을 들을 때마다 나는 무척 마음이 상했으나 지금처럼 우리 부하들을 만나 그들의 터무니없는 말을 반박할 기회가 오리라고는 예상하지 못했다.

얼스터 부대원인 맥내브와 애그뉴는 제임스에게 다가와 악수를 했는데 마주잡은 손을 놓지 못했다. 그리고 우리 대대 출신으로는 뉴젠트, 샘의 지원중대본부의 잉글리쉬, C중대의 스미스 상병, 대전차 소대의 베일리 이등중사가 있었다. 그 외에도 두 명의 포병대원과 특공대 출신인 두 명의 해병대원들이 있었다. 우리는 한참 동안 서로 악수를 교환하고 나서는 다시 재회한 기쁨을 충분히 표현할 수 있는 방법을 찾지 못한 채 운동장에 서 있었다. 우리가 서로의 소식 교환을 제대로 시작하기도 전에 벌써 몇 분의 시간이 지나버렸다.

우리는 그들이 해 준 이야기를 듣고 소름이 끼쳤다. 지난 가을과 겨울동안 내내 그들이 배급받은 음식의 양은 제1 중대와 제2 중대 포로들 중 독방에 감금된 사람들이 받은 것과 같은 양이었다. 게다가 그들 중 형을 선고받은 많은 수가 야만적인 대우를 받으면서 형기를 마친 후에도 아직 독방에 감금되어 있었다. 그러나 전체적인 상황이 개선되고 있으므로 그들은 형이 곧 중단될 것으로 기대하고 있었다. 우리와 같이 그들도 장시간 차렷 자세로 서 있거나 구타를 당한다거나 혹은 장시간 문초를 당하는 가벼운 처벌을 받기도 하고 이보다 더 심한 벌을 받기도 했다. 고드윈, 업존 이등중사, 하티간 이등중사, 플린 이등병, 헤인즈 이등병과 매튜스 병장 등은 수갑을 찬 채 6개월까지 가로 세로 각 3피트에 길이가 6피트인 나무통 속에 감금당했었다. 나의 기사였던 월터 이등중사는 그보다는 짧은 기간 동안 나무통에 갇혀 있었으나 한 번은 차려 자세로 꼼짝 않고 40시간 이상 서 있다가 졸도한 적이 있다고 했다. 1951년 봄 남쪽에서 나와 함께 감방생활을 했던 퓨질리어 부대의 키니는 감옥에서 너무나 심하게 걷어차이는 바람에 근육의 이중 파열을 일으켜 풀려난 후에도 제대로 걸을 수가 없게 되었다. 그러나 이들은 모두 포획자들의 요구에 꿋꿋이 저항했고 이런 육체적 고문에서 벗어나기 위해 '협조'하는 것을 거부했다. 방문자들이 가지고 온 메모는 우리가 당했던 것보다 더 심한 내용으로 가득 채워져 있었으며 우리가 해 줄 수 있는 것은 다만 그들의 고통이 마침내 끝나게 되기를 빌어주는 것뿐이었다.

중병에 걸렸거나 심각하게 부상당한 포로를 교환하는 협정이 최종적으로 타결되어 우리 수용소에서 최소한 네 명 혹은 그 이상이 그 포로교환 대상에 포함되기를 기대하고 있었다. 최근의 개선된 식사에도 불구하고 각기병에서 회복하지 못하고 있는 소령 한 명, 오른쪽 허벅지와 엉덩이를 심하게 다쳐 아직 완쾌되지 않은 터키군 상사 샤힐, 심장이 약한 미군 보병 중위 한 명, 그리고 다리 하나를 잃은 톰이 송환자 명단에 포함될 수 있을 것 같았다. 물론 다른 송환자 후보들도 있었다. 즉 다친 다리가 주기적으로 염증을 일으켜 고열로 고생을 하고 있는 안소니와 상당한 외과적 치료가 필요한 상처를 가지고 있는 남아연방 조종사 헥터 등이 이런 사례에 해당되었다. 드디어 미군 보병 중위와 소령이 우리의 환송을 받으며 떠났고 톰도 중공군들의 미소 속에 우리의 성원을 받으면서 떠났다. 샤힐 상사의 경우에는 의학 교육을 제대로 받지 못한 의료 보조원에 불과함에도 의사로 위장하고 있는 중공군 의무요원에게 우리 의사들이 그의 상태가 심각하다는 것을 설득시키려고 열심히 노력을 했으나 이번 송환에서는 고려 대상에도 포함되지 못했다.

중공군은 이제 우리에게 매일 북경으로부터 영어로 방송되는 라디오 뉴스를 들을 수 있게 허가해 주었다. 그러나 우리가 들어서는 안될 중요한 뉴스가 있다고 그들이 판단하는 경우에는 예외였다. 그런 경우에는 수용소 본부에 있는 중앙 라디오 방송중계소에 뭔가 이상이 생겨 아예 뉴스가 중계되지 않았다. 어쨌든 우리는 그 소령과 중위의 포로 교환에 대한 뉴스를 들었다. 그러나 톰에 대해서는 아무런 언급이 없었다. 교환될 포로들의 마지막 명단이 방송되었으나 거기에도 그는 포함되어 있지 않았다. 그러다가 우리는 우연히 그가 중공군으로부터 호의적인 처우를 받은 것에 대한 감사를 표시하는 문서에 서명을 거절했다는 이유로 아직도 동네에 머무르고 있다는 소식을 듣고 분노를 금할 수 없었다.

유엔군 측으로 송환된 많은 포로들이 중환자 아니면 심하게 부상한 사람들임에는 틀림이 없었다. 그러나 그렇게 송환된 포로들 중 상당수가 포획자를 칭송하는 '평화 투쟁'에 대한 기사를 썼거나 런던 노동자 신문에 투고한 사람들이었음이 과연 단순한 우연의 일치인지는 알 수 없는 일이었다. 한 예로, 소위 '평화 위원회'의 유능한 멤버인 한 이등중사는 포로 교환 2주 전에 제5 수용소에서 축구를 하다가 갈비뼈에 조금 금이 갔다는 이유로 송환자 명단에 포함되었던 것이다.

기쁘게도 휴전협상이 재개되어 잘 진척이 되는 좋은 징후를 보이고 있었다. 평화에 대한 기대가 가까워짐에 따라 우리의 생활환경도 더 좋아졌다.

5월 하반기에 제2 수용소에서 중대 대항 운동회가 열렸다. 조와 새로 온 장교 포로들이 수용되어 있는 제4 중대인 별관 수용소에서는 팀을 구성하여 그 운동회에 참가하는 것이 허용되지 않았지만 제3 중대는 대표를 파견할 수 있었으므로 결과적으로 거의 한 주일 동안 우리와 함께 지내게 되었다. 다행히 중공군이 운동회 운영을 우리에 맡겨 주었기 때문에 그들이 직접 운동회를 주관했을 때 특징적으로 나타나곤 했던 여러 가지 결함들이 전혀 없었다. 유능한 미군 대위인 맥티가 전체적인 운동회 운영에 대한 책임을 맡았다. 그를 통해서 우리는 정치색이 풍기는 어떠한 연설이나 선전용 장식물도 일절 사절한다는 결정을 중공군 측에 전달했다. 이 운동회와 관련하여 가장 곤란한 입장에 처하게 된 사람이 바로 자신이라고 수용소 본부의 연락관인 뉴는 말했다. 우리가 조직한 위원회의 모임을 둘러보고는 그가 질책했다.

"당신들은 정치적인 것을 배제하자고 주장하고 있으며 선전용 사진을 찍기 위한 카메라 반입 금지를 요구하고 있다! 나는 왜 당신들이 이런 태도로 나오는지 이해할 수 없다. 왜 당신들이 그런 것들을 범죄 행위로 규정하려 하는가. 이것은 운동회이고 당신들의 일상생활은 개선하기 위한 하나의 방법이다. 이러한 개선은 우리가 일관되게 추진해 온 목표이다. 우리가 당신들에게 우리의 정치관을 받아들이라고 강요하는 것이 아니지 않은가!"

이것이 미국의 침략을 전 세계에 노출시키는 것과 같은 문화적인 동기가 있을 때만 운동회를 포함한 오락행사를 주선해 줄 수 있다고 우리에게 공언한 지 2년도 지나기 전에 그가 똑 같은 청중에게 웃지도 않고 심각하게 한 말이었다.

세월이 바뀌었음은 분명했다.

전달받은 편지들을 통해 여왕의 대관식 날이 다가오고 있음을 알게 된 우리는 운동회 기간 중에 추가로 공급해준 배급품들 중 일부를 절약해 모았다. 제1 중대는 상당한 양의 막걸리와 감자술을 비밀리에 준비한 큰 술통에 저장했으며 우리 2중대는 정종을 숨겨뒀다. 데니스와 나는 6월 1일 저녁에 대관식을 기념하는 어떠한 기도도 중벌을 면치 못하게 될 것이라는 경고를 받았다. 제1 중대는 그런 경고를 받지 않았으나 6월 1일 이른 아침에 샘이 구속되었는데 그것은 아마도 대관식을 기념하기 위한 준비와 관련이 있는 사건으로 짐작되었다.

휴전이 가까워오고 있는 이 시점에 장이 시끄러운 일을 일으키려 하지 않았기 때문에 6월 2일 저녁 우리가 대관식 기념 만찬을 가지는 동안 중공군 요원들은 자리를 비켜주었다. 중공군이 창문 너머로 무슨 일이 벌어지고 있는지 들여다보긴 했으나 별일 없이 행사는 진행되었다. 사실 처벌받을 각오를 하고 이 순간을 위해 지금껏 숨겨두었던 여왕의 사진과 아더가 만든 왕관을 만찬장에 걸었으며 국가도 불렀는데 우리가 포로생활을 시작한 후 처음으로 무사히 행사를 마칠 수 있었다.

그러나 제1 중대에서는 샘 다음으로 선임인 폴이 주도하여 영국 포로들이 열고 있는 파티장에 선이 부하를 대동하고 들이닥쳐 그 동안 어렵게 끌어 모은 재료로 만든 케을 덥석 잡았다. 그러나 그가 잡은 것은 빈 접시뿐이었다! 포로들의 반응이 너무 위협적이어서 선은 부하들과 함께 창문을 뛰어넘어 도망갈 수밖에 없었고 잠시 후 감시병들이 출동했다. 어둠 속에서 한참 동안 실랑이를 벌이다가 티엔이 본관 건물을 소등하자 파티는 끝났고 우리는 모두 여왕 폐하의 대관식 축하행사에 만족해했다.

지난 8개월 간 독방에 감금되어 상당한 고통을 받았던 해병대 대령이 부활절 직후 풀려나서 수용소로 되돌아왔다. 그는 정월의 어느 날 밤 딩 소장의 관사 밖에서 허리까지 옷을 벗긴 채 구타를 당했다고 했다. '자백'을 강요당했으며 또한 수용소로 복귀한 후 '협조'하겠다는 문서에 서명하기를 강요당했다는 것이다. 이제 휴전이 성사될 것이라는 전망에 따라 풀려난 것인데 그에게 있어 이 새 수용소는 처음이었다. 그가 풀려남으로써 우리는 우리 대대 대대장도 풀려날 것이라는 희망을 다시 한 번 가질 수 있게 되었다.

해병대 대령이 아직 독방에 감금되어 있는 동안 데니스가 휴전 및 전쟁 포로 교환 때 유엔군 포로들의 행동지침 초안에 대해 미국 장교 차석자와 협의를 했었다. 우리는 모든 수용소에서 포로들이 중공군에 대한 바른 자세를 유지하기 위해 그리고 중공군과의 친교나 성급한 난동을 방지하기 위해 이러한 행동지침이 필요하다고 느꼈다. 지침서가 완성되고 비밀리에 복사본들이 만들어졌다. 이 복사본들은 최근에 잡혀온 포로들을 수용하고 있는 대동강 남쪽의 수용소들을 제외한 모든 수용소에 은밀하게 전달되었다. 제1 수용소에서는 제1 선임 장교인 샘이 이 지침서를 낭독했으며 우리 수용소에서는 1952년 초 데니스와 같은 시기에 형을 선고받았던 미국 해병대 소령이 낭독했다.

이 자리에 참석했던 중공군 요원은 아무도 없는 데도 그들은 이 두 사건에 대해 알아냈다. 우리가 아직도 수용소 내에서 영향력을 행사하고 있다는 것을 알고 있는 수용소 본부는 우리를 특별히 관찰했고 우리에게 신경을 곤두세우고 있었다. 결국 늦은 6월에 나는 다시 체포되었다.

나는 2월과 3월에 데니스가 사용하던 방에 투옥되었다. 이후 나흘간 첸이 나에 대한 심문을 담당했는데 입 안에 종기가 생기면서 그는 철수했다. 신음과 함께 피고름을 내뱉으며 그는 서둘러 사라졌고 이제 내가 처음 보는 중공군 두 명이 내 심문자로 남게 되었다. 네 번째 날 밤의 심문이 가장 길고 지루했다. 심문과 장광설이 새벽까지 이어지는 바람에 나도 지쳤지만 심문자들도 나 못지않게 탈진한 것 같았다. 잠을 좀 자고 나서 혼자 남게 되자 그들이 나로부터 얻어 내려는 것이 무엇인지 생각해 보려고 애를 썼다.

그들의 심문 내용은 대관식, 휴전 시의 행동 지침서 그리고 탈출 시도 – 이것은 순전히 그들의 추측에 불과했음 – 에 관한 것들이었다. 그러나 이들 중 어떤 것에 대하여도 압력을 가하지는 않았다. 나의 범죄를 자백하라고 하면서도 특별히 어떤 것을 지적하지는 않는 듯했다. 나는 이것을 이해할 수가 없었다.

아마도 세상에서 중국인처럼 자기 암시를 잘하는 민족은 없을 것으로 생각된다. 돌이켜보면 심문자들이 나를 찾지 않는 상태로 여러 날이 지났는데 내게 어떤 암시를 주려고 했던 것으로 느껴졌다. 이러한 일시적 심문 중단은 나로 하여금 그들이 했던 이야기를 곰곰이 생각해 보고 내가 무엇을 자백 해야 될지 알 수 있도록 하려는 것인 듯했다. 생각이 여기에 이르자 또 한 가지 생각나는 것이 있었다. 내가 실제로 알고 있지 않은 사항에 대해 그들은 내가 정보를 갖고 있는 것으로 믿고 있었다. 나는 마치 내가 세부적인 사항을 실행에 옮기는 데 실패한 어떤 은밀한 음모를 다룬 탐정 소설의 끝부분에 다다른 것 같은 느낌이 들었다. 따라서 대단원 바로 직전에 탐정이 하는 말은 어차피 내가 전혀 알지 못하는 사항에 대한 것이므로 당연히 나로서는 이해가 되지 않았다.

7월 17일이 되어서야 이 수수께끼를 알아낼 수 있는 좋은 기회가 왔다.

그날 나는 화장실을 가다가 혹시 나를 만날 수 있을까 하는 희망을 갖고 동네에 심부름을 왔던 가이도를 잠깐 만날 수 있었다. 그는 내게 수용소장 암살 시도 사건에 대해 귀띔해 주었다.

"휴전 협상은 어떻게 되어가나?"

내가 물었다.

"이승만 대통령이 반공 포로를 석방한 후 협상이 다시 진행되고 있나?"

"그런데 남일 장군이?."

나는 그의 다음 말을 듣지 못했다. 이 결정적인 순간에 심문관 한 사람이 나타나서 노발대발하며 우리를 거의 잡아 떼어놓다시피했다. 실망스럽게도 가이도는 그냥 가버렸고 나는 내 감방으로 돌아왔다. 그 시간 이후로는 중공군 사환 한 명이 내 감방에 와서 내가 심문받는 시간 외에는 밤낮으로 내 옆을 지키고 있어서 수용소와는 더 이상 연락을 할 수 없었다.

그러나 가이도의 말 몇 마디가 내가 저질렀다는 범죄에 대한 의문을 어렴풋이 깨우쳐주는 역할을 했다.

내가 체포되기 며칠 전에 가이도와 미군 조종사 월트가 돼지우리에서 빠져나가 어디론가 도망간 돼지를 쫓는 잡역을 맡아 하고 있었다. 두 사람은 탈출 시 필요할 경우에 대비하여 몇 시간 동안 그 일대를 정찰하면서 돌아다니다가 자발적으로 수용소로 돌아왔다. 그런데 이 사건이 수용소 본부를 당황하게 만들었다. 이 두 사람이 몇 시간 동안 없어졌던 이유가 탈출 - 그러나 실제로 그들은 탈출 하지 않았다 - 을 위한 것이거나 아니면 산 속에 숨어 있는 비밀 요원들과 접선하기 위한 것이라고 그들은 추측하고 있었다. 그들은 산에 있는 바위들 틈이나 나무 사이의 요소요소에 비밀 요원들이 숨어있을 것이라는 까닭 없는 불안에 시달리고 있었다. 동양인들은 지난 몇 세기 동안 비밀 음모에 시달려 와서 마음속에 선천적인 음모 콤플렉스를 갖고 있었다. 그런데 이 경우 가이도의 활동에 대하여는 그들이 잘못 짚은 것이지만 비밀요원에 관한 것은 사실이었다. 내가 체포된 다음날 - 그 체포의 목적은 데니스 혹은 나의 명령에 따라 가이도가 누구와 접선을 꾀했는지를 알아내려는 것이었다 - 한 한국인이 숙소를 나서는 딩 소장에게 권총을 쏘았던 것이다. 불행히도 총알은 그를 비껴 나갔다. 딩이 입은 상처는 자객을 피해서 넘어질 때 입은 찰과상뿐이었으며 몇 초 후 그 자객은 감시병에 의해 살해되었다.

확증은 없지만 그들은 심증으로 우리가 가이도와 월트를 시켜 사진으로 딩의 얼굴을 자객에게 인지시켜 주었다고 확신하고는 내가 그렇게 자백하기를 바라고 있었다.

나는 내 자신이 지금 굉장히 곤란한 입장에 빠져 있다는 것을 깨닫기 시작했다. 그러나 지금까지 잘 견뎌왔듯이 휴전 협상이 타결될 때까지 내가 극한적인 심문의 압력을 견뎌낼 수 있기를 바랄 수밖에 다른 방법이 없었다. 남일 장군이 어쨌다는 것인지 나는 무척 알고 싶었다.

어느 날 오후 큰 추가 내 감방으로 찾아왔을 때 나는 무언가 중요한 사건이 발생하려 한다는 것을 알아차렸다. 두 시간가량 나와 이야기를 나누고는 그는 가버렸다. 그날 저녁 8시 15분께 딩에게 끌려갔는데 내가 그에 대한 암살 기도의 공모자로 정식으로 기소되어 있었다. 나는 일찍이 그렇게 노여움과 공포에 가득 찬 딩의 모습을 보지 못했다. 그는 끊임없이 담배를 피워댔으며 양손은 계속 떨리고 있었다. 그는 1952년 초에 그렇게도 자신만만한 태도로 포로들에게 훈시를 하고 내가 입소하기 바로 전에는 소위 '인민의 적'에게는 강제노동자 수용소에서 종신형을 받게 할 것이라고 협박하던 모습은 이미 아니었다.

딩은 내게 한 시간 이상 횡설수설 늘어놓았으나 그 이야기의 요점은 간단했다. 휴전이 가까워지고 있지만 국제법을 위반한 포로에 대하여는 계속 억류할 수 있는 모든 권리를 자신이 소지하고 있기 때문에 경우에 따라서는 내가 휴전의 혜택을 받지 못할 수도 있다는 것이다. 만약 데니스의 범죄행위에 대하여 자백을 한다면 자신의 명령에 따라 내가 풀려날 것이지만 자백을 거부함은 명백히 내가 그 범죄행위에 찬성한다는 것을 의미하므로 적대행위로 해석될 것이라고 했다. 모든 것이 나에게 달려 있다는 것이다.

나는 다시 감시병을 따라 내 감방으로 돌아왔는데 그 후 며칠 간은 아무도 나를 찾아오지 않았다. 그러다가 7월 27일 아침 내가 전에 한 번도 본 적이 없는 중공군 한 명이 길게 둘둘 말린 서류를 들고 내 방으로 찾아왔다.

"이것을 읽어 보시오."

그가 말했다.

나는 내 형벌에 대한 판결문일 것으로 짐작하면서 그것을 받아서 펴보았다. 그러나 그것은 그날 아침 11시를 기해 휴전협정을 발효한다는 정식 문서로 왕양쿵 장군의 서명이 되어 있는 것이었다. 나는 시간을 물었고 그는 자기 손목시계를 보여주었다. 11시 15분 전이었다.

그날 저녁에는 큰 추가 다시 찾아왔다. 그는 휴전협정이 발효되는 경우 수용소에서의 우리의 행동지침서 작성에 관여했다는 미군 대령의 자백서를 읽어내려갔다. 그는 우리 대대 대대장, 1중대 선임 소령 그리고 샘에게는 이미 형이 선고되었다고 부언했다. 샘과 우리 사령관은 1년형이고 소령은 6개월형이었다. 나는 샘의 자백서를 보여 달라고 했다.

"그는 자백하지 않았다."

큰 추가 대답했다.

"그는 자기의 잘못을 절대로 인정하지 않는 고집불통이다."

이렇게 자백서와 판결문들을 내게 보여주는 주요 목적은 다른 포로들이 본국으로 송환된 후에도 형을 선고받은 사람들은 계속 이곳에 억류될 수 있음을 알려주려는 것이었다. 나는 더 이상 아무 말도 하지 않았고 그는 가 버렸다.

나는 딩과 한 번 더 면담을 했는데 이것이 자백할 수 있는 마지막 기회라고 했다. 다른 여러 포로들도 마찬가지이지만 우리 사령관, 데니스, 샘 그리고 나는 본국으로 송환된 후 보상받기를 기대하고 있다는 것이 그의 주장이었다. 그들이 우리 앞에 놓아준 진실을 거부한 것은 정치적인 신념 때문이 아니라 바로 이 보상에 대한 기대 때문이라는 것이다. 우리는 우리 자신을 팔아먹었으며 따라서 검증된 인민의 적이다. 그러나 우리가 각자 본국으로 송환된 뒤에라도 강력한 중국 인민의 영향력으로부터 벗어났다고 생각해서는 안 된다. 그들은 어디에서든 우리를 징벌할 수 있다. 그들은 지구 끝까지라도 우리를 추적해 올 수 있다.

　여기까지 말했을 때 딩의 뱀 눈은 튀어나왔고 그의 낮은 코는 벌렁거리고 있었다. 나는 그의 포로들이 아직 공산주의자로 전향하지 않은 채 그의 손아귀를 벗어난다는 것이 그에게 무엇을 의미하는지에 생각이 미쳤다. 수용소 내의 포로들에게 그와 그의 부하들이 가해 왔던 고통과 괴로움이 이제 무위로 끝나려 한다. 우리는 그들의 손아귀에서 빠져나갈 것이고 그는 이를 막을 방법이 없게 될 것이다.

　첫 번째 포로들이 본국으로 떠나던 1953년 8월 5일에 드디어 동네의 독방에 격리 수용되어 있던 마지막 포로인 내가 풀려났다. 딩이 자백 없이 나를 풀어준 것이다. 나는 그가 자신의 허세를 얼마나 더 오래 유지할 것인지 궁금해 했지만 어쨌든 계속 나를 독방에 감금해 둘 수 없다는 것을 그 자신도 잘 알고 있었다. 중대본부에 돌아와 보니 새 중대장이 부임해 와 있었는데 그는 색이 들어간 안경을 쓰고 있어서 '색안경'이라는 별명을 가지고 있었다. 그 색안경이 통역을 통해 내게 말했다.

　"문제를 일으키지 말자. 이제 한국에는 평화가 왔고 멀지 않아 당신은 당신의 사랑하는 가족들에게 돌아가서 평화로운 삶을 누릴 것이다. 문제를 일으키지만 않으면 다 좋게 될 것이다."

　나는 수용소를 향하는 길을 따라 걸어갔다.

16 휴전협정, 자유로의 귀환

　수용소 내의 전체적인 분위기는 달라져 있었다. 우리들의 태도는 빨리 본국으로 송환되고 싶은 조바심과 중공군들이 자신들의 협상조건을 제대로 이행할 것인지에 대한 의심이 뒤섞여 있었다. 그들은 과거에 수없이 우리를 속여 왔으며 우리는 이날을 고대해 왔고 이제 그 날이 왔으나 이 모든 것이 그대로 실현된다는 것이 우리 스스로도 확실하게 믿어지지 않았다. 그러나 북경 라디오에서는 날마다 판문점에서의 포로 교환에 대한 뉴스를 전해 주었다. 그 뉴스에서는 가혹한 유엔군 사령부로부터 자신들의 포로가 귀환하는 감동적인 장면과 유엔군 포로가 마지못해 공산주의의 관할권에서 벗어나 다시 한 번 혹독한 자본주의 세계로 되돌아가고 있는 장면이 상세히 묘사되고 있었다.
　그 무렵 우리에게 인기 있었던 대화 주제들 중의 하나는 적십자 대표단의 방문 건이었다. 외견상으로는 우리만큼이나 중공군들도 그 문제에 관심을 가지고 있는 듯했다. 큰 추가 여러 번 중대본부에 와서 개개인 또는 작은 그룹별로 수용소 포로들을 불러 놓고 이 문제에 대한 의견을 물었다.

"적십자 사람들이 오면 무슨 일이 있을 것 같나? 당신들은 그들에게 무슨 이야기를 할 것인가?"

장도 그리고 다른 통역들도 우리에게 이런 질문을 했다. 한 가지 분명한 사실은 포로가 죽어나가든 말든 그들이 관심을 두지 않았던 시절에 대한 이야기가 외부세계로 흘러나감으로써 자신들의 체면을 잃는 것을 원치 않았다는 것이다. 사실 수용소에서 끌려 나간 포로의 운명이 불확실하던 그 시절은 그리 먼 과거가 아니었다.

적십자 대표단의 방문과 관련하여 큰 추가 하고 싶은 이야기는 더 있었다.

▲ 판문점 근처 "자유의 마을"에 세워진 영국군 귀환 포로 텐트.

"당신들은 우리가 당신들의 생활환경을 개선하기 위해 모든 노력을 경주했다는 것을 그들에게 인정해 주어야 한다. 최근에 전쟁 포로들을 담당하는 장군님께서 당신들의 일상 생활 개선에 대한 요구 사항들을 검토하기 위해 벽동에서 회의를 열지 않았는가? 거기에 여러분들이 각 수용소에서 대표 두 사람씩을 참석시킨 적이 있는 것으로 기억하는데?"

듣고 있던 사람들은 그 회의가 참으로 '아주 최근'의 일이라는 것을 그에게 일깨워 주었다. 우리들의 기억은 1953년 5월 이전을 더듬어 올라가고 있었다.

"그리고 만약 적십자 대표단이 오면 여태까지 우리가 당신들을 어떻게 대우해 왔는지 그들에게 보여주는 것은 겁나지 않는다. 그들이 당신들에게 해줄 수 있는 것은 무엇이겠는가?"

적십자 위문품에 대한 질문이 제기되었다.

"담배? 과자?"

추가 물었다.

"그렇지만 그런 것은 우리 중공 인민 지원군도 다 제공해줄 수 있는 것들이다."

아니나 다를까 내가 수용소로 돌아온 후 얼마 지나지 않아 담배와 다른 기호품을 다량 공급해주었다. 전에는 추수감사절이나 크리스마스와 같은 명절 때 담배 한 갑 정도를 배급받았었는데 정전협정이 체결되자 1인 당 담배 200개비씩을 공급해 주었고 지금은 1인당 500개비와 그 외 다른 기호품도 제공해 주었다. 이틀 후에는 장이 지나가는 말처럼 우리 수용소 대표들에게 알려주었다.

"그런데 적십자사로부터 보내온 선물이 있으니 찾아가기 바란다.

▲ 군 수송선 "포이"호를 타고 본국으로 귀환하는 그로스터 부대의 생존자들.

그리고 당신들이 원하는 품목을 상세히 적어 보낼 수도 있다."

그렇게 상세히 적어 보낸 목록에 따라 미국 담배가 궤짝 채로 왔고 면도기, 비누, 성냥, 수건 등 수많은 물건들이 왔는데 그 물건의 친밀한 이름들이 갑자기 우리를 집에 더 가까이 간 것 같이 느끼게 했다.

8월 17일 우리는 우리의 수용소를 영원히 떠났다. 아침부터 비가 내리는 가운데 호송 트럭들이 도착했다. 우리가 승차하자 트럭들은 수용소 담장 근처에 있는 몇 채의 가옥들을 마지막으로 보면서 울퉁불퉁한 좁은 통로를 지나 그 통로가 큰 길과 만나는 위치에 있는 학교 건물이 있는 곳으로 갔다.

제1 수용소 정문 밖에 호송 트럭들이 정지했고 우리는 하차해서 수용소 안으로 들어갔다. 이틀간 내린 비로 운동장이 흙탕물로 가득 차 있었으므로 그곳을 우회하여 산책로의 서쪽 끝에 있는 계단을 따라 올라갔다. 학교 건물 정문을 들어서면서 맨 처음 만난 사람은 얼스터 부대 군의관이었던 샌디였다.

"대대장님께서 돌아오셨다네."

그가 말했다.

"어젯밤에 돌아오셨는데 저쪽에 계셔."

두 수용소의 소식을 교환하느라 삼삼오오 모여 서 있는 흥분된 사람들 사이를 헤치고 나가 구 도서실에 모여 있는 군중 속을 뚫고 나아갔다. 그 방 끝에서 우리 대대장과 악수를 교환하기 위해 줄지어 서 있는 사람들에 끼어 줄을 서기 전에 잠깐 그를 쳐다보았다. 그는 많이 여위어 있었다. 얼굴은 일그러져 있었고 눈은 피곤해 보였다. 거기서 그를 보는 순간 나는 중공군이 정말로 우리를 석방하려 한다는 것을 처음으로 믿게 되었다.

지난 19개월 동안 독방에 감금되었던 우리 대대장이 풀려난 것이다.

우리의 출발은 여름 폭우로 이틀 늦춰졌다. 기차로 갈아타는 지점인 반포진으로 가는 도로의 일부분이 유실되었기 때문이었다.

우리가 출발하기 전날 밤에 평양에서 나와 함께 탈출을 시도했던 적이 있는 호주인 조종사 론이 벽동으로부터 돌아왔다. 그는 수용소에서 온 미군 한 명과 함께 적십자 대표단을 만났다며 흥미로운 경험담을 들려주었다.

원래 적십자 대표단 일정 계획에는 며칠 내로 우리 수용소를 방문하기로 되어 있었다. 그런데 우리의 본국 송환 계획이 빠르게 추진되는 바람에 원래 통보 받은 날보다 일주일 이상 앞당겨서 집결지인 개성으로 이동해야 되기 때문에 적십자 대표단의 방문을 받을 시간이 없다는 것이었다. 적십자 대표단은 그러면 당장 해야 할 다른 검열사항이 없으므로 즉시 수용소를 방문하겠다고 자진하여 말했다. 그러자 중공군이 이번에는 벽동으로 가는 도로가 유실되어 그것이 불가능하다고 말했다는 것이었다. 그 도로는 유실되어 도저히 사용할 수 없는 상태라면서도 론과 그 미국인을 트럭에 태워 그 도로를 통과하여 적십자사 본부로 이동시켰다가 다시 그 도로를 통과하여 되돌려 보냈다. 큰 추가 뭐라고 주장하든 우리 생각에는 적십자 대표단이 우리 수용소를 방문하는 것을 중공군 측에서 원치 않았음이 분명해 보였다.

우리 수용소의 대표 두 명에게 적십자 대표단과 이야기를 나눌 수 있는 아주 제한된 기회가 주어졌다. 그러나 1953년 이전의 상황에 대한 질문이 나올 때마다 중공군 측 적십자 대표가 그 질문은 부적합하다든가 긴 질문을 할 시간적 여유가 없다는 이유를 들어 잘라 버렸다. 그들이 조금도 변하지 않았음이 분명했다.

정말로 전반적으로 포로 송환을 조속히 추진하려는 것인지 아니면 단순히 우리를 적십자사로부터 멀리 떼어놓기 위해 개성을 향해 남쪽으로 이동시키려는 것인지는 두고 볼 일이었다.

8월 19일 아침에 수송차 대열이 빈총리를 떠나 동쪽으로 이동하기 시작했다.

그것은 평온한 여정이었다. 북한 민간인들이 우리에게 손을 흔들어 주었다. 그들은 우리가 본국으로 송환되고 있다는 것을 알고 있음이 분명했다. 사전에 군중을 동원시켜 놓은 경우를 제외하고는 아무도 우리에게 적의를 보이지 않았다. 몇 개의 부락에서만 젊은이들이 모여 서서 우리가 통과할 때 주먹을 흔들고 돌을 던졌다. 우리는 늦은 오후에 만포진 역에 도착하여 해질 무렵에 기차를 타고 남쪽으로 이동했다.

우리가 만포진역 플랫폼에서 화물차로 갈아타니 아직도 형을 복역

▲ 28개월의 포로 생활 후 본국으로 귀환하여 부인과 함께 있는 저자.

중인 샘과 다른 포로들이 그 안에 있었다. 그들은 첸청휘의 주선으로 따로 격리된 채 그 기차에 타고 있었다.

다음날 저녁 무렵, 우리는 평양에 도착해서 다른 기차로 갈아탔다. 다음날 아침에는 1951년 늦은 여름 서해안으로 탈출할 때 가로질러 가던 바로 그 지역을 통과했다. 그때 철로를 건너가던 지점을 나는 알아볼 수 있었다. 오후가 되어 1950년 11월에 내가 평양을 지나 북쪽으로 끌려가기 직전 우리 대대원들과 함께 기차에서 내린 후 다시는 보지 못했던 개성역으로 우리는 진입했다.

시내를 벗어나 논 사이를 달리면서 우리는 뚫어지게 남쪽을 주시했다. 오후의 밝은 햇빛 속에 의심할 여지없이 개성과 서울 사이를 가로질러 뻗어 있는 크고 험악한 바위 산맥이 있었다. 그것이 임진강 남쪽에 위치한 산맥이다.

아군이 점령하고 있었던 지역이 우리 시야에 들어왔다.

우리의 집결 장소는 개성 동남쪽에 설치된 일련의 텐트촌이었다. 그 텐트들은 개성시내를 둘러싸고 있는 험한 봉우리들과 강변 사이에 자리잡고 있는 자그마한 언덕의 완만한 경사면에 여기저기 세워져 있었다. 하룻밤을 첫 번째로 들어간 텐트에서 지내고 나서 사병들은 그대로 두고 장교들은 언덕 위에 위치한 다른 막사로 옮겨졌다. 이 새 막사에 여태까지 격리되어 있던 샘과 다른 포로들이 우리와 합류했다. 드디어 우리는 모두 함께 모이게 된 것이다.

날이 감에 따라 우리에게 제공되는 음식의 수준이 나빠졌고 우리가 단순히 남쪽으로 이동해 와서 아군의 영역을 눈앞에 두고 제자리걸음을 하고 있다는 사실이 우리의 기쁨을 증가시킬 수는 없었다. 우리를 적십자 대표단으로부터 떼어 놓으려는 그들의 계략은 맞아 떨어진 셈이었다. 우리에게 주어진 유일한 이점이라면 아군 지역으로부터 가까운 위치에 있기 때문에 일이 잘못되어 탈출을 시도해야 하는 경우 성공할 가능성이 높아졌다는 점이었다.

8일이 지나서야 우리 막사로부터도 본국 송환이 시작되었다. 매일 밤 우리 막사에서 국적에 비례하여 총 10명 정도를 데리고 나갔다. 매일 오늘 저녁에는 행운이 찾아올지도 모른다고 생각했고 그것이 실망으로 끝났을 때는 내일은 보다 나은 행운이 찾아올 것이라고 기대하며 하루하루를 지냈다.

어느날 오후에 우리의 대대장이 불려 나갔다. 우리는 만약 그들이 마지막 순간에 우리 대대장을 계속 억류하려고 한다면 우리가 어떻게 대응해야 할 것인지를 의논하면서 그가 돌아오기만을 고대하고 있었다. 그러나 약 한 시간 반 후에 돌아온 사령관이 전해 준 바에 의하면 상당한 기간 동안 공산주의자들 편에 서서 취재를 해 온 '뤼마니떼(역

자 주: 프랑스 공산당에서 발간하는 일간지, L' Humanite)' 특파원인 윌프레드 버켓과의 인터뷰 때문에 사병 포로들의 막사에 불려 갔었다는 것이었다. 그 인터뷰는 사령관의 포로생활 특히 그의 독방 생활에 대한 그의 견해를 얻기 위한 것이었는데 그에 대한 대대장의 답변은 아주 간결했다.

"식사는 썩었고 나는 너무나도 지겨웠다!"

그러나 그 공산당 일간지에 보도된 내용은 그것이 아니었다. 또한 버켓 기자에 대한 사병 포로들의 반응도 전혀 보도되지 않았다. 여러 달 전 압록강 변에 위치한 제1 포로수용소에서 강연을 하려다가 야유를 받았던 것처럼 이번에도 그가 막사 정문을 들어서는 순간부터 사병 포로들로부터 집중적인 야유를 받았다. 이번 경우에는 그의 도착을 사전에 통보받은 포로들이 미리 교수대에 매달린 사형수의 모형을 만들어서 그가 연설하고 있는 플랫폼 아래에 앉아 그것을 앞뒤로 흔들어댔다.

매주 일요일에 군목 파드레가 돗자리와 나무기둥으로 임시로 지어 식당으로 사용하는 장소에서 신교도들의 예배를 집전했다. 두 번째 일요일에 우리는 시편 126장을 읽었다.

"여호와께서 시온의 포로를 돌리실 때에"
"우리가 꿈꾸는 것 같았도다"
"그 때 우리 입에는 웃음이 가득하고"
"우리 혀에는 찬양이 찼었도다"

임진강 너머 남쪽의 산들을 바라보며 나는 위 성경구절을 기억해

▲ 브이 씨 칸느 중령의 지휘로 그로스터 시가를 행진하는 영광스런 그로스터 부대 장병들의 금의환향 장면.

두어야겠다고 생각했다. 그리고 포로로 잡혀 있는 동안 내가 하나님께 수많은 기도를 드려 응답을 받았던 사실을 모두 기억해야 한다고 스스로 다짐했다. 일단 내가 시온으로 넘어가면 나를 기다리고 있는 바쁜 생활로 돌아가게 되고 그러면 이런 것들은 금방 쉽게 잊혀질지도 모르는 일이었다.

어느 날 저녁 그 소식을 내게 전해 준 사람은 제8 경기갑 부대 소속이었던 랜들이었다. 내가 언덕 위에서 내려오는데 그는 식당으로부터 뛰어 올라오고 있었다.
"그들이 지금 송환자 이름을 호명하고 있는데 당신 이름도 불렀다!"
그가 말했다.
"오늘 저녁에는 많은 포로를 보낼 모양인데 당신도 그 안에 들어있다."
나는 우리 대대장 및 데니스와 함께 있었고 샘도 우리 앞에 있었다. 시드가 식당에 모여 있던 동료들 사이에서 장이 호명하는 이름을 듣고 돌아오는 길이었다.
"시드, 나는 본국으로 송환된다. 정말 믿어지지가 않아."
"나도 믿기 어렵네."
시드가 말했다.
"나도 같이 가게 됐어."
우리는 소지품을 챙기고는 작별 인사를 했다. 우리는 트럭으로 개성에 가서 그곳 한 고찰에서 하룻밤을 지냈다. 많은 이등중사들이 이미 그곳에 와 있었으며 그들 중 몇 명은 우리 부대 소속이었다. 잠이 오지 않을 것 같았는데 막상 담요를 덮자마자 나는 깊은 잠에 빠져들었다.

 우리는 새벽녘에 기상을 해서 7시 반경에는 사찰의 바깥 마당에 모여 근처에 세워둔 트럭 대열에 승차하기 위한 준비를 완료했다. 집합 장소로 출발하기 전에 우리는 그들로부터 받은 훌륭한 처우, 중공 인민 지원군과의 돈독한 우정 그리고 안전하고 건강하게 본국으로 귀환하게 해준 그들의 은혜를 환기시키는 마지막 연설을 듣지 않으면 안 되었다.

 그들은 우리가 모여 있는 곳 바로 몇 피트 앞까지 트럭을 불러 세워 주었다. 그리고 트럭 뒤로 힘들게 기어 올라가는 수고를 덜 수 있게 사다리를 걸쳐 놓아 주었다. 장이 칼과 나와 함께 먼저 승차했다. 그는 표면상 대단히 상냥한 표정으로 우리가 9시 정각에 넘겨지게 되어 있다는 정보를 제공해주었다. 그러나 나는 상냥한 표정을 짓고 있는 그가 속으로 무척 불안해하고 있는 것을 꿰뚫어 볼 수 있었다. 이 여정의 마무리 단계에서 우리가 그에게 폭행이라도 가하지 않을까 두려워하고 있는 것으로 짐작되었다.

 트럭 대열은 개성을 통과하여 판문점으로 가는 도로로 들어섰다. 9시 15분 전 우리는 중공군과 북한군이 공동으로 관리하는 마지막 검문소에 정차했다. 중공군 한 명이 달콤한 목소리로 우리들 중에 더운 물로 목을 축이길 원하는 이가 있는지 물었고 우리는 사절했다. 트럭은 계속 전진하여 일방통행 우회로에 진입했다.

 우리는 휴전협정 체결 장소인 큰 건물과 지난 2년 간 협상 대표들이 휴전 조건에 대하여 토의했던 지역들을 지나갔다. 장이 그 외 여러 흥미로운 장소들을 가리켰으나 나의 눈은 그가 가리키는 방향을 따라가지 않았다. 조금 떨어진 곳에 헬리콥터들이 내리는 장소가 보였는데 시시각각 가까워지고 있었다. 트럭은 오른쪽으로 꺾어 판문점 주요 도로로 진입하기 전에 그 도로에 여기저기 널려 있는 멋진 미군 군화와 옷가지들 때문에 잠시 멈추어 섰다. 그것은 자신들의 영역으로 되돌아가면서 중공군과 북한군 포로들이 벗어 던져 놓은 군화와 옷가지들이었다. 마침내 나는 텐트와 절대로 혼동할 우려가 없는 흰색 철모를 쓴 미군 헌병을 볼 수 있었다. 내가 미처 그것을 깨닫기도 전에 텐트 바로 옆에 트럭이 멈추어 섰고 장이 뛰어 내려 트럭 뒤에 사다리 두 개를 걸었다. 미군 한 명이 우리의 이름을 호명하면서 중공군 한 명과 함께 명단을 대조했다.

이제 내 소지품 꾸러미는 더 이상 필요가 없었으므로 나는 그것을 내가 앉았던 자리 밑에 그냥 두고 내렸다. 밝은 햇빛 아래 사다리를 내려오면서 나는 갑자기 아주 더운 여름날 아침이라는 생각이 들었다. 미군 한 명이 내 등을 툭툭 치더니 나를 나무로 만들어 세운 아치 쪽으로 안내했는데 올려다보니 그 아치에는 이렇게 쓰여 있었다.

"자유로의 귀환을 환영합니다."

나는 그 밑을 통과했다.

이때가 바로 1953년 8월 31일 오전 9시였다.